陳翠蓮

重構二二八

戰後美中體制、中國統治模式與臺灣

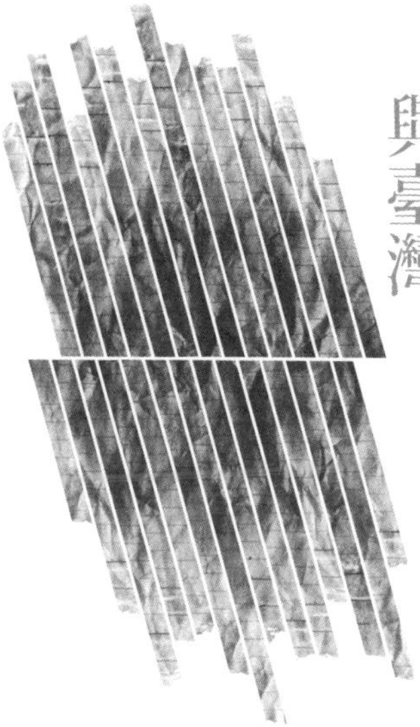

目錄

序：回到戰後歷史的起點

二十幾年來從事研究工作，像是在尋找身世之謎。雖然不時感到艱辛困頓，但只要有一點點新線索與新發現，就能備受鼓舞、灌注能量，繼續前行。

在高中以前，我是個不折不扣的黨國青年。因為相信學校與國家的灌輸，我總是與父親爭辯、認為他「不愛國」。激動的父親屢次提到二二八事件，話到口邊，總是被母親打斷，二二八事件成為我成長過程中巨大的謎團。一九九四年，我終於以二二八事件為主題完成博士論文，並在次年正式出版。

儘管如此，博士論文中諸多環節仍然疑點重重，未能得到合理解答。撰寫論文期間，曾多次到林衡道先生家裡進行訪問。林衡道的父親林熊祥，戰後因草山會議臺灣獨立事件被捕，林衡道在以金錢運作救出父親後，他加入國民黨，對於臺灣省黨部、國民黨政治派系在事件中的角色頗有瞭解。但是，老先生對我的提問三緘其口、被動回應，後來大多是由我陳述從史料中所得的推論，他點頭或搖頭確認是否為真。某日，他突然很誠懇地勸告我：「陳小姐，妳不要再做這個題目了，再做下去，妳怎麼死的都不知道！」我聽得懂他的暗示，因少不經事，心中暗自嘲笑：「真膽小，都已經什麼年代了？」但也驚訝於究竟是怎樣的恐怖統治，讓那一輩人如此噤若寒蟬？

巫永福先生也多次告訴我：「國民黨早已編造黑名單，趁著二二八事件計劃性地剷除臺灣菁英。」我當時根本不相信他的說法，因為沒有任何證據支持。儘管如此，我卻也留意到林衡道與巫永福所言的共同交集：戰後國民黨政府的統治模式——尤其是特務政治。

說起來很奇妙，從高中、大學、研究所，到出社會擔任記者工作，我有多次與特務機關擦身而過的經驗，確知這是戰後國民黨政府進行社會控制的重要裝置，對此一課題極有挖掘的興趣。博論中已稍稍觸及，但是因為史料有限，無法深入。二〇〇〇年政黨輪替，陳水扁總統下令廣泛徵集政府機關的二二八事件檔案，事件中特務運作的關鍵史料終於出土。二〇〇八年中央研究院臺灣史研究所購得保密局臺灣站檔案，更讓特務機關的滲透活動、操控手法完全曝光。

心中未解的另一大疑惑是戰後臺灣地位與處境。撰寫博論時，許多戰後初期的矛盾現象無法解釋，例如：為何臺灣人恢復中國國籍，卻未受戰勝國國民待遇、受國家保護速速返鄉？既是中國國民，為何臺灣人產業與日產一樣被接管或沒收？又為何二二八事件爆發後，美國大使館指手畫腳，而國府當局也擔心引起國際干涉？因當時無法在學位論文中討論過於敏感的問題，加上自己能力與見識不足，僅以一專章探討外國勢力在二二八事件中的態度。

二〇一〇年，為執行國科會補助研究計畫，我到日本國會圖書館憲政資料室找尋戰後在日臺灣人遣返檔案。二戰前臺灣人屬於日本國籍，該館「日本占領關係資料」中，除了龐大的盟軍總部對日占領檔案外，也收藏大量二戰前後美國對臺灣的軍事計畫、占領方案或外交檔案。此一發現令我大為興奮，此後數年間陸續複製、研讀，佐以美國國家檔案館（NARA）、臺灣檔案管理局與部分日方史料，終於得以描繪戰後初期臺灣地位與臺灣人處境的整體圖像。

本書以一九九五年時報公司出版的《派系鬥爭與權謀政治：二二八悲劇的另一面相》為基礎，進行大幅度增補、刪減、更正錯誤，並試圖針對戰後臺灣政治史提出新的研究架構。書中檢視戰後遠東新秩序下的美中協力體制，並以二二八事件為焦點，針對戰後複製於臺灣的國民黨政府統治模式進行分析。

許久前觀賞宮崎駿動畫《神隱少女》，主角提到「忘記自己名字的人，就找不到回家的路」，心頭一驚。許多政治哲學家、史學家們一再殷殷提醒探索歷史的重要性，透過瞭解過去，方能定位現在，並提高對未來的洞察力。而歷史研究之於政治共同體的價值之一，豈不正是擔當著「自我認識」的功能？

七十年來，在統治當局刻意隱瞞與編造之下，我們對自己的身世一無所知。二二八事件是戰後臺灣歷史中犧牲最為慘重的經驗，但迄今為止，研究重心仍然偏重在整理受害記憶。面對歷史，我們不僅要控訴群體慘烈的受害與犧牲，更應探索我們的群體為何受害？如何受害？當時所處內外在條件？面對危機時，社會群體的反應與處置為何失敗？這些經驗可以提供怎樣的啟示？讓我們透過本書，一同回到戰後歷史的起點，重新梳理自身的過去，理解當前處境，思考未來的方向。

本書的完成，要感謝許多人的協助。一九九二年因指導教授許介鱗教授的建議，我首次前往美國國家檔案館，複製了臺北領事館的戰後政情報告、戰略情報局（OSS）的臺灣調查報告書。去年，蔡丁貴教授慷慨提供Nancy Hsu Fleming的著作*Americans in Formosa，1945-1947：Declassified*

Secret U. S. Military and State Department Documents 英文版（此書經蔡丁貴教授翻譯為《狗去豬來：二二八前夕美國情報檔案解密》，二〇〇九年由前衛公司出版），並介紹我與許女士認識，因為她的建議，在相隔二十多年後，我再度前往檔案館增補部分重要檔案。非常感謝他們的建議與鼓勵。

其次，因政治案件受害的謝聰敏先生，最早提供了內幕傳聞與部分珍貴資料，鼓舞我追查與挖掘的勇氣。中研院臺史所許雪姬教授邀我解讀保密局臺灣站二二八史料，東華大學歷史學系陳進金教授慷慨贈與忠義救國軍資料，都令我喜出望外。清華大學科技法律研究所陳宛妤教授、臺灣師範大學公領系劉恆妏教授提供法律制度之專業諮詢；政治大學臺史所博士生彭琳淞告知有關日治時期臺籍日本兵、戰後初期臺籍國府軍的資訊；中央研究院近代史研究所張淑雅、陳儀深兩位先進，提示到美國國家檔案館蒐集資料的應注意事項，都對我有極大幫助，在此一併致謝。

二〇一五年臺灣教授協會召開「軍事占領下的臺灣」學術研討會，會議討論過程令我受益良多，僅此表達謝意。

本書撰寫過程中大量運用國家發展委員會檔案管理局的檔案、臺北二二八紀念館收藏的葛超智檔案，並利用了國史館收藏的戰後初期檔案與照片，感謝這三個史料機構人員的辛勞。書中也使用了中國國民黨黨史館所藏國防最高委員會相關檔案，感謝王文隆館長的協助。同時，感謝吳宏仁先生、陳雪梨女士、陳柔縉女士、陳銘城先生、張維修先生、黃素心女士、楊振隆先生、賴亮竹女士等人提供了難得一見的珍貴照片。

此外，政治大學臺史所余佩真、臺灣大學歷史學研究所許秀孟、李思儀進行史料蒐集工作，王文昕負責部分檔案初步閱讀，都給予本書具體的幫助。

感謝國科會與科技部多年來提供學術補助經費，幫助我前往日本、美國等檔案館所蒐集資料，使研究得以順利進行。

吳乃德教授是我最尊敬的臺灣大學政治系學長與學術前輩，十分感謝他抽空幫我看過初稿，提供修改建議。衛城出版總編輯莊瑞琳、執行編輯盧意寧女士，對知識追求與出版工作充滿熱情。因為她們的專業、耐心、細心與毅力，才能讓本書的錯誤減到最少，並順利刊行。

我的夫婿陳順良是我大學時同班同學，若不是他長期負擔起家庭經營的大部分責任，照顧兩個子女，我恐怕無法專心投注於學術研究工作。真的深深感謝他的支持與付出。

於臺灣大學歷史學系研究室

二〇一七年二月

緒論

一九四七年發生的二二八事件，迄今已經七十年。這一臺灣戰後史上衝突面最廣、死傷最為慘重，影響最為深遠的事件，為何會發生？為何以暴力鎮壓收場？帶給臺灣社會哪些衝擊與影響？一直是臺灣社會極為關切的課題。過去很長一段時間，二二八事件是言論禁忌、不能碰觸，直到一九八七年民間發起二二八公義和平運動，要求真相、道歉、賠償，島內終於得以公開談論，學術研究也在解嚴前後展開，並在一九九〇年代以後蓬勃發展。

累積二十多年的二二八事件研究，成果可謂汗牛充棟，但大致都在戰後統治當局宣傳的政治架構下進行討論。隨著國內外新史料相繼出土，過去的討論方式逐漸受到挑戰。本書將提供新的研究架構與取徑，從戰後國際秩序及中國統治模式兩大面向，探討二二八事件。

一、有關二二八事件的主要觀點

歷來關於二二八事件論述，曾有三波熱潮與變化。第一波是事件發生後官方的說法，包括臺灣省行政長官公署新聞室所編《臺灣暴動事件紀實》、臺灣省警備總司令部所編〈臺灣省「二二八」事變記事〉、監察使楊亮功及監委何漢文的《臺灣二二八事件調查報告》、蔣介石在一九四七年三月十日中樞總理紀念週的談話、白崇禧在一九四七年四月七日中樞總理紀念週所提出之報告等，都認為「共產黨煽惑」是事件主因，「日本奴化遺毒」是臺民自外於祖國、鬱積不滿、釀成事變的遠因。一九四七年十月，臺灣全省警備總司令部總結二二八事件案犯處理，宣稱政府寬大處理、事件已經全部結束。因為當局一面嚴密監視二二八事件相關人士，一面對二二八事件進行全面消音，導致民間噤聲，一九四八年到一九八三年之間，二二八事件相關資訊幾乎在公共輿論空間完全消失。[1] 此期間內，雖然有林木順（蘇新與楊克煌合著）的《臺灣二月革命》、莊嘉農（蘇新）的《憤怒的臺灣》、日本臺獨團體刊物《臺灣青年》等努力發聲，但被遠遠隔離於海外，民間觀點沒有機會浮現。

第二波論述熱潮在一九八〇年代，解嚴前後，官方觀點開始受到挑戰，海內外反對勢力、對岸共產黨中國競相爭逐二二八事件的詮釋權，各種看法角力激烈。一九八三年起，海外臺灣人對二二八事件關注愈加迫切，如葉榮鐘之女葉芸芸主編的《臺灣與世界》月刊開闢二二八史料專欄，並對親歷二二八事件相關人士進行口述訪問，[2] 臺灣獨立建國聯盟也在紐約舉行二二八事件三十六週年紀念活動。同年，日本東京則有林啟旭出版了《臺灣二二八事件綜合研究》，次年王建生、陳婉真、陳湧泉等人在洛杉磯出版了《一九四七：臺灣二二八革命》，兩書都嚴厲批判國民黨政府對臺灣人的欺瞞與屠殺，並以二二八事件為臺灣人尋求解放、獨立的起點，主張脫離大中華思想，確立臺灣民族主義的明確方向。[3]

為了防止臺獨人士的二二八論述繼續蔓延，一九八三年在國家安全局主導下進行了「拂塵專案」，對二二八事件提出新論述。[4] 在此專案下，一九八六年出版了《拂去歷史明鏡中的塵埃》一書，該書旨在反駁二二八事件與臺灣獨立運動的關聯性，力陳政府當局處理二二八事件的寬容與退讓，並刻劃臺灣民眾在事件中悉心救助外省人的情節、臺灣人的同胞愛，指控追究二二八事件是在製造族群對立、破壞社會團結和諧。[5]

一九八七年民間發起二二八公義和平運動，要求釐清二二八事件真相。面對臺灣島內的局勢、海外獨立運動的論述，北京方面在一九八七年二二八事件四十週年舉行盛大紀念活動，出版《歷史的見證：紀念臺灣人民二二八起義四十週年》，強調二二八起義是臺灣人民反對國民黨的歧視、剝奪和壓迫，不是要求臺灣獨立，也不排斥外省人。[6]同年中國人民政協並出版《陳儀生平及被害內幕》一書，收錄陳儀同僚舊屬如葛敬恩、錢履周、周一鶚、于百溪、胡允恭等人的回憶文字，推崇陳儀是難得的清官，治臺失敗、二二八事件爆發全因國民黨官僚腐敗、派系掣肘，陳儀竟成為國民黨政權的受害者。[7]

第三波熱潮自一九九〇年代迄今，隨著臺灣民主化的推進，二二八事件的學術性研究蓬勃發展。李筱峰是最早研究二二八事件的學者，一九八六年出版的《臺灣戰後初期的民意代表》因時空限制，無法暢所欲言，藉口研究戰後臺灣民意代表敘述臺灣菁英受害情形。[8]解嚴後又推出《島嶼新胎記：從終戰到二二八》，從文化衝突的觀點切入，認為因五十年的分隔，臺灣社會與中國社會已發展出不同的文化，存在巨大落差，戰後中國政府以低文化水準者統治高文化水準者，造成期待落差與嚴重衝突。[9]此說明顯將中國與臺灣二元對立，並有將中國文化低落本質化的傾向。賴澤涵、馬若孟等合著的《悲劇性的開端：臺灣二二八事變》一書，以相當的篇幅說明日治五十年的影響，深入分析臺灣人在戰後所產生的心理轉變、文化差距與期望受挫，視為事件的背景；另一重點則肯定陳儀治臺政策之善，並認為二二八事件發生後陳儀確實有解決問題的誠意，但因民間要求不斷升高以致變質，迫使當局不得不派兵鎮壓。[10] 賴澤涵之說兼採文化衝突論與官方說法，唯偏重官方的善意，忽略統治當局的權力邏輯與統治權謀，對調兵之舉、恐怖屠殺的決策過程未能合理解釋。

戴國煇等著《愛憎二·二八》一書則指出，部分臺灣人、半山人在事件中趁火打劫、借刀殺人，是陳儀政府的共犯，並認為臺灣人的天真無知、對中國政治的一無所悉，才是悲劇的重要原因。[11] 戴氏著作最大的特點在對於派系鬥爭、權謀傾軋等政治陰暗面有深入獨到的觀察。不過，他似乎將中國政治中的奸狡詭詐、權謀算計視為理所當然，反過來責怪臺灣社會不諳此道；對擅精陰謀詭計的陳儀當局、警備總部等統治當局網開一面，卻對受害的臺灣民眾、協力者半山人較多苛責。

行政院《二二八事件研究報告》是前總統李登輝所指示、具有官方色彩的調查報告。此一報告恪守學術研究規格，但不免負有政治性使命，主要篇幅在述說事件發生蔓延全省經過、民眾傷亡損失等事實陳述；其重大成就是超越以往官方說法，說明戰後阻撓臺灣人返鄉、日產處理不當、政治差別待遇、官員貪汙、軍紀敗壞、通貨膨脹等等因素造成民眾對當局的不滿，不再主張共黨煽動、日本奴化等說法。關於事件之處置，報告中認為陳儀起初有意淡化處理，但二二八事件轉變為政治改革運動、民氣高漲，逐步提高改革訴求，為各種勢力操縱，遂遭中央政府認定為叛國舉動。蔣介石主席最初並未主張鎮壓，調動軍隊主要目的在防範，但因受臺灣主政者意見左右，決定派兵綏靖。結論強調「本報告旨在說明事實之真相，並無判別責任的意圖」。[12] 因此，二〇〇六年，由財團法人二二八事件紀念基金會公開的《二二八事件責任歸屬研究報告》特別釐清蔣介石等南京決策階層、陳儀等臺灣軍政階層、情治人員、半山分子、線民、告密者、構陷者的責任。[13]

綜合上述主要學術研究成果，大體可歸結為臺灣人受害論、文化衝突論、派系鬥爭論。二〇〇〇年以後，二二八事件研究成果極多，但大致是在前述研究的基礎上，進行地區性、類別性、個案性的更深入、細緻的挖掘，但較缺乏超越前述史觀且在研究架構有重大突破的作品。

無論是從臺灣人受害論、文化衝突論或派系鬥爭論分析二二八事件，仍有以下局限：

（一）忽略對戰後初期臺灣所處國際環境脈絡的掌握：

先行研究大都不證自明地將臺灣視為中國內政問題，關心陳儀政府、中央政府與臺灣的互動。但是，中國政府接收臺灣是基於一九四三年開羅會議的國際協議，戰爭結束後的戰敗國清理、殖民地處置、乃至和平條約訂定，仍待持續推進。其次，臺灣從日本統治交由中國接收，究竟被當成戰勝國人、戰敗國人或第三國人？其國籍身分如何、財產被如何處置？居住遷徙能否自由行動？此些問題都不是中國單獨可以決定，有賴盟國共議，尤其是以美國馬首是瞻。因此，戰後美國的遠東政策、對日處置、美日中關係變化等因素，都影響臺灣人的地位與處境。同理，二二八事件發生時，國府當局的決策考量當不只著眼於臺灣而已，有關國共內戰、國際慣例、外國干涉，都應列入當局評估之中。

（二）缺乏對中國統治模式連續性之追溯：

戰後臺灣從日本統治到中國接收，許多成果都注意到臺灣與中國的政治文化差異，如李筱峰提出文化衝突論，賴澤涵著重日治五十年的影響造成臺灣民眾對國府統治的失望，《二二八事件研究報告》承認國民政府官員貪腐、軍紀敗壞造成臺人不滿；戴國煇則注意到統治當局的派系鬥爭、權謀算計。但是，這些研究都止於對戰後統治現象的片段敘述。國民黨政府統治模式存在更長久的文化根源，不是戰後才突然出現，如未能挖掘統治模式的深層結構與整體面貌，將難以理解臺灣社會適應困難的癥結所在。

針對上述研究局限，筆者一九九五年出版的《派系鬥爭與權謀政治：二二八悲劇的另一面相》曾試圖處理，該書分為兩大部分，一是著重於梳理二二八事件中外國勢力、尤其是美國的角色，二是針對戰後臺灣與二二八事件時的派系角力、權謀鬥爭提出動態分析。[14]但該書討論仍不夠深入，隨著學術環境的開放，新史料不斷出土，戰後臺灣國際環境及其所面臨的新統治模式，已有進一步加以概念化、系統化論述的可能。

二、戰後臺灣政治史的新架構

本書試圖以二二八事件為核心，對戰後臺灣政治史提出新的研究架構。筆者以圖示一說明先行研究與本研究在基本架構上的差別。

先行研究並不質疑戰後臺灣地位問題，僅關注中國在臺灣統治情形，其前提是把戰後臺灣視為中國內政事務。本書挑戰此一前提，將從戰後東亞秩序重編的視野觀看臺灣問題。二戰後，美國取得東亞秩序的主導性地位，在其遠東政策中計劃壯大中國、取代日本。右圖上層，盟軍總部（General Headquarter，GHQ）／美國對日本、中國的箭頭意味著以美國為首的盟軍總部在亞洲的主導角色，美軍單獨軍事占領日本，並依據盟軍總部第一號命令，由中國占領臺灣。

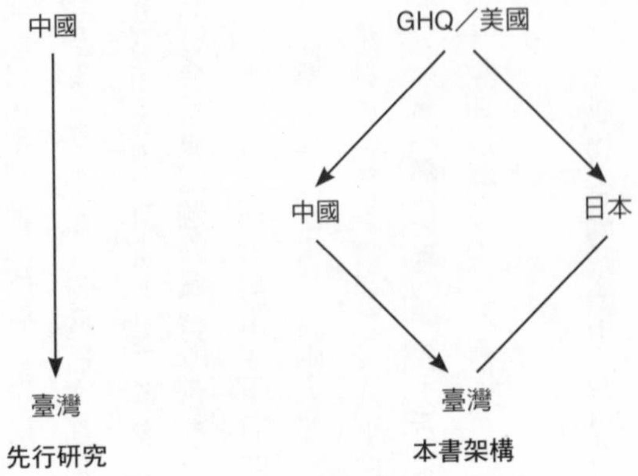

圖示一：戰後臺灣政治史研究架構

從右圖左半側，盟總對中國、中國對臺灣之間的箭頭則意味著：中國占領臺灣是來自盟軍總部的命令，主要政策需與盟總配合，以美國的遠東政策為依歸；中國政府接收後則將中國統治模式移入臺灣。右圖右半側，臺灣與日本之間以直線、而非箭頭連結，表示臺日之間雖已失去統屬關係，但五十年統治影響仍難斷絕。

在此架構下，本書試圖提出兩個核心概念：戰後美中體制、國民黨政府統治模式，以下加以說明。

（一）戰後美中體制

二戰末期，美國開始構想日本戰敗後的遠東新秩序。美國總統羅斯福（Franklin D. Roosevelt）的遠東新構想中包括兩大部分：驅逐日本在亞洲的影響力，並協助中國成為與美國友好的亞洲主要國家。因此，美國給予中國軍事、經濟援助，努力強化中國在國際社會中的「大國」地位。雖然英國首相邱吉爾（Winston S. Churchill）並不認同美方高估蔣介石的力量，也不同意中國在當時及未來在國際上所會有的貢獻，[15] 但一九四三年末，羅斯福總統仍以蔣介石主掌的國民黨中國做為將來遠東政策的合作對象，邀請中國與美、英、蘇三國領袖共同召開了開羅會議，藉此提升中國的國際地位。[16] 會議中羅斯福允諾使中國列為四大國之一，涉及四國的國際組織及一切決定，均讓中國以平等地位參加。[17] 一九四五年八月波茨坦宣言要求日本無條件投降，主張瓦解日本在東亞之影響力，永遠剷除日本製造戰爭、征服世界之威權力量。[18]

一九四五年四月羅斯福總統驟逝，繼任的杜魯門總統（Harry S. Truman）即發表聲明，表示將致力推行羅斯福總統之既定政策。[19] 隨後，杜魯門總統在與國民政府外交部長宋子文會談時就宣稱，希望見到「一**個強大**、**統一**、**民主的中國**」(a strong, united and democratic China)。[20]

但是，戰後中國政局未如預期，因國共對立，內戰一觸即發，為此，美國派遣馬歇爾將軍（George Catlett Marshall, Jr.）為特使赴華調停。行前，杜魯門總統再次聲明，美國堅信「**強大**、**和平**、**統一**、**有效能的中國**」(a strong, peaceful, united and effective China）對聯合國組織與世界和平至關重要，敦促國共停止敵意、共同召開會議解決爭端，促進中國的統一與穩定。在此一對華政策聲明中特別指出，美國與聯合國承認中華民國國民政府（National Government of the Republic of China）是中國唯一合法政府；**而開羅宣言、波茨坦宣言等協議都是與中華民國國民政府所達成**，美國將在中國國內事務、尤其是排除日本在中國的影響力方面，繼續承認與支持國民政府。[21]

為了落實波茨坦宣言、排除日本在華北的影響力，美國一方面協助國民政府遣返在華北的日軍，持續在華北駐軍、提供國府軍事物資，並輸運國府軍隊以有效控制華北、東北等地區。但另方面，美國堅持不以武力介入中國內部爭端。美國強調，為協助國府達到和平與統一的目標，準備提供經濟與軍事上各種合理協助，幫助中國復員，並成立美國軍事顧問團、提供信用貸款，促使中國經濟健康發展。[22]

面對中國內部另一大政治勢力中國共產黨，美國也有所評估。美方認為，戰後對華政策有三種選擇，一是完全置身事外；二是大規模軍事干涉，協助國民黨打敗共產黨；三是一面協助國民黨統治全力擴展於全中國，一面使國共妥協、避免內戰。由於共產黨已掌握華北一大部分，國府要征服中共並不容易，唯有仰賴美軍之力，但美國不願以武力介入中國內政，權衡之下，只能選擇第三種途徑。美國希望協助國民政府達成兩大目標：其一是在穩定政府與民主路線之下，帶來中國的和平；其二是協助國府盡可能建立及於全中國的權威。[23]

美國自承，由於美方的援助，國民黨政府在一九四五年到一九四八年秋之間在軍力與軍備上都居於明顯的優勢，此期間，美國提供了軍事運輸、軍事物資補給協助中國控制華北與東北。戰後初期，美國政府以贈與、信用貸款等方式給予國府的援助總額達二十億美元，等於是中國政府預算中貨幣支出的百分之五十以上。此外並售予中國大量軍用、民用物資，為採購此些物資，美國政府耗去十億美元以上的鉅款。[24]

戰後美中體制即是在上述情況下形成。本書所稱戰後美中體制具有幾項內涵：1.美國為掌握戰後國際優勢與遠東秩序，選擇國民黨中國做為合作對象；中國因內戰、統一問題，需要美國大力協助，提供軍事、經濟等各種挹注，雙方在互蒙其利之下建立合作關係。2.此種合作關係具有主從性格，重要政策由美國主導、制定，中國政府配合、協助、執行。3.但是美中之間的合作關係並非單邊主義，在不違背美國主要利益下，中國政府所主張或宣稱的次要利益，美國予以容忍、默許、讓步，做為回饋。4.因為美中是共同利益的結合，當雙方利益嚴重矛盾時，美中協力體制就會鬆動，甚至崩壞。

本書所稱之戰後美中體制，與冷戰體制稍有不同。一般認為冷戰體制始於一九四七年三月，美國總統杜魯門在國會參眾兩院聯席會議上發表敵視社會主義國家的國情咨文報告，國會隨後通過援助法案，提供巨額經費援助希臘、土耳其以壓制境內之共產主義運動，以後發展成馬歇爾計畫，企圖透過經濟援助鞏固與歐洲國家之結盟，並形成四十餘年間全球被區分為美蘇為首的東西兩大陣營的集團對抗情勢。[25]冷戰體制以美蘇爭霸為核心，並夾雜著意識形態的鬥爭。本書所稱的戰後美中協力體制，目標是遠東秩序之重整，主要解消對象是日本帝國；其次，戰後中華民國政府與美國合作態勢形成，在時間上早於冷戰。一九四五至一九五〇年間，美中協力關係不等同於冷戰思維，直到一九五〇年韓戰爆發，美國宣布臺灣海峽中立化，東亞冷戰結構形成，一九五四年訂定美中軍事協防條約，美中體制與冷戰體制方始合而為一。

一九四五年美軍協助國府軍事占領臺灣，美中協力體制在臺灣運作。戰後以美國為首的盟軍總部政策，透過國民黨政府貫徹施行；相對的，美國則以對國府的利益、主張高度尊重，做為回報。在戰後和平條約訂定前，國府在臺灣已進行實質統治、並主張事實主權（de facto sovereignty），做為盟軍最主要國家的美國並未阻止。美方明知陳儀施政問題叢生、臺人憤怒不滿，但未採取任何處置。二二八事件中美國抱持不介入立場，只對國府的武力鎮壓行動表示關切。在美中體制下，臺灣地位、臺灣人處境無法進入重要議程，處於美國決策考量的最末端。

在美國主導下占領臺灣、進行統治的國民黨中國，其統治行為具有怎樣的特性呢？

（二）中國政府統治模式

西方漢學界研究中國近代史，長期關注中國國家建構、統治現代性形成的課題。此些課題關係著十九世紀晚期到二十世紀中葉，國際秩序急遽變動下，中國知識分子、政治菁英如何引進新思想、新觀念，進行國家改造與社會動員，以革命手段拆解衰老帝國，重建秩序。其中包括帝制末期研究、國族主義研究、現代性研究等主要取徑。[26]

一九二七年南京國民政府建立，國家秩序與統治規模初具，許多研究都關注國民黨政權的組織結構、統治邏輯、政治文化特性。易勞逸（Lloyd E. Eastman）研究國民黨取得政權的前十年，他指出以革命起家的國民黨，號稱要建立新而有效的政治制度，卻不曾成功，因為行政機構依舊貪汙腐敗、無效率，政府官員並未對社會共同福祉有強烈責任感，反而陷於權位爭奪與派系鬥爭，以軍事力量抓住權力不放，成為「流產的革命」。[27] 柯博文（Parks M. Coble, Jr.）也指出，過去共產黨或西方學者以為國民黨政權的社會基礎是江浙財閥、城市資本家，但他的研究發現並非如此，南京國民黨政府主要依靠軍事武力起家，具有一定自主性，按照自己的方式運作權力，為了有利於政府及其官員本身，並不考慮其他社會階級的利益。此一政府最關心的是籌措軍費，熱衷於聚斂財富，因此壓榨上海資本家，利用黑道幫會，以達到增強自身政治力量的目的。[28]

易勞逸與柯博文都指出國民黨以槍桿子出政權，以自身利益為最高目標的特性。易勞逸別具洞見之處在於，從中國式社會特性與政治行為分析國民黨政權的政治文化：來自中國社會傳統的身分取向、權威／依附模式，在政治上形成特定的行為模式；國府官員爭取官職只代表個人成就，官員普遍缺乏公共性、責任感，政治機構效能低落、貪汙腐化；政府官員不以公共利益為目標，反而將大多數心力放在權術、手段，又因為依附權勢人物、注重人際關係網絡經營，形成宗派主義、派系鬥爭；因此，在中國，所謂革命的意涵僅僅是打垮對手、獲得政治權力，而非帶來新的意識形態或政治成就。更重要的是，國民黨人將人們對政府或政策的批評，都視為是對政府權威的反抗，政治領域中缺乏討論空間，將批評者、政治對手視為敵人，施以強力壓迫與報復。他認為，國民黨政權因此種政治文化，無法建立起有效與穩固的統治，即使是後來取而代之的中共政權，也於掌握國家權力後顯現此種政治文化特性。[29]

易勞逸在《毀滅的種子：戰爭與革命中的國民黨中國（一九三七—一九四九）》（*Seeds of*

Destruction）一書中探討國民黨為何最終敗於共產黨，為何失去中國。其中值得注意的部分是切入國民黨內部的派系政治問題，他從三民主義青年團設立、CC派發起的革新運動，分析國民黨內部政治派系鬥爭以至分崩離析的過程，直指該政權從事政治工作並非為了提出政策主張、追求公共利益，而是為了謀取私人或團體的權力、地位，派系之間相互尖銳攻擊，政府官員將私人與派系利益置於國家整體利益之上。[30] 此書再一次強調派系鬥爭、宗派主義在國民黨政治文化中的重要位置。

魏斐德（Frederic Evans Wakeman Jr.）對國民黨政權也有豐碩研究成果，他特別著重特務機關在統治關係中的重要角色。《上海警察》（*Policing Shanghai*）一書研究一九二七至一九三七這十年間南京國民政府執政下的上海，國府當局起初標榜在中央政府與黨有效能的領導下，將使外國人失去統治上海的理由，國民黨政府本應透過近代性的警察隊伍、城市管理制度、近代法治體系證明其統治能力，但實際上卻與杜月笙為首的青幫黑社會勢力掛勾，從毒品買賣中獲益，使得犯罪官方化、政府犯罪化；它建立特務系統、別働隊，以暴力、暗殺手段對付共產黨等異己；國府做為執法者帶頭違法，任意拘禁、逮捕、刑求人民。[31]《上海歹土》（*The Shanghai Badlands*）則敘述一九三七至一九四一處於日軍占領區包圍下的上海租界區形同孤島，卻陷於愛國者與通敵者的鬥爭，國府當局運用特務分子對所謂敵偽政權人士展開恐怖暗殺行動，敵偽政權特工機構也以同樣手法加以反擊，但因抵抗與通敵間充滿模糊灰色地帶，政治暗殺、暴力犯罪與非法交易多重糾葛，掀起上海最為腥風血雨的黑暗時期。在恐怖、騷亂下受害最深的上海人民，熱切渴望和平、法律、秩序，因此當一九四一年珍珠港事變後日本軍隊占領上海，人們並未反抗。此後日本人能夠在上海穩固統治，與人民的厭倦動亂、心理疲憊有密切關聯。[32]此外，魏氏也以戴笠及軍統局為題材，撰寫《間諜王：戴笠與中國特工》（*Dai Li and the Chinese Secret Service*）一書，完整描述國民黨特務組織從力行社、藍衣社到軍統局的成立經過，行刑隊與別動隊對付異己的劫持、刑訊、暗殺的具體例證，警察與特務系出同源的受訓過程，軍統與CC派的激烈鬥爭，二戰末期中美情報機關聯手成立中美合作所過程等等，鉅細靡遺呈現國府當局特務政治的特殊統治型態。[33]

近年，中國學者金以林、王奇生的研究受到重視。金以林的《國民黨高層的派系政治：蔣介石「最高領袖」地位是如何確立的》一書指出，國民黨內派系充滿地域人脈觀念，原本由廣東人汪精衛、胡漢民為主掌控國民黨革命正統意識，但北伐成功後的蔣介石牢牢抓緊軍事權力，不斷提拔、重用浙江人，逐步瓦解擁有地方實力的各派系，鞏固政治地位，在抗日戰爭前已成為黨內「最高領袖」。[34]王奇生則檢視一九二四年改組至一九四九年失去大陸的中國國民黨組織結構、黨員社會組成、政治體制、黨政關係與派系衝突，他發現國民黨政權的主要支撐力量並非深入社會底層的黨員或黨組織，而是軍人與軍權；蔣介石手下的祕密特務活動強化人們對國民黨法西斯強權的惡劣印象，黨機器無能但特務活動猖獗，形成強烈反差；蔣介石雖為獨裁強人，但國民黨本身卻是組織散漫，無法有效掌控社會，成為「弱勢獨裁」。[35]

金以林與王奇生的研究都提示了國民黨政權的軍權獨大性格，而兩人也都同意國民黨高層政治的特點是派系活動的普遍化，派系之間的惡性傾軋成為國民黨內影響深廣、並眾所周知的一種政治文化現象。[36]

上述研究，為一九四九年以前的國民黨政權性格及其背後的中國政治文化特性繪製了清晰圖像：國民黨政府以軍事武力為基礎，以保衛自身利益與權力為目標；該黨政治人物缺乏政治理想與公共利益觀念，黨內強調宗派主義、人脈關係，權勢人物結成政治派系、爭奪政經資源，進行激烈鬥爭；為保障政黨利益，甚至透過軍警特務機關結合黑道勢力，不惜以恐怖暗殺等暴力手段震懾民眾、控制社會。

一九四五年國民政府接收臺灣，上述政治文化與行為模式跨海而來。派系鬥爭、特務統治、政治權謀運作，將對歷經日本五十年統治的臺灣社會造成哪些衝擊？又在二二八事件中如何展露、操演？將是本書的另一個重點。

三、史料運用與章節安排

一九八〇至一九九〇年代，臺灣解嚴與民主化，二二八官方檔案出土，海內外更有大量口述史料完成，促使學術研究得以進行。二〇〇〇年民進黨執政，大規模徵集政府機關所藏之二二八檔案，使得二二八事件研究成果不斷深化、更新。[37] 本書綜合長期累積的海內外龐大檔案史料為基礎，進行討論。由於使用史料範圍極廣，以下僅就核心史料或新出土檔案加以說明：

（一）日本國會圖書館憲政資料室檔案：

日本國會圖書館憲政資料室的「日本占領關係史料」中，收藏大量二戰前後美軍國務院、陸軍部、海軍部三院部協調委員會（State-War-Navy Coordinating Committee，SWNCC）、國家安全會議（National Security Council，NSC）、參謀首長聯席會議本部（Joint-Chief Staff，JCS）、戰略情報局（Office of Strategic Services，OSS）、盟軍總部（GHQ）、遠東委員會（Far East Committee，FEC）、盟國對日委員會（Allied Council for Japan，ACJ）等機構之檔案，內容包括戰時作戰計畫、爆擊報告、戰後對策、占領計畫、盟國戰俘遣返、日俘日僑遣返、戰犯審判等。由於臺灣曾是日本領土，有關二戰前後盟軍攻臺計畫、戰後占領計畫、盟軍對日政策、在日臺灣人地位、戰後臺灣人遣返計畫等史料均在其中，對釐清戰後美中體制與臺灣人處境，有極大幫助。

（二）美國國家檔案館（National Archives and Records Administration，NARA）檔案：

美國國家檔案館收藏一九四五至一九四九臺灣相關檔案，一九八〇年代已製成微縮膠卷，國內研究機關已有收藏。[38]這些檔案主要是一九四六年初臺北領事館成立後與南京大使館、國務院的電文、報告，反映美方對戰後臺灣政治、經濟、社會情勢之觀察，其中部分檔案如二二八事件與臺灣情勢報告檔案也收錄在美國國務院所出版之*Foreign Relations of the United States*（FRUS），可在威斯康辛大學的數位網站取得。[39]必須一提的是，本文所使用的這批一九四五至一九四九臺灣機密檔案，與上述微卷不同。已出版之微卷經過美國國家檔案館專家揀選，且部分檔案內容被遮掩；筆者所使用同批檔案則是親至NARA影印原件，經與微卷比對，部分檔案並未收入。

另外，美國國家檔案館也保存了戰爭結束之初美國情報機構戰略情報局（OSS）派遣小組到臺灣停留期間的活動檔案，其中包括一九四五年九月至一九四六年三月逐日發出的電報等等。[40] OSS小組在戰後最早抵臺收集情報，此些檔案有助於還原戰後臺灣情況、美中協力軍事占領臺灣過程。

（三）中央研究院近代史研究所二二八事件檔案：

因行政院《二二八事件研究報告》的撰寫，大量二二八事件官方檔案、私人文書與當事人回憶錄出土，中研院近史所出版的《二二八事件資料選輯》六輯，[41] 收錄了柯遠芬所寫的〈臺灣二二八事變之真像〉、彭孟緝的〈臺灣省「二二八」事件回憶錄〉、〈二二八事變之平亂〉、李翼中的〈帽簷述事〉等重要當事人說法，及總統府〈大溪檔案：臺灣二二八事件〉，警備總部的綏靖、清鄉計畫與辦法等重要官方紀錄。其次，研究小組也對受難家屬口述訪談，並由中研院近史所出版了《口述歷史第三期：二二八事件專號》、《口述歷史第四期：二二八事件專號》等，極具史料價值。

（四）檔案管理局二二八事件檔案：

二〇〇〇年民進黨首次執政，大規模徵集中央與地方政府、中等以上學校等五十四個機關的二二八事件檔案，總數超過六萬件，已由檔案管理局完成數位化，國史館並將部分重要檔案出版為《二二八事件檔案彙編》共十六冊。[42] 新出土的這批檔案涵蓋範圍極大，筆者主要使用了《臺灣光復專輯》、《臺灣警備總部中美參謀聯席會報紀錄》、《臺灣警備總部工作報告》等案卷，梳理美中合作軍事占領經過；由《臺灣人民恢復國籍》、《澀谷事件》、《在外臺僑國籍問題》等探究戰後臺灣人身分問題；由《組織義勇糾察隊》、《各縣市奸黨調查》、《防範異黨》等案卷，重建特務機關在臺布建經過；並透過國安局拂塵專案中許德輝的〈二二八事件反間工作報告〉、警備總部〈二二八事變報告〉等分析特務機關在二二八事件中的作為。

另外，美國臺僑 Nancy Hsu Fleming 贈送給檔案管理局部分NARA所藏的臺灣有關檔件，其中包括戰前OSS對臺滲透計畫、戰後美軍空軍地勤支援小組（Air Ground Aid Section，AGAS）來臺情形、OSS對戴笠在臺布建特務組織的看法、戴笠對臺灣之報告書等等，都對戰後初期美中關係、特務滲透、戰俘遣返等問題的釐清極有幫助。[43]

（五）中研院臺史所保密局臺灣站檔案：

中研院臺史所於二〇〇八年購得保密局臺灣站特務人員在二二八事件發生至同年末所留下的原始檔案，此些檔案經文字辨識、內容解讀後，已陸續出版。[44] 透過這些基層特務人員的情報檔案，不僅可以勾勒出保密局臺灣站組織架構、各地情報站情況，更直接呈現特務人員在二二八事件中的滲透、反間、密報、暗殺等種種手法。

（六）民間出版史料：

一九九〇年代二二八研究初起，大量民間史料出土。張炎憲教授為首所進行的二二八事件口述歷史工作，獲得事件家屬、關係人的信賴，出版大量訪問紀錄成果，[45]提供了更廣泛、深入的民間觀點。其次，蔣渭川家屬出版的《二二八事變始末記》，是參與事件折衝過程極深的蔣渭川的第一手紀錄。[46]文史資料收藏者林德龍將其購得的事件期間中央社密電出版，[47]更有助於參照分析官方眼中的二二八。

本書除緒論與結論外，共有七章，分述如下：

第一章探討戰後美中體制形成的經過，首先勾勒二戰時期美國攻臺計畫從提出到放棄的歷程、戰爭結束前美軍對於軍事占領臺灣之規畫與法理研究，以及戰後改由中國軍隊為主占領臺灣的種種考量。其次說明二戰末期中國政府的對臺政策，自一九四三年開羅會議後開始規劃收復臺灣，國府當局主張「軍事占領之日即復歸版圖之時」，雖然與國際法不符，仍決定將臺灣當作中國的一省進行統治。最後呈現美中合作軍事占領臺灣過程、占領計畫之執行，並指出如何從軍事占領變成了「臺灣光復」。

第二章討論在戰後遠東新秩序和對日處理原則下，美中體制的運作情形、美中之間的扞格，及此一體制對臺灣人處境造成的各種影響。由於中國政府配合盟軍，執行日軍日俘優先遣返、日人公私財產充作賠償等政策，曾是日本國民的臺灣人在日本、中國等地的處境堪虞。其次，中國政府片面主張臺灣人「恢復」中華民國國籍，與盟國主張不同，臺灣人國籍問題衍生爭議。另方面，中國政府收復臺灣，欲貫徹漢奸清算政策，著手追究臺灣人在日治時期對中國政府的政治忠誠。最後，透過美國OSS小組情報、臺北領事館的政情報告，分析臺、美、日、中四方的微妙關係，及美方對國府在臺施政之評價。

第三章焦點在中國統治模式如何移入臺灣。在美中協力體制下，臺灣進入中國的實質統治，首先探討最早進入臺灣的軍統特務，著手布建保密局臺灣站諜報組織以控制臺灣社會的手法；其次，討論派系政治跨海移植、在臺灣分庭抗禮，臺灣菁英面對新局主動或被動接近，繼而被收編、捲入派系政治的經過。

第四章梳理二二八事件經過與訴求，特別著重二二八事件處理委員會的歷次改組與定位、談判路線與抵抗路線之成員分析、二二八事件之訴求與本質，及中國共產黨在事件中角色。

第五、六章聚焦在二二八事件裡中國統治模式的操演情形。第五章討論事件中特務機關的滲透、分化、製造假情報、羅織罪名等運作手段，將過去對付日本人與共黨政敵的暗殺手法在臺搬演；政治派系也在事件中大展身手，力圖扳倒陳儀，謀取最大利益。第六章則以大量史料論證陳儀在事件中的算計與行動，分析中央政府、尤其是最高當局蔣介石面對臺灣問題時的主要考量。此兩章呈現中國政治文化中特務恐怖統治、派系鬥爭傾軋、政治高層權謀算計，及其中為鞏固權位與個人利益，而非追求公共福祉的特性。最後檢討此一統治模式對臺灣社會造成的巨大衝擊。

第七章再將重心回到美國政府，透過對臺北領事館、南京大使館、美國國務院的態度，檢討美國在二二八事件中的立場。其次，特別聚焦葛超智（George H. Kerr），檢討其在戰時、臺北領事館期間、去職之後的主張，呈現美國對臺政策中「臺灣託管派」的看法。最後說明因國府當局在國共內戰中失勢，一九四八至一九四九年美國原本支持國民黨的態度開始動搖、美中體制鬆動，出現對臺政策猶豫的現象。

結論部分針對美中體制下的二二八事件，提出總和性看法。

注釋：

1 夏春祥，《在傳播的迷霧中：二二八事件的媒體印象與社會記憶》（臺北：韋伯，二〇〇七），頁一三一—一三八。

2 戴國煇、葉芸芸，《愛憎二．二八》（臺北：遠流，一九九二），頁十、二八三。相關口述訪問後來出版為葉芸芸編，《證言二．二八》（臺北：人間，一九九〇）。

3 這兩書後來也在臺灣出版，可參林啟旭，《臺灣二二八事件綜合研究》（高雄：新台政論雜誌社，年分不詳）。王建生、陳婉真、陳湧泉，《一九四七：臺灣二二八革命》（臺北：前衛，一九八八）。王建生為王秋森之化名。

4 國安局所執行「拂塵專案」，廣泛蒐羅海內外資料，包括警備總部、國防部軍情局、法務部調查局等情治部門的一手檔案，美國國務院二二八檔案、各種回憶錄與出版品等資料，再加上對部分親歷事件的官方人士進行口述訪問，最後由蘇僧、郭建成合寫成《拂去歷史明鏡中的塵埃》一書，對二二八事件提出新論述。此專案所收集之史料，於二〇〇〇年國家檔案局籌備處邀集學者廣泛徵集二二八事件檔案時出土。

5 蘇僧、郭建成，《拂去歷史明鏡中的塵埃》（加州：美國南華文化事業公司，一九八六）。該書在美國加州以「美國南華文化事業公司」的名義出版，在臺灣則由軍方的黎明文化公司總經銷。

6 臺灣民主自治同盟編，《歷史的見證：紀念臺灣人民二二八起義四十週年》（北京：臺灣民主自治同盟，一九八七）。

7 全國人民政協編，《陳儀生平及被害內幕》（北京：全國人民政協，一九八七）。
8 李筱峰，《臺灣戰後初期的民意代表》（臺北：自立晚報社，一九八六）。
9 李筱峰，《島嶼新胎記：從終戰到二二八》（臺北：自立晚報社，一九九三）。
10 賴澤涵等著，羅珞珈譯，《悲劇性的開端：臺灣二二八事變》（臺北：時報，一九九三）。
11 戴國煇等，《愛憎二・二八》。
12 賴澤涵等，《二二八事件研究報告》（臺北：時報，一九九四），頁四〇七—四一〇。
13 張炎憲等，《二二八事件責任歸屬研究報告》（臺北：二二八事件紀念基金會，二〇〇六）。
14 陳翠蓮，《派系鬥爭與權謀政治：二二八悲劇的另一面相》（臺北：時報，一九九五）。
15 邱吉爾（Winston S. Churchill）著，劉檄譯，《二戰回憶錄》（臺北：海鴿文化，二〇一六），頁三三〇。
16 淺川公紀等編著，《戰後日美關係の軌跡》（東京：勁草書房，一九九七），頁六六—六八。
17 梁敬錞，《開羅會議》（臺北：臺灣商務，一九七七），頁四二。
18 〈波茨坦宣言〉，收入陳志奇編，《中華民國外交史料彙編（十五）》（臺北：渤海堂，一九九六），頁六九八八—六九九九。
19 陳志奇編，《中華民國外交史料彙編（十四）》（臺北：渤海堂，一九九六），頁六七一一。
20 Memorandum of Conversation, *Foreign Relations of the United States, 1945, Vol.7*, Washington D. C.: GPO, 1974, p.103. 參美國威斯康辛大學網站 https://uwdc.library.wisc.edu/collections/frus/，以下簡稱 FRUS, 1945, Vol.7.
21 U. S. Policy Toward China, FRUS, 1945, Vol.7, pp.749-750.
22 U. S. Policy Toward China, FRUS, 1945, Vol.7, pp.750-751.
23 Department of State, United States, *United States Relations with China: The China White Paper*, August 1949, Stanford, Calif. : Stanford University Press, 1967. pp.x-xi. 以下稱 *The China White Paper*。
24 *The China White Paper*, p.xv.
25 林孝庭，《臺海、冷戰、蔣介石》（臺北：聯經，二〇一五），頁十一。沈志華，《冷戰的起源：戰後蘇聯的對外政策及其轉變》（北京：九州，二〇一三），頁四五—八四。
26 沙培德（Peter Zarrow）著，洪靜宜譯，〈西方學界研究中國近代史的最新動向〉，《漢學研究通訊》二二：四（二〇〇三年十一月），頁一—一三。
27 Lloyd E. Eastman, *The Abortive Revolution : China Under Nationalist Rule, 1927-1937*, Cambridge, Mass.: Harvard University Press, 1990. 中譯本：易勞逸著，陳紅民等譯，《流產的革命：一九二七—一九三七年國民黨統治下的中國》（北京：中國青年，一九九二）。

28 Parks M. Coble, Jr., *The Shanghai Capitalists and the Nationalist Government, 1927-1937*, Cambridge, Mass.: Harvard University Press, 1986. 中譯本：柯博文著，蔡靜儀譯，《金權與政權：江浙財閥與國民政府》（臺北：風雲論壇，一九九一）。

29 Lloyd E. Eastman, *The Abortive Revolution : China Under Nationalist Rule, 1927-1937*, pp.283-313.

30 Lloyd E. Eastman, *Seeds of Destruction : Nationalist China in War and Revolution, 1937-1949*, Stanford, Calif.: Stanford University Press, 1984. 中譯本：易勞逸著，王建朗等譯，《毀滅的種子：戰爭與革命中的國民黨中國（一九三七—一九四九）》（南京：江蘇人民，二〇〇九）。

31 Frederic Wakeman, Jr, *Policing Shanghai, 1927-1937*, Berkeley : University of California Press, 1995. 中譯本：魏斐德著，章紅等譯，《上海警察（一九二七—一九三七）》（北京：人民，二〇〇三）。

32 Frederic Wakeman, Jr, *The Shanghai Badlands : Wartime Terrorism and Urban Crime, 1937-1941*, New York: Cambridge University Press, 1996. 中譯本：魏斐德著，芮傳明譯，《上海歹土：戰時恐怖活動與城市犯罪（一九三七—一九四一）》（上海：上海古籍，二〇〇三）。

33 Frederic Wakeman Jr., *Spymaster : Dai Li and the Chinese Secret Service*, Berkeley, Calif.: University of California Press, 2003. 中譯本：魏斐德著，梁禾譯，《間諜王：戴笠與中國特工》（北京：團結，二〇〇四）。

34 金以林，《國民黨高層的派系政治：蔣介石「最高領袖」地位是如何確立的》（北京：社會科學文獻，二〇〇九）。

35 王奇生，《黨員、黨權與黨爭：一九二四—一九四九年中國國民黨的組織形態》（北京：華文，二〇一〇）。

36 金以林，《國民黨高層的派系政治：蔣介石「最高領袖」地位是如何確立的》，頁四一七。

37 可參陳翠蓮，〈二二八事件史料評述〉，收入二二八事件紀念基金會編，《二二八新史料學術論文集》（臺北：二二八事件紀念基金會，二〇〇三），頁一八四—二三〇。

38 Department of State, *Confidential U.S. State Department Central Files, Formosa, Internal Affairs, 1945-1949*, Frederick, Md.: University Publications of America, 1985. 中央研究院歐美所圖書館、人社中心、人文社會聯圖藏。另外，檔案管理局亦有收藏。

39 可參 Foreign Relations of the United States - UW Digital Collections, https://uwdc.library.wisc.edu/collections/frus/

40 SSU, Formosa Reports, RG226, Records of the Office of Strategic Services, Entry 173, Box12, in National Archives and Records Administration (NARA). Nancy Hsu Fleming 曾以此些檔案為主撰寫 *Americans in Formosa, 1945-1947: Declassified Secret U. S. Military and State Department Documents* 一書，但未正式出版。二〇〇九年由蔡丁貴教授翻譯成《狗去豬來：二二八前夕美國情報檔案解密》一書，由前衛出版社出版。

41 中研院近史所編，《二二八事件資料選輯（一）—（六）》（臺北：中研院近史所，一九九二—一九九七）。

42 侯坤宏等編，《二二八事件檔案彙編（一）—（十六）》（臺北：國史館，二〇〇二—二〇〇四）。

43 《美國國家檔案暨文件署臺灣政經情勢》，檔號：1893/0001/001/001/014，檔案管理局藏。

44 許雪姬主編，《保密局臺灣站二二八史料彙編（一）—（五）》（臺北：中研院臺史所，二〇一五—二〇一六）。

45 此一系列口述訪問包括：張炎憲等採訪記錄，《悲情車站二二八》（臺北：自立晚報社，一九九三）、《基隆雨港二二八》（臺北：自立晚報社，一九九四）、《嘉義北回二二八》（臺北：自立晚報社，一九九四）、《嘉義驛前二二八》（臺北：吳三連臺灣史料基金會，一九九五）、《諸羅山城二二八》、《嘉雲平野二二八》（臺北：吳三連臺灣史料基金會，一九九五）、《臺北南港二二八》（臺北：吳三連臺灣史料基金會，一九九五）、《臺北都會二二八》（臺北：吳三連臺灣史料基金會，一九九六）、《淡水河域二二八》（臺北：吳三連臺灣史料基金會，一九九六）、《花蓮鳳林二二八》（臺北：吳三連臺灣史料基金會，二〇一〇）等。

46 蔣渭川遺稿，《二二八事變始末記》（臺北：蔣渭川家屬自印，一九九一）。

47 林德龍輯註，《二二八官方機密史料》（臺北：自立晚報社，一九九二）。

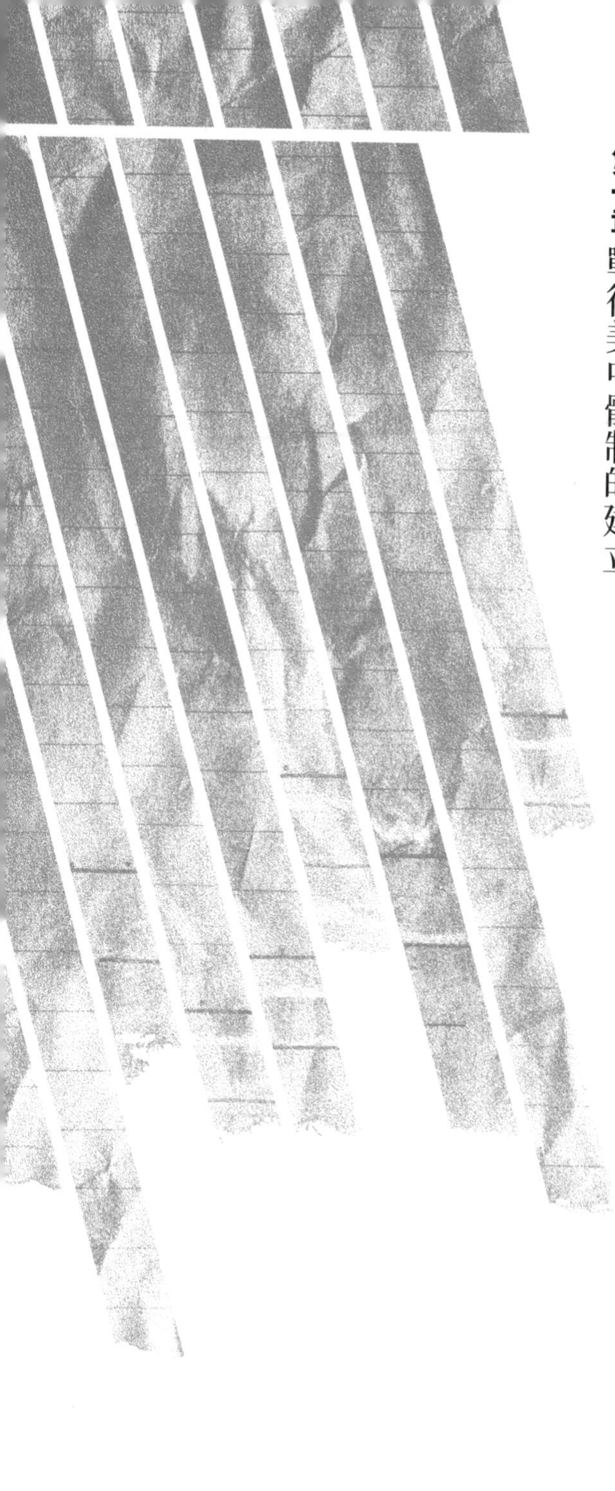

第一章 戰後美中體制的建立

過去有關二戰後臺灣歷史敘述，大都由官方詮釋、主導，形成「臺灣光復」論述。近年來官方檔案相繼開放，逐漸得以釐清歷史真實面貌。

反對「臺灣光復」論述的臺獨運動人士，最早提出國府一九四五年接收臺灣屬於國際法上的「軍事占領」，是暫時性的措施，並不具主權轉移效力；[1] 其主張多從國際法著手，但史料有限，缺乏對戰後接收過程的具體證據。一九八〇年代鄭梓研究戰後臺灣的接收與重建，仍因史料局限，無法合理說明為何戰時臺灣調查委員會的「臺灣設省」規畫，戰後突然變成軍政一體的「行政長官公署制」。[2]

二〇〇〇年民進黨執政後，全面徵集戰後初期與二二八檔案，政府檔案大量出土。檔案管理局研究員馬永成最先披露〈收復臺灣計畫要點〉、〈臺灣省收復計畫大綱〉、〈臺灣省占領計畫〉等重要文件，以官方檔案證實戰後中美合作軍事占領臺灣的過程。[3] 此後，歷史學者的戰後臺灣軍事占領研究陸續出爐，楊護源的《光復與占領：國民政府對臺灣的軍事接收》梳理警備總部檔案，更細緻鋪陳戰後占領經過，全書偏重戰後軍事接收過程。[4] 蘇瑤崇的〈論戰後（一九四五─一九四七）中美共同軍事占領臺灣的事實與問題〉也著眼於軍事占領，但因過度倚賴葛超智檔案，出現若干明顯的錯誤。[5]

筆者認為戰後初期臺灣處境，並不只是軍事占領就可解釋，與更全面的美中協力體制相關。本章比對美、中、日檔案史料，梳理二戰結束前後盟軍對臺軍事計畫、美國軍事占領臺灣的規畫與轉變、戰後美中合作占領臺灣過程等等，並說明如何從國府規劃的臺灣省制變成行政長官公署制，以及如何從軍事占領變成「臺灣光復」的經過。

第一節　二戰末期美軍的臺灣計畫

一、以奪取臺灣為目標的「棧橋作戰計畫」（Causeway Operation）

一九四一年十二月珍珠港事變後半年內，日軍以迅雷不及掩耳的速度拿下香港、新加坡、緬甸與菲律賓。但是，美軍很快重整隊伍，從太平洋反攻。一九四二年五月在珊瑚海大海戰與日軍打成平手；六月，中途島海戰第一次勝利，結束日本長期以來的優勢局面；南太平洋瓜達康納爾島（Guadalcanal）的戰役持續六個月之久，至一九四三年元月逼走日軍，美國通向澳洲的補給線獲得確保，盟軍反攻成功，戰局開始扭轉。[6]

臺灣島的戰略重要性，在珍珠港事變後受到重視。一九四二年起，美國陸軍、陸軍航空隊、海軍，都著手進行臺灣島的戰略調查與攻占準備。一九四二年上半年，當時在美國陸軍服務的「臺灣專家」葛超智（George H. Kerr）[7]奉命準備了一份〈臺灣備忘錄〉，探討戰後處理臺灣問題的各種可能方法，備忘錄中提出「國際託管」建議，並希望在南臺灣建立警察基地，運用臺灣各種豐富資源做為戰後重建之用。此備忘錄以「開明的自我利益」（enlightened self-interested）為原則，建議在**處理臺灣地位歸屬時應將美國長期利益列為優先考量**，但對中國的主張、臺人之利益也可同時予以考慮，戰後臺灣應由臨時託管機構掌握，但任何處理方式也給予中國參與的機會。不過，該項建議並未被國務院接受，國務院方面認為此種美國利益觀點將被指為「帝國主義」，況且臺灣問題只不過是「一大堆緊急問題中的一個小問題」，因此採取了「臺灣是中國利益最東端的『大陸觀點』」。[8]

一九四三年十一月美、英、中三國領袖在開羅召開會議，十二月一日發表聲明，主張「日本在中國竊取的一切領土，諸如滿洲、臺灣與澎湖群島，都應歸還中華民國」。有人認為，由於二次大戰末期蔣介石的軍事行動仍不積極，美方擔心蔣與日本達成協議，退出戰局，因此羅斯福總統在開羅會議中做了重要的承諾。[9] 中國學者資中筠則指出，美國總統羅斯福在開羅會議中積極主張將臺灣歸還中國，其目的在於：1.拉蔣抗日。2.以華制日，防止日本在戰後成為軍事強國東山再起。3.美國已設想到戰後中國將是美國的勢力範圍，美國若需要，隨時可以在臺灣建立軍事基地。美國此舉將會被國際視為正義的行為，又體現尊重中國領土完整的原則，將能贏得全體中國人民的擁護與喝采。[10]

但是，香港學者齊錫生的最新研究提出另一種觀點。他認為，隨著美軍在太平洋島嶼的跳島戰略與成功推進，太平洋戰場將成為主要戰場，美軍從太平洋基地封鎖日本海軍，並派飛機直接轟炸日本本土的戰略逐漸形成，從亞洲大陸進攻日本的計畫逐漸失去吸引力。由於英軍將重心放在歐洲，不願提供海軍參戰，為了在中緬戰場施加壓力、牽制日軍，使美軍兵力能夠集中於太平洋戰場，美國與英國於是決定共同催促中國軍隊承擔緬甸戰場作戰任務。[11] 一九四三年十一月美、英、中三國領袖聚集的開羅會議因此而來。

同時在盟軍戰略中，奪取臺灣島成為目標之一。一九四三年末，美國海軍部著手加強對臺灣的攻擊準備，作戰計畫代號叫做「棧橋」(Causeway)，也稱為「X島計畫」，並於哥倫比亞大學海軍軍政學院設立了一個特別研究中心，即「臺灣研究組」。該研究小組草擬了十數冊民政手冊、作戰地圖和未經發表的訓練資料，做為棧橋行動的準備。臺灣研究組由五十名人員組成，葛超智即臺灣研究組主管及民政手冊的主編。此後一年內，臺灣研究組準備了種種攻擊臺灣之工作計畫給有關單位，他們密稱臺灣為「X島嶼」，而海軍作戰單位並且著手進行軍官訓練計畫，以備能夠在盟軍占領後，順利接手並控制民生與經濟等各項行政工作。為有效控制臺灣局

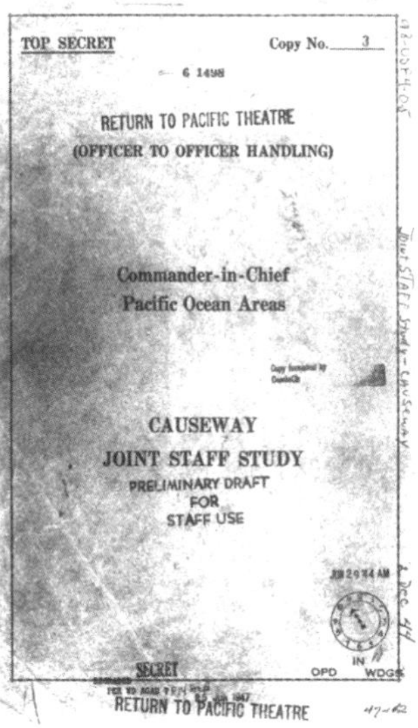

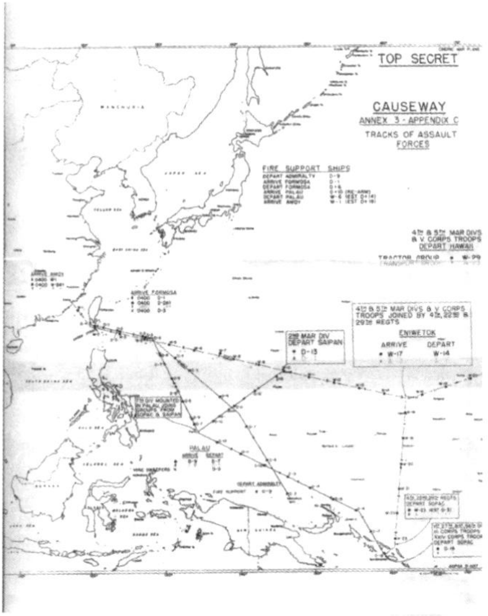

1-1 二戰末期〈棧橋作戰計畫〉與臺灣攻略圖

來源：作者翻攝自日本國會圖書館

面，該研究計畫建議必須與蔣介石取得協議，要求日本投降後由美國單獨軍政管理臺灣，只讓中國象徵性地參與。[12]

一九四四年三月，太平洋戰區聯合參謀本部建議進攻日本本土之前的三個步驟：一九四五年三月到六月，美軍占領小笠原群島、琉球群島的日軍陣地，由此可向中國中部沿海進攻；七月到九月，執行攻取臺灣「棧橋計畫」的部隊要鞏固中國中部沿海灘頭；十月一日執行攻取九州「奧林匹克計畫」（Olympic Operation），並在十二月二十一日執行「冠冕計畫」（Crown Operation），登陸本州、直取東京。[13]

六月，聯合參謀本部決定以在呂宋—臺灣—中國海岸區域內建立盟軍武力為首要目標，因此有以下幾項作戰計畫：包括 1.以西南太平洋武力占領民答那峨，於一九四四年十一月十五日行動，建立菲律賓與臺灣之間的制空權，以遏制日本之武力。2.一九四五年二月十五日行動，占領臺灣西南部與廈門，若先於一月十五日登占領呂宋，則占領臺灣計畫推遲。棧橋作戰計畫目標在占領臺灣與廈門，該計畫若成功，將在臺灣與廈門創設數十個戰鬥機聯隊、轟炸機聯隊、遠程搜索隊等等，支援總數達一千二百架飛機的空中武力；並且，可以高雄港擴充支援突擊與守備武力之船舶，以廈門港發展艦隊基地。但是，執行棧橋計畫將動用數量龐大的作戰人力，包括地面部隊、海軍、陸戰隊等共四二萬四四三六名軍力（臺灣三〇萬四五六五名、廈門十一萬九八七一名）。[14]

同時，一九四四年下半年，美方情報機關在福州招募臺灣人，與劉啟光簽約、組織臺灣工作團，從福州經雲南赴美受訓，準備登陸臺灣。此一稱為「牡蠣」（Oyster Plan）的臺灣滲透計畫，由美國特務機關戰略情報局中國戰場分部（Office of Strategic Services, China Theater, SI Branch）所主導，計畫將甄選二十四個成員，另加四位無線電報員，從福建沿岸潛入，在臺灣建立情報網。此一計畫層級頗高，甚至已送美國參謀首長聯席會議（Joint-Chief Staff，JCS）討論，計畫案中編列了一九四四年臺灣工作團（Formosa Operative Corp）經費預算。[15]但臺灣工作團團長劉啟光調動之簽呈被蔣委員長侍從室否決，要求劉回到重慶、另派人領隊前往，美方後與劉啟光解約。[16]一九四五年四月，類似的滲透計畫更名為「三角計畫」（Triangle Plan），仍在戰略情報局（OSS）總部與中國戰區分部之間研議中。[17]

對於是否攻取臺灣，美國海陸軍將領之間的不同看法相互拉鋸。太平洋戰區暨太平洋艦隊總司令尼米茲（Chester William Nimitz）主張進攻臺灣，截斷日本運往南方的補給線；西南太平洋戰區總司令麥克阿瑟（Douglas MacArthur）則堅持進攻呂宋島、收復菲律賓。七月二十六日，羅斯福總統在檀香山聽取尼米茲與麥克阿瑟的「臺灣島對呂宋島」戰略大辯論。麥克阿瑟將軍提出三大理由，主張收復呂宋島：1.反對海軍部所提對西太平洋敵人之強大島嶼（臺灣島）據點採取正面攻擊。2.臺灣人民受日本統治五十年，對美國懷有敵意，拿下臺灣做為攻取日本的基地，十分危險。3.將強大敵人集結的地點菲律賓置於後方，是極為嚴重且不必要的危險。麥克阿瑟再再指出，先前棄守菲律賓已鑄成大錯，此刻第二次犧牲菲律賓是不可饒恕的行為。但羅斯福總統擔心攻取呂宋島將會造成超過負荷能力的慘重損傷。[18]

真正不利棧橋行動付諸施行的，恐怕是計畫本身不夠周全。該作戰計畫估計進攻臺灣需動員陸軍二十一萬餘名、海軍與陸戰隊八萬七千餘名，總計三十餘萬名人力，將造成美軍嚴重兵力短缺，估計在一九四五年春歐戰結束前都無法負擔。並且，因計畫估計錯誤，將造成糧食後勤補給嚴重不足，而船艦運輸能力限制，也是必須考量的問題。基於這些缺失，計畫被要求重新檢視。[19]

日軍的情報則認為，美軍太平洋戰區聯合參謀本部雖然於一九四四年八月已完成攻占臺灣作戰計畫，但是九月對菲律賓南部實施航空攻擊時，發現日軍的抵抗意外微弱。美軍判斷，若攻取呂宋島，就可跳過臺灣、進攻沖繩；進攻沖繩要比進攻臺灣可減少人員物資的損失，作戰時間亦可縮短；更重要的是，飛機由臺灣起飛進行日本本土轟炸，途中所受的妨害較多，若由硫磺島較可排除日機截擊。在這些考量下，海軍作戰計畫部長金恩將軍（Ernest Joseph King）於一九四四年十月建議參謀首長聯席會議應在攻占臺灣島之前，先實施對呂宋島、硫磺島、沖繩之作戰。[20]

直至一九四四年十月，攫取臺灣為目標的棧橋計畫被放棄，參謀首長聯席會議下令麥克阿瑟進軍呂宋島、尼米茲的海軍陸戰隊攻取硫磺島，並在一九四五年三月執行進攻沖繩的「冰山計畫」（Iceberg Operation）。[21]

盟軍放棄棧橋作戰計畫，轉而攻取沖繩，使臺灣躲過了盟軍登陸將可能面臨的血戰、犧牲與毀滅的命運。

二、美國軍事占領臺灣之研議

就在美國海軍研擬攻取臺灣的「X島計畫」的同時，美、英、中三國在埃及開羅召開會議，發表共同聲明，宣稱戰後要將臺灣歸還中國。開羅聲明中國際強權對戰後臺灣處置做公開承諾，與美軍正在進行中的攻占臺灣作戰計畫似乎有所扞格。為此，哥倫比亞大學海軍軍政學院特別進行了國際法方面的研究。

這一份由海軍預備役菲利浦中尉（Lt. Darius V. Phillips, USNR）所提出的備忘錄，對臺灣問題提出多項重要見解：1.在國際法上，任何國家的領土主權宣稱並無法自行完成主權之合法化，**國際間政治承諾之變更僅負有道德上的義務，戰爭結束後的和平條約方能夠完成最終處置**。2.一戰後的《凡爾賽條約》第五條，確立了尊重住民自決的原則。但是，衣索匹亞（Ethiopia）、昔蘭尼加（Cyrenaica）、**臺灣**（Formosa）**等處，是由落後於西方的邊陲之民所支配之地，應該採取國際法中的「戰時占領」**（Belligerent Occupation），**而不需遵循住民自決、自我統治原則**。3.開羅宣言宣稱要將臺灣歸還中國，此歸還若是指主權轉移，顯然在戰爭結束之前是不可能落實的。為了軍事上的需要，臺灣不能立即歸還中國，而需做為大規模軍事行動占領之用。4.此政策思考是為了遠東政治情勢發展之不確定性，必須延遲主權轉移，從法律、軍事、政策觀點而言，均無法在占領後立即落實開羅宣言。[22]

所謂「戰時占領」，又稱「軍事占領」（Military Occupation），意指交戰的一方擊敗對方軍隊而控制其領土。在國際法中，軍事占領狀態下，占領軍基於對敵國領土的事實控制而具有暫時法律管轄權（Temporary Legal Authority），占領國的地位只是一個過渡性質的軍政府（Military

Government）。依據一九〇七年的海牙陸戰法，占領軍為了使居民服從、為了維護公共秩序或為了保護駐軍安全，得採取必要措施，頒布治理占領區所必需之法令；但是，占領軍措施若超過上述目的，則不合法。尤其，**軍事占領並不能變更或移轉占領區的主權、不得改變當地人民之國籍、也不得要求當地人民對占領國宣誓效忠**。[23]

該備忘錄中也提醒，軍事占領期間執行的政治經濟政策，應以促進未來中國管理為目的，減少日本人繼續擔任行政工作，並在中國合作與建議下建立本地政府。由於臺灣歷經日本五十年統治，備忘錄中認為，應逐步改變日治以來既有體系與法律，而非以另外的體系全盤取代之。[24]事後之明可知，此一國際法取向的研究極具重要性，它開啟了美國對戰後臺灣處置的軍事占領構想。

一九四四年是盟軍大反攻的一年，美澳聯軍攻下新幾內亞島、所羅門群島、馬紹爾群島，從南太平洋逐步向中太平洋推進，七月占領塞班島，九月反攻菲律賓，至一九四五年一月攻占呂宋島。控制塞班島後，從這裡起飛的美軍飛機長驅直入日本本土，進行轟炸。一九四五年三月，硫磺島再被攻下，美軍燒夷彈轟炸策略更是嚴重摧毀日本各大城市的重要設施。四月沖繩玉碎失守，日本本土淪為戰場已迫在眉睫。

日本帝國已無招架之力，美軍開始研議戰後軍事占領問題。一九四五年三月，美國國務院、陸軍部、海軍部三院部協調委員會（State-War-Navy Coordinating Committee，SWNCC）提出〈投降前日本本土及其他區域軍政府基本指導原則〉，送參謀首長聯席會議審酌。五月，SWNCC的〈遠東政治軍事問題：日本帝國及其他地區之軍事占領〉案指出，日本太平洋艦隊暨太平洋戰區總司令已在日本委任統治島嶼、硫磺島、沖繩等地設立軍政府，而越南、泰國、滿洲、香港等地之占領需另做研議。美軍在自日軍手中奪回的中國領土上施行軍政，只是暫時性，將盡快轉移給中國。[25]

在〈遠東政治軍事問題：日本帝國及其他地區之軍事占領〉案中，有關未來日本本土的占領原則，樺太（karafudo）、朝鮮、臺灣的占領問題也被提出討論。由於開羅宣言對朝鮮、臺灣問題有所宣示，國務院建議美軍應參與朝鮮之軍事占領，直到國際監理機構成立、或朝鮮獨立為止；又，**如果美軍占領、解放臺灣，應在臺灣成立軍事行政**。顯示戰爭結束前，美國對戰後臺灣接收的最初主張，是由美國組織的軍政府占領。

三院部協調委員會（SWNCC）下所設的遠東小組委員會（Subcommittee for the Far East，SFE）於六月就相關問題進一步研議。SFE指出，所謂「軍政府」是指，在島嶼、日本本土、敵人領土或從敵人手中收復之盟國領土上，以武力組成、運作之最高當局。SFE建議：1.日本四島及千島群島（Kurile）、沖繩（Ryukyu）等附屬島嶼應建立軍政府，日本無條件投降後的第一時期應予強制並嚴密規訓，第二時期予以密切監視，但隨日本展現與他國和平相處之意願與能力後放寬；軍政府占領日本直到秩序重建、投降要求被執行，以及日本建立具有能力、且被美國接受之政府為止，軍事占領期間的長短不需事先決定。2.有關臺灣部分，臺澎軍政府之建立與將來軍事行動相關，一旦美軍占領、解放臺灣，應由美國建立軍政府；與此案相對的可能性則是由中國軍隊占領並進行行政管理。結論建議，臺灣（包括澎湖群島）若被美軍占領並成立軍政府，應持續到戰後的適當時間使軍政府可轉移給中國為止。[26]SWNCC的戰後臺灣處置方案中，開始出現由中國軍隊接收的對案。

戰後究竟應由哪一國軍事占領臺灣？成為遠東小組委員會（SFE）此一幕僚單位研議的焦點。一九四五年七月，SFE表示，雖然基於以下幾個因素，戰後應將臺灣歸還中國：1. 一九四三年的開羅宣言已表明臺澎將歸還中國。2. 一九四五年五月美國總統杜魯門與中國外長宋子文會面，宋子文重申滿洲、臺灣歸還中國，杜魯門並無異議。3. 三院部協調委員會（SWNCC）先前的研究建議也提出此議。但是，SFE仍主張「美國應占領臺灣並成立軍政府，除非情況使得中國有能力執行此任務」，因為：

……開羅宣言之義務，**盟軍主要國家有責任占領臺灣並成立軍政府**，此義務之實現可由一個或多個有能力執行此任務之國家進行。

中國軍事較弱，缺乏占領臺灣時面對敵人所需之海軍突襲船艦。中國政府也無法派出夠強大、可信賴之武力前往接收日軍二十五萬軍隊之投降，並成立有效之軍政府。英國在遠東履行任務之軍力有限，中國也不會允許英國參與控制臺灣。所以，**美國是最適合前往臺灣接受日本投降之國家，應準備承擔此占領與成立軍政府之責任**。

美國占領臺灣、成立軍政府，應持續到中國已準備承接軍政府功能，或臺灣主權復歸中國為止。臺灣主權轉移受軍事與政治考量影響……若因中國大規模騷亂以致影響做為一個有責任的中國國政府的權威運作，為了美國與臺灣人民的利益，將延遲轉移給中國。

……不安定、不具效能的中國行政所引起的臺灣混亂情況，將影響遠東的經濟與政治情勢。臺灣的糧食生產為其他地區所急需，除非美國或有效能之中國行政，否則將無法迅速有效動員臺灣資源。眾所周知，臺灣存在革命運動經驗，將可能在投降時期重新活躍。缺乏效力的中國政權，不僅激發島上群眾不安，也將造成遠東嚴重的反彈。[27]

簡而言之，SFE認為儘管各項宣示主張戰後臺灣應歸還中國，但是中國政府軍事能力較弱、不具行政效能、可能引起大規模動亂，所以仍建議應由美國軍事占領臺灣。

但是，SFE的建議遭到質疑，羅伯茲將軍（F. N. Roberts）認為，臺灣即將成為中國領土，他看不出有什麼理由要美國為臺灣付出可以想見的成本？他認為SFE的研究報告隱含著對中國政府缺乏信心，無法如美國以一樣的效能、一樣的方式統治臺灣，「依此邏輯，美國應在臺灣統治到下個數千年，再也沒有比這更荒謬的邏輯了！」羅伯茲將軍強調，陸軍主張「美國應占領臺灣，除非情況使中國有能力執行此任務」，他建議應該倒過來，改為「中國應占領臺灣並成立軍政府，除非情況使中國無法執行此任務」。[28]

此一措辭毫不客氣的意見在討論過程中獲得支持，戰後美軍占領臺灣政策出現重大轉折。最後，遠東小組委員會（SFE）的研議結論，修改如下：

1. **中國應占領臺灣並成立軍政府，除非情況使中國無法執行此任務。**
2. 若美軍援助中國占領臺灣，是為了保護美國人員與供給，美軍對軍政府並不具責任。
3. **如果中國無法占領臺灣，應由參謀首長聯席會議**（JCS）**與**SWNCC**協議後由美國占領。**[29]

就在美軍三院部協調委員會（SWNCC）密集研議是否由美國軍事占領臺灣之際，一九四五年四月十三日美國總統羅斯福腦溢血逝世，副總統杜魯門繼任總統。此時，二戰進入最後階段，面對歐洲戰場、亞洲戰場的複雜課題，臺灣處置並未能進入這位新總統的重要議程中，他決定跟隨羅斯福總統的開羅宣言立場。八月十日，日本天皇表達投降意願，十二日美國總統杜魯門指派麥克阿瑟將軍為盟軍最高統帥接受日本投降，並批准一般命令第一號（General Order No.1），交由盟軍最高統帥麥克阿瑟將軍執行，其中規定「在中國（滿洲除外）、臺灣、及北緯十六度以北之法屬印度支那境內的日本高級指揮官及所有海陸空軍及輔助部隊應向蔣介石總司令投降」。[30]十五日，日本宣布無條件投降；九月二日盟軍在東京灣密蘇里艦上舉行受降典禮後，盟軍最高統帥麥克阿瑟發布了第一號命令。

由於情勢變化，八月二十三日，SWNCC的臺灣占領作業中指出，盟軍第一號命令要求臺灣島上之日軍向蔣介石委員長投降，因此，戰後應由中國占領臺灣、建立軍政府，除非情況使之無法執行任務。但美方也注意到：「因中國軍力弱、且情勢不安，目前無法確定中國是否有能力承擔占領臺灣之責任」；「**如果中國無法執行的情況變得明顯，必須由美國代為占領臺灣、成立軍政府，並**

持續到在美國政府同意下，轉移給一個可負責的政權（be turned over to a responsible regime）」。[31]

綜合而言，二戰中美軍與幕僚機構曾有武力攻取臺灣計畫，並研議由美國主導建立軍政府統治。但決策當局一方面希望貫徹開羅宣言之宣示，一方面又不願為即將成為中國領土的臺灣付出太高成本，就在戰爭最後階段、美國新任總統剛接手期間，決定在臺灣之日軍須向中國的蔣介石委員長投降，由中國軍隊占領臺灣。值得注意的是，美方十分清楚中國政府的能力局限，故保留了代為占領、轉移給可負責的政府的可能性。

第二節　二戰末期中國政府的對臺政策

一九四一年底太平洋戰爭開打後，國民政府對日宣戰，一九四二年十一月國府外交部長宋子文在記者會上首次表達中國應收回東北四省、臺灣、琉球，以及朝鮮必須獨立的立場。[32] 但面對各方呼籲應有積極作為，國府當局態度保留。例如，臺灣革命同盟會主席張邦傑請願案，建議國民政府宣布臺灣為中國誓將收復的領土、公布臺灣為中國之行省、飭令中國各地政府對臺人待遇平等、一視同仁，並協助發展臺灣革命力量等等，但因認為此些事宜「事關國策」、「為避免他國疑慮起見」等理由，軍事委員會委員長蔣介石批示「緩議」。閩粵臺灣歸僑協會理事長劉啟光也請求中央宣布臺灣為中國淪陷之一省，國防最高委員會同樣批示「緩議」。[33]

直到一九四三年十二月開羅會議後，國民政府態度開始轉變。此時，臺灣革命同盟會呈請設立臺灣省政府之請願案，當局認為，「臺灣設立省治，奉委座批示緩議……惟查本年十二月初，中、美、英三國領袖在開羅會議，對遠東政策方面，有恢復臺灣主權之決定。近日我國輿論，亦力主光復臺灣。**現由於國際情勢轉變，臺灣設省之議，似可加以考慮。**」但行政院祕書長張厲生仍批示「先交內政、外交兩部核議，並不宜喧騰過早」。[34] 內政部長周鍾嶽則認為，開羅會議明示戰後臺澎諸島將歸還中國，當局宜未雨綢繆、先行籌劃，建議先交中央設計局詳加研究、妥當計劃。[35]

一九四四年元月，蔣介石指示行政院祕書處、對日工作委員會著手研究收復臺灣之政治準備工作。三月，行政院祕書長張厲生與對日工作委員會主委王芃生會商後建議：

……依盟軍所採用之方式自為軍政府之組織，此項軍政府似應由我國主持，目前擬即由行政院令飭外交部相機與美英等國商洽，於收復臺灣時由我國前往組織軍政府之具體辦法，俾便將來實施。[36]

行政院並希望收復臺灣後設立行省，但在此之前先在行政院下成立過渡性質的「臺灣設省籌備委員會」，由政府派大員主持。但是，對於臺灣收復問題外交部有不同看法。外交部清楚認知戰後臺灣接收問題是盟軍整體接收計畫的一環，並非中國可以獨自決定，不宜專就臺灣問題提出要求，因此建議政府應就盟軍所占領地區，要求派遣中國軍事人員加入盟軍指揮部：

……查此項問題，為盟軍在遠東與太平洋作戰期間，對於收復與占領地區究應如何管理問題中之一部，我方此時似不宜專就臺灣一地之管理問題擬具辦法，應顧及整個局面，就此一戰區收復與占領地區之管理問題，擬具全盤計畫（包括臺灣在內），向美英二國進行洽商。[37]

蔣介石接受了外交部的建議，指示外交部先就《遠東戰區內收復暨占領地域行政管理協定草案》與美英進行洽商，將來根據該協定之原則、再就臺灣實際情形，與美英商定管理之詳細辦法。[38]顯然，國民政府最高當局確知戰後臺灣是盟軍的占領區，並非自然成為中國政府的領土。

一九四四年四月，蔣介石指示國防最高委員會中央設計局下成立**臺灣調查委員會**，統籌規劃臺灣收復事宜。臺灣調查委員會討論過程中，委員們大多認為盟軍（美國）將登陸臺灣，並未就軍事占領問題多做具體研議，只討論如何進行行政接收。[39]十月，臺灣調查委員會提出〈臺灣接管計畫綱要〉，主張接管臺灣後成立省政府，適用國民政府一切法令，但臺灣省政府以中央委託方式、賦予較大之權力。次年三月，由蔣介石核定通過。[40]

由於〈臺灣接管計畫綱要〉未考慮取得臺灣時之軍事占領問題，直接以臺灣成為中國版圖後之行政工作為目標，外交部對此一設計頗感質疑。外交部建議：

關於臺灣之接收，本部以為，為便利推進起見，似**有就軍事占領臺灣時期與臺灣正式改隸我版圖時期，分別設計之必要**。在軍事占領臺灣時期，其軍事責任自應暫由占領軍負擔，如進攻臺灣者係盟軍，則我應派遣「軍事聯絡特派員」加入盟軍統帥部隨同登陸部隊行動……此節似即應與軍事機關預為接洽設計。在臺灣正式改隸我版圖時期，外交方面再由本部呈准設立……[41]

但是，臺灣調查委員會主委陳儀對外交部軍事占領與版圖改隸分別處理的建議不以為然，他先致函中央設計局主任熊式輝指出：

臺灣屬於光復區，**且經開羅會議決定交還我國，故軍事占領之日即為我光復舊物之日**，亦即敵人政權消滅之日。此與一時的軍事占領目的達後即行撤退者有別，即與先經軍事占領後於媾和條約中訂定割讓之土地亦殊不同。……故軍事占領時期與正式歸我版圖時期之劃分似無必要。[42]

在取得熊式輝的支持後，陳儀覆函外交部：

查臺灣原係我國領土，軍事占領之日，自是正式歸還我國版圖之時期。……故占領時期與正式改歸版圖時期，無分別設計之必要。且本綱要所訂者，什九為「正式歸我版圖時期」應辦之事。[43]

毫不在乎外交部意見、無視國際法規範的陳儀，不願承認臺灣接管計畫的設計疏失。果然，戰爭結束後，國府頒訂的〈臺灣接管計畫綱要〉無法付諸施行，而由臺灣軍事占領計畫取代。

第三節　美中合作軍事占領臺灣

一、美中共擬臺灣軍事占領計畫

美國杜魯門總統於八月十二日指派麥克阿瑟將軍為盟軍最高統帥代表受降，並批准一般命令第一號，其中規定中國（滿洲除外）、臺灣、北緯十六度以北之法屬越南境內之日軍，向蔣委員長投降。國府當局透過美軍總部獲知杜魯門總統對麥帥之指令內容。[44]但因中國缺乏可用的海、空軍，且臺灣島上還有二十萬日軍，因此蔣介石於十四日請求美軍總部協助中國軍隊占領臺灣。應蔣介石之請，美方著手研擬占領臺灣（包括澎湖）計畫大綱。[45]中美參謀聯席會議先於八月二十五日共同擬定了〈收復臺灣計畫要點五項〉，做出原則性規定：

1. 收復步驟：命臺灣總督派出軍政代表及指定之臺民耆望，攜帶所需文件前來南京受降，並交付指示返臺執行。
2. 軍政組織：立即組織**臺澎警備總司令部暨臺灣省行政長官公署，由警備總司令兼行政長官施行軍事管理**。
3. 派行部隊：派出七個師、一個憲兵團赴臺。

4. 開始日期：搭乘美方船艦，十月十五日開始，約半個月完成接收。

5. 警戒措施：海運及登陸均由美國海空軍掩護，臺澎之日本海空軍可由美方先行代為接收，另於福建置一軍以備應援。[46]

此一要點以備忘錄形式致魏德邁（Albert Coady Wedemeyer）將軍洽辦，並送蔣介石核示。接著，中美雙方更進一步研擬接收臺灣的具體細節。

（二）美方的〈臺灣占領計畫〉（Occupation of Formosa）

八月二十九日，中國戰區美軍總部（Headquarter of U. S. Forces, China Theater）完成〈**臺灣占領計畫**〉。計畫大綱中最值得注意的重點包括：

1. 中國占領軍之任務：接受日軍投降、解除日軍武裝、遣返日軍與日民、成立新政府、釋放戰俘、調查戰犯等等。

2. 軍事占領前對臺灣總督之指令：日本簽署投降後，應通知臺灣總督備妥投降相關文書到中國指定地點，並派遣忠誠的臺灣人代表陪同，以確認日方所提供訊息。會議結束後，派遣中國代表前往臺灣，以確保臺灣總督執行中國占領軍隊到來之相關安排。

3. 在臺灣成立新政府之準備：中國已選任一行政長官處理解放事宜、成立新政府，使臺灣成為中國收復之一省。此一**行政長官**（Governor-General）**同時為臺灣占領軍之軍事總司令，同時具有軍事與民政雙重性質，並向蔣介石委員長負責**。因為行政長官具有雙重任務，宜派遣包含軍事與民政之政府人員與軍事人員密切合作占領事宜。

4. 與美軍太平洋武力之協調：臺灣占領之準備與行動期間，中國戰區美軍統帥魏德邁將軍與蔣介石委員長將有效配合，所有計畫與命令將知會盟軍最高統帥（Supreme Commander of the Allied Powers，SCAP）麥克阿瑟將軍與美國太平洋艦隊總司令（CCUSPF）尼米茲上將。

5. **組成「美軍聯絡組」**(U. S. Liaison Group)：應中國之要求，美軍聯絡組將成立，以協助中國軍事當局執行占領任務。聯絡組由中國戰場之美軍資深軍官組成，提供美國海軍、空軍、技術相關細節之建議與協助，及日軍裁撤與遣返、戰俘解放與遣返等與臺灣占領有關之任務。美軍聯絡組應盡早成立，以幫助中國軍事幕僚完成詳細占領計畫之準備。聯絡組由中國戰區美軍總司令魏德邁將軍指揮，預計將在中國政府成立三十天後撤離，其功能將另組美軍顧問團（U. S. Military Mission）接替。[47]

在美軍總部所提〈臺灣占領計畫〉中特別說明「行政長官」具有臺灣占領軍總司令與民政工作的雙重性質，此職務的設定大大不同於臺灣調查委員會所主張一般民政性格的省主席制。**此一重大轉變，是戰後臺灣行政長官公署制創立的由來**。

其次，〈臺灣占領計畫〉可以看出中國戰區美軍總部角色甚為吃重，美軍總司令魏德邁的態度至為重要。魏德邁是二戰期間對蔣介石最為友好、也最受蔣介石信任與尊重的美國軍事將領。[48]

一九四一年珍珠港事變後，中國對日宣戰，為協調各同盟國派駐在中國戰區的軍隊，中國戰區總司令蔣介石建議美國選派高級軍官前來，一面擔任中國戰區美軍總司令，一面擔任中國戰區盟軍參謀長。[49] 此一中國戰區美軍總司令兼盟軍參謀長的職務起初由史迪威（Joseph W. Stilwell）出任，因與中國戰區總司令蔣介石不斷摩擦、關係緊張，後由魏德邁接手。魏德邁在中國戰區盟軍參謀總部下，組織中美參謀聯席會議，每週召開聯席會報，中美雙方始合作愉快。[50] 戰後，由魏德邁將軍率領美軍協助蔣介石委員長占領臺灣，並應中國要求組成美軍聯絡組，協助所有占領細節。

1-2　中國戰區美軍總司令魏德邁將軍

來源：Wikimedia Commons

（二）中方的〈臺灣省收復計畫大綱〉

在八月二十五日美中共同擬定的〈收復臺灣計畫要點五項〉出爐後，二十七日，戰時中國最高黨政軍協調決策機關國民黨國防最高委員會常務會議決議「特任陳儀為**臺灣**行政長官」。但是，當國民政府文官長吳鼎昌將此決議告知陳儀後，陳儀認為，「**臺灣收復以後，自應稱為『臺灣省』**，以與其他各省一律，惟際茲收復之初，政治與軍事相輔而行，本人又受命兼任臺灣警備總司令，故必須有一權力較大之臨時機構，俾得統一事權妥為運用，將來接收竣事秩序平復，自應按照常軌，依省制改組。」吳鼎昌將陳儀意見上呈，蔣介石指示，「臺灣下**加**一**省字**，稱為臺灣省行政公署。」因為蔣介石此一指示，國防最高委員會未再開會，其決議竟然就更改為「特任陳儀為**臺灣省**行政長官」。[51]

隨後，中方於九月四日完成〈**臺灣省**收復計畫大綱〉，重點包括：

1.方針：中國政府依據開羅宣言、波茨坦宣言、日本簽訂之投降條款，應於美軍登陸朝鮮仁川後，派遣部隊及行政人員，由美方協助進占臺灣及澎湖列島，解除日軍武裝（第一條）。

2.實施要領：先令日本臺灣總督派負責代表率軍政人員攜帶規定文件，偕同指定之臺民耆望前來南京簽訂投降文件，再由國府派隊掩護行政人員運往臺灣實施占領及接收（第二條）。**軍事占領對可能發生之抵抗及騷亂，需有應戰之準備**（第三條）。**占領後之初期宜採取類似軍政府之制度，以實施軍事管理**，再逐步推行，建設模範政治（第四條）。

3.軍事：先以兩軍六師、一個憲兵團及若干海空軍的兵力前往占領，並在福建設置一軍，準備應援（第六條）。軍隊啟運時間為十月十五日，**運輸及掩護均由美方擔任**，具體計畫由陳儀長官與美方策定（第七條）。**登陸占領及解除日軍武裝一切期間，其海、空掩護均由美方擔任**，因此**美方須派出聯絡組保持中美兩軍之密切聯繫，提供諮詢**，於警備總司令部組成後三十天開始撤回，必要時另由美方派遣軍事代表團。又，臺澎日本海空軍之受降，由美方協助辦理（第八條）。盟俘之釋放及生活維持、安全保障，在我軍抵達前由日方照指示負責，並得由盟方先予救濟，我軍登陸後應即妥善交由盟方負責人員處理（第十一條）。日軍、日民及盟國釋俘之遣送，由盟方統籌辦理（第十二條）。

4. 政治：為實施軍事管理，臺灣省警備總司令由臺灣省行政長官接任，並設置長官公署，允盟方派遣政治聯絡人員以備諮詢（第十三條）。日本官吏一律解除職務（第十四條）。日人以悉數遣回、其財產以沒收抵充賠款為原則（第十五條）。**為維持秩序、防制反側，中央宜多派精良警察幹部加入臺警，配合中央所派特務人員建立情報網**（第十六條）等等。[52]

5. 另有經濟、宣傳等方面之規定。

〈臺灣省收復計畫大綱〉，在中美軍事合作占領臺灣、日本投降程序、成立美軍聯絡組、軍隊啟運時間、日軍日人全數遣返、戰俘遣返等原則，都與美方所擬之〈臺灣占領計畫〉高度一致。但是，中美雙方關心重點也有差異之處，例如：第一，接收後的物資收繳運用、沒收日人土地、財政金融等。第二、占領後的警政、法治、除奸，尤其是多派警察配合中國中央政府之特務人員在臺建立情報網，這是美方〈臺灣占領計畫〉中所未提及的。

中國政府為何認為占領臺灣後最首要的政治工作之一是建立情報網？其決策過程如何？尚待

檔案史料加以說明。不過，戰後最先進入臺灣建立組織的，確實就是特務機關。

日本投降後，先有臺灣軍參謀長諫山春樹偕西浦節三、杉浦成孝兩參謀等前往南京，協調臺灣受降準備工作。[53]其次，中國戰區陸軍總司令何應欽通知日本駐華日軍最高指揮官岡村寧次，電令臺灣耆老林獻堂、羅萬俥、林呈祿、陳炘、蔡培火、蘇維樑等人到南京參加中國戰區受降典禮，都可說是中美共同計畫的具體實踐。[54]

日本帝國政府於九月二日於東京灣密蘇里艦上正式向盟軍最高統帥麥克阿瑟將軍投降後，麥帥發布第一號命令，命中國（東三省除外）、越南北緯十六度以北，及臺灣、澎湖列島之日軍，向中國戰區最高統帥蔣介石投降。九月九日，中國陸軍總司令何應欽代表蔣介石，日方由中國派遣軍總司令岡村寧次代表，於南京舉行受降典禮。

日本降書第一條表示「日本帝國及大本營向聯合國最高統帥無條件投降」；第二條、第三條則說明是遵照聯合國最高統帥第一號命

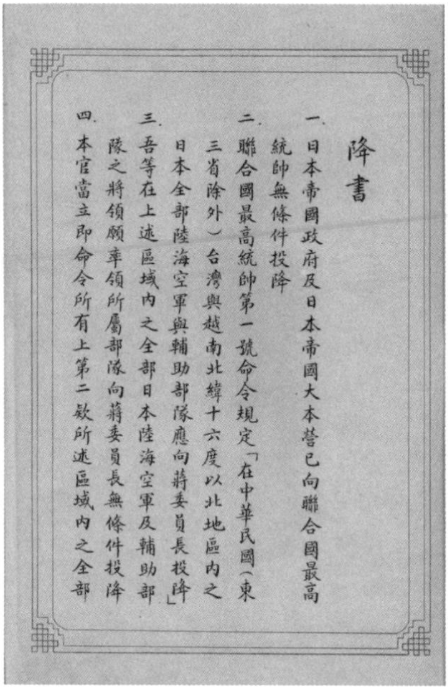
降書
一、日本帝國政府及日本帝國大本營已向聯合國最高統帥無條件投降
二、聯合國最高統帥第一號命令規定「在中華民國（東三省除外）台灣與越南北緯十六度以北地區內之日本全部陸海空軍與輔助部隊應向蔣委員長投降」
三、吾等在上述區域內之全部日本陸海空軍及輔助部隊之將領願率領所屬部隊向蔣委員長無條件投降
四、本官當立即命令所有上第二款所述區域內之全部

1-3 日本帝國降書首頁

來源：國史館

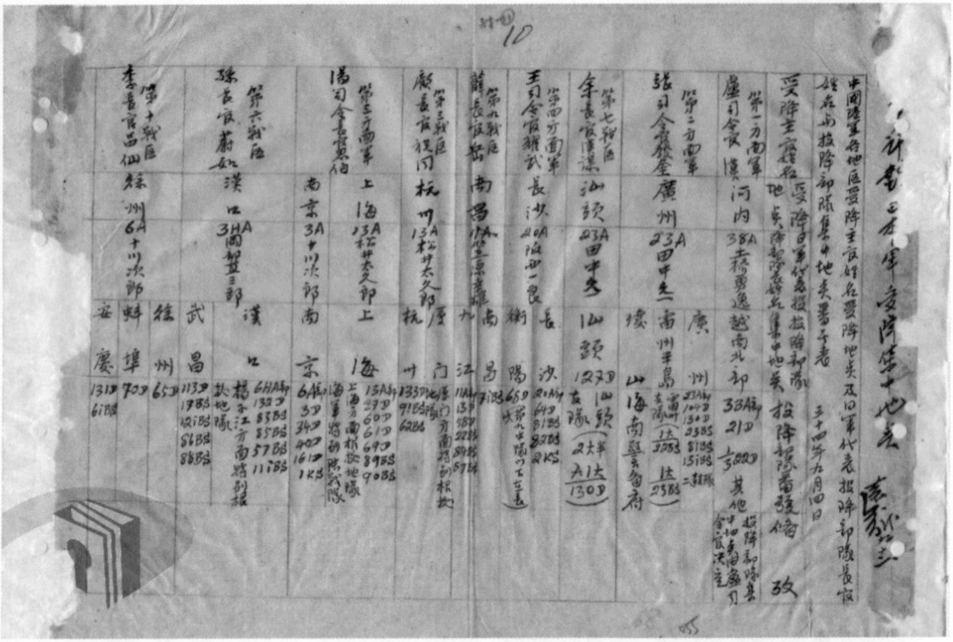

中國陸軍各地區受降主官姓名受降地點及日軍代表投降部隊長官姓名與投降部隊集中地點一覽表

三十四年九月四日

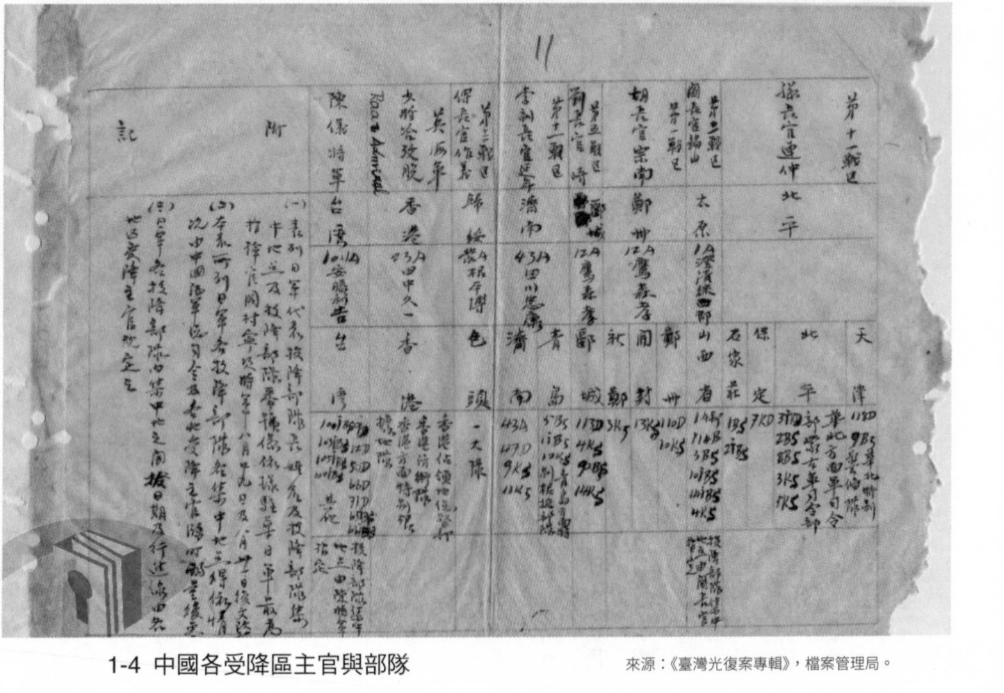

1-4 中國各受降區主官與部隊

來源：《臺灣光復案專輯》，檔案管理局。

令，在中國（東三省除外）、越南北緯十六度以北，及臺灣、澎湖列島之日軍，向中國戰區最高統帥蔣介石無條件投降。

接著，中國陸軍總司令何應欽再指派了各戰區受降主官與受降部隊。其中，陳儀接收臺澎，香港之受降因英國政府之關切，而由英國海軍少將代表接收。

國民政府主席蔣介石任命陳儀為臺灣省行政長官後，九月四日，蔣介石再以軍事委員會委員長身分任命陳儀兼任臺灣省警備總司令。[55] 原先，臺灣調查委員會所完成的〈臺灣接管計畫綱要〉建議戰後在臺灣成立臺灣省政府，此一建議並未落實，臺灣接收政策出現大轉彎，軍事占領體制建立，由行政長官兼警備總司令負責執行。但在此過程中，美國所擬定的「臺灣」占領計畫則被中方改換成具有領土意涵的「臺灣省」名稱。

二、從軍事占領到「臺灣光復」

（一）特務機關先抵臺灣

二次大戰末期，美國成立情報協調統合機構戰略情報局（OSS），主任為唐納文（William Donovan），全盛時期成員規模達一萬三千人。戰爭結束後，情報機構存廢問題引起討論，一九四五年十月OSS一度縮編成為戰略情報組（Strategic Services Unit，SSU），直到一九四七年九月正式成立美國中央情報局（Central Intelligence Agency，CIA）。[56] 為免行文繁複，以下筆者將戰後初期戰略情報局派駐臺灣的情報單位稱為OSS小組。

戰時，美國戰略情報局（OSS）全力擴展在中國的情報工作，受到美國陸軍部與中國戰區美軍總司令史迪威將軍的反對，但魏德邁接任中國戰區美軍總司令後，積極協助OSS在中國的情報組織發展，除了OSS重慶分部之外，陸續在芷江、西安、北平、滿洲等地建立基地，主任唐納文還親自訪問中國三次。自一九四四年到一九四五年，OSS在中國的特工人員也從一〇六人發展到一八九一人。[57]

另一方面，太平洋戰爭期間，美軍為收集日軍動態、氣象資料等情報，派遣海軍中校梅樂斯（Milton E. Miles）與軍事委員會調查統計局（軍統局）商議合作事宜，中美雙方議定由美國海軍部長諾克斯（Frank Knox）、OSS主任唐納文、梅樂斯三人，中國方面代表國民政府外交部長宋子文、軍統局副局長戴笠、駐美大使館副武官蕭勃三人，於一九四三年四月在美國華府共同簽署《中美特種技術合作協定》，七月成立中美特種技術合作所（Sino-American Cooperative Organization，SACO），由戴笠、梅樂斯分別擔任中美合作所正副主任。軍統局與OSS在戰爭期間主要合作項目包括氣象情報、無線電密碼偵譯、中國沿海水域日軍布雷偵查等。此外，美方也協助軍統局訓練武裝隊伍忠義救國軍、別動隊，提供槍枝彈藥。[58] 戰後最早抵達臺灣者，就是這些中美特務人員。

軍統特務人員喬家才指出，日本投降後，美軍總部魏德邁將軍亟欲接運在臺灣集中營的盟軍戰俘回國，請求中美合作所協助。軍統局閩南站站長陳達元在戰爭期間曾經陪同中美合作所副主任梅樂斯將軍調查福建沿海地形、擔任中美合作所第六訓練班幹部，戰後應美方要求，派遣軍統局幹員黃昭明協助美軍接運戰俘的工作，偕同魏德邁將軍所派遣的陸軍上尉考克、海軍上尉麥克蘭與空軍上尉薛昂，於八月三十日從廈門出發，九月一日抵達基隆。[59]

對照美方檔案，喬家才之說確實可信，只是，喬家才弄錯了考克等人的軍階。九月一日，第一批抵臺的盟軍人員是美國空軍地勤支援小組（Air-Ground Aid Section，AGAS）。AGAS人員自一九四五年七月起參與中國戰區美軍總部人事復原計畫，探訪戰俘營、接觸戰俘，並受陸軍部委託進行隔離、審訊工作，戰爭結束前後被派至北平、上海、廣東、漢口、海南島等處工作，其中一個小組被派到臺灣來。AGAS臺灣小組分成南北兩小隊，南隊於八月二十日搭乘驅逐艇自廈門出發，成員有薛昂中尉（Lt. John L. Sehon）、考克中尉（Lt. W. T. Cook）與麥克蘭中尉（Lt. John A. MacLellan），九月一日抵達基隆。北隊有瓊斯上尉（Capt. Edward S. Jonse）、懷特中尉（Lt. John C. White），九月一日搭乘戎克船自福州出發，八日抵達基隆。AGAS人員的主要工作是調查戰俘、安排戰俘遣返、尋找被擊落盟軍飛行員、失蹤盟軍人員等等。[60]

九月八日，急救組（SOS Group）由查理農中校（Lt.Col. Charignon）帶領抵臺，進行死亡盟軍人員墓地登記工作。

隨後，美國OSS人員也抵達，他們與AGAS人員合作分批撤出一二七九位戰俘到菲律賓。另外也確認被擊落、失蹤的一三一位飛行員，其中八十八人葬於臺灣島上。[61]據OSS人員在九月九日所發出的情報指出，當時在臺灣的美國人分屬不同單位，包括：AGAS、SOS與代號金絲雀（Canary）的OSS任務小組，共二十四人。[62]完成工作後，SOS人員於十月十二日離臺，

AGAS小組於十一月十四日自基隆撤出，組長麥克蘭於十一月十七日自臺中機場搭機離去。OSS小組則停留到直到一九四六年三月三十日止。

OSS小組第一任組長是克拉克（Leonard Clack），第二任組長為摩根（William Morgan），成員們自九月八日起在臺蒐集情報、調查臺灣政治經濟狀況，尤其關心共產黨人員活動情形，至一九四六年元月，提出詳盡的〈臺灣報告書〉（A Report on Formosa）。[63]

值得注意的是，中國特務人員也在九月一日隨著AGAS人員一同抵達臺灣，分別是軍統局人員張士德、黃昭明與廈門省政府顧問黃澄淵，他們在臺灣進行地下工作，並籌組三民主義青年團。[64] OSS小組情報指出，兩名軍統局人員正以中國政黨的身分在臺灣招募黨員及潛伏線民。[65] 組長克拉克也發出電報，指張士德透過王萬得組織臺北流氓一千人，與惡名昭彰的藍衣社在中國的做法相似，臺灣並無黑幫暗殺的傳統，但張士德的組織有強烈的恐怖主義傾向。此外，張士德貪婪地聚斂黃金、珠寶。[66] 不過，隨後與美軍聯絡組一起抵臺的葛超智卻認為，美方人員與軍統局合作，負責掩護張士德、黃昭明的調查工作。[67]

前文曾特別指出，〈臺灣收復計畫大綱〉建議占領計畫應多派警察幹部入臺，「配合中央所派特務人員建立情報網」，這是美軍原擬〈臺灣占領計畫〉中所未提到的事。有關中國政府在日本投降後即派特務人員入臺、布置情報網之詳情，將在第三章說明。

（二）〈臺灣省占領計畫〉

一九四五年九月一日，臺灣省警備總司令部在重慶成立，柯遠芬任參謀長，四日，軍事委員會委員長蔣介石指示臺灣省行政長官陳儀兼任臺灣省警備總司令，指揮第六十二軍、第七十軍二〇八、二〇九師、憲兵一團負責臺灣、澎湖之受降。警備總部籌備工作重點在密切聯繫中國戰場美軍總司令部、每週定期舉行中美參謀會報，加緊擬定臺灣占領計畫、及軍隊運輸問題。[68]

為協助中國軍隊占領臺灣，魏德邁領導的美軍總部組成了美軍聯絡組（U.S. Liaison Group，又稱臺灣聯絡組，Formosa Liaison Group）。聯絡組組長顧德理上校（Col. Gridely）、參謀主任貝格上校（Col. Pegg），成員包括凱福中校（Lt. Col. Cave）、韓特中校（Lt. Col. Hatt）、開源中校（Lt. Col. Kenyon）、茂英少校（Maj. Vivian）共約一百名，分為G1（人事總務）、G2（情報）、G3（作戰）、G4（後勤）、G5（政策）等等，定期與警備總部人員召開中美參謀聯合會報。[69]

第一次中美參謀聯合會報決議中美參謀直接聯絡為原則，不能解決之問題才各自向上級請示。中美聯合會報於每週一、四舉行，警備總部前進指揮所由中美雙方聯合組成，十月五日前搭乘運輸機飛臺北，接下來每週密集集會，商議軍事接收臺灣的各項細節。[70]

〈臺灣省收復計畫大綱〉通過後，國府軍事委員會指示盡速擬定占領計畫，警備總部前進指揮所與美軍總部於十月初共同完成〈臺灣省占領計畫〉，對軍事占領細節提出規畫。本計畫方針是為了「接收日軍之投降、解除其武裝、占領全部臺灣，同時掩護我軍政等之接收，監視日軍日人徹底履行投降條款」。第四條規定，「登陸占領初期、對可能發生之抵抗，須預有應戰之準備，爾後對勢將發生之騷亂，須有鎮壓剿辦之警備措施。」第七條更明白規定，「占領實施係與盟方之聯合

極機密

台灣省佔領計劃

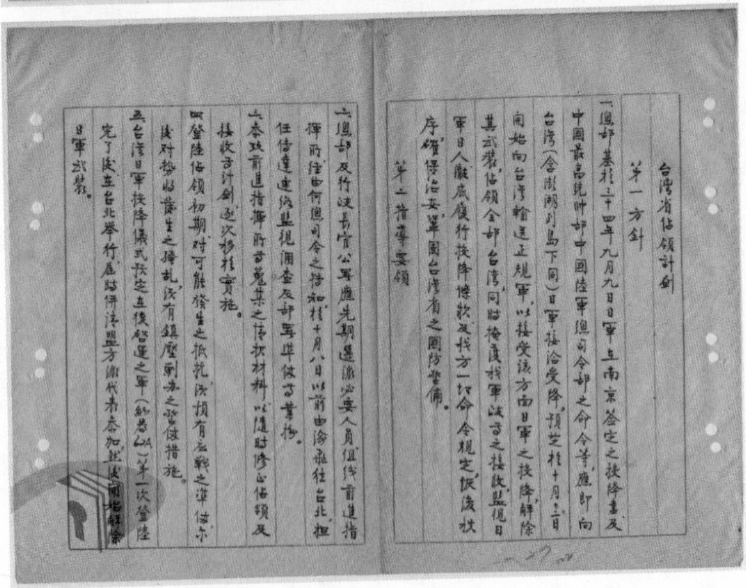

台灣省佔領計劃

第一　方針

一、總部基於三十四年九月九日日軍在南京簽定之投降書及中國最高統帥部中國陸軍總司令部之命令等，應即向台灣（含澎湖列島下同）日軍接洽受降，預定於十月二十日開始向台灣輸送正規軍，以接受該方面日軍之投降，解除其武裝，佔領全部台灣，同時接管我軍政方之接收，監視日軍日人徹底履行投降條款及我方一切命令規定，恢復秩序，確保治安，鞏固台灣省之國防警備。

第二　指導要領

二、總部及行政長官公署應先期選派必要人員組織前進指揮所，經由何總司令之特派於十月八日以前由渝飛往台北，担任傳達連絡監視調查及部署準備等業務。

三、本部前進指揮所所蒐集之情報材料，以隨時修正佔領及接收方計劃，逐次移於實施。

四、登陸佔領初期，對可能發生之抵抗，須預有應戰之準備，尔後對勢將發生之擾亂，須有鎮壓剿辦之警備措施。

五、台灣日軍投降儀式預定在後留運之軍（約為山A）第一次登陸完了後，在台北舉行，屆時併請盟方派代表參加，此後開[illegible]解除日軍武裝。

1-5〈臺灣省占領計畫〉

來源：《臺灣光復案專輯》，檔案管理局。

行動，雙方之聯繫務須密切。」

〈臺灣省占領計畫〉中，盟軍與國府分工明確，國府軍之運送、登陸、占領、解除日軍武裝至接收期間，一切海上及空中警戒掩護，統由盟軍擔任，陸上警戒則由國府軍隊擔任，六十二軍及七十軍由盟軍派船運臺，相關執行計畫都由盟軍策定後抄送警備總部轉知各軍。而日軍投降儀式預定在臺北舉行，「屆時併請盟方派代表參加」。[71] 其次占領部署方面，警備總部前進指揮所人員先前抵達臺北市，總司令陳儀可於日軍簽降前到達即可。臺北地區指揮官第七十軍軍長陳孔達中將率部於十月十三日自淡水登陸，向基隆、臺北、新竹地區開進，軍部駐紮臺北市附近；臺南地區指揮官第六十二軍軍長黃濤中將於十一月以一師兵力自高雄附近登陸，主力至臺南市附近登陸，向臺中、嘉義開進，軍部駐紮臺南市附近；臺澎要港司令李世甲率領十二軍第一營，後命進駐澎湖區域；另第二〇八師、二〇九師集中福州附近為預備隊，必要時向臺灣增援或換防。日本軍隊解除武裝方面，規定日本陸、海、空軍在各指定定點集中，解除武裝、繳交裝備；解除武裝之日軍向蘇澳、梧棲、高雄等港口集中，由國府軍隊監視，待運返回日本。其他並就戰俘戰犯制定專章，規定盟國戰俘交盟方處理，中國戰俘、被扣人員及所有政治犯交國府軍接收等等。[72]

美中合作占領臺灣過程中，特別重視合作關係之密切、順利。九月二十四日，臺灣省行政長官兼警備總司令陳儀特別出席參謀聯席會議致意，向美軍聯絡組人員表示「到臺灣以後，在軍事上之一切，仍希望能與美國密切合作」。[73] 九月二十七日中美參謀聯席會議上特別提案強調「中美雙方到臺灣後更須充分合作，無論在日人與臺人場合中，均要表現無遺」，決議「雙方須特別注意合作精神」，並下令所召部隊官兵一律按照陸軍禮節切實施行以示尊重，[74]十月一日中美參謀聯席會議決議，此次赴臺灣接收日軍投降事宜，中美聯絡極為重要，有關中美雙方之重要命令、計畫、規定，均需抄一副本相互交換，藉以連繫、相互通報。[75]抵臺後，警備總部特別發出通報表示，為促進警備總部與美軍聯絡組密切合作，總部所有計畫及重要命令均飭令各主管須先與美方會商、共同擬稿、或先請美方提出方案；發送日方及下達所屬之重要文電副稿，則由專人親送美軍聯絡組組長顧德理上校並闡明內容；警總各處室需設置美軍聯絡官辦公桌以便利工作；並通令各處主官在公、私方面多與美國軍官保持接觸、以促進感情融洽。[76]

從中美參謀聯席會議紀錄來看，中美雙方合作過程中，對美軍聯絡組處處禮遇、奉為上賓，美方在軍事占領過程中的重要性不言可喻。

(三) 占領計畫之執行與變異

一九四五年九月，中國空軍第一路司令張廷孟被授命接收空軍，中校張柏爵任第二十二地區空軍司令（臺灣北部），中校林文奎任第二十三地區空軍司令（臺灣南部），分別在十四日、二十六日進駐臺北、臺南兩地。[77]

十月五日，前進指揮所官兵葛敬恩、副主任范誦堯等七十一名分乘美軍運輸機五架飛抵臺北，美軍聯絡組參謀主任貝格上校隨同前來。由於次日將與日方會談，前置準備方案中對會場布置、座位安排等都做了詳盡規畫。[78]這些規畫表現在六日前進指揮所與日方臺灣第十方面軍代表第一次會面的場合。會議選在臺灣總督官邸，會場懸掛五十二個盟國小型旗幟，主席是前進指揮所副主任范誦堯，他身後樹立中、美、英、蘇四國國旗。與日本第十方面軍參謀長諫山春樹簽訂的第一號備忘錄會議紀錄中，美軍聯絡組參謀主任貝格上校也以盟國代表身分名列其中。[79]

接著，為使國府部隊順利登陸臺灣，美國派遣掃雷艇及偵察機，掃除各港口之魚雷，並嚴密偵查日軍動態，十七日在美國軍機掩護下，臺灣省行政長官公署與警備總部軍政人員二百多人抵臺，中國陸軍第七十軍約一萬五千名官兵搭乘美國軍艦自基隆港登陸。[80]美軍聯絡組成員約一百名人員也在十八日抵達，[81]隨時提供占領臺灣的各項協助工作。十一月，第六十二軍抵臺，中國軍隊在臺人數達四萬名。

臺灣省行政長官暨警備總司令陳儀在十月二十四日飛抵臺北機場，美軍聯絡組組長顧德理上校同機抵達，美國總統杜魯門的私人代表洛克（Mr. Locke）也在這一日抵達。[82]二十五日將舉行日軍受降儀式，由於日軍受降儀式已於九月九日在南京舉行過，陸軍總司令何應欽將軍特別指示陳儀，**臺灣的受降儀式上不再簽署降書，只需交付行政長官陳儀命令、並令日軍代表在受領證上簽字即可**。[83]

比較南京受降典禮與臺北受降典禮的會場布置，大致雷同，包括代表勝利的「V」、「和平」或「和平永奠」字樣，會場有中國國旗、國民黨黨旗與孫文總理遺像，四周高處懸掛五十二個盟國小型旗幟。臺灣的受降典禮最大不同之處在於，會場正面高掛中、美、英、蘇四國國旗，代表盟國接收之意。

1-6 前進指揮所副主任范誦堯（中坐者）與日軍代表第一次會談

來源：國史館

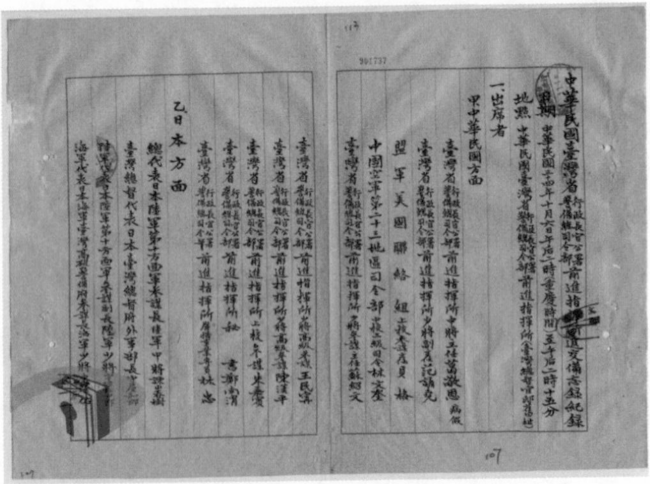

中華民國臺灣省行政長官公署警備總司令部前進指揮所遞交備忘錄紀錄
日期　中華民國三十四年十月六日午后二時（重慶時間）至午后二時十五分
地點　中華民國臺灣省警備總司令部前進指揮所（臺灣總督府官邸）
一、出席者
甲、中華民國方面
臺灣省行政長官公署警備總司令部前進指揮所中將主任葛敬恩（病假）
臺灣省行政長官公署警備總司令部前進指揮所少將副主任范誦堯
盟軍美國聯絡組上校參謀長貝格
中國空軍第二十三地區司令部上校司令林文奎
臺灣省行政長官公署警備總司令部前進指揮所上校參議主任蘇紹文
臺灣省行政長官公署警備總司令部前進指揮所少將高級參議王民寧
臺灣省行政長官公署警備總司令部前進指揮所少將高級參議陳漢平
臺灣省行政長官公署警備總司令部前進指揮所上校參謀朱慶
臺灣省行政長官公署警備總司令部前進指揮所秘書鄭南渭
臺灣省行政長官公署警備總司令部前進指揮所…林忠
乙、日本方面
總代表日本陸軍第十方面軍參謀長陸軍中將諫山春樹
臺灣總督代表日本臺灣總督府外事部長…
陸軍代表日本陸軍第十方面軍參謀副長陸軍少將…
海軍代表日本海軍臺灣高雄警備府參謀長海軍少將…

1-7 前進指揮所遞交第十方面軍第一號備忘錄紀錄

來源：《前進指揮所有關日軍投降接收文卷》，檔案管理局。

同時，十月二十五日的受降典禮上，專設了盟軍代表席，由美軍聯絡組顧德理上校、貝克上校、和禮上校等十九人出席。[84] 美國總統杜魯門並派遣代表赴臺，《臺灣新生報》當時就有報導，美國總統杜魯門之代表洛克、經濟顧問團賈德、佐理貝克（Col. Harry Berk）及李化民（Michael Lee）等四人，參加了受降典禮，會後並拜會陳儀行政長官以及交通、財政、工礦、農林四處處長，逗留數日後飛重慶。[85]

受降典禮上，日方代表安藤利吉並**未簽署降書**，**而是簽領受領證**，接受行政長官暨警備總司令陳儀的第一號命令。此一署部字第一號命令主要內容包括：

1.日本駐華派遣軍總司令岡村寧次大將，已遵照**日本帝國政府及日本帝國大本營之命令**，**率領在中國（東三省除外）**、**越南北緯十六度以北**，**及臺灣**、**澎湖列島之日本海陸空軍**，**於中華民國三十四年九月九日在南京簽具降書**，向中國戰區最高統帥特級上將蔣中正特派代表、中國陸軍總司令一級上將何應欽無條件投降。

2.遵照中國戰區最高統帥兼中華民國國民政府主席蔣及何總司令命令，及何總司令致岡村寧次大將中字各號備忘錄，指定本官及本官所指定之部隊及行政人員，接受臺灣、澎湖列島地區日本陸海空軍及其輔助部隊之投降，並**接收臺灣**、**澎湖列島之領土**、**人民**、**治權**、**軍政設施及資產**。[86]

1-8 上圖為南京受降典禮，下圖為臺灣受降典禮會場。　來源：國史館

署部第一號命令第一點明載，即盟軍最高統帥第一號命令之內容。第二點說明陳儀依蔣介石、何應欽之命接受臺灣、澎湖日本陸海空軍部隊之投降，但是，加入了盟總第一號命令所沒有的「**接收臺灣**、**澎湖列島之領土**、**人民**、**治權**、**軍政設施及資產**」等字眼。[87]

更值得注意的是，陳儀在完成典禮後，隨後即席廣播聲稱：「從今天起，臺灣及澎湖列島，已正式重入中國版圖，**所有一切土地**、**人民**、**政事皆已置於中華民國國民政府主權之下……現在臺灣業已光復**，我們應該感謝歷來為光復臺灣而犧牲的革命先烈……。」[88]

透過以上梳理，可知日本投降前後有關臺灣軍事占領的構想、規畫到執行過程中，美國始終居於重要角色，並在占領過程中實際參與。戰後盟軍占領臺灣，事實上是由美中共同規劃、執行。

雖然國府最高當局、外交部、負責接收的行政長官陳儀都清楚戰後接收臺灣屬於軍事占領性質，但中國政府的戰後復員構想不同於美方。國防最高委員會通過的〈復員計畫綱要〉中，將戰後復員分為後方區、收復區與光復區，臺灣被劃歸光復區；[89] 陳儀認為「臺灣本是中國領土、開羅宣言宣示將臺澎歸還中國，軍事占領之日即是收復舊物

1-9 盟軍代表參加臺灣受降典禮

來源：國史館

之時，兩者並無不同」；蔣介石接受陳儀建議臺灣收復後應稱為「省」，並更改國防最高委員會決議為「特任陳儀為臺灣省行政長官」，以示臺灣為中國領土；[90] 此些現象一定程度顯示，中國政府並不認同軍事占領屬暫時統治、須待和平條約主權轉移的國際法規範。

因此，在美中合作占領過程中，國府當局在各種關鍵細節上一步步偷渡中國政府的主權主張。例如，美方所提出確立占領原則與分工的〈**臺灣**占領計畫〉。到了中方名稱已置換成〈**臺灣省**收復計畫大綱〉、〈**臺灣省**占領計畫〉。又如，十月二十五日的受降典禮，陳儀致日方代表安藤利吉的第一號命令正式文書上加入盟總第一號命令所沒有的「接收臺灣、澎湖列島之領土、人民、**治權**、軍政設施及資產」；[91] 更在公開廣播時，聲稱「臺灣及澎湖列島，已正式重入中國版圖，所有一切土地、人民、政事皆已置於中華民國國民政府**主權**之下」。[92]

接下來，透過國府的宣傳，戰後軍事占領變成「臺灣光復」、「復歸祖國」，美國在占領過程中的重要角色完全消失。接收後，國府當局與陳儀政府更依據先前臺灣調查委員會的〈臺灣接管計畫綱要〉所規劃，將臺灣當作中國的一省進行統治。

一九四六年二月，警備總部軍事接收委員會結束工作，軍事接收告一段落，四月，協助國府接收的美軍聯絡組離開臺灣。[93] 但是，軍事占領並未隨之結束，軍政一體的行政長官陳儀繼續在臺灣進行統治。國府當局更依據此一實質統治，主張對臺灣享有事實主權（de facto sovereignty）。

注釋：

1 田中直吉、戴天昭，《米國の臺灣政策》（東京：鹿島研究所出版會，一九六八），頁一六九—一七二。陳隆志，《臺灣獨立的展望》（臺北：自由時代，一九八七），頁十一—三二。戴天昭，《臺灣戰後國際政治史》（東京：行人社，二〇〇一），頁四〇—四三。

2 鄭梓，《戰後臺灣的接收與重建》（臺北：新化，一九九四），頁一三三—一七六。

3 馬永成，〈戰後初期國府接管臺灣之籌畫〉，《臺灣風物》五九：四（二〇〇九年十二月），頁九—六二。

4 楊護源，《光復與占領：國民政府對臺灣的軍事接收》（臺北：獨立作家，二〇一六）。

5 蘇瑤崇，〈論戰後（一九四五—一九四七）中美共同軍事占領臺灣的事實與問題〉，《臺灣史研究》二三：三（二〇一六年九月），頁八五—一二四。

6 霍夫（Frank O. Hough）著、鈕先鍾譯，《島嶼戰爭：太平洋爭奪戰》（臺北：軍事譯粹社，一九五四），頁十三—六三。威斯特（Andrew Wiest）、莫特遜（Gregory L. Mattson）著，孫宇等譯，《血戰太平洋》（臺北：胡桃木，二〇〇七），頁五一—一〇三。

7 George H. Kerr 被譯為柯喬治、柯爾、果爾等，但因戰後在臺北領事館任副領事期間，中文名字為葛超智，本文統一使用此名。有關葛超智與臺灣之種種關聯，請參第七章。

8 葛超智（George H. Kerr）著、詹麗茹等譯，《被出賣的臺灣》（臺北：臺灣教授協會，二〇一四），頁十八—二四。

9 葛超智（George H. Kerr）著、詹麗茹等譯，《被出賣的臺灣》，頁二五—二六。

10 資中筠，〈中美關係中臺灣問題之由來〉，收錄於資中筠、何迪編，《美國對臺政策機密檔案，一九四九—一九八九》（臺北：海峽評論，一九九二），頁十九。

11 齊錫生，《劍拔弩張的盟友：太平洋戰爭期間的中美軍事合作關係（一九四一—一九四五）》（臺北：聯經，二〇一一），頁四二三—四二七。

12 葛超智（George H. Kerr）著、詹麗茹等譯，《被出賣的臺灣》，頁三二—三四。

13 法蘭克（Benis M. Frank）著、胡開杰譯，《沖繩登陸戰》（臺北：星光，二〇〇三），頁九。

14 98-USFS4-0.5:Joint Staff Study-Causeway(2 Dec. 1944), RG407, 請求號：WOR13702-13704，日本國會圖書館憲政資料室藏。

15 Oyster Plan，《美國國家檔案暨文件署臺灣政經情勢》，檔號：1893/0001/001/001/018，檔案管理局藏。

16 唐縱手稿、姚孔行選註，《唐縱失落在大陸的日記》（臺北：傳記文學，一九九八），頁四五〇—四五一。

17 Triangle Plan，《美國國家檔案暨文件署臺灣政經情勢》，檔號：1893/0001/001/001/018，檔案管理局藏。

18 麥克阿瑟著（Douglas MacArthur），《麥帥回憶錄》（臺北：王家，一九六八），頁一七五－一七六。

19 F-111 File: Causeway (Formosa) (10th Army), Records of Marine Corp in the Pacific War, 請求號：MCJ6255，日本國會圖書館憲政資料室藏。

20 安藤正，〈臺灣軍（第十方面軍）の記錄〉，收入臺灣會，《あゝ臺灣軍--その想い出と記錄》（臺北：南天，一九九七，復刻版），頁十三－十四。

21 法蘭克（Benis M. Frank）著、胡開杰譯，《沖繩登陸戰》，頁十。

22 Sovereignty, declared or promised changes, during military occupation, GK-002-0003-021，葛超智檔案，臺北二二八紀念館藏。

23 彭明敏，《平時戰時國際公法》（臺北：彭明敏發行，一九六一），頁五二五－五二七。沈克勤，《國際公法》（臺北：臺灣聯合書局，一九六三），頁四一五－四一八。

24 Sovereignty, declared or promised changes, during military occupation, GK-002-0003-021，葛超智檔案，臺北二二八紀念館藏。

25 Politico-Military Problems in the Far East: the Military Occupation of the Japanese Empire and Other Areas: Areas to be Occupied, SWNCC87/1/D, in SWNCC69 Series, Basic Directives for Pre-surrender Military Government in Formosa, RG353, 請求號：SWNCC(C)0358，日本國會圖書館憲政資料室藏。

26 Politico-Military Problems in the Far East: the Military Occupation of the Japanese Empire and Other Areas: Areas to be Occupied, SWNCC87/2, in SWNCC69 Series , Basic Directives for Pre-surrender Military Government in Formosa, RG353, 請求號：SWNCC(C)0358，日本國會圖書館憲政資料室藏。

27 Politico-Military Problems of the Far East: National Composition of Forces to Occupy Formosa: In the Post-defeat Period: Relations of the Military Government of Formosa with China and the Chinese, SFE104, in SFE104: Occupation of Formosa, RG353, 請求號：SFE-1 R01: 0520-0572，日本國會圖書館憲政資料室藏。

28 Memorandum for Mr. H. M. Benninghoff, Captain Lorenzo Sabin, SFE104/1, in SFE104: Occupation of Formosa, RG353, 請求號：SFE-1 R01: 0520-0572，日本國會圖書館憲政資料室藏。

29 Politico-Military Problems of the Far East: National Composition of Forces to Occupy Formosa: In the Post-defeat Period: Relations of the Military Government of Formosa with China and the Chinese, SFE104/2, in SFE104: Occupation of Formosa, RG353, 請求號：SFE-1 R01: 0520-0572，日本國會圖書館憲政資料室藏。

30 陳志奇編，《中華民國外交史料彙編（十五）》（臺北：國立編譯館，一九九六），頁七〇五九－七〇六五。

31 Politico-Military Problems of the Far East: National Composition of Forces to Occupy Formosa: In the Post-defeat Period: Relations of the Military Government of Formosa with China and the Chinese, SFE104/2, in SFE104: Occupation of Formosa, RG353, 請求號：SFE-1 R01:

0520-0572，日本國會圖書館憲政資料室藏。

32 〈外交部長宋子文在重慶國際宣傳處記者招待會問答〉，收入張瑞成編，《抗戰時期收復臺灣之重要言論》（臺北：國民黨黨史會，一九九〇），頁三—四。

33 〈張邦傑呈擬收復臺灣五項意見〉、〈核復關於臺灣革命會主席張邦傑呈擬收回臺灣意見及設省治各節請卓裁由〉、〈閩粵臺灣歸僑協會理事長劉啟光呈擬四項意見〉、〈密不錄由〉，《臺灣民眾請願案》，檔號：0031/0173/4032.01/1/001、0031/0173/4032.01/1/009、0031/0173/4032.01/1/027、0031/0173/4032.01/1/028，檔案管理局藏。

34 〈呈請設立臺灣省政府由〉，《臺灣民眾請願案》，檔號：0031/0173/4032.01/1/041，檔案管理局藏。

35 〈呈為議復謝南光建議籌設臺灣省一案意見請核示由〉，《臺灣民眾請願案》，檔號：0031/0173/4032.01/1/045，檔案管理局。

36 〈行政院祕書處等關於擬定收復臺灣政治準備工作及組織人事等具體辦法與外交部等來往文件（一九四四年一月—八月）〉，收入陳雲林總主編，《館藏民國臺灣檔案第十九冊》（北京：九州，二〇〇七），頁八二—八六。

37 〈行政院祕書處等關於擬定收復臺灣政治準備工作及組織人事等具體辦法與外交部等來往文件（一九四四年一月—八月）〉，頁七四—七六。

38 〈行政院祕書處等關於擬定收復臺灣政治準備工作及組織人事等具體辦法與外交部等來往文件（一九四四年一月—八月）〉，頁七七。

39 楊護源，《光復與占領：國民政府對臺灣的軍事接收》，頁五六—五七。

40 〈臺灣接管計畫綱要〉，收入張瑞成編，《光復臺灣之籌畫與受降接收》（臺北：中國國民黨黨史會，一九九〇），頁一〇九—一一一。

41 〈中央設計局等關於擬定臺灣接管及復員計畫有關文書（一九四四年八月—一九四五年八月）〉，收入陳雲林總主編，《館藏民國臺灣檔案第二十四冊》（北京：九州，二〇〇七），頁二五五—二五六。

42 〈中央設計局等關於擬定臺灣接管及復員計畫有關文書（一九四四年八月—一九四五年八月）〉，頁二四六—二四七。

43 〈中央設計局等關於擬定臺灣接管及復員計畫有關文書（一九四四年八月—一九四五年八月）〉，頁二五〇—二五一。

44 陳志奇編，《中華民國外交史料彙編（十五）》，頁七〇六五。

45 Occupation of Formosa, in 386.2:#1-A, RG331, 請求號：AG(D)03675-03677，日本國會圖書館憲政資料室藏。

46 〈簽呈擬具臺灣收復計畫要點五項〉，《臺灣光復案專輯》，檔號：0034/002.6/4010.2/1/001，檔案管理局藏。

47 Occupation of Formosa, in 386.2:#1-A, RG331, 請求號：AG(D)03675-03677，日本國會圖書館憲政資料室藏。

48 魏良才，〈國民黨最後的美國諍友——魏德邁將軍與中美關係〉，《歐美研究》三二：二（二〇〇二年六月），頁三四一—三八六。

49 齊錫生，《劍拔弩張的盟友：太平洋戰爭期間的中美軍事合作關係（一九四一—一九四五）》，頁五五—八六。

50 魏德邁（Albert Coady Wedemeyer）著、程之行等譯，《魏德邁報告》（臺北：光復，一九五九），頁二六六。

51 〈臺灣省行政長官公署組織大綱案附人事任免〉，國防最高委員會檔案，館藏號：防003/3362，中國國民黨黨史館藏。

52 〈臺灣省收復計畫大綱〉、〈呈美軍總部備忘錄〉，《臺灣光復案專輯》，檔號：0034/002.6/4010.2/1/006，0034/002.6/4010.2/1/0016，檔案管理局藏。

53 安藤正，〈臺灣軍（第十方面軍）の記錄〉，頁二二。

54 冷欣，〈從參加抗戰到目睹日軍投降（十一）〉，《傳記文學》六：二（一九六五年二月），頁三八—三九。不過，林獻堂等人到南京後，因臺灣軍參謀長諫山春樹的誆騙，並未出席南京受降典禮，九月八日，林獻堂等人往見已在南京的諫山春樹，諫山表示他將以臺灣軍代表身分參加受降典禮，「君等無參列之必要」，一行人遂作罷。十日，林獻堂與等人與葛敬恩同訪何應欽於陸軍總司令部，何應欽問昨日何故不來參列，以諫山之言告之，何應欽甚為不悅。林獻堂著、許雪姬編，《灌園先生日記（十七）一九四五年》（臺北：中研院臺史所，二〇一〇），頁二七三—二八五。葉榮鐘，〈臺灣省光復前後的回憶〉，收入葉榮鐘，《臺灣人物群像》（臺北：時報，一九九五），頁四一一—四一二。

55 〈國民政府主席蔣中正特任陳儀為臺灣省行政長官手令〉，收入張瑞成編，《光復臺灣之籌畫與受降接收》，頁一四九。〈國民政府軍事委員會代電〉，《臺灣光復案專輯》，檔號：0034/002.6/4010.2/1/006，檔案管理局藏。

56 Ray S. Cline, Secrets Spies and Scholars: Blueprint of the Essential CIA, Washington : Acropolis Books, c1976, pp.53, 85-97.

57 Maochun Yu, *Oss in China: Prelude to Cold War*, New Haven and London: Yale University Press, 1996, p.226.

58 中美合作所至一九四六年七月結束工作。裴可權，〈抗日戰爭中「中美特種技術合作所」的貢獻〉，《傳記文學》三八：六（一九八一年六月），頁四三—四八。吳淑鳳，〈軍統局對美國戰略局的認識與合作展開〉，收入吳淑鳳等編，《不可忽視的戰場：抗戰時期的軍統局》（臺北：國史館，二〇一二），頁一七三—二〇一。

59 喬家才，〈臺灣情報戰線兩大明星——黃昭明與翁俊明〉，《中外雜誌》二九：三（一九八一年三月），頁六二—六六。

60 Air Ground Aid Section Participation in the China Theater Recovered Personnel Program, RG319, Box27,《美國國家檔案暨文件署臺灣政經情勢》，檔號：1893/0001/001/001/009，檔案管理局藏。此外，蘇瑤崇的研究依據葛超智檔案，認為戰後第一批來臺的美國人屬於空軍地勤情報單位（Air-Ground Intelligence Service，AGIS）。但是，葛超智本身並非美方最早抵臺人士，檢視葛氏文書中對美方來臺單位有所混淆，經筆者交互比對各類檔案後認為葛超智所言AGIS最早抵臺之說並不正確。蘇瑤崇，〈論戰後（一九四五—一九四七）中美共同軍事占領臺灣的事實與問題〉，頁九九，該文所根據的葛超智檔案為 Air-Ground Intelligence Service Activities, Formosa, GK-002-0005-007，葛超智檔案，臺北二二八紀念館藏。

61 Air Ground Aid Section Participation in the China Theater Recovered Personnel Program, RG319, Box27,《美國國家檔案暨文件署臺灣政經情勢》，檔號：1893/0001/001/001/009，檔案管理局藏。

62 SSU, Formosa Reports, 19 Sept. 1945, RG226, Records of the Office of Strategic Services, Entry 173, Box12, in NARA.

63 SSU, A Report on Formosa (Taiwan): Japanese Intelligence and Related Subjects, RG59, Department of State Decimal File 1945-1949, Box7385, in NARA.

64 Suzuki Gengo to George H. Kerr，GK-001-0002-070，葛超智檔案，臺北二二八紀念館藏。鈴木源吾是日治時期臺北商業學校教授，與葛超智曾是同事，戰後被美軍聯絡組徵調為翻譯員，對戰後美軍在臺情況十分瞭解。鈴木源吾給葛超智的這封信件達二十頁，說明八一五戰敗至中國政府接收期間的情況，相關訊息，後來被葛氏在《被出賣的臺灣》一書中大量引用。

65 SSU, Formosa Reports, 21 Sept. 1945, RG226, Records of the Office of Strategic Services, Entry 173, Box12, in NARA.

66 Formosa Intelligence, RG226, Records of the Office of Strategic Services, Entry 140, Box49, in NARA.

67 葛超智（George H. Kerr）著，詹麗茹等譯，《被出賣的臺灣》，頁七一—七二。

68 臺灣省警備總部，《臺灣警備總司令部軍事接收總報告書》（臺北：臺灣省警備總部，一九四六），頁一—二。〈國民政府軍事委員會代電〉，《臺灣光復案專輯》，檔號：0034/002.6/4010.2/1/006，檔案管理局藏。

69 安藤正，〈臺灣軍（第十方面軍）の記錄〉，頁二六。《臺灣警備總司令部中美參謀會報紀錄》，檔號：0034/003.7/4010/1，檔案管理局藏。臺灣軍參謀安藤正的紀錄中，將美軍聯絡組稱為美軍顧問團，人員約四十名，與下文OSS小組情報所稱一百名稍有出入。

70 〈臺灣省警備總司令部第四次中美參謀聯合會報紀錄〉，《臺灣警備總司令部中美參謀會報紀錄》，檔號：0034/003.7/4010/1/001，檔案管理局藏。

71 〈呈報臺灣省占領計畫請核備〉，《臺灣光復案專輯》，檔號：B5018230601/0034/002.6/4010.2/1/007，檔案管理局藏。

72 〈臺灣省占領計畫〉，《臺灣光復案專輯》，檔號：B5018230601/0034/002.6/4010.2/1/007，檔案管理局藏。

73 〈臺灣省警備總司令部第六次中美參謀聯合會報紀錄〉，《臺灣警備總司令部中美參謀會報紀錄》，檔號：0034/003.7/4010/1/003，檔案管理局藏。

74 〈臺灣省警備總司令部第七次中美參謀聯合會報紀錄〉，《臺灣警備總司令部中美參謀會報紀錄》，檔號：0034/003.7/4010/1/004，檔案管理局藏。

75 〈臺灣省警備總司令部第八次中美參謀聯合會報紀錄〉，《臺灣警備總司令部中美參謀會報紀錄》，檔號：0034/003.7/4010/1/005，檔案管理局藏。

76 〈通報〉，《臺灣警備總司令部中美參謀會報紀錄》，檔號：0034/003.7/4010/1/020，檔案管理局藏。

77 〈中國陸軍總司令部致岡村寧次軍補字第三號命令〉、〈中國陸軍總司令部致岡村寧次軍字第十六號命令〉，張瑞成編，《光復臺灣之籌畫與受降接收》，頁一九〇—一九一。臺灣省警備總司令部，《臺灣警備總部軍事接收總報告》（臺北：臺灣省警備總部，一九四六），頁十四。

78 〈前進指揮所與日方代表會晤之腹案〉，《臺灣光復案專輯》，檔號：B5018230601/0034/002.6/4010.2/2/012，檔案管理局藏。

79 〈臺灣省警備總司令部進指揮所遞交備忘錄紀錄〉，《前進指揮所有關日軍投降接收文卷》，檔號：0034/013/314/1/055，檔案管理局藏。

80 臺灣省警備總司令部編，《臺灣省警備總司令部週年工作概況報告書》（臺北：臺灣省警備總司令部，一九四六），頁四五。

81 SSU, Formosa Reports, 19 Oct. 1945, RG226, Records of the Office of Strategic Services, Entry 173, Box12, in NARA. George H. Kerr 說十月五日隨前進指揮所抵臺的，有美軍顧問團一百名左右美軍官員，比對OSS金絲雀小組情報、國府官方檔案，顯然有誤。來臺之美軍人員是美軍聯絡組人員，美軍聯絡組參謀主任貝格上校於十月五日隨前進指揮所人員飛臺，但美軍聯絡組全體一百多人應該是在十月十八日才抵臺。

82 Suzuki Gengo to George H. Kerr，GK-001-0002-070，葛超智檔案，臺北二二八紀念館藏。

83 〈何應欽電〉，《臺灣光復案專輯》，檔號：B5018230601/0034/002.6/4010.2/1/013，檔案管理局藏。

84 臺灣省警備總司令部，《臺灣警備總部軍事接收總報告》，頁十四。

85 〈美總統私人代表洛克昨抵臺〉，《臺灣新生報》，一九四五年十月二十六日，二版。

86 〈署字第一號命令〉，《前進指揮所有關日軍投降接收文卷》，檔號：0034/013/314/1/056，檔案管理局藏。〈行政長官致日方代表第一號命令〉，收入張瑞成編，《光復臺灣之籌畫與受降接收》（臺北：國民黨黨史會，一九九〇），頁二〇二。

87 〈署字第一號命令〉，《前進指揮所有關日軍投降接收文卷》，檔號：0034/013/314/1/056，檔案管理局藏。

88 〈臺灣省行政長官兼警備總司令陳儀正式宣布臺灣日軍投降廣播詞〉，收入張瑞成編，《光復臺灣之籌畫與受降接收》（臺北：國民黨黨史會，一九九〇），頁二〇一。臺灣省警備總司令部，《臺灣警備總部軍事接收總報告》，頁十五。

89 〈復原計畫綱要〉，收入秦孝儀編，《中華民國重要史料初編——對日抗戰時期第七編：戰後中國（四）》（臺北：國民黨黨史會，一九八一），頁三五二。〈中央設計局等關於擬定臺灣接管及復員計畫有關文書（一九四四年八月—一九四五年八月）〉，頁二四六—二四七。

90 二二八事件發生後，一九四七年三月六日國防最高委員會檢討時出席委員頗為感慨，李敬齋表示「**前年接收時……臺灣最初連省都沒有，後來才加一『省』字**」。張道藩則說「**臺灣最初不是省，後來又加省字**，既是省，何以又不稱主席，當時大家馬馬虎虎」，所指即陳儀從「臺灣行政長官」變成「臺灣省行政長官」一事。〈國防最高委員會第二三四次常務會議紀錄〉，中國國民黨黨史會檔案，中研院近史所檔案館藏。

91 〈行政長官致日方代表第一號命令〉，收入張瑞成編，《光復臺灣之籌畫與受降接收》（臺北：國民黨黨史會，一九九〇），頁二〇二。

92 〈臺灣省行政長官兼警備總司令陳儀正式宣布臺灣日軍投降廣播詞〉，收入張瑞成編，《光復臺灣之籌畫與受降接收》（臺北：國民黨黨史會，一九九〇），頁二〇一。

93 楊護源，《光復與占領：國民政府對臺灣的軍事接收》，頁一三九。

第二章 戰後美中體制與臺灣人處境

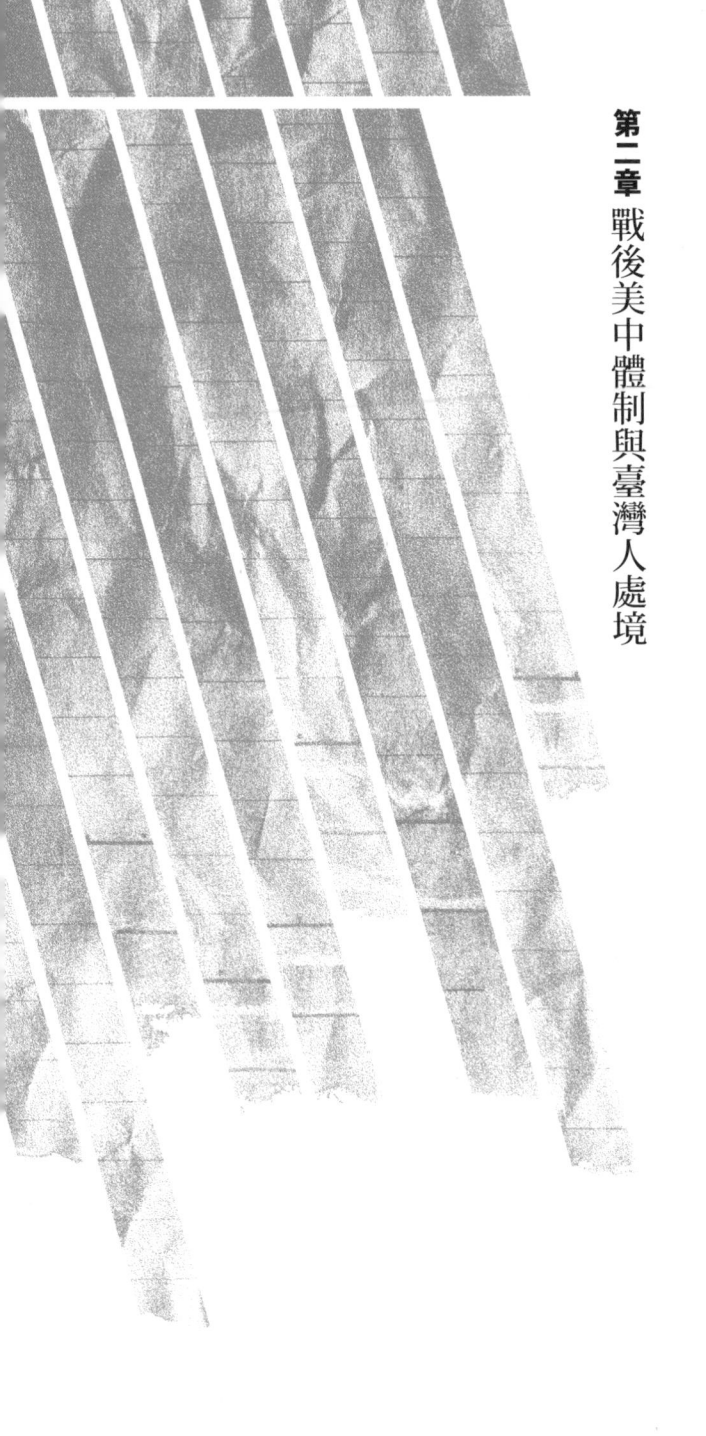

做為戰勝國的領導者，美國在戰後主導了占領計畫、對日政策，中國政府雖與美方同一陣線，密切配合，但美國基於世界強權立場所思考的戰後遠東解構、重組藍圖，與中國政府出自國族主義的利益主張未必完全一致，雙方主張仍需磨合，尤其在臺灣問題上。臺灣受日本五十年統治，戰爭結束時屬戰敗國領土，但是，開羅宣言承諾將臺灣歸還中華民國，中國認為臺灣已是其所屬。臺灣人應該被當作戰勝者國民或戰敗者國民處置？臺灣人財產是否為日產？臺灣人是否為中國人？這些問題都成為美中體制下的爭議焦點。

先前學者研究，多將戰後臺灣人處境視為中國內部事務，並未注意盟軍總部的角色及美中體制特性。例如在臺灣人返鄉問題上，以為行政院長宋子文、臺灣省行政長官陳儀可以決定船舶調度，輸運臺人返鄉；[1]或認為陳儀政府故意留難、阻撓大陸臺灣人返鄉。[2]事實上，盟軍總部以優先遣返日軍日僑為對日戰後處置的重要原則，並與美國的遠東政策環環相扣，在盟軍總部與中國戰區美軍總部的主導下，中國政府、臺灣省行政長官公署都與之密切配合，陳儀政府只是盟軍遣返政策下最底層的執行單位，無力回應臺灣民眾的期望。

戰後國府當局避談代表盟軍占領臺灣與美中特殊體制實況，並一味宣傳「臺灣光復」、「復歸祖國」，造成臺灣民眾對統治當局的高度期望。但臺灣人無論在返鄉、財產處置、國籍身分等問題上，都面對期待與實際之間的巨大落差，美中體制之下，臺灣人未蒙其利、先受其害。臺灣民眾處於艱困處境，對中國政府的信心也因此受到嚴重衝擊。

第一節　美國對日處理原則的影響

一、戰後對日處理原則

二戰末期，美國已著手進行戰後計畫。第一次大戰失敗的戰敗國處理經驗，成為二戰戰後計畫念茲在茲的「歷史教訓」。一方面，反對如一次大戰般休戰，使戰敗國得以保存實力，主張促使德、義、日無條件投降、完全解除武裝，才能達到完全投降的目的。另方面，戰爭結束前一年，美國國務院對日占領政策一度相當強硬，希望廢除日本政府、直接施行軍政；但是，基於一次大戰對德索賠的嚴酷條件造成的錯誤，部分人士主張勝者對敗者應採取寬大措施，才是從歷史中應該學到的教訓，於是一九四五年七月的波茨坦宣言，有所修正，援用大西洋憲章的平等主義原則，揭示戰後不打算索取鉅額賠償金，將使日本維持基本經濟需求，未來並將允許日本參與國際貿易，使之可望擁有和平再興的機會。[3]

一九四五年七月中美英三國共同發表的波茨坦宣言，除接續開羅宣言，主張縮小日本領土範圍外，更揭示了日本由盟軍占領、非軍事化、民主化、經濟和平再興等戰後對日處理原則。[4]

日本宣布投降後，盟國依據波茨坦宣言第七條占領日本，一九四五年八月十二日美國指派西南太平洋戰區總司令麥克阿瑟為盟軍最高統帥，二十八日美國占領軍與先遣部隊進駐厚木機場，九月二日麥帥代表盟國受降後，成立盟軍總部。事實上早在日本投降前，美國國務院、陸軍部、海軍部三院部協調委員會（SWNCC）已規劃日本占領機構，決定此一占領機構由美國政府掌控、美國提供大半占領部隊、占領部隊由美國政府所任命之盟軍最高統帥掌管、日本不採取分割占領等原則。此一獨占對日管理權之設計，引起英國、蘇聯的強烈反對。經過多方交涉折衝，妥協出形式上的決策機關遠東委員會（FEC），及協議機關盟國對日委員會（ACJ）。遠東委員會由十一國組成，任務是制定日本履行投降條件之政策與原則。盟國對日委員會則設於東京，可對盟軍最高統帥提出建言。這兩個機構表面上一為政策機構、一為諮詢機構，但實際上都無實權，真正決策權掌握在美國政府手中。美國國務院、陸軍部、海軍部、聯合參謀本部（JCS）、國家安全會議（NSC）等機構提出政策建議，經SWNCC定案，由美國總統確認後，再由參謀本部下令給盟軍最高統帥麥克阿瑟將軍。[5]

一九四五年八月，美國政府制定〈戰後最初對日政策〉（Initial Post-Surrender Policy for Japan），飭知麥帥執行，並提交遠東委員會，一九四七年六月十九日修正通過為〈戰後對日基本政策〉（Basic Post-Surrender Policy for Japan）。此基本政策是根據波茨坦宣言加以補充，最終目標在確保日本不再成為世界和平與安全的威脅，並盡快成立民主、和平的政府，以負擔國際責任、尊重他國權利、支持聯合國組成宗旨。在此目標下，必須達成以下四個方針：

1. 終極目標：確保日本不再成為世界和平與安全之威脅，需將日本主權限於本州、北海道、九州、四國及盟國決定之諸小島等。

2.盟軍對日軍事占領：為達成前述目標，由盟軍最高統帥透過日本政府運作權力，改變天皇體制、建立民主制度。

3.日本之非軍事化：日本不可擁有軍隊、進行戰犯審判、鼓勵日本國民追求個人自由與基本人權、建立民主代議體制。

4.日本經濟非軍事化：允許日本維持經濟基礎、提供賠償之工業，但嚴禁工業用於戰爭目的。同意日本將來參與世界貿易關係。[6]

戰後美國對日處置原則可說是極其嚴厲，重點包括去軍事化、經濟解構，及國家改造。為貫徹將日本主權限定於本土四島，並徹底清除日本對曾經侵略、占領之遠東各國的影響，防止戰後再擴張的可能，盟軍總部確立了海外日本人強制遣返的政策方針，不僅日本軍人需遣返復員，並要求海外日本人民也必須全部遣送回國。

（一）戰後日人遣返政策

美方認為，日本在中國之影響力不僅在於軍隊武力，並且包括日本公民，例如在中國各地的技術人員、企業主、勞工。如果日本公民仍留在中國，將繼續為日本強權復活而努力，排斥西方強權進入，並直接危害美國在中國之利益。美國總統杜魯門在一九四五年十二月十六日重申其中國政策，將「繼續與中國之國民政府合作」；在國際事務方面「排除日本在中國的影響力」，並進一步指出「除非日本的影響力在中國完全撤出，否則將危害太平洋地區之和平」。[7] 為了美國與西方的利益、根除日本的影響力，必須將日本勢力完全從中國撤去。

中國戰區美軍總司令兼盟軍參謀長魏德邁受命協助國民政府接受日軍投降，並遣返在朝鮮、越南、中國、東北、臺灣等地約三百九十萬日軍日僑。遣返計畫由中國戰區美軍總部與東京盟軍總部密切合作，魏德邁在日本投降不久，即率其參謀長及作戰組長（G3）前往東京盟軍總部與麥帥商議遣俘計畫，中國戰區遣俘計畫委由魏德邁負責執行。[8] 盟軍總部確立日俘日僑遣送政策原則為：盡量利用日本兵艦、商船以資遣運；所有遣送船隻之員工給養由日本政府提供；日本海、陸軍人員優先遣返，日僑次之；太平洋陸軍總部、太平洋戰區總部轄下之各地日軍日僑遣返，由**盟軍總部決定分配船舶、遣返優先順序等等**。[9]

九月，在重慶召開中美聯合參謀會議，會議中下達盟國政策：所有自日方獲得之船舶，由盟國最高統帥統籌支配，主要任務用於遣送日人；並要求蔣介石委員長負責接收區域內之日軍、日僑遣返事宜。[10]

一九四五年十月二十五日至二十七日，盟軍總部、中國戰區美軍總部、中國陸軍總部、作戰司令部、國民政府軍事委員會、美國第七艦隊等中美各機關在上海舉行遣返日俘日僑聯席會議，就日軍日僑遣返問題達成多項共識：

1. 中國政府負責遣返中國戰場、滿洲、臺灣的日軍日僑。遣返計畫第一階段將日軍日僑集中於港口，由中國最高司令部負責。

2.遣返第二階段中、日、臺之間的水運，由美國第七艦隊提供兩棲登陸艇，其他船隻由美國海軍控船中心（U. S. Naval Shipping Control Authority for Japanese Merchant Marine，SCAJAP）提供。日本商船由SCAJAP調度，日本政府提供人員與糧食，受盟軍最高統帥之控制。

3.盟軍最高統帥中國戰區美軍總部成立「遣返聯絡總部」(Repatriation Liaison Headquarter，RLH）維持盟軍最高統帥、中國陸軍總司令部、美軍第七艦隊之間的聯繫。

4.日本人之撤離，在美國太平洋陸軍總司令、美國太平洋戰區總司令控制下，由盟軍最高統帥依遣返目的下令指示、配置船班船期，並做必要之安排。

5.日人遣返順位以陸軍、海軍軍人優先、一般平民次之。[11]

從此一遣返聯席會議所達成決議可知，日軍日僑遣返計畫由盟軍最高統帥主導，中國政府與日本政府負責規劃與執行。隨後美國出動八十五艘登陸艦、一百艘輪船，並組織一批日本船隻進行輸運工作。

一九四六年元月，中美雙方在上海召開第二次日俘日僑遣送聯席會議，確定所能接收船隻數量、輸送率、中國及臺灣各港口待遣人數、時程等等細節。[12]二月六日，又在東京召開中國戰區遣送會議，確認由中國政府負責運送日俘日僑至海港集中，中國戰區美軍總部則負責聯繫中國政府、美軍第七艦隊、盟軍總部及日本船舶管理處之分工原則；美軍總部並決定中國各遣送港口之遣送先後順序、指定擔任遣送任務之船隻，連各地日俘日僑可攜帶行李限制、攜帶鈔票金額等等都詳細規定。[13] 其中最值得注意的是，在中國之朝鮮人僅決定遣返一萬人；在中國之**臺灣人遣返需視船隻是否有空位、不妨礙日人遣送計畫為原則；朝鮮人、臺灣人之遣送需俟日俘日僑運送完畢，再行遣送。**[14] 也就是說，在戰後遣返優先順位上日人最為先，朝鮮人其次，臺灣人殿後。

在盟軍總部的指揮下，海外日本人遣返政策自一九四六年二月開始執行，至一九五〇年間，總共遣返日本軍人、平民六百二十萬人及朝鮮人一百二十萬人，臺灣人及各國籍外國人最後返回。但在蘇聯統治地區及滿洲留下或行方不明的日本人，估計超過三六萬九三八〇人。[15]

其次，必須注意的是，戰後美國為強化國民黨政府在國共內戰中的優勢，也調動運輸船協助運送國民政府軍隊至華北、華中地區。一九四六年四月以後，伴隨國府軍隊配置，美方內部甚至以輸送中國陸軍成第一優先任務，美國第七艦隊運輸船從日本人遣返作業換成國民黨士兵運送，遣返日人的船舶也配合國府軍運送或補給物資之用。[16] 這也使得臺灣人遣返船舶調度工作更加窘迫。

（二）對日索賠原則

戰爭結束前後，盟方對於賠償問題的態度相當明確，波茨坦宣言及盟國戰後對日政策中，有關日本賠償基於兩大原則：1. 盟國要求日本以工業設備及生產品等實物充作賠償，不另外索取賠償金。2. 盟國向日本索取設備與產品做為賠償，但以日本人民在戰後維持合理的經濟生活水準為原則。此對日索償兩大原則是鑑於第一次大戰對德國索賠過鉅，經濟陷入苦境，德國人民產生不滿、仇恨心理，一有機會即鋌而走險、再掀戰禍。戰後盟國決定將日本工業設備拆遷充作賠償，不但消滅日本潛在戰力，且幫助遠東受害國家盡速恢復工業生產、提升工業化程度。[17]

盟國對日索償的重點是，以日本人遣返後在當地留下的龐大產業，包括國有、公有與私人財產，充作對盟國、中立國的賠償。美國認為，日本人離去後在北朝鮮、滿洲留下許多重工業設備，再加上從日本拆除設備做為預定賠償物資，將有助於中國與朝鮮的快速工業化。尤其，美國希望以日本在外資產、工廠設備等，扶植工業化、強大、民主的中國，具有亞洲地區經濟實力重編的戰略構想意義。[18]

不過，戰後初期偏向嚴厲的對日索賠計畫，後來因遠東情勢變化，中蘇冷戰局面日益尖銳，一九四九年春美國對日索償政策出現重大修正，重新扶植日本經濟復興。[19]

儘管如此，戰後初期東京盟軍總部強硬的對日處置原則，決定將日人強制遣返，並以日人產業充作賠償，這些政策連帶衝擊臺灣人權益及國府在臺統治。

二、日人遣返與臺灣人返鄉問題

戰爭結束，大多數臺人都熱切希望能盡快回到故鄉。據民間估計，戰後旅外臺灣人總數約三十萬人，包括日本有十數萬人，南洋五、六萬人，中國各地七萬五千人。[20] 此一數字與官方估計落差甚大，盟軍總部統計，在日臺灣人約三萬人；另據美方調查，中國戰區之臺灣人民須遣返者為二萬〇四九五人；[21]日方則統計，臺籍日本兵前往南洋、新加坡、緬甸、香港、日本等地共計六萬六二七一名，[22]總計約十餘萬人。

日本投降後，各地臺灣人陸續提出返鄉要求。但是，在日軍日僑優先遣返的政策下，在日本、中國、南洋各地臺灣民眾的返鄉之路遙遙無期。各地臺灣人只好先組成臺灣同鄉會，相互照顧、等候船期。並由家鄉父老向陳儀長官請願，請求協助盡速疏運返臺。

在東京，臺灣同鄉會於一九四五年十月成立，林獻堂女婿高天成被推選為會長。東京臺灣同鄉會不僅電請陳儀長官協助返鄉，高天成也向林獻堂電報求救，林獻堂乃奔走組織臺灣省海外僑胞救援會、登報募集救濟金，匯款往東京救急，又向前進指揮所主任葛敬恩交涉運輸船隻，請臺北市長黃朝琴接洽外交部與駐日盟軍總部交涉等等。[23]而八千多位臺灣少年工滯留神奈川縣未返，臺南地方父老急電前進指揮所主任葛敬恩，說明「今航空廠休閉，食糧缺乏，寒期漸迫，諸兒童難無饑寒之苦」。[24]

中國戰區美軍總司令魏德邁將軍被美方要求負起協助中國戰區、包括在臺灣日軍日僑之遣返任務，尤其，臺灣日軍日僑遣返計畫預定在一九四六年四月三十日以前完成。[25]透過中國戰區美軍總部、盟軍總部、美軍臺灣聯絡組之間緊密聯繫、電文往返，積極調派船艦、安排船期，自一九四六年元月起，基隆港以每日五千人、高雄港以每日四千人的速度，執行遣返計畫。[26]但是，包括在日本的朝鮮人、中國人、菲律賓人、臺灣人等非日本人的遣返，並非優先順位。一九四五年十二月二十日，盟軍總部方透過日本政府宣布將著手準備在日臺灣人之遣返工作，由美國海軍控船中心（SCAJAP）調度被徵用日本商船，負責遣返疏運工作。依據日方調查，在日臺灣人約三萬人，其中包括軍人軍事勞動者一萬人、一般臺僑二萬人（包括學生五千五百人）。遣返計畫中，遣返順位依序是復員軍人、軍事勞役、徵調勞工、海外遣返者、一般平民。軍人、軍事勞役、徵調勞工由推派代表集中登記，一般民眾由地方政府管理，自浦賀、吳港、鹿兒島三處港口出發，前往基隆與高雄。但是盟總當局也言明在先，臺灣人遣返計畫可能會因種種情況，無法如預期般迅速與平順。[27]

由於臺灣人返鄉不在盟軍工作優先順位中，臺灣警備總部透過中美參謀聯席會議，屢屢向美軍聯絡組要求早日確定由日輸臺之臺僑人數與確定時間，但無法獲得明確答覆。[28] 一九四五年十二月，美軍聯絡組奉西南太平洋戰區總部及盟軍總部之命，通知臺灣警備總部，在馬尼拉與吳港之間載運日俘之空船將先裝載在日本的臺灣退伍軍人到高雄下船，到馬尼拉也載運臺人回程高雄，在臺日俘則由高雄上船回吳港，[29] 以此種載運日俘為主、順道運送臺人的方式進行。臺灣人遣返計畫一延再延，直到次年二月，日方才指示地方政府通知臺人，進行遣返工作。

在中國，各地的臺灣人情況更慘。日本投降不久，八月下旬重慶臺灣人向陳儀長官請求設法遣返未果；九月，南京臺灣人求助於陳儀長官遣返或安頓臺胞亦未果；十月，旅滬臺灣同鄉會也提出要求；十一月臺籍人士透過南京憲兵令部請求、十一月二十七日重慶臺灣人請求救助，均無下文。[30] 聚集各地待返的臺灣人數量太多，只能暫時依賴各地臺灣同鄉會自力救濟，旅滬臺灣同鄉會、臺灣重建協會等團體則募集資金，設立收容所、招待所接濟同胞，並努力交涉聯合國救濟總署提供接濟物資。[31]

一九四六年元月，中國陸軍總部電令各省市軍政長官〈處理臺灣人辦法〉五項，要求將各地臺灣人集中管理：1.凡在日軍服務之臺灣人，在受降區與繳械日軍一併集中、暫不區分。2.散居各地之臺灣人與日僑分別集中，嚴加保護。3.臺籍日軍與一般臺人集中後，查明是否有為日本人工作，殘害同胞者依法懲處。4.對集中之臺灣人應迅速進行調查，良善者願居中國或回臺，聽其自由。5.各地臺人集中返臺時，以集團輸運為原則。[32] 此令一出，各地臺胞被集中後遭遇搶劫情況嚴重，青島、北平、廣東各地臺民紛紛呼籲當局停止此做法。

在眾多滯中臺灣人中，以羈留於海南島集中營者情況最為悽慘，一九四六年九月十三日，《新生報》第二版以偌大版面、配上多幀照片，圖文並茂地報導了在海南島集中營內臺灣人骨瘦如材、奄奄一息的慘況，震驚臺灣社會。[33] 甚至，連上海《觀察》週刊也注意到海南島臺灣人慘況，一九四六年十一月的報導說，他們「饑無食、寒無衣、居無屋、病無藥」、「被欺侮、受奚落、私嘆息、偷飲淚」，最是道盡其中慘況：

碼頭上日軍修建的寬敞的貨倉，集居著近千的「臺灣人」，他們蓬頭垢面，衣不蔽體，每人一張破蓆子，橫七豎八地坐臥在地上，有的還正在各自燃火為炊，弄得煙霧迷漫，倉的一邊還養著馬，右面是一片空曠，盡是糞便——人便、霉臭、馬糞的各種氣息，病者的痛苦呻吟，饑者的長吁短嘆，加之一陣陣聳人毛骨的夜風，一齊襲擊而來，我們置身其中，非若人間。……誰不知每天從海防、從香港、從廣州、運走了數十萬打內戰的軍隊到東北、華北去，為什麼偏偏數到他們頭上，就沒有了船？……臺灣青年……悽然地說，想不到今天中國對待我們比日本人還不如！[34]

臺灣人返鄉困難，主要因為東京盟軍總部的遣返政策、船艦調度，及中國戰區美軍總部的實際評估。中國陸軍總司令部受降報告書中指出，在中國的日俘日僑總數內包括朝鮮人五萬六六六五人、臺灣人四萬一七一四人，美方只同意遣返一萬名朝鮮人、對於臺胞則不允遣返。[35]另外一個原因是，美方認為中國政府尚未做好臺人返鄉的準備。中國戰區美軍總部致函盟軍最高統帥麥克阿瑟謂：

> 中國政府仍未光復臺灣，行政長官一行雖於十月五日行抵臺灣（按：陳儀應是二十四日抵臺），但對於接受回籍臺民之種種準備，屆時未能就緒，在中國政府對接受回籍臺民之準備業已就緒一事未能發出通告以前，希望勿遣送任何臺民回籍。[36]

麥帥覆電指示中國戰區美軍總部「**在未接到臺灣中國政府準備接受回籍臺民之通告以前，臺灣籍人民將不被遣送返臺**」。直到一九四六年二月，陳儀才向國民政府報告，依據日軍聯絡部查報被日軍徵集服役之臺人，目前分布在南洋各地、香港、日本者，共六萬六二七一人，方才透過國府電東京盟總麥克阿瑟將軍，請迅速設法協助海外臺灣人遣返工作。[37]中美雙方終於在五月就在日臺僑遣送事宜會商，麥帥訓令調派自由輪四艘，分三日將部分臺僑運抵基隆，並令中方辦理遣送之召集、船隻防護、防疫等事項，[38]開始遣送在日臺灣人返鄉。

由於盟軍總部的日本人優先遣返政策，再加上中國政府準備工作遲緩，臺灣人返鄉困難重重，造成極大不滿心理，將怒氣指向陳儀政府。閩臺通訊社所做的〈臺灣政治現狀報告書〉就說：

……陳儀對臺胞和對日人的態度，即是日俘和日僑受著過分的優待，相反的，對臺胞反讓其自生自滅，老實說，對日人的寬大政策，的確過了限度。[39]

民間甚至批評，行政長官公署對於臺胞返臺既不肯幫忙，又多方留難，甚至已無屋收容為由阻止臺胞返臺、欺負臺胞，種種慘況，嚴重傷害臺灣民眾對祖國政府的情感。

三、敵產接收與臺人產業問題

波茨坦宣言確立了以日本工業設備、工業產品做為賠償標的之原則，遠東委員會與盟軍總部也打算貫徹此原則，將日本人遣返後留下的龐大國有、公有與私人財產充作賠償。一九四五年八月十五日戰爭結束，蔣介石發表廣播談話，呼籲以「以德報怨」的至仁精神對待戰敗的日本侵略者，但是在索償問題上並未絲毫鬆口：「惟抗戰期間，我國遭受侵略損失極為慘重，當應責令日本賠償」；「日本賠償不是中國一國之事，各盟國俱在準備向日本索取賠償，日本賠償既屬國際間事務，我國當然不應放棄權利。」[40]

一九四五年九月三日，國民政府以備忘錄方式致送美國大使館，聲明**中國政府決定沒收日方在華之公私財產以及日方在華經營之一切事業，以抵償因日本侵略而遭受之重大損失**。十月十一日，美國大使館回覆國務院的態度如下：

1. 關於**日本在華公私財產：對中國政府予以沒收一節並無異議**，惟倘有聯合國之利益混入日本財產者，則應不予沒收。沒收之日本財產應有專帳，記載其價值，以抵作中國應得賠償之數額。
2. 在中國境外之日本資產：資金暫予凍結，使其不能動用，以做為盟國最後清算賠償之用。
3. 在美國境內之日本資產：已由外籍產業保管人採取轉所有權之處置，移交美國政府。[41]

美國國務院的回覆等於默許中國政府沒收日產。另方面，國民政府主席蔣介石於八月十七日指示內政部長張厲生組織「抗戰損失調查委員會」，至一九四七年初，提出日本賠償說帖，指一九三七年至一九四五年戰爭期間，初步統計中國公私財產直接損失三一三億美元、間接損失二〇四億美元，此數字尚不包括東北、臺灣等地及海外華僑所受之損失，也尚未包括軍費在內。[42]

因華府的默許，中國政府決定沒收日方在華之公私財產及日方在華經營之一切事業，以抵作賠償，一九四五年十一月二十三日行政院依此原則頒布〈收復區敵偽產業處理辦法〉，將日僑所有、日僑出資或與華人合辦之產業，均收歸中央政府；本國、盟國友邦人民之產業，受日方強迫接收者，發還業主；各產業視其性質，分交各機關接管運用，適於國營者，交由主管機關經營。[43]依據上述國府頒布的〈收復區敵偽產業處理辦法〉，日本人公私產業均以「敵產」之名，被國民政府沒收。就在此清算、沒收敵人產業的政策下，「敵產」概念也擴及曾是日本帝國人民的朝鮮人與臺灣人的產業。一九四五年十一月二十四日，行政院核定〈朝鮮及臺灣人產業處理辦法〉，其中規定：

1. 凡屬**朝鮮及臺灣之公產均收歸國有**。
2. 凡屬**朝鮮及臺灣人民之私產，依〈收復區敵偽產業處理辦法〉之規定接收、保管及運用**。
3. 朝鮮或臺灣人民凡能提出確實籍貫證明，並未擔任日軍特務工作、或憑藉日人勢力凌害本國人民、或幫助日人逃避物資、或無其他罪刑者，經確實證明後，其私產呈報行政院核定，予以發還。[44]

依此辦法，國府將朝鮮人與臺灣人都視為日本人民，其公私產業均被視為敵產。尤其，此辦法中採取「有罪推定」原則，必須證明自己未與日本人合作，財產才可核定發回。〈朝鮮及臺灣人產業處理辦法〉一出，臺灣人大受其害。旅居上海、正努力於臺人返鄉工作的楊肇嘉，其所經營的農場就被當作敵偽產業，竟被搶個精光。[45]又有上海黨政接收委員會建議接管在滬臺灣人產業，旅滬臺灣同鄉會為此向陳儀長官請願：

……聞上海黨政接收委員會，曾呈行政院建議接管臺灣人民在滬之財產……於此山河重光之期，欣幸歡忭、滿心熱情，希望得還自由，今反受到與日人同樣之待遇，實出乎預料之外。……倘照以上辦法，賢愚不分，一待集中，並將財產沒收，則臺胞精神與物質之損失，將不堪設想矣。[46]

行政院沒收臺灣人產業的規定震驚臺籍民眾，各處莫不是義憤填膺、失望憤怒，依據此一辦法，臺灣人被視同敵國人民處置，並且未經正當程序就剝奪人民身家財產，臺人泣訴：

……日寇降伏以前，在國際法上，朝鮮人和臺灣人，雖都是日本籍民……日寇降伏以後，一面是得到住民自決，獲得到獨立國家的地位（按：指朝鮮人），一面仍然是復歸中國版圖、做個中國國民（按：指臺灣人），似此，若與朝鮮人民同日而語，實在說不過去。若論朝鮮和臺灣是敵日的國民，才同樣適用這樣的辦法的話，那麼對於日寇指導下的偽滿洲國統治下的東北和淪陷區同胞，予以差別待遇，未免失其國家愛護國民、一視同仁的本旨。[47]

臺胞的私產既將被敵偽產業處理局接收，祖國同胞誰敢購買臺灣的貨品和產業？若然，則臺胞唯有坐而待斃的一條路了。……人地生疏孤立無依的臺胞，從此更無法安居。……正在欣舞歡慰期有以報國之時，頭一個所獲的報應竟是辛苦積來的私產，被敵偽產業處理局接收而去！……大多數安分守己的臺胞所受精神和物質雙方面的損失未免太大了。[48]

為此，臺灣旅平同鄉會、臺灣革新同志會等臺灣人團體四處請願、奔走，並召開記者會，針對〈朝鮮及臺灣人產業處理辦法〉的嚴苛規定表達不滿。他們發表〈關於處理臺灣人產業之意見書〉，提出三大理由，抗議該辦法將臺灣人與朝鮮人同等對待，立法精神違背政府保護人民財產之一般原則，要求臺人提出不犯罪證明的規定根本不可行。[49]

在臺灣，日產接收工作由臺灣省行政長官公署設置日產處理委員會執行。一九四七年所完成的《臺灣省接收委員會日產處理委員會結束總報告》詳載，臺灣企業歸公營者，分為五大類：即礦業範圍規模較大者，如石油、鋁業、鋼鐵等，劃歸國營，計十八個單位；劃歸國省合營者，如電力、肥料、造船、機械、紙業、糖業、水泥等，計四十二個單位；劃歸省營，如工礦、農林、航業、各金融機構、保險公司、醫療物品、營建等，計三二三個單位；規模較小富有地方性而適合縣市經營者，由縣市政府呈准劃撥，共計九十二個單位；另有劃撥國民黨臺灣省黨部經營者，如電影院，共計十九個單位。以上總計撥交政府機關公營之企業工廠四九四個單位。亦即，整個臺灣產業約有百分之二十屬於國營、由行政院資源委員會控制，百分之七十以上由長官公署所接收，只有極少數屬於民營。[50]

另外，日產處理委員會接收了日本在臺公有土地二四六萬二三五〇甲，日人私有土地二一萬八〇三〇甲，合計共占全臺土地面積的七成；接收房屋共三萬二八八六棟（占六九八萬四八〇六甲）；另有倉庫、船舶、運輸設備、車輛、森林、礦業、機器設備、原料成品，及現金、金銀飾物、有價證券、票據、銀行存款等，總計接收日產價值達一五六億六五三萬餘圓。[51]

日人產業、日臺合資產業被當作敵產接收，大型企業多收歸公有，房屋財產等則予拍賣。但臺灣民眾認為，日人留在臺灣的產業，其實是臺灣人投入勞力與資源共同獲致的成果，甚至有部分財產是日人從臺人手中非法強奪而來，戰後全數歸公並不合理。日治時期，統治者利用土地調查事業、理蕃政策、匪徒刑罰令等種種手段，收奪臺人不少土地產業；戰時，更藉著總動員法令徵用臺人的財物、土地、房屋等，日本倉促投降，未及處理、歸還，臺灣人權益並未受到公平合理的對待。[52]

日產接收引起爭議的另一個原因是，日人投降時，盟軍最高統帥即曾發布命令，禁止日人動產及不動產買賣，臺灣省前進指揮所於一九四五年十月初抵達時，亦公告自八月十五日起在臺日人所有產業已受約束，不得自行處分，臺省民眾購買日人財產者為非法、當局不予承認。然而全省各地都已發生日人將其房產餽贈或移轉臺灣人、朋友之情況，僅臺北市一地，自一九四五年八月十五日後房地產買賣移轉登記房屋即達一百餘起、土地計一百三十餘筆，而造成承購之臺灣人與政府之間的諸多糾紛。[53]

並且，日產接收之初，為使日人遺留之房屋有人看管，日產處理員會各地分會以正式租用手續，租予民眾。但長官公署及大批接收官員抵臺後，卻為了解決各機關配用房舍問題，將接收的房屋分配為公用房舍，於是就發生原承租人已承租在先、不願遷讓的爭議。各公家機關要求將配撥房舍接管使用，或自行飭令原住人遷出，或逕請警察局派員警施壓遷出；原住戶則聯名抗議，說明承租經過、公家配撥房屋在後，要求維護權益，爭議愈形複雜。日產房屋成為官民相爭的標的，「機關與機關紛爭者有之，機關與人民紛爭者有之，人民與人民紛爭者，則更詭狡多端；或則喧賓奪主、雀巢鳩居；或則強占人居，自稱為現住人；或則私刻他人圖章、冒名申請；或則主僕相爭，堅持不讓，諸如此類情形甚夥。」[54]

一九四六年十月二十四日，日產處理委員會首次標售工廠，十二月中標售第二批日產，接著一九四七年一月十七日、二十一日、二十六日、三十一日密集標售第三批至第六批企業，二月八日、十七日又分別標售第七、八批企業，二十六日同時標售第九與第十批企業。

民眾認為，日產不乏徵用、掠奪自臺灣人民的財產，理應由臺灣民眾優先承購，但是，官方標售日產，黑幕重重。監察委員何漢文即指出，日產處理委員會在各地「無惡不作」，許多屬於臺灣人民私人產業被不分青紅皂白地沒收處理，而許多真正日產卻又在處理委員會和地方惡勢力串通下，變成個人私產：

在處理日產時，名義上是公開標賣，實際上卻是由內地官僚資本家和長官公署以下的黨政軍高級官員夥同私下分贓。……臺灣各地許多大企業、大商店，大廠房、大住宅都被有實力背景而能在標賣中直接插手的人，以極便宜的價格搶買去了……。許多國民黨軍政頭目赤手空拳到臺灣，很快變成了闊人。……國民黨的官員們為了搶奪這種「接收」財，相互間發生許多糾葛、控告。據楊亮功告訴我，當時臺灣監察使署收到的檢舉控訴案件，就以接收日產、標賣日產、勾結貪汙舞弊和人民產業被官方搶奪的案件最多。[55]

一九四七年二月初，長官公署準備將所接收之日產房屋全部標售。消息傳出後，頓時引起全臺北市租用日產房戶的騷動。日產租戶們則聯合成立了「房屋住戶聯誼會籌備處」，反對房屋標售，二月十八日在街頭巷尾散發傳單，嚴詞譴責「準備收買敵產房屋的先生們」，「挾著大批資金、利用特種權勢」促使政府標售日產房屋，而致令這些「業務正當、清苦善良」的原承租人將受風霜雨露侵襲，被拋向十字街頭，而大人闊佬們卻炒作轉手圖利。原租用戶發表聯合聲明，要求日產房屋長期租給現住戶使用，或賤價讓售給現住戶，因為這些房屋是日本人直接、間接從臺灣民眾手中奪去的，理應配還給臺灣民眾。[56]

針對國民政府處置中國本土與臺灣日本人財產此一做法，中國戰區美軍總司令**魏德邁曾有所質疑**，他認為**接收在臺日人財產一事涉及臺灣主權與法律地位的問題**，一九四六年二月請示美國陸軍部。魏德邁認為臺灣情況特殊，原本是美國所承認之日本領土，儘管美國總統同意戰後臺灣將歸還中國，但依據國際法，在以正式條約主權轉移之前，臺灣仍是日本領土。因此，他要求國務院給予有關臺灣法律地位之具體方針以便遵行，在此之前，仍將在臺日人視同中國本土之日本人一樣，繼續執行遣返計畫。[57]三月二十五日，美國國務院、陸軍部、海軍部三院部協調委員會及遠東小組委員會研議之後認為，開羅宣言聲明臺灣將歸還中國，波茨坦宣言重申貫徹開羅宣言等等，依此，日本已失去臺灣主權。因中日簽降、中國依據開羅宣言在臺統治，**國務院認為臺灣已復歸中國，不過，此一主權轉移最終仍須有適當條約之正式安排**。眼下關於中國接收日人財產一事，美國的立場在一九四五年九月二十五日給重慶美國大使館的電報中已表明，**美國對中國政府沒收日人公私財產一節並無異議**，惟倘有聯合國之利益混入日本財產者，應不予沒收。沒收之日本財產應有專帳，記載其價值，以抵作中國應得賠償之數額。**臺灣與其他日本在中國占領區一樣，業已回到中國之控制**。不過，在臺日人財產處置及國民地位，乃為政治事項，應由正式外交管道處理，此一聲明已由重慶美國大使館表達。[58]亦即，美國國務院儘管認為臺灣主權轉移仍需有適當條約之正式安排，卻將臺灣視同中國本土之日本占領區，同意中國政府以日產抵充賠償、處置臺灣人財產。

盟軍以日本人公私產業抵作賠償的處理原則，到了中國政府手中，卻成了財產大掠奪，在中國各地出現「五子登科」與「劫收」的亂象。[59]在中國，臺灣人成為敵偽財產局清理的對象，財產受到侵害，在臺灣，則上演了貪官汙吏中飽私囊、舞弊掠奪的戲碼，再再重創臺灣人對國府的向心。

第二節　盟國與中國對臺灣人地位的不同看法

戰後臺灣由中國代表盟國進行軍事占領，屬暫時統治狀態，軍政府為維持公共秩序、治理占領區，具有臨時管轄權，但不能取代或移轉占領區的主權，不得改變當地人民之國籍，亦不得要求當地人民向其效忠，過渡性統治直到和平條約締結為止。[60]

但中國政府卻認為開羅宣言已承諾，戰後臺灣已是中國領土。中國當局刻意模糊軍事占領與主權轉移之差別，一九四五年十月二十五日陳儀在交付安藤利吉的第一號命令上載明，「依照中國戰區最高統帥兼國民政府主席蔣介石、陸軍總司令何應欽之命令，接收臺灣、澎湖列島之領土、人民、**治權**、軍政設施及資產」；在廣播時又說是，「從今天起，臺灣及澎湖列島，已正式重入中國版圖，所有一切土地、人民、政事皆已置於中華民國國民政府**主權**之下。」

國府當局片面將臺灣人視為中國人，將戰後懲治漢奸政策在臺灣執行，造成臺灣社會人心惶惶。但是，國府當局對臺灣人國籍的主張並未被盟國所接受。此些問題，都成為臺灣民眾在身分認同上痛苦的來源。

一、「臺灣光復」與「漢奸」審判

國府官員抵臺後，積極宣傳「臺灣光復」、「三民主義」。一九四五年十月十日國慶日紀念大會上，前進指揮所主任葛敬恩表示，「臺灣是分別五十一年的小兄弟，如今重歸祖國懷抱。」[61]二十五日，行政長官陳儀在受降典禮後立即舉行第一次「臺灣光復紀念大會」，大會上致詞說：「九一八以來，蔣主席即有收復臺灣之決心，經十四年抗戰才得光復臺灣，我們要遵行蔣委員長之決心以建設新中國及新臺灣。」

十一月三日陳儀對臺灣民眾進行廣播，提出數項期許：臺灣同胞已從日本政府的奴隸變成中華民國的主人，要恪遵政府法令，做一個好國民，要瞭解並奉行三民主義，這是中華民國立國精神所在。[62]十一月十二日孫文誕辰紀念週會上，更明白闡述：

中華民國是　國父一手創建出來的……今天臺胞紀念　國父誕辰，要知道收復臺灣，是　國父畢生的志願。

我希望在臺灣的每一個同胞都是　國父的孝子賢孫，臺灣每一塊土地，都是實行三民主義的實驗室、育種場，把全中國很快地建設成富強康樂的三民主義共和國。[63]

一九四五年十二月二十五日民族復興節，[64]陳儀再度透過廣播，將主義、領袖、臺灣人的責任連結起來：

我們紀念民族復興節，首先應該認識　蔣主席與國家復興的關係……國父逝世之後，主席繼承國父遺志，領導國民革命，繼續完成革命建國大業。……國民革命的對象，在內則為禍國殃民的軍閥，在外則為侵略中國的日本帝國主義……**如果不是這次抗戰的勝利，決不會有臺灣的光復**。

臺灣同胞尤其應該多多努力，因為過去的國民革命，這次的對日抗戰，臺灣同胞格於環境，都沒有參加機會……我們今天要感謝　主席，報答國家……須以行動來表示真誠……**臺灣光復後的責任，矢忠矢誠**……加緊工作，以**完成三民主義的新臺灣與三民主義的新中國的建設**。[65]

不僅行政長官陳儀長官耳提面命，來臺的黨、政、軍要員都不斷灌輸相同的論調。行政長官公署宣傳委員會與國民黨臺灣省黨部、臺灣新生報社、臺灣廣播電臺、中央通訊社臺灣分社、七十軍政治部並每月召開一次宣傳會報，[66]警備總部參謀長柯遠芬、三民主義青年團主任李友邦、國民黨臺灣省黨部主委李翼中，《中華日報》的國民黨中央宣傳部委員盧冠群、監察委員丘念台、臺灣省黨部委員張兆煥等黨政軍要員輪流到廣播電臺演講，並在《臺灣新生報》等官方報刊刊載，一再反覆提示「臺灣光復」、「感謝祖國」、「實行三民主義」。

總結官方論述，由三段論組成：1.祖國為解救臺灣，抗戰勝利，臺灣得以脫離日本殖民壓迫。2.臺灣已成為中華民國一員，應矢志效忠。3.應以三民主義立國精神，建設臺灣成為「三民主義模範省」，以報答祖國解救之恩。透過這些論述，開始進行臺灣的中國化工程。

國府將戰後復員工作分為後方區、收復區與光復區，東北與臺灣屬於光復區。依據〈復原計畫綱要〉的規畫，收復區與光復區因戰時淪陷於敵偽統治，受奴化思想摧殘，戰後必須特別著重教育文化工作，去除奴化思想，表彰忠烈事蹟。[67]

接著，中國政府不顧戰爭結束前臺灣人為日本國民的事實，將懲治漢奸政策在臺施行。一九四六年元月，臺灣省警備總司令部以奉陸軍總司令何應欽之令舉行全國漢奸總檢舉，以兩週間舉行全省漢奸總檢舉，希望「全省民眾盡量告發過去日寇統治臺灣時，所有御用漢奸之罪惡」，將檢舉信逕寄警備總部參謀長柯遠芬。兩星期的檢舉期限過後，警備總部總共收到民眾檢舉漢奸案件三三五件。二月，警備總部拘捕臺灣漢奸嫌疑者四十一人，據說尚有包括林獻堂在內的百數十名預備逮捕名單，一時之間人心惶惶。

國府當局企圖以漢奸罪名追究臺灣人的政治忠誠，但盟軍總部則以清理戰爭罪行為目標，將虐待戰俘的臺灣人以戰犯罪名起訴，兩者做法極為不同。一九四六年元月國民政府司法院作成院解字三〇七八號解釋令，同意臺灣人原屬日本籍，不應以漢奸罪名追訴。十二月，國民政府司法院再次作成院解字三三一三號解釋令，主張臺灣人於中日戰爭期間的戰爭罪行，應受戰犯審判。[68] 亦即，國府當局接受了盟軍的主張。

但是，行政長官公署針對日治時期的協力者的追究行動，並未停止。一九四六年八月，長官公署頒布〈臺灣省停止公權人登記規則〉，規定「曾任日本統治時代皇民奉公會重要工作經查明屬實者」、「經檢舉查有漢奸嫌疑者」，停止公權人登記。此一規定引起臺灣社會極大震盪，媒體連篇大幅報導，傳聞被停止公權者，不得參加公民宣誓、不得登記為各種公職候選人、不得擔任各級公務員、律師等等，影響個人權利極為嚴重，報紙紛紛以「原子彈」、「大旋風」、「臺灣的公職追放令」稱之。同時，臺灣各縣市政府警察局著手進行皇民奉公會參與分子的調查工作，第一波有一九二名列入名單。警備總部認為名單不夠完整，繼續調查更基層的皇民奉公會成員，至二二八事件前，此項政治忠誠清算工作，仍在持續進行中。[69]

戰後歡喜於回歸祖國、成為戰勝國民的臺灣民眾，卻因為漢奸懲治、政治忠誠清算，未蒙其利、先受其害。

二、澀谷事件與臺灣人國籍問題

國府當局接收臺灣後，認為臺灣已是中國領土、臺灣人已是中國人。一九四六年一月十二日，國民政府公布訓令宣稱：

> 查臺灣人民原係我國國民，以受敵人侵略致喪失國籍，茲國土重光，其原有我國國籍人民自三十四年十月二十五日起應即一律恢復我國國籍。[70]

中國駐日代表團（Chinese Mission）依據此一訓令，於同年三月六日通知盟軍總部轉知日本政府。四月，盟軍總部回覆中國人民無論來自臺灣或其他各省，皆應比照聯合國人民待遇、不得有所歧視，[71] 並願意提供臺僑與華僑同等的糧食配給。[72] 但在司法規範方面，盟總初期方針將臺僑與華僑做區別，臺灣人與朝鮮人被認為仍保有日本國籍，須服從日本法律、受其管轄。[73]

一九四六年六月行政院院會通過〈在外臺僑國籍處理辦法〉，規定願意恢復中國國籍之在外臺僑應向外館登記；不願恢復國籍者應於同年十二月以前向外館聲明，由外館通知駐在國政府；恢復中國國籍之臺僑，其法律地位與待遇應與一般華僑完全相同，尤其在日本、韓國境內之臺僑，應享有盟國僑民之同等待遇。[74]行政院祕書處依此指示外交部轉致駐在國政府，向盟邦交涉。外交部因此照會各國駐華大使館，要求轉達各國政府辦理。

外交部的正式照會中，要求各國承認臺灣人為中國國民，揭開臺灣人國籍問題爭議的序幕。盟軍總部態度開始遲疑，推說關於臺灣人國籍問題之最後決定權在華盛頓，需再向美國政府請示。[75]

就在此一當頭，爆發了澀谷事件，臺灣人的國籍問題爭議端上檯面。

戰後日本因糧食缺乏，許多人依賴黑市物資維持生計，其中不乏在日臺灣人與朝鮮人，並因與日本黑幫爭奪地盤，不時產生衝突。七月十九日，聽說日本松田組將襲擊臺灣人攤販，臺人群情激憤，轉往中國駐日代表團請願，駐日代表團派出卡車將臺灣人送回家，途經澀谷警察署前，卻與日本警察發生衝突，雙方開火，致使臺灣人死亡四人、負傷十八人，並有四十三人遭美軍憲兵司令部拘捕。此事引起中日關係緊張，日本媒體大幅報導，眾議院議員大野伴睦更提出緊急質詢，指責臺僑是「牧場的虎狼」，支持日警的鐵腕對策。中國報刊也是一片群情激憤，批判為「帝國主義的復活」，臺灣旅滬同鄉會、臺灣青島同鄉會相繼發表聲明，要求政府當局向日本抗議，使中國政府承受極大壓力。[76]

駐日代表團為表示維護僑民權益的決心，十月去函盟軍總部，咬定盟軍總部已在前述四月覆函中同意臺灣人與其他省分中國國民均受聯合國國民之同等待遇，並要求不可對包括臺僑在內的華僑課取稅捐。對此，盟軍總部外交組態度轉變，回覆：「華僑均須出具官方證書以證明其業已取得中華民國國籍。」盟總認為，許多臺僑並未取得中國公民之正式證書，並有保留日國籍、與日人通婚等情況，形同日本人；並且，在日本除盟軍最高統帥及附屬於占領軍之人員外的所有聯合國國民，均須負擔日本各項稅捐，無法對臺僑採特別待遇。盟總建議，有關臺僑之待遇問題，其解決辦法需待政府與政府之間的談判方能獲得，代表團應盡速完成華僑總登記，並盡快遣送在日從事非法活動之人民歸國。[77]

盟軍總部針對在日臺僑地位問題，立場轉趨強硬，因為澀谷事件已引起中美雙方關係緊張。國民政府外交部擬定〈澀谷事件善後辦法〉，顯示不干示弱的態度：

……本案為我抗戰以來對日交涉之第一大事，亦為中美雙方對於日本問題之一重大折衝，**國家威信所關**、**國際地位所繫**，似難再安緘默，任總部下級幹部為所欲為。[78]

在此種觀點下，外交部研擬數項對策，打算向盟軍總部抗議、退出審判、在對日委員會中提案討論、向華府交涉、發動輿論戰等等。甚至，國府最高當局也認為澀谷事件處理未妥，將傷害中國威信，十一月十五日，國民政府主席蔣介石致電外交部長王世杰，指責代表團未盡責任：

> 留日華僑……其中臺胞占百分之七十五，迄今仍受日本政府傳統壓制，總部亦加苛待，遭受凌辱，甚於以往，華僑之生命財產毫無保障，澀谷事件華僑傷亡者十數人，監禁者四十三人，即為明證，數十萬華僑財產，恐將盡被剝奪，我代表團對於僑民毫不重視……**若長此以往，僑民將仇恨代表團之無能，而對祖國抱怨失望**。[79]

國民政府從上到下都以國家尊嚴角度看待澀谷事件，認為一旦處理不當，將動搖臺灣人對中國之向心、危及政府威信。澀谷事件從日臺衝突升高成為美中衝突，甚至無限上綱，挑戰中美互信。

相對的，從美國立場來看，澀谷事件若處理不好，將嚴重傷害美軍在日本占領統治的穩定性。國務院報告指出，日本人民對於為數二萬的在日臺灣人，與朝鮮人、日本黑幫競相從事黑市活動，日警卻不敢介入的情形，感到強烈不滿；而長期以來，日警不確定可否對臺灣人、朝鮮人執法，士氣受到嚴重打擊。澀谷事件中，日警開槍對付臺灣人，日本民眾為之喝采；事件中臺灣人恣意、不當的行動已違反占領規定、構成犯罪，但中國駐日代表團卻以日本司法無權管轄，採取強烈外交措施保護被扣押之臺灣人。國務院認為，一九四六年八月十五日遠東委員會為占領需要，取消日本法院對於聯合國人民之刑事管轄權，盟軍總部同意中國人是聯合國國民、不受日本法庭管轄；但是，**臺灣人是否為中國人民，則尚未釐清**。國務院認為一九四六年四月盟軍總部對中國駐日代表團的覆文引起後續一連串的問題，原本，在日本的所有非日本人均應受日本法律拘束，國籍身分仍存疑的朝鮮人、臺灣人從事非法活動，若是給予聯合國國民之保障，將對占領日本、維護和平秩序構成傷害。[80]

因此，國務院支持盟軍總部主張，要解決臺灣人處遇問題最好的方法是加速遣返、減少在日臺灣人的人數。國務院認為，許多臺灣人因從事黑市交易，偏好留在日本，必須採取強制遣返、加強控制措施。國務院也分析，中國單方面採取強勢作為，將在日臺人視為中國國民、且擴大外交保護等等，是因為**澀谷事件的逮捕行動使其丟了面子**、**涉及國家榮譽**，中國方面的不滿與敵意已經形成，法院判決無濟於事。因此，國務院支持盟軍總部以**個案處理**，做為暫時的辦法，在此一個案上接受中國駐日代表團之要求，將這些臺灣人視為中國人民。[81]

據此，駐美大使顧維鈞於十一月二十七日獲得美國國務院的回覆。國務院備忘錄指出，聯合國人民在日本具有不受日本警察及法院管轄之特權，但此一特權之設計，是為了便利占領機構之工作、保護占領機構人員，未負擔占領任務的美國僑民及大多數其他盟國僑民皆已遣離日本。國務院指出：

……日本管轄權之豁免，初非意在授予數約二萬自稱**臺僑之人民**，彼等在戰爭期間乃係敵國人民，除曾依照合法手續個別脫籍者之外，依日本法律，固仍然**保有日本國籍**也。[82]

亦即，國務院明白指出臺僑在法律上而言仍是日本國籍。國務院認為，面對中國要求在日臺僑特殊待遇之權利，只能以技術性方式、依中國法律給予臺僑中國國民待遇。此一主張算是對中國的要求有所讓步，但國務院特別強調：

……**自法律觀點言，臺灣之主權現猶未做正式移轉**，在適當時期談判割讓條約，當可想見，此項條約將實施移轉，並列入對臺灣居民國籍做合宜變更之條款。[83]

美方技術性讓步的做法，希望能夠換取對日占領威信與秩序，因此強力要求中國政府配合，將臺灣人盡速遣返。國務院備忘錄中，建議中國當局對在日臺僑加以甄別，對不能提出正當謀生方法之臺灣人迅速遣返，其餘必須發給適當之身分證明，如此可將特定地位臺僑人數降至最小範圍，中國政府所要求的特殊待遇方為可能。備忘錄中仍然重申，盟軍總部授權日本警察及法院對在日臺僑行使管轄權，無可非議。

一九四七年一月十五日，盟軍最高統帥麥克阿瑟將軍會見中國駐日代表團團長朱世明，表明澀谷事件臺僑判刑將改為驅逐出境，並希望駐日代表團對華僑問題負完全責任。[84] 澀谷事件結果，共有四十一人被判處六個月至三年有期徒刑，但以遣送回國換取停止執行，同年七月將涉案臺僑押運返臺。[85]

簡言之，美國在澀谷事件中採取技術性處理，回應中國政府的面子問題與強硬態度，但對於臺灣人的國籍身分主張並未改變。

不僅美國不同意中國政府對臺灣人的國籍主張，在此之前，英國駐華大使館已致函中華民國外交部表達對臺灣人國籍問題的看法：

關於臺灣島之轉移中國事，英國政府以為仍應按照一九四三年十二月一日之開魯宣言（按：即開羅宣言）。同盟國該項宣言之意，不能自身將臺灣主權由日本移轉中國，應候與日本訂立和平條約，或其他之正式外交手續而後可。因此，**臺灣雖已為中國政府統治，英國政府歉難同意臺灣人民業已恢復中國國籍**。[86]

英國政府認為臺灣主權之轉移必須等待戰後和平條約訂定，在此之前，已指示英屬領土內應以「友邦人民」對待臺灣人（should in general be treated as nationals of friendly country）。接到英國此一反應，外交部訓令駐英國大使館強力爭取：「關於臺灣人民恢復中國國籍事，中國政府係根據開羅會議宣言及事實需要，須定辦法實施，業得駐日盟軍總部之同意。故對英國政府所持之觀點，礙難同意。」並訓令駐英國大使鄭天錫向英國政府提出異議。[87]

與中國政府共同宣布開羅宣言的美英兩國，都不承認該宣言具有移轉臺灣主權的法律效力。同盟國一員的荷蘭當局也認為，「**在對日和約尚未締結前，居留於荷屬之臺灣籍人之地位，與日人一樣，因臺灣籍人亦被視為敵性國人也**。」[88]

由於英、美等各盟國都不接受戰後正式條約締結前臺灣人具有中國國籍，外交部指示駐日代表團、駐美大使館，應強調中國已依據開羅宣言接收臺灣，並樹立行政機構實行統治，在臺灣島上業已取得事實上之主權（de facto sovereignty），繼續力爭。[89]

一九四六年十二月，駐日代表團再與盟軍總部外交組會商，盟總仍認為，臺灣歸還中國尚未經和約規定以前，海外臺民僅係被解放人民，國籍猶未確定，臺灣人國籍問題最後決定權操諸華盛頓，會議最後未獲具體結論。[90]

由於中國外交部堅持對臺灣已具有事實主權，負責在第一線折衝的駐外使節頗感為難。一九四七年一月十一日，駐英國大使鄭天錫也電呈外交部指出，已經兩次向英國交涉，英國仍堅持前議、立場完全根據法理。鄭天錫提醒，英方同意給予臺僑以友邦人民之待遇，已經是讓步，如此則臺僑在英屬各地不會受到敵僑之對待與限制，事實上與華僑並無不同。他建議駐外領使館行使保護臺僑職權即可，如遇窒礙、或困難時再行交涉即可。[91]

二月二十八日，駐日代表團也致電外交部指出，臺僑復籍案如果被美國政府否決，不但臺民將蒙受損失，更影響中國政府之威望，應該務實處理。代表團建議提出更強的法理論據：

按照國際公法在和約未簽訂以前，在日僑民竟應視作中國人或日本人或被解放人民，本團不擬與（盟軍）總部做法理上的爭執。惟鈞部**如除開羅與波茨坦兩宣言外，能得其他國際法上之論據或國際間之成例足以支持在日臺民應為中國人民者，**擬請賜示，**以便增強我方之立場**。我方在法理上若無顛撲不破之論據，足使美國務院改變其觀點，……否則總部以美國務院觀點為依據，堅決視一切在日臺民為被解放人民，無聯合國人民地位，釀成僵局，頗難應付。[92]

駐日代表團與駐英大使的態度都顯示，戰後和平條約未訂定前要求美、英承認臺灣人為中國國籍，違反國際法與國際慣例；盟軍總部對持有身分證明之在日臺僑給予華僑待遇、英國對臺僑給予友邦人民待遇，已經展現善意；因此，他們建議外交部應予接受、不該為了臺僑國籍問題與盟邦釀成僵局。

第三節　美方人員的臺灣觀察

戰後迎來了中國政府，究竟統治情形如何？戰後初期在臺灣有美國戰略情報局（OSS）金絲雀小組、美軍聯絡組、美國駐臺北領事館，美方人員協助國府軍隊占領、接收，卻因為對美中體制的認知不同，雙方逐漸產生種種磨擦。美方人員也成了島上的第三隻眼，提供了戰後初期臺灣民情的第一線觀察。

一、美、日、中人員關係

一九四五年九月一日，美國空軍地勤支援小組（AGAS）最先抵達臺灣，九日，代號金絲雀的

OSS小組隨後登陸。臺灣軍司令部選任五位參謀與之接洽，並組成了一百三十人的研究團隊收集美方所要的資料。[93]但是，中國官員代表盟國接收臺灣，對於安藤利吉總督及其手下積極與美方人員合作，甚至未經中國戰區最高統帥蔣介石的授權，就將相關情報交給OSS金絲雀小組，相當不悅。[94]美、日、中人員關係微妙。

儘管如此，一九四六年一月，OSS小組情報中仍然認為，應盡速遣返在臺灣的所有日本人，包括軍人與一般民眾。因為OSS小組的調查顯示，六百萬臺灣人中，絕大多數希望立即去除日本人在島上之影響力，如果日本人被允許留在臺灣，尤其是在技術與管理的位置上，將持續擴張其影響力，因為中國官方並無明確訓練臺灣人取代日本人的計畫。OSS小組也觀察到，臺灣人批評中國政府不願分享行政與管理方面的職位，臺人地位並未優於日本殖民統治時期；盡速遣返日本人，則中國政府必須訓練、任用臺灣人，將可減少臺灣人對中國政府的不滿與衝突。OSS人員認為，日本人留在臺灣，持續分化美國人與中國人、中國人與臺灣人關係，製造謠言，將對中國政府施政安定構成威脅。[95]這些情報，相當程度強化了美方遣送日僑政策的加速執行。

美軍聯絡組於一九四五年十月與國府一起進駐臺灣，與警備總部人員定期召開中美參謀聯合會報，雙方合作關係緊密。由於國府軍隊運送、官員來臺、日本戰俘僑民遣返等，事事仰賴美方協助，多以美方意見為主、奉為上賓。[96]對此情形，OSS小組頗感擔憂，因為中國軍隊抵臺之後紀律敗壞，搜刮搶奪財物引起不滿，美軍聯絡組為中方背書、被國府當局當成欺騙臺灣人的工具，臺灣人的不滿可能反彈到美國政府身上，因此提醒華府高層注意此現象。**OSS小組也批評國務院**

將臺灣交給中國是重大錯誤，建議美軍聯絡組應盡快離開臺灣。[97]

原本〈臺灣占領計畫〉規劃「美軍聯絡組在中國政府成立三十天後撤離，另組美軍顧問團接替」，實際不然。一九四五年十一月二十七日，臺灣省警備總司令陳儀電呈軍事委員會蔣委員長，請求延長美軍聯絡組繼續工作至日俘日僑完全遣送完畢為止。[98]因此，美軍聯絡組繼續留在臺灣，直到軍事接收結束、日軍遣送完成後，才於四月一日離臺。美軍聯絡組任務完成後，並未設立顧問團，而於一九四六年春成立了臺北領事館。[99]

一九四六年三月，第一任駐臺北領事步雷克（Ralph J. Blake）抵臺，副領事是葛超智。臺北領事館定期經南京大使館向國務院呈送臺灣政治、經濟、社會情勢報告，這些報告多數是葛超智執筆。由於領事館呈送的臺灣現況報告大多指控臺灣統治失敗，許多臺灣人到臺北領事館請願、請求美國關切臺灣統治狀況，使得陳儀政府與美國領事館之間的關係愈來愈緊張，葛超智因此稱領事館是「不受歡迎的目擊者」。[100]

二、美國人眼中的戰後臺灣

島上的美國人，見證了戰後初期國民政府在臺統治情形。OSS小組情報指出國府軍隊搶劫等紀律敗壞、官員貪汙、走私等腐敗情形，加上糧食短缺、物價上漲，使臺灣快速進入混亂狀態，臺灣民眾的痛苦日增，陳儀政府如同日本殖民政府一樣將本地人排除在政府職位之外，也使民眾對新政府的不滿、厭惡情緒愈來愈升高。美國駐臺北領事館的臺灣政情報告亦然。一九四六年三月的報告中，說明臺灣產業停滯、食物短缺、軍紀敗壞、公共衛生崩解等問題，並提出警語：

> 大多數臺灣漢人（Formosan–Chinese，以下略）曾經熱切期盼回到中國，期望與中國公民一樣受到完全平等的對待，而他們對於中國的無知，一如中國對於臺灣的無知。臺灣人被排除在新政府重要職位之外，經濟上受掠奪，並被公開指稱是落伍、無法承擔責任。對於這情況，臺灣漢人正形成強烈的反應，**在六個月內發生人民暴動並非不可能**。[101]

其次，美方特別關注共產黨在臺灣的活動，但領事館觀察發現，臺灣民眾對陳儀政府的不滿，並非共產黨煽動，臺灣沒有什麼共產黨活動，反而是中國政府以共產黨為藉口，推卸責任：

> 在臺灣最初對當局的反抗是因為基於反陳儀的動機，但這些潛在**情勢並非中國共產黨所造成**，之所以形成趨勢，是當前受剝奪的臺灣漢人所感受到不公平的苦難與煎熬而致。[102]

若干行政長官公署官員主動透露給領事館消息說，有一兩千個中國共產黨員潛入臺灣，但已被政府密切監視。這個消息值得懷疑，且並未獲得其他管道證實。值得思考的是，這些官員費了好大力氣意讓美國官員注意此一報告，背後是否有官方的目的，這將有助於長官公署，一旦其施政受到批評，將可以共產黨陰謀煽動的理由而化解。[103]

值得注意的是，美國領事館極為重視臺灣人對於美國的觀感，幾乎在每次報告中都會特別說明美國在臺灣的聲望，與臺灣人對美國的期待：

在臺灣全島，美國的聲望維持在高峰。因為戰爭期間我們排除了對臺灣的攻擊，並且目前我們正以臺灣聯絡組發揮影響力，這些都受到臺灣漢人深刻而明顯的感激。許多負責任的且深慮的臺灣漢人表達了希望美國占領臺灣，並安排與中國聯合行政（joint administration）一段時間，足以協助他們經濟復甦與政治重組的期待。這些最重要的人也期望，如果民眾與當前地方政府之間遭遇麻煩時，美國政府能夠對中央政府施壓，以清除明顯可見的無能與腐化。而美國所受到的歡迎，也使中國軍事集團感到不安，並加深其不滿。[104]

美國的聲望仍然很高……美國在中國各派系間尋求和平的善意與努力，得到媒體的稱許，也加劇了地方人士對大陸官員的批評……導致兩種公共意見，一方面證據顯示高階官員出現不友善且持續的敵意。……另方面謠言滿天飛，指美國將會以某種方式介入以確保在臺灣較良好的行政，最極端的謠言指美國軍隊不久會到達，……另一種更廣泛的謠言斷言在聯合國託管下，美國將很快接管臺灣建立保護行政，時間或是十年、或直到共產黨自大陸入侵的危險消失、使中國大陸政府統一為止。[105]

儘管目睹了臺灣人對中國政府施政的失望，也注意到臺灣民眾期待美國扮演某些積極角色，但無論是OSS人員或臺北領事館人員仍認為，臺灣人並未主張獨立，仍然希望是中國的一省。一九四六年元月，OSS小組提出〈臺灣報告書〉（A Report on Formosa(Taiwan): Japanese Intelligence and Related Subjects），總結他們在臺灣進行的情報調查工作，其中包括對臺灣菁英政治態度訪談調查。報告中指出，受訪的臺灣重要人士並未主張獨立，但希望臺灣不要被中國當作殖民地統治，在做為中國一省的同時，應該保有高度自治權。[106] 三月，OSS小組離臺前所發出的情報，清楚呈現他們對當時臺灣社會的看法：

> 臺灣人（Formosan）說日本人遠比中國人有效率，他們也不滿被禁止從事政府支持以外的政治活動。**儘管臺灣人對陳儀集團嚴厲批判，卻認為臺灣仍須是中國的一部分**，他們相信陳儀必須被撤換，**臺灣人期待自己組成政府**，知道本地習俗、講相同的語言，而不是只想謀取個人的利益。……戰爭結束時，臺灣人因為種族情結與對民主的期望，很高興回到中國，但因為食物不足情形、搶劫增加、禁止本土社團，反中情感十分強烈。因為嚴苛的中國法律，**臺灣現在並無共產黨活動**，也沒有任何政治運動，人們對於做為中國一省的前途感到悲觀。[107]

美國駐臺北領事館的臺灣情勢報告，看法與OSS小組十分接近，例如：

> 有一些公開的談論，主張用武力行動與當前臺灣的政府對抗。但這些行動不能被詮釋為「獨立」運動，而是努力排除現有政權，以促使中央政府派來更好的代表、在島上的政府中任用臺灣漢人。……臺灣漢人的政治態度可以總結說，**他們期望在民主的中國的架構下，充分參與他們自己的臺灣省的政府**，並且能夠在中央政府有臺灣漢人的省籍代表。[108]

> 必須強調的是，**對現有地方政府的反對，並不會擴展成對中央政府的不忠**。對中國的忠誠來自於強調血緣文化基礎，但（臺灣人）抱著不確定的期望，希望中央政府會撤換陳儀當局，代之以真正關心臺灣利益的政府。[109]

面對國府統治百病叢生，臺灣人民期望幻滅，美國駐臺北領事館認為，戰後臺灣的特殊地位是所有問題的癥結：

> **當前的政府不願意說明今日臺灣處於暫時性的地位，是在中國統治下的準軍事託管狀態**（the Quasi-Military Trusteeship under China Governs），直到和平條約生效、主權完全轉移為止。即使大陸存在理想的省級民政政府，但在和平條約生效前，臺灣的政府是無法跟它們看齊的。[110]

戰後美中合作占領下，臺灣狀態十分曖昧。一方面，中國政府貫徹美國的對日政策，優先遣返日軍日僑，此時臺灣人不被當作日本人，返鄉路迢迢；美方默許中國政府沒收日產充作賠償，此時臺灣人財產則被當作日產一般，遭到剝奪。另方面，對於臺灣人國籍問題美中雙方看法不一，美國主張和平條約簽訂前，臺灣人仍具日本國籍，在日臺灣人需受日本法律管轄；中國政府卻逕自宣布臺灣人恢復中國國籍，並進行漢奸懲治、追究戰前臺灣人對中國的政治忠誠，臺灣人受到多重法律的制約。臺灣人有時被視為日本人，有時被當作中國人；既非日本人、又非中國人，種種矛盾複雜的現象，使臺灣人從財產處置、現實境遇到身分認同，都面臨極大的痛苦。

在美中協力體制下，國府迴避軍事占領事實，藉著美國的協助統治臺灣，宣稱臺灣「光復」；美方雖目睹在臺灣所發生的貪汙腐化、軍紀敗壞、統治失敗、官民對立等各種問題，卻未有任何作為，默許國府統治亂象。臺灣局勢不斷惡化，直到二二八事件爆發。

注釋：

1 湯熙勇，〈脫離困境：戰後初期海南島之臺灣人的返臺〉，《臺灣史研究》十二：二（二〇〇五年十二月），頁二〇五。

2 賴澤涵等，《二二八事件研究報告》（臺北：時報，一九九四），頁十三—十六。

3 五百旗頭真，〈アメリカの對日占領管理構想〉，收入中村政則等編，《戰後日本：占領と戰後改革（第一卷）——世界史のなかの一九四五年》（東京：岩波書店，一九九五），頁九三—一二三。

4 〈中美英三國波茨坦宣言〉，《遠東委員會盟國對日委員會及駐日盟軍總部職權案》，檔號：0034/070.1/0022/0072，檔案管理局藏。
5 竹前榮治，《GHQ日本占領史序說》（東京：日本圖書センータ，一九九六），頁二一九。
6 Basic Post-Surrender Policy for Japan，《遠東委員會盟國對日委員會及駐日盟軍總部之職權》，檔號：0034/070.1/0022/0090-0107，檔案管理局藏。
7 Repatriation of Civilian Japanese From China, SFE128/13, Repatriation of Japanese Civilians, 請求號：SFE-1, Roll.6, 0315-0400，日本國會圖書館憲政資料室藏。
8 魏德邁（Albert Coady Wedemeyer）著，程之行等譯，《魏德邁報告》（臺北：光復，一九五九），頁三〇八、三一二—三一四。
9 中國陸軍總司令部編，《中國戰區中國陸軍總司令部處理日本投降文件彙編（下卷）》（南京：中國陸軍總司令部，一九四六），頁二五三。
10 中國陸軍總司令部編，《中國戰區中國陸軍總司令部處理日本投降文件彙編（下卷）》，頁二三一。
11 Repatriation of Civilian Japanese From China, SFE128/13, Repatriation of Japanese Civilians, 請求號：SFE-1, Roll.6, 0315-0400，日本國會圖書館憲政資料室藏。中國陸軍總司令部編，《中國戰區中國陸軍總司令部處理日本投降文件彙編（下卷）》，頁二三四—二四四。
12 中國陸軍總司令部編，《中國戰區中國陸軍總司令部處理日本投降文件彙編（下卷）》，頁二五七—二七八。
13 中國陸軍總司令部編，《中國戰區中國陸軍總司令部處理日本投降文件彙編（下卷）》，頁二七九—三一〇。
14 中國陸軍總司令部編，《中國戰區中國陸軍總司令部處理日本投降文件彙編（下卷）》，頁二八三、三〇九。
15 竹前榮治，《GHQ日本占領史序說》，頁十八—十九。
16 淺野豐美編，《戰後日本の賠償問題と東アジア地域再編》（東京：慈學社，二〇一三），頁十六—十七。
17 中華民國駐日代表團編印，《在日辦理賠償歸還工作綜述》（臺北：文海，一九八〇），頁三—四。
18 淺野豐美編，《戰後日本の賠償問題と東アジア地域再編》，頁十九。
19 中華民國駐日代表團編印，《在日辦理賠償歸還工作綜述》，頁四〇—四三。
20 〈國民黨中執會祕書處為抄送「臺灣現狀報告書」致行政院函及各部復核情形〉，收入陳興唐主編，《臺灣「二・二八」事件檔案史料（上卷）》（臺北：人間，一九九二），頁五二。
21 〈上海徐學禹電〉，收入何鳳嬌編，《政府接收臺灣史料彙編（下冊）》（臺北：國史館，一九九〇），頁九三五。
22 〈何應欽呈蔣委員長請電麥克阿瑟將軍送臺民回臺電〉，收入張瑞成編，《光復臺灣之籌畫與受降接收》（臺北：中國國民黨黨史會，一九九〇），頁二一二。
23 林獻堂著、許雪姬編，《灌園先生日記（十七）一九四五年》（臺北：中研院臺史所，二〇一〇），頁三四〇、三五一、三六〇。

24 〈黃宗岳等建議接運日本徵用之本省學童返國〉，收入何鳳嬌編，《政府接收臺灣史料彙編（下冊）》，頁九四五—九四六。

25 State-War-Navy Coordinating Committee Directive Sovereignty of Formosa, SFE 168: Sovereignty of Formosa, RG353, 請求號：SFE-1 R12: 0378-0400，日本國會圖書館憲政資料室藏。

26 Com Gen China to SCAP and Formosa Lia Groups, Formosa File, from December 1945 to 1949, RG331, 請求號：G300256-00261，日本國會圖書館憲政資料室藏。

27 Regarding the Commencement of Planned Repatriation of Formosans, Formosa File, from December 1945 to 1949, RG331, 請求號：G300256-00261，日本國會圖書館憲政資料室藏。

28 〈臺灣省警備總司令部第十四次中美參謀聯合會報紀錄〉、〈臺灣省警備總司令部第十九次中美參謀聯合會報紀錄〉，《臺灣警備總司令部中美參謀會報紀錄》，檔號：0034/003.7/4010/1/008，0034/003.7/4010/1/013，檔案管理局藏。

29 〈由日赴菲之空船載運退伍臺人返臺事項〉、〈馬尼拉吳港間船隻往返情形〉，《臺灣區日俘（僑）處理案》，檔號：0034/545/4010/025/010、0034/545/4010/025/018，檔案管理局藏。

30 〈國民黨中執會祕書處為抄送「臺灣現狀報告書」致行政院函及各部復核情形〉，頁五三—五四。

31 楊肇嘉，《楊肇嘉回憶錄（下）》（臺北：三民，一九七八），頁三四六—三五〇。

32 〈中國陸軍總司令部電令各省市軍政長官頒發處理在日軍服務之臺人辦法〉，收入張瑞成編，《光復臺灣之籌畫與受降接收》，頁二一〇。

33 〈海南島臺胞の慘狀寫真便り〉，《臺灣新生報》，一九四六年九月十三日，二版。

34 〈海南島的臺灣人〉，《觀察》一：十六（一九四六年十二月十四日），頁十五—十六。

35 中國陸軍總司令部編，《中國戰區中國陸軍總司令部受降報告》（南京：中國陸軍總司令部，一九四六），頁十二—十三。

36 〈國民政府軍事委員會軍令部電臺籍人民待命返臺〉，收入何鳳嬌編，《政府接收臺灣史料彙編（下冊）》，頁九四三—九四四。

37 〈何應欽呈蔣委員長請電麥克阿瑟將軍送臺民回臺電〉，收入張瑞成編，《光復臺灣之籌畫與受降接收》，頁二一二。

38 〈南京何應欽電知關於在日臺民及其他華僑接運事項〉，收入何鳳嬌編，《政府接收臺灣史料彙編（下冊）》，頁九五一—九五二。

39 閩臺通訊社編，〈臺灣政治現狀報告書〉，收入《二二八真相》（出版資料不詳），頁二一。

40 遲景德，《中國對日抗戰損失調查》（臺北：國史館，一九八七），頁二五。

41 秦孝儀編，《中華民國重要史料初編——對日抗戰時期第七編：戰後中國（四）》（臺北：中國國民黨黨史會，一九八一），頁三五—三六。

42 遲景德，《中國對日抗戰損失調查》，頁一八七、二一〇—二一一。

43 秦孝儀編，《中華民國重要史料初編——對日抗戰時期第七編：戰後中國（四）》，頁三五。

44 〈朝鮮及臺灣人產業處理辦法〉，收入張瑞成編，《光復臺灣之籌畫與受降接收》，頁二〇八。

45 楊肇嘉，《楊肇嘉回憶錄（下）》，頁三五〇—三五一。

46 〈臺灣旅滬同鄉會電請陳儀敕令軍事委員會〉何鳳嬌編，《政府接收臺灣史料彙編（下冊）》，頁一〇四三。

47 火山，〈如何收攬臺灣民心〉，《新臺灣》創刊號（臺北：傳文文化，一九九四，復刻版），頁十五。

48 伍君（張我軍），〈為臺灣人提出一個抗議〉，《新臺灣》創刊號，頁七—八。

49 〈關於處理臺灣人產業之意見書〉，《新臺灣》創刊號，頁五。

50 臺灣省接收委員會日產處理委員會，《臺灣省接收委員會日產處理委員會結束總報告》（臺北：臺灣省日產處理委員會，一九四七），頁十九。

51 臺灣省接收委員會日產處理委員會，《臺灣省接收委員會日產處理委員會結束總報告》，頁十四。

52 梅村仁編，〈二・二八史料舉隅〉，收入《二二八真相》，頁四六。

53 臺北市政府日產清理室編，《臺北市日產處理概況》（臺北：臺北市政府日產清理室，一九四八），頁三六。

54 臺北市政府日產清理室編，《臺北市日產處理概況》，頁四八—五一。

55 何漢文，〈臺灣二二八起義見聞紀略〉，收入李敖編著，《二二八研究》（臺北：李敖，一九八九），頁一一二—一一三。

56 〈臺灣標售日產問題嚴重　租用人發傳單堅表反對〉、〈臺灣歸來〉，收入陳興唐主編，《臺灣「二・二八」事件檔案史料（上卷）》，頁一〇八—一〇九，一一六。

57 State-War-Navy Coordinating Committee Directive Sovereignty of Formosa, SFE 168: Sovereignty of Formosa, RG353, 請求號：SFE-1 R12: 0378-0400，日本國會圖書館憲政資料室藏。

58 State-War-Navy Coordinating Committee Decision on SWNCC272/1 Sovereignty of Formosa, SFE 168: Sovereignty of Formosa, RG353, 請求號：SFE-1 R12: 0378-0400，日本國會圖書館憲政資料室藏。

59 邵毓麟，《勝利前後》（臺北：傳記文學，一九八四），頁七九—八三。

60 沈克勤，《國際公法》（臺北：臺灣聯合書局，一九六三），頁四一五—四一八。

61 〈光復慶祝大會　各界人士六千參加〉，《民報》，一九四五年十月二十六日，二版。

62 〈陳長官昨對臺胞廣播　希望臺胞恪遵法令　要奉行主義做一個好國民〉，《臺灣新生報》，一九四五年十一月四日，二版。

63 〈紀念　國父誕辰〉，收入臺灣省行政長官公署宣傳委員會編，《陳長官治臺言論集第一輯》（臺北：臺灣省行政長官公署宣傳委員會，一九四六），頁二二一。

64 一九三六年十二月二十五日，在西安事件中被限制行動的蔣介石於該日被釋放，國民政府將這日訂定為民族復興節。

65 〈接受　主席指示　努力建國工作——卅四年十二月二十五日民族復興節廣播詞〉，收入臺灣省行政長官公署宣傳委員會編，《陳長官治臺言論集第一輯》，頁四五—四九。

66 臺灣省行政長官公署宣傳委員會編，《臺灣一年來之宣傳》（臺北：臺灣省行政長官公署宣傳委員會，一九四六），頁三—四。

67 〈復原計畫綱要〉，收入秦孝儀編，《中華民國重要史料初編——對日抗戰時期第七編：戰後中國（四）》，頁三五三—三六七。

68 陳翠蓮，〈臺灣戰後初期的「歷史清算」（一九四五—一九四七）〉，《臺大歷史學報》第五八期（二〇一六年十二月），頁二一九—二三二。

69 陳翠蓮，〈臺灣戰後初期的「歷史清算」（一九四五—一九四七）〉，頁二三五—二三八。

70 〈行政院訓令〉，《在外臺僑國籍問題》，檔號：0034/172-1/0855，檔案管理局藏。

71 Official Status of People of Taiwan，《在日華僑司法管轄》，檔號：0035/062.9/0001/001，檔案管理局藏。

72 Ration for United Nations' Nationals，《在日華僑司法管轄》，檔號：0035/062.9/0001/001，檔案管理局藏。

73 楊子震，〈帝国臣民から在日華僑へ——渋谷事件と戦後初期在日台湾人の法的地位〉，《日本臺灣學會報》第十四號（二〇一二年六月），頁七三—七四。

74 〈在外臺僑國籍處理辦法案〉，《在外臺僑國籍問題》，檔號：0034/172-1/0855，檔案管理局藏。

75 〈檢送在外臺僑國籍處理辦法一份照請查照並惠予轉達貴國政府由〉，《在外臺僑國籍問題》，檔號：0034/172-1/0855，檔案管理局藏。

76 楊子震，〈帝国臣民から在日華僑へ——渋谷事件と戦後初期在日台湾人の法的地位〉，頁七六—七七。

77 〈呈抄臺僑國籍交涉之往來文件〉，《在外臺僑國籍問題》，檔號：0034/172-1/0855，檔案管理局藏。

78 〈擬澀谷事件善後辦法〉，《澀谷事件》，檔號：0035/172-1/1076/1/039，檔案管理局藏。

79 〈國民政府代電〉，《在日華僑司法管轄》，檔號：0035/062.9/0001/001，檔案管理局藏。蔣介石此電文中，並指責駐日代表團任意逮捕華僑高玉樹、曾慶典，強迫解送國內。

80 Problems Regarding the Treatment of Formosans in Japan Raised by the Shibuya Incident, OSS/State Department Intelligence and Research Report, Part II: Postwar Japan, Korea, and Southwest Asia, 請求號：YE24, PartII, Reel.4，日本國會圖書館憲政資料室藏。

81 Problems Regarding the Treatment of Formosans in Japan Raised by the Shibuya Incident, OSS/State Department Intelligence and Research Report, Part II: Postwar Japan, Korea, and Southwest Asia, 請求號：YE24, PartII, Reel.4，日本國會圖書館憲政資料室藏。

82 〈美國國務院致駐美大使館備忘錄譯文〉，《在外臺僑國籍問題》，檔號：0034/172-1/0855，檔案管理局藏。

83 〈美國國務院致駐美大使館備忘錄譯文〉，《在外臺僑國籍問題》，檔號：0034/172-1/0855，檔案管理局藏。

84 〈電復與麥帥晤談內容〉，《澀谷事件》，檔號：0035/172-1/1076/1/068，檔案管理局藏。

85 〈查復遣送有關澀谷事件臺僑返臺情形〉、〈為附上澀谷事件被告臺僑名單乙紙〉，《澀谷事件》，檔號：0035/172-1/1076/1/081、0035/172-1/1076/1/084，檔案管理局藏。

86 〈駐英吉利大使館代電〉，《在外臺僑國籍問題》，檔號：0034/172-1/0855，檔案管理局藏。

87 〈英方對臺僑恢復中國國籍之觀點中國礙難同意〉，《在外臺僑國籍問題》，檔號：0034/172-1/0855，檔案管理局藏。

88 〈關於荷方對臺僑觀點及待遇事呈請鑒核示遵由〉，《遣送新加波臺僑回臺》，檔號：0034/172-1/0854，檔案管理局藏。

89 〈外交部電駐美大使館〉，《在外臺僑國籍問題》，檔號：0034/172-1/0855，檔案管理局藏。

90 〈呈報與總部商談臺民復籍經過情形並擬具應付辦法敬祈核示〉，《在外臺僑國籍問題》，檔號：0034/172-1/0855，檔案管理局藏。

91 〈駐英吉利國大使館代電〉，《在外臺僑國籍問題》，檔號：0034/172-1/0855，檔案管理局藏。

92 駐日代表團，〈呈報與總部商談臺民復籍經過情形並擬具應付辦法敬祈核示祇遵由〉，《在外臺僑國籍問題》，檔號：0034/172-1/0855，檔案管理局。

93 安藤正，〈臺灣軍（第十方面軍）の記錄〉，收入臺灣會編，《あゝ臺灣軍--その想い出と記錄》（臺北：南天，一九九三，復刻版），頁二三。

94 SSU, Formosa Reports, 18-19 Sept. 1945, RG226, Records of the Office of Strategic Services, Entry 173, Box12, in NARA.

95 SSU, Formosa Reports, 26 Sept.-1 Oct. 1945, RG226, Records of the Office of Strategic Services, Entry 173, Box12, in NARA.

96 Repatriation of Japs on Formosa,《美國國家檔案暨文件署臺灣政經情勢》，檔號：1893/0001/001/001/008，檔案管理局藏。

97 《臺灣警備總司令部中美參謀會報紀錄》，檔號：0034/003.7/4010/1，檔案管理局藏。

98 SSU, Formosa Reports, 13, 26 Oct.. 1945, RG226, Records of the Office of Strategic Services, Entry 173, Box12, in NARA.

99 〈擬請通知美軍總部准將本部美軍據續將日俘遣完為止〉，《臺灣光復案專輯》，檔號：0034/002.6/4010.2/9/015，檔案管理局藏。

100 蘇瑤崇指因葛超智的建議，美國政府派人到臺灣調查，決定設立領事館。此說過度誇大葛超智在決策過程中的影響力，恐與事實不符。依照常理，領事館設立屬外交事務，應由美國國務院通知國民政府，由外交部指示臺灣省長官公署當局協助辦理，但檔案顯示，臺北領事館的設立過程卻是反其道而行，頗有蹊蹺，實際經過仍有待研究。蘇瑤崇，〈論戰後（一九四五—一九四七）中美共同軍事占領臺灣的事實與問題〉，《臺灣史研究》二三：三（二〇一六年九月），頁一一一。〈臺灣省行政長官公署等關於美國在臺北設立領事館等事項致外交部電文〉，收入陳雲林總主編，《館藏民國臺灣檔案彙編第五十冊》（北京：九州，二〇〇七），頁二三九。

101 葛超智（George H. Kerr）著，詹麗茹等譯，《被出賣的臺灣》，頁一四五。

102 Condition in Formosa, 894A.00/3-1546, Department of State Decimal File 1945-1949, RG59, Box7385, in NARA.

Condition in Formosa, 894A.00/5-1246, Department of State Decimal File 1945-1949, RG59, Box7385, in NARA.

103 Political, Financial and Economic Development During August 1946, 894A.00/8-3046, Department of State Decimal File 1945-1949, RG59, Box7385, in NARA.
104 Condition in Formosa, 894A.00/3-1546, Department of State Decimal File 1945-1949, RG59, Box7385, in NARA.
105 Political and Social Conditions and Personalities and Group Interests on Taiwan, 894A.00/9-1446, Department of State Decimal File 1945-1949, RG59, Box7385, in NARA.
106 SSU, A Report on Formosa (Taiwan): Japanese Intelligence and Related Subjects, RG59, Department of State Decimal File 1945-1949, Box7385, in NARA. 此報告產生機關記載為ＳＳＵ，戰後美國因其情報機構改組，ＯＳＳ縮編，成為ＳＳＵ，後改組為ＣＩＡ。
107 SSU, Formosa Reports, 10 Mar. 1945, RG226, Records of the Office of Strategic Services, Entry 173, Box12, in NARA.
108 Condition in Formosa, 894A.00/3-1546, Department of State Decimal File 1945-1949, RG59, Box7385, in NARA.
109 Political and Social Conditions and Personalities and Group Interests on Taiwan, 894A.00/9-1446, Department of State Decimal File 1945-1949, RG59, Box7385, in NARA.
110 First Convocation of the Taiwan People's Political Council at Taipei, May 1 to May 15, 1946, 894A.00/12-446, Department of State Decimal File 1945-1949, RG59, Box7385, in NARA.

第三章 中國統治模式移入臺灣

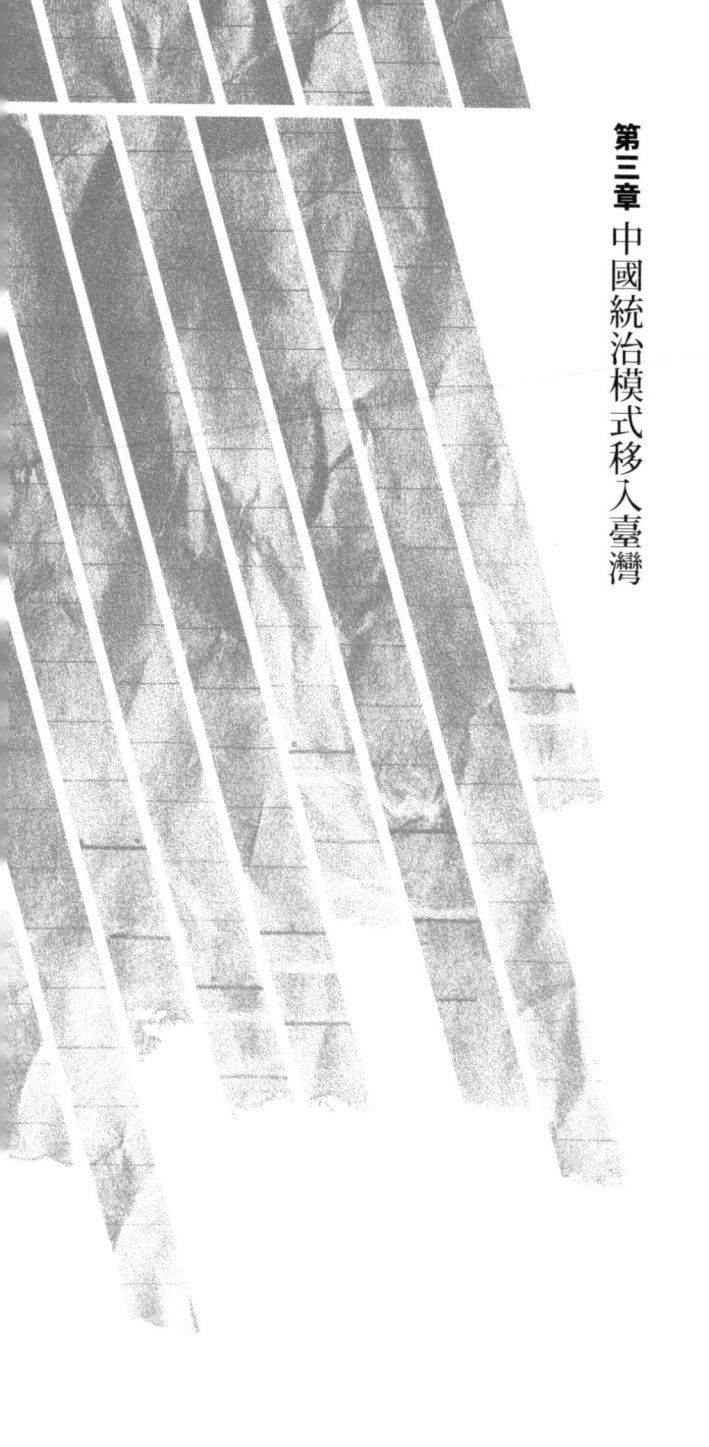

在美國支持之下，戰後國民政府接收臺灣，中國統治模式跟著跨海而來。一般文獻中描述中國政治文化的衝擊，多著眼於外顯的部分，例如，一九四五年十月初第一批軍隊從基隆港下船，軍人挑著扁擔、揹著雨傘，吊著鍋子、被褥，邋遢與缺乏秩序的情狀，使得列隊歡迎的臺灣民眾大為吃驚；[1]行政長官陳儀抵臺後第一次廣播要求來臺公務員「不偷懶、不撒謊、不揩油」，讓臺灣民眾心中升起「異常的感覺」；[2]官員貪汙腐敗、軍隊紀律敗壞的程度，更引起強烈不滿。[3]

但中國統治模式有其深層的政治文化特性，國民黨政府成立以來即已成形，在中國大陸行之有年。本章聚焦在特務組織、派系政治如何在戰後移入的過程，這些臺灣社會全然陌生的統治型態，悄悄滲入各個角落，改變了戰後臺灣的政治生態。

第一節 特務組織與戰後接收

戰後最早進入臺灣的是特務機關。一九四五年九月一日，第一批國府人員隨著美方空軍地勤支援小組（AGAS）抵達基隆，他們是軍統局張士德、黃昭明，與福建省政府顧問黃澄淵。

張士德，原名張克敏，臺中大甲人，日治時期臺灣農民組合成員，早年到中國大陸，黃埔軍校第四期畢業，加入軍統局，官拜上校，此刻以臺灣義勇隊副隊長的名義返臺，人稱「張大佐」。[4]黃昭明，福建廈門人，廈門集美師範學校畢業，因翁俊明介紹加入中國國民黨，一九四三年三月以翁俊明為首的中國國民黨直屬臺灣黨部成立，他曾任黨部幹事、翁俊明之機要室主任、軍統局少校組長等職。[5] 黃澄淵是福建龍溪人，菲律賓大學礦物工程科畢業，曾任福建省古田縣、仙遊縣縣長、三民主義青年團永安分團幹事、國民黨福建省黨部執行委員、福州市政府籌備處處長等職。[6]

據美國戰略情報局（OSS）所獲情報指出，黃澄淵來臺時的身分是軍事委員會委員長侍從室少校，此行是為了安排中國四大銀行在臺設置、空軍地勤、無線電作業等問題。張士德、黃昭明兩人是「戴笠的人馬，以中國政黨的身分在此招募黨工與地下工作人員」。[7] 接著，藍衣社要員陸續抵達，連謀中將來臺監控陳儀及其僚屬、王成章少將主掌政府補給、陳達元少將負責在臺情報部門的建立。[8]

一、籌組三民主義青年團等團體歡迎國府

張士德與臺北市執業律師陳逸松接頭，兩人在「梅屋敷」（今國父史蹟紀念館）見面，他以閩南語告知陳逸松「國軍很快就要來了」，為防止國軍到來之前日人可能有的破壞行為，要求陳逸松將青年組織起來以保護國家財產的安全，命陳逸松成立三民主義青年團中央直屬臺灣區團部，[9] 擔任臺北分團籌備處幹事兼主任，並以臺北市榮町菊元百貨公司（今博愛路、衡陽路口）五樓做為臨時辦公室。[10]

軍統局張士德為何找上陳逸松？陳逸松晚年告訴政治受難者謝聰敏，「是根據閩南軍統領導人陳達元的選擇」。[11] 原來，陳逸松自日治時期一九三五年起，將經營得鼎盛的律師事務所業務展到

三民主義青年團
全島的に組織進捗す
團の歷史と任務
黨と團との關係
新臺灣建設

3-1《臺灣新報》報導三民主義青年團成立

來源：《臺灣新報》，一九四五年十月二日。

華南，在廈門漢中路租屋掛起「陳逸松法律事務所」招牌，是當時廈門唯一的臺灣人辯護士。[12]陳達元則於一九三九年起擔任三民主義青年團漳州分團主任、青年團福建支團幹事，同時兼負軍統局福建閩南站情報之責。[13]根據陳逸松晚年的說法，他與陳達元是福建漳浦宗親，戰前在漳浦召開宗親大會時就已「認親」，在輩分上陳達元為陳逸松的姪輩。[14]透過族親的人脈關係，軍統局開始在臺灣進行搭橋布線的工作。

當時中國正處於「訓政時期」，施行「以黨領政」的黨國體制。張士德向所接觸的臺灣人灌輸「黨外無黨、團外無團」的觀念，表示臺灣人若想自行成立其他組織，政府一定不會同意，依國內的情況，加入組織必得非黨即團。臺灣民眾當時根本弄不清楚「三民主義青年團」在中國政治體系中的屬性與功能，也對

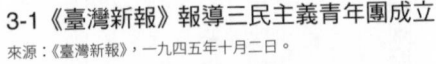

國內的複雜政情一無所知。但基於種族的情感與熱忱，青年團的籌組工作在全省各地受到熱烈的響應，很快地順利組成，[15]各地負責人包括臺北州陳逸松、新竹州陳旺成、臺中州張信義、臺南州莊孟侯、高雄州吳海水。而青年團最初的訴求綱領包括：宣傳三民主義、勿忘光復大義、御用士紳退場反省、推行國語、協助維護治安等等。[16]

根據美國戰略情報局（OSS）的調查，戰後初期臺灣各地的政治社會團體包括人民協會、三民主義青年團、臺灣學生聯盟、歡迎國民政府籌備委員會等，其中青年團在各地區都有分支機構，組織最完整，規模最龐大。在OSS的報告中，針對高雄州、臺中州、新竹州轄下各地青年團分隊、領導人姓名、參與者姓名與人數都有詳盡的資料，至一九四五年底，光是高雄州青年團人數約二五〇〇人、臺中州二五八六人、新竹州三一八九人，總計就有八三七五人。[17]如果再加上臺北州、臺南州的團員，人數顯然破萬，可見青年團在臺灣各地受到的熱烈歡迎程度。

由於臺灣各地充滿建設熱情，也對回到中國統治有極大期盼，因此在陳逸松串連地方菁英帶領下，很快組織起全島性的三民主義青年團組織，一面宣傳三民主義、推行國語，一面在國府軍隊尚未抵達前負起維護治安的責任，並準備歡迎國民政府。參與青年團工作的吳新榮說：

> 進步分子和熱血青年都走到青年團來，而且青年團在國內已成立一個「中央直屬臺灣區團」，這個響亮的名字已使每一個來投者都感覺非常的光榮和驕傲。[18]

戰後擔任《民報》記者的吳濁流，對軍統人員透過陳逸松組織青年團的背景並不清楚，但是，針對青年團在各地的工作情形所表現出的自律、自治精神，他給予極高評價：

這種處在真空狀態下而能夠民心一致地完成自治工作的，恐怕在世界上是罕見的吧！……這些團員既沒有領取報酬、也沒有接受任何人的命令，一直從八月十五日到接收人員來臺灣為止，兩個月的治安都由他們確實負責下來……而一絲不亂地把真空狀態平安度過，這件事乃是島民的榮耀，而值得大書特書。[19]

3-2《臺灣新報》報導臺灣學生聯盟成立

來源：《臺灣新報》，一九四五年九月二十九日。

同時，「臺灣學生聯盟」也積極籌組中，網羅全島中等學校以上男女學生，以三民主義為號召，其行動綱領包括：1.訓練自治精神：輔導國軍進駐臺灣、協助維持本島治安、宣傳三民主義。2.發揚中華文化：普及國語運動、建設三民主義新臺灣、推進新生活運動、促進中日提攜。[20]九月三十日上午，學生聯盟在臺北市第一劇

3-3 左起劉明、黃昭明、陳逸松三人，在戰後接收工作扮演重要角色。
來源：陳雪梨女士提供

場召開成立大會，張士德、黃昭明、陳逸松、林茂生、謝娥等人出席，學生代表簡寬德報告該聯盟創設目的與經過後，黃昭明致詞表示，祖國經過八年抗戰，學生當前的工作應該是好好維護治安；張士德也呼籲學生銘記三民主義與孫總理遺囑，做為民眾表率。[21]

學生聯盟所標舉的行動綱領與三民主義青年團有高度重疊之處，再加上成立大會上黃昭明、張士德等人的角色，其組成恐怕也與這兩位軍統局人員有若干關聯。見證戰後初期臺灣社會情況的臺共分子蘇新認為，臺灣學生聯盟本來是受到人民協會、農民協會等左翼團體影響而組成，但是，「該聯盟成立後，對國語的普及和三民主義的宣傳不遺餘力。……該聯盟的指導者之中，進步分子很少，所以後來一**個時**

期為反動派所乘，接受了『御用紳士』的領導，擁護蔣政權，反對進步思想、排斥進步學生，造成其後學生運動的許多障礙」，[22]所指的可能就是學生聯盟與青年團的關係。

另一方面，軍統局也吸收地方流氓從事戰後治安工作，美國戰略情報局（OSS）接獲的情報證實了此些活動。一九四五年十一月，OSS情報指出，藍衣社接觸臺灣黑社會，擔任此工作的主要人物是連謀，黃埔軍校畢業，曾從事軍事情報工作，是藍衣社的重要人士。連謀來臺灣，透過主要幕僚黃昭明滲入臺灣黑社會。[23]連謀是福建惠安人，曾任軍統局廈門站站長。[24]一九四五年十月，連謀著手組織臺北市流氓、浪人，並呈文臺灣省行政長官陳儀，建議成立「義勇糾察總隊」，協助政府維持治安。呈文中並擬訂〈臺北市義勇糾察總隊組織辦法〉，將全市共分成大龍峒、大橋頭、永樂市場、牛埔仔、松山、大安、艋舺等共二十三區，每區二十五人（隊長、副隊長、書記各一人、分隊長二人、隊員二十人），全數共五百餘人聽命於總隊長、副總隊長指揮。總部並設置總務、文書、交際、調查各組，每組正副組長各一人，經費由劉明的振山實業公司捐助，各隊員原則上為義務性質。而義勇糾察總隊之總隊長為劉明、副總隊長則是黃昭明。[25]臺北市義勇糾察總隊組織成後不久，連謀被派任為高雄市市長。[26]

二、協助接收團體的改組與解散

一九四五年十月，警備總部前進指揮所、第七十軍、第六十二軍陸續抵臺，臺灣民眾熱烈歡

3-4 陳儀飛抵臺北機場

來源：遠流臺灣世紀回味編輯組，《認識臺灣，回味1895—2000》。

迎。十月二十四日，臺灣省行政長官陳儀自重慶飛抵臺北松山機場，歡迎國府的情形達到最高潮，當時受陳儀邀請同機來臺辦理接收工作的邵毓麟如此描述：

我們的專機在正午前不久飛抵松山機場，場內擠滿了警備總司令部和長官公署的高級官員，以及日軍高級軍官和總督府的高級官員，而場外則擠滿了一般臺灣老百姓。……陳長官堅邀我和他兩人同乘一輛汽車，開始向市內進發，沿途老百姓扶老攜幼，黑壓壓的一片人山人海。我在車裡向陳長官說：「這樣歡迎的行列，要比何總司令抵達南京的情形更為熱烈，這亦可見國土和同胞，淪陷愈久，其重歸祖國懷抱的熱忱亦愈烈。」真是感慨萬千。[27]

翌日，臺灣區受降典禮在臺北市公會堂舉

行，由臺灣省行政長官兼警備總司令陳儀代表中國戰區最高統帥受降。然而，就在軍隊占領臺灣、接收工作陸續完成後，協助接收有功的三民主義青年團與義勇糾察隊，竟然都面臨改組、解散的命運。

陳儀來臺後，即著手整頓青年團臺灣區團。長官公署祕書長葛敬恩又指責青年團編組無數服務團，「擅自接管房屋，肆無忌憚，且強行接收臺灣銀行金庫」；時任中國國民黨臺灣省黨部主委的李翼中則指出，青年團與臺人劉明組織之糾察大隊抗衡，「尾大不掉」，李翼中建議「電告中央團部，速派幹員主持」：

> 流氓、臺灣共產黨、農民組合、工友聯盟等分子雲集兩者之間，往往結隊於交通要衢，盤查日人軍、公、私物品之遷運，叫囂衝突，橫行於都市鄉鎮間，日久生弊……遊民地痞乘機效尤，凶凶然爭占公私工廠、商店、房屋，人民側目不敢形諸辭色。[28]

李翼中的說法與美國戰略情報局（OSS）的情報吻合。OSS組長克拉克（Leonard Clark）指出，張士德透過日治時期臺灣共產黨成員王萬得接觸臺灣下層社會人士，吸收的流氓、惡棍達一千名，組織暗殺隊伍，有恐怖主義傾向；張士德並且藉機搶奪、聚斂錢財，走私物資到中國，是高度危險人物。[29]

原來，張士德與黃昭明籌組的青年團臺灣區團並未獲得授權，[30]一九四五年十一月十二日，青年團臺灣區團籌備處書記佘陽表示，三民主義青年團為中央組織訓練全國青年之唯一法定機構，隸屬國民政府，目前臺島各地青年團之組織似甚普遍，但**未經本部核准**，**不符法令程序**，且唯恐奸徒混入並假藉青年團名譽在外招搖，使純潔臺胞青年墜其圈套，所以將整頓各地團務，取締擅自成立之組織。[31]

接著，李友邦以三民主義青年團臺灣區團部主任名義，發布〈注意事項〉，明確表示：

查本團各級團隊組織均須依照法定手續辦理，未經本處正式派用人員，在法理上無存在可能。現本處在著手整理組織之時，所有各團隊之對外、對內之活動均宣告停止，俟整理完竣，各分團及直屬區隊人員委派公布後，其名義方為合法。故在整理期內，除本處外，所有濫用本團名義或職務之一切活動，均屬違法。[32]

十二月二日，青年團臺灣區團部籌備處書記佘陽在廣播中宣稱，為充實團的組織力量、鞏固團的機構，對團員的吸收與訓練，「不得不施行嚴格的審查和履行其一切應有的手續」；「希望各地領導服務隊的同志，要深切瞭解服務社會的意義，奉公守法地去推行工作」，並公布〈編整服務隊方案〉，汰除「頑劣隊員」。[33]

李友邦，字肇基，臺北和尚洲（今蘆洲）人，一九二二年就讀臺北師範學校時，與同學林木順因抗日活動遭學校開除學籍，潛往中國。根據近藤正己的研究，李友邦於一九二四年在廣州成立臺灣獨立革命黨，主張「驅逐日帝、復歸祖國」。在國民黨當局同意與協助下，李友邦由福建省主席陳儀集中管理的臺灣籍民帶往浙江金華，於一九三九年初成立臺灣義勇隊與臺灣少年團，號召臺胞援助祖國抗日行列。義勇隊隊員約三百人，李友邦為隊長、李祝三為副隊長，張士德擔任第三區隊長。臺灣義勇隊中包括張士德在內的多位黃埔軍校畢業生，擔任政治與軍事訓練工作，在隊中扮演重要角色。另方面，李友邦接受國民黨祕書長吳鐵城「工作上的指導」，在臺灣義勇隊設置了三民主義青年團中央直屬臺灣義勇隊分團部，一九四三年元月召開團員大會，李友邦任主任、李祝三任書記，牛光祖等人為幹事、洪石柱等人為監察委員，青年團部訓練強調對蔣主席之信仰與效忠，將臺灣義勇隊進一步「黨化」。[34] 臺灣義勇隊正式隸屬國民政府軍事委員會政治部，李友邦任中將總隊長。

另據李友邦妻子嚴秀峰所言，一九四二年臺灣義勇隊設立了三民主義青年團中央直屬臺灣區團，戰爭結束後才改為臺灣支團。李友邦在一九四五年九月三日，派義勇隊副總隊長張士德隨美軍太平洋艦隊司令柯堯上將飛機赴臺，十二月八日李友邦率臺灣義勇隊全體隊員返臺。[35] 雖然嚴秀峰欲指證張士德是李友邦授權來臺組織青年團臺灣區團部，但證諸史料，其所稱青年團臺灣區團的成立時間、張士德來臺時間、來臺方式都與史實不符；再對照佘陽、李友邦的團務整頓聲明，顯然嚴秀峰說法與事實有明顯出入。

一九四六年一月三十日，一七二名臺灣義勇隊隊員搭乘美國運輸艦返臺。[36] 李友邦將臺灣區團改稱臺灣支團，指派臺灣義勇隊洪石柱取代陳逸松，接掌臺北分團團務。三月青年團舉辦慶祝青

3-5 三民主義青年團中央直屬臺灣區團部第一屆團員代表大會合照
來源：鍾逸人，《辛酸六十年》。

年節活動，臺灣區團部所屬成員已達三萬人。[37] 一九四六年十月，青年團在臺成立一週年，李友邦如此回顧該團體在戰後接收的角色：

> 逾五萬以上臺胞青年於新慶光復聲中，發揮其對祖國的熱愛以從事於協助地方治安，社會秩序的維護，衛生交通和公共場所的管理，敵軍和軍火物資的異動，與隱匿破壞的檢舉，工廠機器物資的維護，和協助國軍接管的嚮導通譯等等，其活躍成為一股熱與力的巨流。**這工作直至軍政各方面已接管為止**，才另進入一新的階段。[38]

戰後之初，軍統局張士德透過陳

逸松的協助，號召地方領袖、熱血青年在各地成立三民主義青年團，目的在協助國府當局接收，一旦完成階段性任務，陳儀、葛敬恩、李翼中等人指控青年團成員中充斥流氓、橫行鄉里，即面臨改組命運。改組之後，最初推動青年團成立有功的核心人物——臺北律師陳逸松，竟被排除在幹部名單之外，透露國府當局「鳥盡弓藏」的統治手法。

同樣的情形也發生在義勇糾察隊。十一月底，臺北市警察局長張振漢呈文臺北市長黃朝琴：

> 義勇糾察隊在市內活動經月，協助警察掠捕奸盜、維持治安，尚有成績，惟隊員良莠不齊，致常有越軌行為受社會之指謫。又該隊為黃昭民（按：黃昭明）等所組織之民間團體，未經政府正式認可，近與軍憲亦有摩擦，至感不安。已決議於本月三十日自動解散。[39]

臺北市警察局長張振漢主張解散由流氓、浪人所組成的義勇糾察隊，但臺北市長黃朝琴認為，義勇糾察隊倘若解散，「此輩原為無賴之數百隊員，分散各地，於市內治安影響甚大，不能不預籌應付方策」，因此向行政長官陳儀建議，將義勇糾察隊隊員分別安插於警察局、消防隊等各機關，其餘無職業者，命劉明帶往新店採礦區工作，以免留在市區為患。[40]

十二月二日，義勇糾察隊正式解散，黃朝琴建議將原義勇糾察隊隊員七十九人編入臺北市警察局消防隊，二十三人編入臺北市警察局偵查隊，具國民學校畢業學歷者送臺灣省警察訓練所受訓，並將名單呈送陳儀長官。[41] 陳儀核示消防隊、警察局酌量安插，受訓者仍應經考試手續。[42] 國府當局在接收之初，利用流氓、浪人，組織他們起來協助接收，並冠以「義勇」之名。接收完成後，義勇隊已無存在價值，但為防流氓、黑道作亂，竟將大批人士安插進入警察機關。如此利用黑道插手治安、「流氓變警察」的特殊統治手法，真是令人匪夷所思。另方面，接收之初，部分流氓浪人積極奔走出力，協助引導國軍挖掘埋藏在深山或地下之軍火器械。尤其是流氓浪人所組之自警團，尚且被當局委以協助警備的任務，賜予賞金等多方激勵。但是，長官公署當局卻也暗中製作自警團名單，待接收的混亂期一過，突然發動全臺軍憲警人員，將這些協助接收有功的臺灣人一網打盡。[43]這些人被以「與敵偽勾結」、「盜賣物資」、「擅行接收日產」、「強行霸占」等罪由逮捕，悄悄地被送往火燒島去做苦役，有的更擅自予以槍決，或幽禁囹圄，甚或有被祕密拋入海中的傳聞：「據說這次『失蹤』的臺灣人至夥，至今很多臺灣人談起來猶談虎色變，噤若寒蟬，對葛敬恩更恨之入骨」；[44]臺北浪人方面，由於被捕者消息不明，「憤慨之餘，早存報復之念。」[45]

長官公署及軍政人員的詭詐多變，令臺人始料未及。而此種兔死狗烹的權謀詭計，連日本人都慨嘆：「此種中國警察當局的巧妙，實日本警察所不及！」[46]

三、軍統情報網之布署

軍統人員張士德、黃昭明、連謀進入臺灣後，不僅籌組團體為歡迎國府入臺做準備，並著手吸收線民，進行地下工作。一九四五年十一月，軍統局閩南站站長陳達元抵臺，擔任警備總部調查室主任，積極發展綿密的情報網絡。

陳達元是福建漳浦人，一九〇四年生，金陵大學畢業。曾籌設國民黨漳浦縣黨部、青年團漳浦分團，一九四一年十二月太平洋戰爭爆發後，奉軍統局長戴笠之命主持軍統局閩南站，一九四三年參與中美合作所事務，一九四四年任福建省政府調查室主任，兼中美合作所第六特種技術訓練班副主任，一九四五年五月任軍委會特別行動隊第六縱隊少將指揮官。[47] 根據軍統局〈卅五年度工作計畫實施進度第一季檢討表〉所載：

> 臺灣原有之機構共有臺灣調查室、臺灣直屬組、臺灣通訊組、閩南站臺灣組及臺灣工作團等單位，因鑒於臺灣機構複雜，不易指揮，及適應當前工作需要，經將各直屬組於二月間交調查室調整，而臺灣工作團亦於元月分裁撤，人員經撥歸該室核派工作，目前臺灣僅有調查室之設立，即臺灣站。[48]

簡而言之，陳達元原為軍統局閩南站站長，戰後擔任警備總部調查室主任，至一九四六年二月，原本與臺灣有關的多個情報機構經整頓後統合為一，表面上為警備總部調查室，實則為軍統局臺灣站，而負責人就是陳達元。

早年軍統局在中國大陸即利用各地警備司令部、憲兵司令部與警察局等公開機構，掩護其情報工作，戰後在臺灣亦然。[49] 特務人員蔡蘭枝證實了此一手法，他在回憶中指出，臺灣省警備總部設有調查室，其下有北、中、南、東等各諜報組。調查室名義上隸屬警備總部，實際上受保密局指揮監督。[50]

國防部保密局前身即是軍統局，一九四六年八月改組而來。該特務組織為因應外在情勢變遷，其主要工作與運作方式迭有變更，中日戰爭期間，軍統局主要任務為「抗日鋤奸」，以剷除日敵漢奸為目標；一九四六年八月改組後的國防部保密局，主要任務是「對匪鬥爭」，專門從事以「共匪」為對象的保密防諜任務。[51]軍統局與保密局的組織運作方式也有不同，過去軍統局透過政府公開機關掩護特務活動，改組後的保密局，為了進一步隱密化，而將資歷較深、身分已暴露的原軍統局站長或組長調離職務，另由資歷較淺者代之。[52]因此，一九四七年二月三日，陳達元被調離警備總部調查室主任職務，改派為臺灣省行政長官公署參事，由資歷較淺的林頂立擔任改組後的保密局首任臺灣站站長。

軍統特務在臺灣如何展開情報網絡的布署？在戰後初期被吸收為線民的許德輝，在其〈臺灣二二八事件反間工作報告書〉中有以下陳述：

光復後返臺，任警備總司令部調查室肅奸執行隊長時，即吸收陳永良、陳再根、林秉足等三十名以為隊員。後肅奸執行隊撤銷，職轉任臺北市警察局偵緝隊長時，又整批調往工作。卅五年秋，職離偵緝隊後，又以該等為主幹，組織互正公司[53]，……故始終隨職工作，心志投合，〇〇控制。而林秉足等臺北各角頭〇〇素抱剛毅正直，甚得民心，力足呼召群眾。[54]

原來，許德輝是臺灣有名的流氓頭子，戰後初期曾組織隊伍，協助國民政府的接收工作，頗有貢獻，但後來前進指揮所主任葛敬恩將其領導之隊伍解散，並將該隊人員以流氓浪人名義送辦。[55] 但是，他後來卻進入警備總部調查室工作。許德輝所提到的林秉足，則是歸綏街舊市場一帶出名的角頭，在私娼寮收保護費，戰後擔任保密局臺北站站長毛簡的手下，提供地方情報。[56] 曾參與保密局臺灣站組織工作的陳愷，其回憶更進一步印證戰後特務機關吸收流氓角頭等底層人士為線民、監視臺灣社會的現象：

> 民國三十五年四月間奉命來臺協助籌組臺灣站，同年七月成立，站長為林頂立、書記由原閩南站毛簡同志接充，本人負責人事布建與聯絡工作，下設外勤據點多處，除新竹以北、基隆、宜蘭等地直屬臺北外，尚有馬公、高雄、屏東、臺東、花蓮、臺南、臺中等處，並視地區需要派由工作同志一至二人不等。
>
> **對當時工作之推展，咸認首應建立社會基礎，尤以中下層為然**。由本站許德輝同志運用其既有社會關係，**於事變前在各地積極祕密吸收如經營酒家、舞廳、茶室等特種營業之從業人員為我所用**，並指導進行連鎖發展，記得當時先後吸收參加吾人工作者有吳癸辛等三十六員。另本站林站長自原籍鄉人中吸收曾在抗日期間受日寇征調至廈門、鼓浪嶼、福州、汕頭等地所謂**「海外服役」之浪人多人參加吾人工作**。[57]

除了吸收福州廈門地區的臺籍浪人之外，軍統局也訓練臺籍戰俘成為特務人員。一九四四年間，中美合作所向軍統局提出希望提供臺灣地區特務人員的要求，以做為美軍登陸時的嚮導與聯絡人員，但二戰時軍統局在臺灣並無特務人員，因此戴笠下令人事處招收臺籍人員進行訓練。但因招收不到臺灣青年學生，軍事委員會軍法總監部建議，重慶日軍俘虜營中有不少臺灣籍戰俘，調查後發現有二百多名，經軍委會批准抽調俘虜營中的臺籍人士設班訓練。該訓練班副主任黃康永指出，軍統局臺訓班在戴笠指示下成立，一九四五年五月在重慶小龍坎開班，情報課程由中美合作所的美國特工負責心理作戰科目。八月十五日日本投降後，以情報技術、行動技術訓練為重點，並加強臺訓班的「愛國教育」。一九四六年五月，黃康永向軍統局副局長毛人鳳建議，將臺訓班學員全部派返臺灣，以俾「為軍統局在臺灣社會關係中，打下深入的基礎」。經毛人鳳同意後，臺訓班學員一百二十人以少尉級待遇、以原職為掩護，分別從上海、福建、香港返回臺灣，潛伏在民間活動。[58]

保密局在臺建立了臺北、基隆、新竹、臺中、臺南、高雄、澎湖、臺東、花蓮等九個諜報組，並與中央政府在臺各情報機關密切聯繫，另方面也擬訂運用臺灣社會團體、地方民眾之蒐集情報工作計畫，廣泛展開布署。初期工作重點是「肅奸」，以日人潛伏「餘孽」、附敵「御用紳士」為主要對象，獎勵人民告發漢奸與戰犯；爾後轉向以「奸偽」為目標，開始著手監視與調查共產黨的活動，並匯集成〈每週情報〉，或編印專冊，供有關機關與部隊參考、防範。初期成果包括：取締辜振甫等御用紳士獨立運動案、取締臺灣人民協會、取締各地勞動同盟及獅陣同志會等社團。[59]

筆者依據中研院臺史所購得之保密局臺灣站檔案，將二二八事件前後保密局在臺灣的情報人員布署情形整理如下。

從表3-1可以看到，二二八事件當時，各地分為臺北組、基宜組、桃竹苗組、臺中組（中彰投雲）、臺南組（嘉南）、高雄組（高屏）、花東組與澎湖組等諜報組。各諜報組設有組長、直屬通訊員、通訊員、義務通訊員、運用通訊員（運用員）、試用通訊員（試用員）等職級，所有人員以化名行之，所出現的化名將近百人。

檔案也顯示，保密局特務分為若干職級。直屬通訊員職級較高，包括高登進、林繼成、沈堅強等人，可跨區向上彙報情報，直通保密局臺灣站站長林頂立，有時南京方面也會直接下達指令。其次，則有通訊員、義務通訊員、運用通訊員、試用員等等，顯示特務人員或線民也有試用制度，各職級之間並有「升等」機會，例如黃朝君、董貫志早先為義務通訊員，後來成為直屬通訊員。特務人員雖然以化名行之，但情報中有時不慎會洩漏出真實姓名及身分。

檔案中可看出各地諜報組的布署情形、上下關係與大致所轄範圍，但各組織間有相當彈性與機動性，彙報對象與轄區範圍並非不可逾越。例如，保密局臺北主官有時會直接指示各地通訊員續查情報，基層通訊員也會直接上呈情報，未必一定得經過地區諜報組組長。

四、特務機關與社會控制

表3-1 保密局在臺諜報組及情報人員布署情形

	臺北組	基隆組（基、宜）	新竹組（桃、竹、苗）	臺中組	臺南組	高雄組	花東組	澎湖組
組長	毛簡	林思龍	黃鋒→林繼成	王孝順→李濟中	黃里仁→蘇江南	謝愛吼→林振雄	紀桐霰→許靖東	朱信士
直屬通訊員	高登進 沈堅強 李傳家 陳向前 林德麟							
通訊員	陳玉祥 劉振聲 趙則播 游平洋	林　風 張望洋	林德麟 劉敬倫 陳本立 張振聲 張乙塵	洪心如 嚴　義 王　居 魏登庸 楊　嘯 洪資敏 張振聲 嚴　輝 林蜀水 江海濤 劉汐陽 吳振泰 邱復光 何孝德 高　雲	沈堅強 吳偉文 周元寧 （陳來貴） 林直平 （陳雲發） 陳　忠 黎利文 張清標 黃愛群 蘇　殊 余志光 蔡友志 湯秉衡	葉永青 吳　沂 林介山 劉天送 （劉　鴻） 江心波 劉方平	鄭謙恭 陳雲峰 沈清淵 王金弼 林鎮東	林子評 侯天祥
義務通訊員	董貫志 黃朝君 劉興奎 鄭邦卿	張望洋				蔣權能 劉鴻	江天祝	
運用通訊員	高頭北			張士東 陳克慎	蔣少華 （蔣重鼎）	宋彩清 林　熙 林清偉	游雲端	陳大欣 許　榮 蘇清三 潘耕民
試用員		胡　真 林鎮東		詹本權				
職級未辨				高明智 楊英南		陳明庭		

資料來源：陳翠蓮，〈從新出土檔案看保密局情治人員在二二八事件中的角色〉，發表於中研院臺史所主辦，「二二八事件新史料發表座談會」，二〇〇九年二月二十六日，未刊稿。括號內為真名。

若從警備總部的指揮系統著眼，可以更清楚看到戰後臺灣社會控制工作的整體面貌。**警備總部負有「防諜肅奸」任務**，所謂防諜，對象為「一切敵性反動勢力之間諜活動」；所謂肅奸，「先期以對日人潛伏餘孽、及附敵『御用紳士』為主，爾後即轉以奸偽為目標」。**警備總部統籌指揮警總調查室、憲兵第四團、長官公署警務處**擔任積極防諜勤務，並賦予各部隊及地方機關以地域性的防諜任務，協力對「敵性諜報組織（奸黨）予以嚴密偵查、監視破壞行動」，注意重點包括：嚴加調查潛伏日俘日僑、留用日人之思想，偵查監視奸黨及一切反動組織，調查與集中管訓地痞流氓浪人、御用紳士，搜捕檢查不法電臺。[60] 簡而言之，警備總部不只透過保密局布線滲透，並可指揮憲兵與警察，分工合作監控臺灣社會。

（一）「防諜」工作

一九四六年四月，中國共產黨派出蔡孝乾、張志忠等來臺發展組織。警備總部於此時轉發中央電文，訓令各縣市警察局：「據報延安近電飭（有）關東南奸匪赴臺徵求同志，建立臺灣根據地等情，希嚴密防範。」[61] 六月，又轉發京滬衛戍總司令部電文給各警察局，謂中國共產黨直屬臺灣工作團團長章塅已於三月入臺、積極活動，其幹部大都打入行政長官公署擔任文教工作。[62] 以後，對各類消息、風吹草動，莫不嚴密監控。

同時，警務處對於日治時期臺灣共產黨分子也格外留意。例如，臺中縣警察局即提出報告：

查臺省在日治統治下豫審終結決定[63]共產黨分子尚屬不少，自日本投降後，此輩分子又如雨後春筍組織各種名譽團體，如「人民協會」、「民生會」等均是共產黨分子潛伏在內活動，雖經該團體曾令其改散，可是顯然散布各地祕密活動。[64]

警務處因此針對日治時期共產黨分子謝雪紅等四十三人造冊，要求各警察機關祕密監視、防止活動。

由於警備總部和警務處認為，臺中一帶「奸黨」活動最為激烈，便將該地區奸黨人物的生平略歷造冊，飭令切實偵防、隨時具報。被特務機關盯上的臺中地區「奸黨人士」包括謝雪紅、張信義、高兩貴、顏春福、尤世景、何鑾旗、楊肇嘉等人。[65]

同年十一月，警備總部調查室作成〈中共對臺陰謀策略〉，指中國共產黨已調動中國各地、南洋、海南島之黨員，以各種名目進入臺灣，入臺之中共分子多具有國民黨員、青年團員身分，並盡可能打入政府機關、部隊中，爭取人事經理、祕書處等重要職位做為掩護，流動工作者則多以推行國語、經營商業為掩護，並有大批奸偽分子進入文教機關，接近民眾、爭取青年，為赤化臺灣之最重要舉措。[66]因此，警總調查室擬訂〈各縣市警察機關防制奸偽應注意事項〉，要求派遣精幹刑警、警察打入社會各階層，或吸收各機關團體青年負責嚴密考察該單位分子思想，隨時與警務處密切聯絡。發現奸偽分子除應隨時報告外，還應指定專人負責監視，並祕密偵查其負責人、掩護背景、同黨姓名、職業、住所等情報。[67]

在警備總部調查室指揮下，至一九四七年初，警務處已製作完成〈各縣市奸黨分子名冊〉。名冊中，治安機關以統一表格，詳列「奸黨分子」的姓名、年齡、籍貫、住址、現職、特徵、出身、經歷、在奸黨中之地位及號召力、活動事略等資料，各縣市所呈報的人員多有重複，剔除重複者後，名單計有一一八人。[68]

根據此一檔案可以發現，當局所監視的黑名單分子有幾類：1.大部分是日治時期參加農民組合、臺灣共產黨、新文協、黑色青年聯盟等的左翼人士，如謝雪紅、楊克煌、蘇新、王萬得、連溫卿、楊逵、葉陶、簡吉、周合源、陳崁等，其中部分人士在戰後初期重新組織了臺灣人民協會、臺灣農民協會，頗有復甦情形。2.戰後來自中國的人士，較為知名者如基隆中學訓育主任戴樂志、教務主任毛伯才、廣

3-6 奸黨分子調查表

來源：作者拍攝

表3-2 各縣市「奸黨分子」調查表

地區	日治時期左翼運動人士	戰後人民協會、農民協會成員	戰後批評政府之人士	中國共產黨臺灣省工作委員會幹部	其他
臺北市	吳溪梅、蕭來福、周合源、王萬得、張欄梅	王忠賢、鄭得來、潘欽信		蔡前、陳潔	李學華、王金生、蘇福、林木生、章埱、施曉青、李自修、陳亞華、莊春林、莊清金、周天啟、李惠光、宋非我
臺北縣	林日高、簡娥、張朝基、林式鎔、王日榮、朱阿輝、洪朝宗、張道福、林殿烈、林朝宗、高甘露、廖瑞發、林樑材、陳朝陽、陳義農、詹木枝、陳振聲、李媽喜		潘溪圳		陳焰樹
基隆市			楊元丁、楊阿壽、楊金波		戴樂志、毛伯才
新竹縣	劉纘周、吳拱照、施茂松、劉啟光、連溫卿				
臺中縣	林添進、趙港、王細松				蔡為宗、陳瑞蓮
臺中市	李喬松、王阿來、葉陶、陳銀海、張庚申、王天強	林兌、謝雪紅、楊克煌、楊貴、廖九芎、詹以昌、張茂良、盧新發、郭德金	何崧賓		謝富、陳茂松、顏春福
彰化市	吳石麟、莊守、陳崁、楊克培		吳滄洲		賴通堯、王清寔、王清貴、吳錦清、李昌晰
臺南縣	陳窗、陳鵠、黃錦宮、沈君、姜林小、朱闊膽、李鹿、蘇新、柳德裕、莊春火				馮進財、馮典、曾龍尾、陳清涼、陳田周
高雄市					周傳枝、黃賜、楊金虎、周坤棋、陳瑞龍、周光興、陳東竑
高雄縣	簡吉、陳德興				梁棟、劉守鳴
屏東縣					顏石吉
花蓮縣					杜東輝、林長庚
澎湖縣					林文許、翁由
總計					一一八人

資料來源：作者分類整理自〈各縣市奸黨分子調查表〉，《各縣市奸黨分子調查》，檔號：36/0019/36/1/001，檔案管理局藏。

播劇作家宋非我等等。3.戰後批評政府之本土活躍人士，如基隆市參議會副議長楊元丁、高雄市參議員楊金虎、屏東縣參議員顏石吉等人。4.官方人士，如新竹縣長劉啟光赫然進入黑名單。劉啟光原名侯朝宗，日治時期活躍於農民運動，後潛赴中國，獻身中國抗日運動，戰後隨國府當局返臺，竟也因早期的左翼身分，加上戰後與老同志常有互動，而列名「奸黨分子」。5.最值得注意的是，中國共產黨來臺發展的臺灣省工作委員會組織，主要負責人蔡孝乾（化名蔡前）及幹部陳潔[69]，也已被監視。調查表中，蔡前記載為「臺灣省委員會正委員兼書記員、負責領導組織工作」，活動事略稱「已率領幹部返臺積極活動」；陳潔則是「臺灣省委員會副委員、黃埔四期畢業」[70]，顯然特務機關已掌握戰後中國共產黨進入臺灣情形。

戰後，軍統的主要敵人，從日本人變成了共產黨，其任務在防諜與對匪鬥爭。特務人員躲在暗處，偵查臺灣社會動向、監視敵人，將臺灣官民不睦等亂象，通通歸咎於共產黨煽動。一九四六年二月，美國戰略情報局（OSS）所截獲的軍統臺灣情報指出，國府軍隊與官員在臺灣的非法逮捕與壓榨掠奪，已引起臺灣人的反對與不滿。軍統情報中認為：

愈來愈多本地**臺灣人反對政府**，**要求臺灣自中國獨立出來**。臺灣人聲稱中國官員殖民臺灣，而非解放臺灣。……**中國共產黨利用此一情勢**，支持本地人「反對壓迫的新主人」，來自福建的共產黨人數相當可觀，持續在此地製造衝突事件。……**美國軍隊**、**平民團體與觀察者同情臺灣人**，**並支持分離運動**。一位美國人說：「一旦向杜魯門總統要求，組織一個負責而民主的地方政府，臺灣人終究會得到獨立。」[71]

軍統特務的臺灣情報，顯然與前述美國戰略情報局（OSS）人員的觀察大不相同。第二章已指出，在臺OSS小組及臺北領事館所提出的報告，都認為共產黨在臺灣並不活躍，統治失敗的主要責任在於中國政府，臺灣人反對陳儀當局，卻仍支持中央政府，並未要求獨立。軍統情報則將臺灣統治的混亂現象都指向共產黨，並指控美方支持臺灣人的分離運動。因此，軍統建議在臺灣展開清除共黨的行動。OSS上海分部認為，軍統局這些指控，其實是想要擴張戴笠之藍衣社在臺灣的勢力。[72]

（二）「肅奸」工作

特務機關的另一項重要工作是「肅奸」（漢奸）。一九四六年元月，警備總部貫徹國府懲治漢奸政策，展開「全省漢奸總檢舉」，要求「全省民眾盡量告發過去日寇統治臺灣時，所有御用漢奸之罪惡」，並以書面逕寄警備總部參謀長柯遠芬，兩星期的檢舉期間過後，警備總部總共收到民眾檢舉漢奸案件三三五件。二月起，警備總部拘捕臺灣漢奸嫌疑者四十一人，包括辜振甫、林熊祥、許丙、簡朗山、陳炘等人都被指為陰謀獨立而遭漢奸罪名逮捕，根據民間說法，還有包括林獻堂在內的百數十位士紳在逮捕名單上，所幸因司法院於同年十二月作成院解字三三一三號解釋令，主張臺灣人不受「漢奸」罪名追訴，漢奸逮捕事件才告一段落。但是，陳儀另起爐灶，又發布了〈臺

表3-3 新竹市、臺南縣市皇民奉公會參與分子名冊

縣市	人名
新竹市	張式穀、何乾欽、李克承、陳　記、陳添登、林　鑑、周宜培、鄭鴻源、陳永貞、何禮棟、劉文俊、胡青塘、鄭連捷、鄭作衡、蔡福來、宋枝發、蘇瑞麟、郭福壽、楊心樂、張國珍、蔡欽旺、駱柳村、李延年、周祖池、李子賢、許振乾、李朝堂、林炳章、蘇廷清、陳其祥、蕭勝和、江福能、鐘泉春、鄭　煌、楊　良、劉禮樂、曾瀛槐、陳福全、黃繼圖、劉建源、蔡英傑、鄭世璠、鄭執禮、黃秋水、鄭建伯、莊　田、曾清水、李　蔣、鄭進銘、林江樹、魏經龍、盧阿桶、鄭雅科、李　九、詹　安、蘇長齡、王金鈴、曾瀛旺、黃金水、鄭敬宗、羅啟源、林炳章、方維金、李應臣、蘇　福、吳遠裕、李良弼、蔡福興、楊萬盛、蘇慶滿、劉石錦、古記生、彭阿陞、劉泉清、彭清政、○劉水、曾阿文、彭作權、彭楊清、黃捷發、溫文錦、彭火生、李金鎮、蔡朝佐、連添登、江立箏、林金世、徐阿芳、曾阿輝、古琳生、溫火木、王添水、陳輝地、郭讀氏、鄭邦汀、胡春樓、陳春風、林水樹、蘇　鍊、孫金揚、張榮金、何乾亮、李梅山、何仁海、吳阿鎮、余合祥、詹阿廷、鍾敬華、何阿土、呂盛坤、蕭宏鏡、黃鑾旺、何蘭火、鍾慶財、鄭火鳳、朱啟雲、黃運金、蘇江勝。
臺南縣	陳澄沂、殷慶明、李瑞山、陳　柱、陳按察、宮川邱之助、林佐文、○清法、田江參、王國安、張泗水、林　直、楊石吉、吳新民、郭清和、蘇良勤、魏燈泉、賴登波、陳　吉、許茂昌、林繁茂、張德雄、石川榮藏、沈乃霖、陳端明（以上新營區）、鄭沙棠、陳見成、陳有義、劉　爐、陳國源、林仁馬、陳紹國、吳桂香、謝金安、林炳生、陳石約、黃朝文、黃　漢、葉清泉、吳開興、林惟宜、陳肇鵬、黃天經、張溫良、林石頭、賴丁旺、張　重、楊崧山（以上斗六區）、陳秀貞、王　枝、黃謀義、陳郁文、陳東海、楊曉山、楊明註（以上曾文區）、黃連寅、黃大友、黃榮老、王登山、黃　曲、李耀星、黃彩堂（以上北門區）、陳媽金、林希文、黃朝貴、紀毓章、許清煌、紀鏘熙、紀　強、李水波、蘇玉堂（以上北港區）、王坤鐘、王乞生、蔡茂焜、楊傳名、梁　道、林茂己、羅丙戊、周逢泰、蔡萬枝、梁其揚、蔡文讀、洪天財、胡龍寶、陳春增、蔡如蘭、王仙福、潘連德（以上新化區）、李水槐、李應鏜、程修屋、顏新戶、陳餘泉、張生財、郭聯海、李水木、廖復中、上坂左吉、園田末雄、林蘇益、張瑞典、林河南（以上虎尾區）、吳　砂、蔡錦生、葉瑞賢、蕭振仁、梁克明、黃錫勇、洪水柳、郭火木、宋而安、黃宏基、李天送、吳天敏、楊德鄉、黃慎言、許茂元、陳耀榮、陳燦崇、李清文、張水旺、王進丁、陳固本、翁道源、陳清立、林　元、洪金海、侯永成、楊朝泉、王家振、黃　方、侯　焜、呂　慘、陳弼鄉、黃媽典、鄭　氊、黃啟南、蔡樸生、鄭永吉、王國柱、蔡　般、林懷右、莊明鏡、陳樹林、吳耀明、侯阿然、吳醉可、潘錦松、陳　標、林溪浚、黃清江、黃　炎、李　灣、黃班爵、陳松林、黃錫鏞、陳　硯、林水河（以上東石區）、余明輝、謝老財、李金何、汪　平、陳　血、陳宗福、張武虔、陳　埔、林春海（以上新豐區）、顏隨、林宗焜、高文龍、謝萬添、吳德陞、游水貴、陳復到、吳原甲、吳泉鐮、劉寧覺、劉成勝、郭毓瑞、陳朝元、張氏瑟英（以上嘉義區）。
臺南市	林全忠、蔡培庭、陳心意、邱田松、林祖壽、曾尾吉、蔡麟全、蔡連順、蘇金和、張長庚、林全義、游原森、黃　泉、林炯墉、葉廷珪、葉朝宗、邱天賜、白惠文、邱鴻恩。

資料來源：〈臺南市人民過去擔任皇民奉公會實際工作調查表〉、〈新竹市人民過去擔任皇民奉公會實際工作調查表〉、〈臺南縣人民曾任皇民奉公會實際工作者姓名調查表〉，檔號：A202000000A/0035/67/490，檔案管理局藏。○為原稿字跡難以辨認者。

灣省停止公權人登記規則〉，規定曾任日本統治時代皇民奉公會重要工作經查明屬實者、經檢舉查有漢奸嫌疑者，停止公權人登記。一九四六年八月起，各縣市政府警察局同時進行皇民奉公會參與分子的調查工作，一九四七年元月，調查結果為主要幹部計有一九二名。但是當局並不滿意，仍然要求各縣市警察局繼續追查皇民奉公會各地分支機構參與人員。[73]

表3-3是事件前警備總部所收集的新竹市、臺南縣市皇民奉公會參與分子名冊。雖然只有三個縣市，名單已超過三百人。經比對，其中**部分人士，後來被保密局吸收成為線民，在二二八事件中擔任密報工作**。

國民黨政府在中國大陸以特務機關控制社會、對付政敵，戰後，這一套統治模式最先移入臺灣。特務機關建立起綿密的情報網，滲透、監視臺灣各角落，一面以防諜之名，密切追蹤臺共、中共、左翼人士；一面以肅奸之策，追究日治時期臺灣人的「媚日」活動。在二二八事件發生前，警備總部已經透過保密局、警察局不斷編製調查表，掌握了各種「黑名單」。

第二節　派系政治跨海移植

派系政治在中國有長遠的歷史，中國國民黨自創黨以來，黨內派系爭權如影隨形從未間斷，尤其自一九三〇年代末期至一九四九年期間，派系鬥爭如火如荼、相互傾軋的情形達到最高峰。戰後國府進駐，派系政治文化在臺複製，跟隨著統治政權而來的各路人馬競相爭逐，視臺灣為戰利品，島嶼的政治生態隨之不變。

一、派系政治在中國

本節回顧國民黨內各派系的由來與發展情形，以說明戰後各派系在臺的競爭與糾葛。

（一）各大政治派系間的競爭

中統和軍統是國民黨內兩大特務組織，又分別與CC派及黃埔系關係密切。早在一九二七年八月蔣介石第一次下野時，便指示負責黨務工作的陳果夫等人成立「中央俱樂部」進行反對桂系的活動。[74]中央俱樂部（Central Club）簡稱「CC」，也有一說是CC派名稱來自雙陳（Chen）陳果夫、陳立夫兄弟的英文姓氏縮寫。一九二八年二月國民黨中央執行委員會組織部增設了調查科，負責調查黨內各派系的動態，此即中統的前身。一九三五年，調查科擴大為國民黨中央組織部黨務調查處，一九三八年再成立國民黨中央執行委員會調查統計局（簡稱中統局）。中統組織儘管幾經演變，事實上一直是CC派的特務部門。[75]

中統局先後由陳立夫、朱家驊、徐恩曾、葉秀峰主其事，[76]在全國各省、市、公路、鐵路設置調查統計室，以各種名目發展，全盛時期成員達二十餘萬人。[77]陳果夫、陳立夫兄弟自一九二八年掌握國民黨中央組織部大權後，使CC派控制了中國各省市黨部，至一九三〇年代民間已有所謂

「蔣家天下陳家黨」的說法流傳。[78] CC派除了控制國民黨中央和地方黨部外，在教育界也有龐大勢力，一九三八年陳立夫任教育部長，此後幾年內各省的省政府教育廳長大多換成CC派人馬。又因陳果夫曾居國民政府軍事委員會委員長侍從室人事處（第三處）主任之職，藉此又掌控了國民政府各省民政廳的人事權。此外，因為陳果夫是中央政治學校的教育長，該校正是當時外交人員的主要來源，於是CC派的影響力也伸展到外交界。[79]

CC派除了在黨務、情報、教育、民政、外交各部門擁有可觀勢力外，在經濟範疇也擁有一席之地。抗日戰爭末期，CC派逐漸跨足經濟領域，控制了中國農民銀行、交通銀行、中央合作金庫等金融活動。[80] 抗戰勝利後，中統人員汲汲趕赴各地，競相接收，中統局長葉秀峰指示派往各地人員的任務即是「恢復組織、擴大組織、發展勢力」。至此，中統所經營的事業至少包括：上海建新公司、上海永業鹽公司、漢口應城石膏公司、建國書店、南京印刷所、浙江嘉興碾米廠、中華觀光社等等。[81]

軍統前身是復興社，一般稱為藍衣社，是一九三一年冬蔣介石第二次下野前夕召集軍界人士及黃埔學生所成立的特務組織。一九三二年三月復興社正式成立，推蔣介石為社長，戴笠為復興社特務處處長、鄭介民為副處長。[82] 復興社成員主要來自黃埔軍校學生，稱蔣介石為校長，對他高度效忠，並以蔣的嫡系、親兵自居。他們對黨務、教育工作、文化運動都極有興趣且積極介入，遂與陳立夫、陳果夫的CC派呈現緊張的競爭關係。

一九三七年中日戰爭全面展開，國民政府為統一特務組織，在國民政府軍事委員會下設調查統計局，黨部徐恩曾為第一處處長，復興社戴笠為第二處處長，丁默村為第三處處長，不料雙方各行其是，爭寵益烈，只好在一九三八年八月改組，將第二處、第三處擴大編制組成軍事委員會調查統計局，即外界習稱的軍統局，[83]另成立的國民黨中央執行委員會調查統計局則稱中統局。蔣介石為區分兩者職掌分工，指示中統著重於黨務、政治、經濟，軍統則著重於軍事、特務武裝和行動。[84]

抗日戰爭結束後，國民黨政府準備結束訓政、進入憲政，著手進行政府改組。一九四六年六月裁撤軍事委員會，隨後軍統局改組為國防部保密局，主要幹部為戴笠、鄭介民、毛人鳳等人。該派系在全國各省市廣設情報站，全盛時期人員達五十萬人之眾。[85]軍統系與軍界黃埔系關係密切，並負責緝私、水路鐵公路交通檢查、航空郵電檢查、國家動員物資管理之檢查、兵工廠之警衛等工作，掌握了此些機構的人事。其次，軍統還主辦中央警官學校特訓班、組織中國警察學會，在警界擁有影響力，戰後內政部警察總署職位，亦由軍統要角唐縱取獲，囊括全國警察領導大權。[86]軍統人員也在抗戰勝利之後搶奪敵偽產業，所掌握企業包括：南京方面的裕豐紗廠、亭亭照相館、鴻業印刷公司，上海方面的東方漁業公司、啟明運輸公司，北平方面的西單北平大飯店、無線電器材製造廠，天津方面的冷藏庫等。[87]

戰後中統、軍統人馬在中國各地爭奪日產，「接收」變成「劫收」、「五子登科」的醜狀，也正是戰後國民政府復員失敗、失去民心的重要原因。[88]

三民主義青年團簡稱青年團，是抗戰期間逐漸壯大的國民黨內新興派系。一九三七年七七事變爆發，為了團結全國各黨派，吸引青年向心，扭轉國民黨形象，蔣介石指示成立新的團體，即三民主義青年團。[89]一九三八年三月，國民黨在武漢召開臨時全國代表大會，會中除選舉蔣介石、汪精衛為正副總裁外，並決定停止黨內一切派別活動，解散CC派、復興社在內的所有小組織，三民主義青年團於七月正式成立，由蔣介石親任團長，陳誠任書記長、康澤任組織部長。

原本規劃藉由青年團使國民黨內各派系合流，但書記長陳誠、組織部長康澤都是黃埔軍人，形同黃埔系把持。因黃埔系、復興社、青年團三者之間關係密切，加上康澤居間主導、串聯而更加緊密，三個組織系出同源，並以蔣介石為領袖，統稱為「黃復青」。但另方面，以高階軍官為主的黃埔系、戴笠為主的軍統特務機關、陳誠與康澤為主的青年團，各團體間因領導者不同，仍然存在競爭關係。

一九四三年蔣介石培植其子蔣經國，先出任中央幹部學校教育長之職，接著在一九四六年掌握了青年團組織訓練之權。[90]此時青年團的聲勢已達高峰，在廬山全代會召開之時，青年團另組新黨之議甚囂塵上，支持者認為可以青年團對抗CC派所控制的國民黨，或主張「兩黨輪流執政，由蔣介石一人身兼兩黨領袖，新黨交由蔣經國全權領導」。青年團團員何浩若在會上提出組黨案，另組新黨之議眼看已箭在弦上，但被CC派阻擋，未能成功。[91]青年團在全國廣泛發展網絡，而CC派所控制的國民黨早已在全國各政府機關、學校、團體設立組織，雙方人馬關係緊張、衝突不斷。[92]

政學系原本是民國初年北京國會議員谷鍾秀、張耀曾、楊永泰等人所組的政團。一九二七年底北伐進入高潮之時，蔣介石掌握政權與地盤，亟需經驗豐富的政治人才，因而向北洋政府求才。

原屬政學系年輕一輩的張群首先與蔣氏結合，出任北伐軍總司令部總參議，再由曾任北洋政府教育總長的黃郛推薦楊永泰進入國民政府，[93]政學系與國民黨之間的緊密關係於焉展開。

楊永泰為蔣介石出謀劃策，削弱北伐之後尾大不掉的馮玉祥、閻錫山、桂系、東北軍等集團軍勢力，並奠定政學系在國民政府中的地位，抗戰初期，政學系在國內政壇已聲勢顯赫，包括時任福建省主席的陳儀、湖北省主席楊永泰、江西省主席熊式輝、青島市長沈鴻烈、上海市長吳鐵城、安徽省主席劉鎮華，及行政院中的外交部長張群、實業部長吳鼎昌、鐵道部長張嘉璈、行政院祕書長翁文灝、行政院政務處長何廉，都是該系人馬，另如張治中、王世杰、黃紹竑、俞鴻鈞、徐堪、蔣廷黻等人，都被視為與該系相關。[94]

政學系勢力坐大之後，威脅到國民黨內的各派系。一九三五年，楊永泰欲透過選派省級民政廳長之機會操縱各省民政廳，而與陳果夫發生衝突，又因下令地方首長兼任黨部主委，奪取湘、豫、鄂、皖四省黨部大權，無法見容於CC派，一九三六年十月二十五日，楊永泰在漢口省府專用碼頭遇刺身亡。[95]

抗日戰爭結束前後，政學系勢力達到高峰，引起其他黨內派系的妒忌與不安。當時張群出任國防最高委員會祕書長，吳鐵城任國民黨中央委員會祕書長，王世杰任外交部長，翁文灝任經濟部長，張嘉璈任交通部長，吳鼎昌任貴州省主席。戰後蔣介石並派熊式輝赴東北、陳儀掌臺灣，該系取得了戰爭勝利的兩大果實。除了在政界獨掌大權之外，更有說法指政學系以《大公報》為喉舌，並掌握執上海金融界牛耳的「北四行」（包括鹽業銀行、金城銀行等），[96]聲勢甚是可觀。

孔宋集團是指以孔祥熙、宋子文為首，長期掌握中央政府財政、經濟、金融決策，卻藉機發展官僚資本，壯大私人企業，甚至利用決策機會進行投機炒作、圖利自肥的政府官員。

孔祥熙與宋子文都是因為姻親關係而與蔣介石所領導的國民政府結合。宋子文是美國哈佛大學畢業，早年曾在廣州國民政府任職，一九二七年寧漢分裂，蔣介石下野，其後與宋美齡聯婚，宋子文由武漢政權轉向南京政權，一九二八年一月蔣氏復職，宋子文出任南京國民政府財政部長一職達六年之久。但宋與蔣常因軍費籌措而在財政政策意見上相左，宋子文四次公開提出辭職，但都在短期內復出，直到一九三三年十月才正式辭去財政部長及行政院副院長之職，由孔祥熙繼任。[97]

孔祥熙早年經營山西票號起家，並於歐戰之時買賣物資而致富，妻子宋靄齡是宋美齡的長姊，孔氏與蔣介石成為連襟。他在南京國民政府中先後擔任工商部長、實業部長之職，後並接替宋子文出掌財經大權。孔、宋雖被歸於同一個集團，但兩人暗中鬥爭甚烈。

透過南京國民政府對上海實業界及金融界的整頓，孔祥熙與宋子文分別控制了政府銀行中的中央銀行與中國銀行系統。宋子文辭官之後，更在金融界與實業界大力擴張實力，與孔祥熙共組中國建設銀行，至抗戰前夕，宋子文手下直接控制的大企業就包括中國棉業公司、華南米業公司、南洋兄弟煙草公司、中國國貨聯營公司、衡中紡織公司、揚子電氣公司、淮南礦務公司、川黔鐵路特許公司，及新華儲蓄銀行、廣東銀行、中國保險公司等。[98]

一九三七年抗戰之初，孔祥熙出任行政院長之職，一九四四年十二月宋子文代理行政院長，後扶正，蔣介石姻親孔宋家族權傾一時。另方面，孔氏也因家屬子女積極營利，僚屬結黨連群，號稱兒女系、公館系而飽受非議。[99]

抗戰勝利後，經濟混亂、財政敗壞，宋子文卻透過行政院資源委員會與各派系爭奪接收敵偽產業，由於資源委員會掌握了中國全國重工業與工礦事業的發展，宋子文於是藉此擴大了國家資本與官僚資本的累積，同時也上下其手、操弄自肥。直到一九四七年二月因為法幣政策失敗，引發上海黃金風潮，傅斯年指控宋氏弄權投機、發國難財，嚴厲呼籲「這樣子的宋子文非走開不可」，飽受抨擊多時的宋子文終於黯然下臺。[100]

戰後初期，國民黨內各派系如CC派主控黨務與內政、黃埔系與軍統主宰軍事及特情、青年團掌握青年活動、政學系出任重要行政首長、孔宋集團活躍於財經金融範疇，各擁一片天，各派系並不斷擴張地盤，爭權鬥爭無時不在。戰爭勝利的重大戰利品之一臺灣，就成了各派系爭奪的俎上肉。

（二）陳儀治閩時期的僚屬與人脈

陳儀字公俠、公洽，號退素。一八八三年生於浙江紹興，一九〇二年赴日本求學，入日本士官學校第五期砲兵科、砲兵射擊學校第四期，又於一九一七年第二次留日，入日本陸軍大學，是中國留學陸大第一期學生，一九二〇年返國。一九二四年江蘇與浙江軍閥為爭奪上海開啟戰端，地方人士擔心戰火殃及，陳儀等人歡迎福建孫傳芳入浙，被孫傳芳任命為浙江第一師師長。[101] 第一師參謀長葛敬恩與陳儀是日本陸大同學，一九二六年陳儀任徐州總司令，國民政府北伐軍向武漢推進，在葛敬恩建議下，與北伐軍聯繫，倒戈接受「國民革命軍第十九軍軍長」之委任狀，一九二七年國民政府任命陳儀為江北宣撫使，收拾孫傳芳殘部。[102]陳儀出任軍政部兵工署署長，一九三三年出任福建省政府主席。

陳儀治閩的功過評價不一，[103]但治閩期間，陳儀培養了一批僚屬幹部，成為後來治臺時的主政班底。

陳儀治閩時期最主要的幕僚有三人：1.李擇一，福州人，與陳儀一同留學日本多年，被視為「日本通」，陳邀其回福州，聘為省府顧問，一九三五年陳儀赴臺參加日本領臺四十週年紀念會時，李擇一是重要隨員之一；戰後陳儀接掌臺政，李擇一被聘為長官公署顧問。2.沈銘訓，號仲九，浙江紹興人，是陳儀元配沈蕙的堂弟，早年曾留學日、德，後任教於上海勞動大學，是陳儀的重要智囊。沈仲九初任省府祕書，後為顧問，主持縣政人員訓練所，省內的學校教育、文化事業及建設計畫也多出於沈氏之手。沈仲九傾向無政府主義色彩，陳儀身邊的左派人物如夏明鋼、胡允恭、程星齡等人，都由他所推薦，這些左派人士則被中統、軍統視為「共產黨人」。3.徐學禹，浙江紹興人，徐錫麟之胞姪，擔任建設廳長，與沈仲九有競爭關係。[104]戰後，徐學禹出任招商局總經理，不克隨陳儀赴臺，但二二八事件期間陳儀與徐學禹之間有密切的電文往來，[105]可以看出陳儀對徐氏的倚重。

陳儀治閩期間，所謂「國家主義派」人士也甚具影響力。此派人士包括陳儀考察德國時結識的張果為，時任福建省財政廳長兼地政局長，以及莆田縣長夏濤聲、永春縣長韓聯和與連江、南安縣長張國鍵，還有省府法治室主任方學李、省府祕書處第一科科長晏志超、縣政人員訓練所教育長兼長汀區專員劉天予等多人，[106]戰後多被延攬到臺灣任職。

陳儀被歸為政學系，但治閩期間與軍統共治，掌握憲兵第四團、省府保安處、警察系統；該省警察局長李進德、水警總隊長李國典、警察訓練所所長胡國振等人，都是軍統系人馬。[107]但同時，陳儀與國民黨內各派系也有磨擦。一九三八年，陳儀因故槍殺了軍統閩北站站長、福建省保安處諜報股股長張超，引發軍統領導人戴笠在蔣介石面前控訴，一時之間與軍統關係緊張。[108]陳儀與CC派相處不甚融洽，CC派陳肇英擔任福建省黨部主委時攻擊陳儀親日不遺餘力，並掣肘陳儀之人事安排，對沈仲九延聘左派人士任職，十分不滿。[109]

一九四一年，因南洋僑領陳嘉庚強烈抨擊陳儀搞統制經濟貽禍百姓，又因福州被日軍攻陷，駐軍不戰而逃，陳儀被調離福建省主席之職。但也有看法指出，陳儀去職與CC派欲強奪地盤、排除陳儀有關，繼任的福建省主席劉建緒就是CC派人馬。[110]陳儀去職之後內調為行政院祕書長、黨政工作考核委員會祕書長等職。

一九四三年十二月，美英中開羅會議宣布臺灣、澎湖群島戰後應歸還中國之後，有關收復臺澎的工作開始受到重視。一九四四年四月十七日，國防最高委員會中央設計局之下，正式成立臺灣調查委員會，蔣介石任命陳儀出任主任委員，該會委員還有沈仲九、王芃生、錢宗起、周一鶚、夏濤聲等人，同年九月二十五日又加派黃朝琴、游彌堅、丘念台、謝南光、李友邦等五名臺籍人士為委員。[111]一九四五年八月，蔣介石任命陳儀出任臺灣省行政長官，九月又命其兼任臺灣省警備總司令。

蔣介石為何命陳儀主持臺調會工作，並任命他出掌臺政？筆者認為，陳儀留日多年，熟悉日本情況，具「知日派」之背景；主閩七年已有完整的行政班底，對於原籍多屬閩漳廈泉的臺灣人特性應有相當瞭解；尤其他曾在一九三五年蒞臺參加日本領臺四十年週年紀念會，考察臺灣各地主要建設，並帶回《臺灣法令匯編》一大套，又動員隨行人員完成《臺灣考察報告》一書，[112]這些資歷與背景構成適於主掌臺政的客觀條件。

為了戰後接收臺灣，中央幹部訓練團開辦臺灣行政幹部訓練班。該訓練班由陳儀任主任、周一鶚為副主任，招收學員一二〇人，分為民政、工商、交通、財政、金融、農林、漁牧、教育、司法等九組，並於一九四五年四月受訓四個月後結業。四聯總處銀行訓練班也招訓四十名銀行業務員，並招考國內專科學校以上畢業者十三人、國外專科學校以上畢業者二十人。而警察部門則由陳儀治閩時期舊屬胡福相，會同中央警官學校及第二分校，在重慶、福建兩地招訓臺灣幹部講習班兩期共六十四人、臺灣幹部學員班七十六人、學生班二五〇人、初期教導總隊五四二人，總共九三二人，為接收臺灣儲備人力。[113]

二、戰後臺灣的派系政治

陳儀出掌臺政後，在重要職位安排上以沈仲九與周一鶚為重要諮詢對象，尤其是沈仲九更具影響力，如專賣局長任維鈞、人事處長張國鍵、省訓團教育長韓逋仙、法制委員會主任方學李及教育處長范壽康，都是沈氏所推薦。[114]大體而言，陳儀所屬意的長官公署重要職位人選，都是他在福建省的僚屬，而他重用國家主義派的青年黨人及左派人士的情形，也一如治閩時期。

然而，國民黨內各派系也都企圖伸展勢力，以臺灣為爭奪目標，瞄準政府職位與日產接收，展開激烈競爭。

（一）CC派瓜分資源

一九四五年十月陳儀前來臺灣前夕，面謁蔣介石請訓，並上呈臺灣省行政長官公署各處會首長名單，蔣氏對名單上的人事安排即予核可。然因陳儀事先未與掌管全國黨政高級人事任用的委員長侍從室第三處主任陳果夫洽商，為其所忌。[115]CC派陳果夫建議蔣介石任李翼中為國民黨臺灣省黨部負責人，藉以監視陳儀及其官員，在甄選或升遷行政人員時確保對國民黨黨綱及政策之執行。[116]在此之前，CC派與陳儀已為另一人事案交過手，陳儀原本欲安排早年留日時期深交的許壽裳擔任臺灣大學校長，但教育部長陳立夫認為此人是魯迅思想的宣傳者，不願任用，陳儀因此為許壽裳創設了臺灣省立編譯館，由許氏擔任館長兼臺灣大學中文系主任。[117]

臺灣省黨部指導員楊鑫茲指出，黨部主委李翼中曾任CC派領導人、教育部長陳立夫的主任祕書，被派到臺灣主持黨務可見對臺灣的重視。[118]李翼中對陳儀表面上恭敬，私下卻互別苗頭，縱容黨營報刊《重建日報》、《國是日報》等抨擊陳儀，[119]在私下聚會的場合，更常以暗示的口吻說陳儀的壞話、數落他的不是。[120] 由於CC派人馬未能在職位爭奪中取得有利戰果，國民黨臺灣省黨部成立之後，對陳儀發揮了掣肘的作用。

在日產接收方面，CC派毫不客氣獅子大開口。省黨部以「黨費自給」為由，擬在臺創辦文化企業公司與漁業公司，要求經濟部長翁文灝、行政長官陳儀同意撥讓日人所留下之印刷廠、造紙廠、油墨廠、出版社、報社、影片廠、漁撈養殖製造工廠等等，但索求未遂。李翼中於是透過國民黨中央黨部行文行政院，要求將臺灣所有接收自日產的公、私電影院都撥歸省黨部經營。[121] 陳儀起初堅持不允，但不勝壓力之下，只好同意。[122] 最後共有大世界、臺灣、新世界等全臺共十九家戲院、落入省黨部手中。[123]

不僅如此，國民黨中央宣傳部並以「接管臺灣文化宣傳事業」為由，接收臺北《臺灣日日新聞》、《臺灣新報》，臺中之《臺中新聞》，臺南之《臺南新報》，高雄之《高雄新報》，花蓮之《東臺灣新報》等設備。另外，原日治時期的同盟社臺灣分社由中央通訊社接收，改組為臺灣分社；臺灣總督府映畫隊由中央電影攝影場接收，改組為臺灣分場；臺北、臺中、臺南放送局改組為中央廣播事業管理處接收，改組為臺北、臺中、臺南廣播電臺。[124] 這些由省黨部接收的電影院、中央宣傳部接收的報紙、中央社、電影攝影場、廣播電臺，成為國民黨黨產的重要來源。

臺灣省黨部主委李翼中本身，也被指在日產接收上牟取私利，前監察委員何漢文指「國民黨臺灣省黨部主任委員李翼中，以CC關係到臺不久，便在臺北市買到了最闊綽的住宅，家裡汽車、電氣冰箱、鋼琴都很齊全。據他說，他還替內地的許多朋友買了好幾棟房子」。[125]

陳儀僚屬在臺貪贓枉法，給予CC派劉文島可乘之機，雙方鬥法，鬧得沸沸揚揚。一九四六年八月六日到九月十二日，中央清查團來臺清查日產接收處理情形，團長劉文島是CC派分子，他在考察臺灣期間住在省黨部主委李翼中家，並邀約CC派人士如蔣渭川、彭德、吳國信、林衡道等人密談。[126] 清查團接獲三八四件檢舉書函，劉文島認為貿易局長于百溪、專賣局長任維鈞貪汙證據確鑿，要求長官公署將二人撤職，移送法辦，但陳儀並未處置，劉文島返回上海後發表談話大肆抨擊。[127] 最後二人被移送法辦，但陳儀卻向臺北地方法院施壓，使二人獲不起訴處分，並予復職。[128]

(二) 軍統、青年團等其他派系勢力

軍統在臺勢力集中在警備總部、憲兵第四團與軍隊方面，主要包括警備總部參謀長柯遠芬、憲兵第四團團長張慕陶、高雄要塞司令彭孟緝、後勤司令部臺灣供應局長李進德等人，以及警總調查室主任陳達元、軍統臺灣站站長林頂立及半山人士劉啟光等。

警備總部參謀長柯遠芬，廣東梅縣人，黃埔軍校第四期畢業，陸軍大學南京第一期畢業，陳儀治閩時因保安處長黃珍吾（黃埔一期）的推薦，曾任福建省保安處參謀長。一九四四年，柯遠芬奉調任職蔣介石委員長侍從室當參謀，戰後受陳儀力邀出任臺灣省警備總部參謀長。[129] 憲兵第四團團長張慕陶，字世佛，湖北鄂城人，黃埔軍校第五期畢業，一九四四年因剿匪有功升陸軍少將，一九四六年初奉調臺北出任憲兵團長。[130] 高雄要塞司令彭孟緝，黃埔五期畢業，一九三二年復興社初創時，他是籌備成員之一。[131] 後方勤務總司令部臺灣供應局局長少將李進德，浙江臨海人，則是

陳儀治閩時閩省警察局長，也是軍統人員之一。[132] 陳儀雖身為臺灣省行政長官兼警備總司令，但警總、軍隊甚至後勤支援，實際上都掌握在軍統人馬手中，陳儀僚屬周一鶚後來為陳儀抱屈：「表面上陳儀集軍政大權於一身，應該可以為所欲為。事實上他手上沒有一兵一卒，又加上派系分立，各奉其原來主子之命，進行活動，對陳儀則陽奉陰違。」[133]

陳儀治臺以其僚屬班底任公署各處會要職，軍統掌握軍事有關的大部分重要職位，一如治閩時期所採取結合軍統、對抗CC派臺灣省黨部人馬的態勢。但陳儀僚屬認為，軍統與CC派有時卻也合作來打擊陳儀所屬的人馬。例如，警備總部、憲兵團與臺灣省黨部藉口偵察「異黨活動分子」，將陳儀親信的民政處長周一鶚之姪周錚逮捕。又，李翼中與柯遠芬聯手整治異黨，名單中除了老臺共謝雪紅、林日高等臺籍人士外，還包括大陸來臺的《和平日報》記者丁文治、《新聞報》謝爽秋，及長官公署以下官員袁國欽、謝真、宋斐如、程星齡。長官公署民政處長周一鶚認為，軍統與省黨部沆瀣一氣，「平時的情況尚且如此，一旦陳儀權力發生動搖，軍統、中統同流合汙，無所顧忌地為所欲為，陳儀便無從控制了。」[134]

同時，孔宋集團勢力範圍行政院資源委員會與陳儀的明爭暗鬥也浮上檯面。臺灣各機構的接收工作原擬由長官公署全權負責以便統一事權，但資源委員會不願放棄接手臺灣工礦等重要企業，幾經懇請蔣介石同意參與接收。[135] 陳儀最初抗拒資源委員會派員來臺接收日人所留下之工礦事業，幾經往返折衝，最後仍由資源委員會主導。[136] 資委會副主委錢昌照於一九四六年三月二十八日來臺，決定鋁、石油、金銅三項事業劃歸國營，成為該會所屬事業；糖業、電力、紙業、肥料、水泥、機械六項成為國省合營事業，管理權也屬資委會；所餘的日人私人企業、小型會社，才留給省方處理。同時，上述各國營、國省合營事業的總經理人選，都是錢昌照來臺時所決定的，[137] 陳儀在戰後臺灣日產接收上，顯然失去了主導權。

陳儀治臺之初，孔宋系統的中央、中國、交通、農民四大銀行及中信、郵儲二局派員來臺設立分行並接收金融機構，但陳儀認為臺灣已有臺灣、第一、華南、彰化四家銀行，毋須增設，即命來臺人員原機返回，並呈請批准由臺銀發行臺幣，不使大幅貶值的法幣在臺流通，以穩定物價。[138] 此舉不啻將孔宋勢力排拒於門外，一九四六年初，陳儀承受來自中央的壓力，而撤換了財政處長張延哲。長官公署祕書長葛敬恩指出，由於張延哲並非行政院長宋子文人馬，政策處處受到刁難，這於臺灣經濟的發展前途關係甚大，「長官經中央的授意，不得不以嚴家淦替代張延哲。」[139] 所言不僅流露出對人事權受牽制的無奈，更對日產接收與處理情況感到不滿。嚴家淦於是在一九四六年四月出任財政處長兼臺灣銀行董事長，掌握了臺灣的財政金融大權。

三民主義青年團早在陳儀及官員入臺前，就已搶先一步發展。一九四六年二月，李友邦返臺主持青年團團務，三月召開的青年團第一屆團員大會，臺灣區團部所屬成員已達三萬人。[140] 戰爭時期赴中國協助抗戰的臺灣人如李友邦，在故鄉有相當知名度，戰後挾其臺灣義勇隊的聲名，民間一度流傳「陳儀任省主席、謝南光任副主席、李友邦任軍司令官」的傳言。[141] 李友邦為臺籍人士，具相當聲望，又掌握各地龐大的青年團組織，對主持臺政的陳儀形成相當壓力。日產接收方面，青年團也要求「前臺灣之敵偽青年組訓機構」應交由該團接收，包括各縣市政府所轄之青年學校、青年道場、青年練成所、青年訓練所等等，[142] 在資源爭奪上毫不退讓。

國府各派系在臺灣的人事鬥爭與利益競爭情況，連美國駐臺北領事館都注意到。一九四六年八月，領事館的臺灣情勢報告指出，臺灣之地方政府與中央政府利益衝突，因陳儀壟斷貿易，使得蔣介石對他的支持在衰退中，而宋子文集團的策略是在軍政府結束後可以確保優勢的影響力。在人事方面，陳儀治臺多任用私人，臺灣人被排除在政府職位之外，宋子文集團則對陳儀多所掣肘，例如使陳儀無法任命治閩時期重要幕僚徐學禹為交通處長，此間並一度盛傳陳儀的祕書長將被撤職，由宋子文人馬徐道鄰接替。美國駐臺北領事館並認為，陳儀在軍隊方面控制能力最弱。[143]

第三節　半山、臺灣人與政治派系

戰後中國政府接收臺灣，臺人的心情既複雜又矛盾，一面雖歡慶脫離異族殖民統治，一面也因戰時做為日本國民、與中國為敵而感到不安。上層社會菁英感懷尤深，不知將會面臨何種處境。面對新情勢，臺灣菁英或主動、或被動投入競爭局勢，甚至成為派系運作的卒子而不自知。

一、半山集團

戰後跟隨陳儀來臺接收的大批官員中，有少部分臺籍人士，他們大多在日本統治末期前往中國大陸，部分人士組成臺灣革命同盟會、臺灣義勇隊、國民黨中央直屬臺灣黨部等團體，呼籲當局收復臺灣、發起臺灣設省運動等等。[144] 一九四四年陳儀主持臺灣調查委員會為接收臺灣做準備，從國民政府各部門借調人員，或舉辦臺灣幹部訓練班，選拔出部分臺籍人士，戰後隨陳儀來臺參與接收工作，在長官公署或警備總部任職。

隨陳儀返臺的臺籍人士，因為具有中國經驗、是半個「唐山人」，被同胞稱為「半山」。理想的狀況下，半山應做為長官公署與臺灣民眾之間的橋梁，增進官民溝通，協助施政。但實際上，半山人士與臺灣本土菁英間卻存在競爭關係，因為爭奪權位、聚斂財物，反而成為臺灣社會批評、不滿的對象。

半山黃朝琴是臺南鹽水人，早稻田大學政治經濟科畢業，早年曾參與東京留學生的《臺灣民報》編作，後留學美國伊利諾州立大學取得政治碩士學位後，進入南京國民政府外交部，曾任中國駐舊金山總領事、駐印度總領事，因任職外交部及與王世杰之淵源，而被歸為政學系。黃朝琴以外交部特派員之職返臺，旋被陳儀任命為臺北市長，然因外交部不允，黃朝琴卸下市長之職，由游彌堅接任。不久，黃朝琴拋棄外交部特派員之職，參選省參議員，高票當選，當時即有「外交手腕高明」之譏諷。[145]

黃朝琴因與林獻堂爭奪省參議會議長之職，引起爭議。林獻堂在日治時期推動臺灣議會請願運動，持續不懈，被視為是戰後省參議會議長的不二人選，但長官公署支持半山黃朝琴，透過民政處長周一鶚、省黨部委員丘念台、蔡培火、黨部主委李翼中等人勸退林獻堂，[146] 林獻堂因此在省參議會議堂上發表退選聲明。黃朝琴雖當選議長，但卻遭受極大抨擊，臺北市參議會甚至醞釀罷免黃朝琴的省參議員資格。飽受批評之下，黃朝琴發表了辭職演說，最後在林獻堂代表挽留下，風波逐漸平息。[147]此一爭端毋寧是半山與本土菁英之間競爭關係的縮影。

黃朝琴返臺後接收日產、運用職權聚積財富的傳言不斷，戰後擔任記者的吳濁流指黃氏接收天理教建地、從臺銀貸款購入建材轉手獲利，興建國賓飯店。[148]記者徐瓊二也指黃朝琴同時擔任臺灣銀行常務董事、工商銀行董事長，還代理英國亞細亞石油公司臺灣販售權，由政界跨足商界備受訾議。[149]

游彌堅則被歸為孔宋系。游彌堅原名游阿碧，臺北內湖人，早年潛赴中國，結識軍事家蔣百里、進入中央軍校擔任政治教官，並與王賡之妹王淑敏結婚，在妻兄介紹下跟隨顧維鈞，成為東北調查團成員之一，後隨顧氏赴法國巴黎大使館任職。[150]王淑敏之父是宋子文手下，游彌堅也曾任職於財政部，因此被視為孔宋系人馬。[151]戰後游彌堅以財政部臺灣區財政金融特派員身分返臺，未幾接任黃朝琴出掌臺北市。

游彌堅在臺北市長任內，以市營之名接收了包括醫院、工廠、瓦斯會社等日人產業。[152]調查局內部資料指他在市長任內，「利用職位上便利，套購日產近兩百餘幢，並曾以中山北路天理教會之基地贈黃朝琴、大正公園基地及鐵路飯店舊址贈李萬居、武藤醫院贈蘇紹文之妻譚素容，臺北市日產幾多為『半山』所占，此亦『半山』經濟上之一大泉源。」[153]另外，游彌堅因是日治時期國語學校出身，返臺後接下國語學校師範部同學會會長之職，並任臺灣省教育會理事長，在全省教育界具莫大影響力。[154]

林頂立、劉啟光則屬於軍統人馬。林頂立是雲林莿桐人，早年潛赴福建，九一八事變後在廈門加入軍統、從事諜報工作，戰後被國防部保密局指派為臺灣站站長。劉啟光本名侯朝宗，嘉義人，日治時期參加農民組合，從事左翼社會運動，後潛往大陸，七七事變後改名劉啟光，至國民政府軍事委員會工作，並曾任國民黨中央直屬臺灣黨部祕書、軍事委員會臺灣工作團主任。戰後返臺，初任行政長官公署參事，後出任新竹縣長，一九四六年冬轉任華南銀行董事長。[155]

另外，臺籍半山中曾任高雄縣長的謝東閔、省黨部指導員彭德、先後任臺灣省參議會祕書長的連震東、臺南縣新化區長謝掙強及張邦傑等人，則與CC派關係較為密切。

半山人士任政府要職，標榜祖國經驗與三民主義，形成特殊的政治集團。包括黃朝琴、游彌堅、劉啟光、李萬居、黃國書、蘇紹文、丘念台、林忠等人共同組成臺灣憲政協進會，推動「臺灣新生、祖國化運動」，與臺灣本土人士蔣渭川所組之臺灣省政治建設協會處於對立狀態。[156] 此外，又成立臺灣文化協進會，揭櫫「肅清日寇遺毒，建設臺灣新文化」訴求，黃朝琴、游彌堅、劉啟光、連震東等人全島巡迴演講，批評臺人受奴化教育汙染，部分臺人在《臺灣新生報》日文版上強力反駁，這場論戰一直持續到二二八事件前夕。[157]

但是半山人士拉幫結派、自成集團，一面搶占日產、擴展資源，一面則相互結合、鞏固共同利益，引起臺灣社會極大反感，「半山」一詞也逐漸成為負面意涵。調查局內部資料則認為半山人士離間政府與人民感情：

游彌堅等隨光復而挾勝利姿態歸來，先布置打擊日據之「御用紳士」許丙、辜振甫，因（此）相繼入獄，林獻堂等則屏息無聲，蔣渭川亦遭排斥。次一布置即組織「臺灣憲政協進會」、「臺灣文化協進會」等各種人民團體，張揚聲勢以撥弄政府與民眾之間。一面向政府進言「臺民奴化」，使政府不信任臺胞，而阻滯其他臺人實際參政機會；一面向臺胞宣傳「阿山」（按：指外省人）腐敗，使臺胞對政府由不良印象而至離心反感，並強調「臺人治臺」及大臺灣主義，因（而）逐漸釀成二二八事變之慘劇。[158]

調查局此說法雖不無過度簡化與推卸責任的嫌疑，但也點出半山集團在戰後初期臺灣政治環境中所扮演的角色。

二、臺灣人的動向

戰後初期臺灣社會充滿政治參與熱情，政治結社如雨後春筍般出現。地主士紳階層先後組成數個團體，包括：政治研究會，會長林獻堂，成員有羅萬俥、杜聰明、陳逸松、洪火鍊、黃純青、劉明朝等人；[159]臺灣政治經濟研究會，主要成員有陳逸松、顏永賢、王白淵、胡錦榮、陳炘、陳逢源、王井泉與蘇新等人，並發行《政經報》；[160]臺灣建設協進會則以林獻堂為會長，林熊徵為副會長，協力建設三民主義新臺灣等等。[161] 日治以來的左翼人士則組成臺灣人民協會，旨在團結各階層人民，爭取民主政權的實現，成員包括謝雪紅、楊克煌、王天強、張道福、黃江連、杜啟塗等人。[162] 又有簡吉等人組織農民協會，成員多是日治時期文化協會、農民組合的舊幹部，隨後在各地發展支部，會員達一萬人以上，後改組為臺灣省農會組織。[163]

但是，當時仍處於訓政時期的國民政府並不允許人民團體成立。一九四五年十一月十七日，長官公署公布〈臺灣省人民團體組織暫行辦法〉，下令所有人民團體自即日起停止所有活動，需重新調查登記，必要時得解散或改組；人民團體應切實協助政府推行政令，以建設三民主義之新臺灣，不得有妨害國家民族之行為；人民團體應造冊向主管官署省民政處立案，並受其指揮監督。[164] 次年元月十八日，長官公署公布人民團體整頓結果，臺灣省政治經濟研究會等十幾個團體仍在審核、備案、調查、登記中，另有臺灣人民協會、臺灣省農會、臺灣學生聯盟等八個團體不准組織、或予解散，[165] 蓬勃一時的結社活動，受到無情打壓。

長官公署不信任臺灣菁英，以臺灣人民不能寫中文、不會講國語、不諳公文流程、未有具經驗的政治人才等理由，全面地壟斷了政府機關中上級職位。[166] 一九四六年初，行政長官公署一級單位十八位正副首長中，僅有教育處副處長宋斐如一人是臺籍；公署直屬各機關十六位主管中，只有省立臺北保健館主任王耀東、天然瓦斯研究所所長陳尚文兩位臺籍；全臺十七位縣市首長中，只有臺北市長黃朝琴、新竹縣長劉啟光、高雄縣長謝東閔三人是臺籍。而且上述六位臺籍人士中，除了王耀東之外，其他五人都是自重慶返臺的半山人士。[167] 同年底，根據長官公署人事室的統計，全臺公務人員四萬四四五一人中，本省公務人員雖達六三．五二%，但絕大多數是基層人員、聘僱人員。反之，外省人在中、高級文官中分別占了七二．六八%與九二．九九%。[168]

一九四六年春，當局以漢奸罪名、下令逮捕十數名臺籍士紳，造成臺人恐慌，即所謂「漢奸逮捕事件」。此一逮捕行動與日本戰敗之初臺灣士紳的「臺灣獨立事件」有關，傳言指出，當時醞釀的獨立政府將以林獻堂為委員長、林熊祥副之、杜聰明為教育部長、羅萬俥為經濟部長、辜振甫為總務部長、許丙為顧問等等。此份名單十分明顯是臺灣上層士紳階層的組合，獨立運動因總督安藤利吉勸阻而未付諸實行，但陳儀來臺後此事遭人檢舉，包括辜振甫、林熊徵、許丙、簡朗山、黃再壽、詹天馬、陳炘等人忽然被逮捕。[169]據《民報》報導，遭逮捕者共有四十一人，其中包括數名臺灣聞人也在拘禁訊問中。[170]民間傳言，還有林獻堂在內的百數十位臺人也被列入預備逮捕名單內，幸得監察委員、省黨部委員丘念台向長官公署、中央政府奔走疏通，主張不應以漢奸罪名追究臺灣人，事件總算落幕。[171]

林獻堂因此事件遭到警備總部調查室約談，由陳達元親自訊問，要求說明獨立運動經過、是否為日方御用紳士等。又聽聞士紳多人被捕，林獻堂感慨長官公署治臺無方，「以莫須有之事虐待紳士，臺灣統治之黑暗，從此更甚矣。」[172]葉榮鐘則認為，這是陳儀「新官上任三把火」的手法，目的在給「下馬威」、「給臺人一點顏色看看」，玩弄「權謀術數」，卻對政府與臺人間的情感造成嚴重打擊。[173]

長官公署不顧臺灣本是日本領土，情況特殊，嚴厲貫徹執行漢奸懲治工作。一九四六年二月長官公署公布〈臺灣省停止公權人登記規則〉，規定「曾任日本統治時代皇民奉公會重要工作經查明屬實者」、「經檢舉查有漢奸嫌疑者」須停止公權，並著手進行參與皇民奉公會之調查，此舉無異是剝奪了日治時期曾擔任皇民奉公會職務之臺籍人士戰後參選公職的資格，更使臺灣士紳感到恐慌，加深政府與民間的隔閡。

以上現象都使官民關係更加緊張。本省籍人士既不受長官公署青睞、又遭半山新貴排擠，心境可想而知。

三、戰後臺灣政治生態的形成[174]

在「黨外無黨、團外無團」的有限政治空間下，三民主義年團與國民黨臺灣省黨部成為臺灣菁英政治參與的主要管道。至一九四六年，青年團各地分團發展蓬勃。由表3-4青年團臺灣區團部的幹部組成可反映以下幾項特性：1.該團體是戰後最先組成的政治組織，吸收成員層面廣泛，尤以醫師、律師、各級公職人員等社會菁英為主。2.青年團中網羅了許多日治時期以來活躍的社會運動分子，尤其是農民組合、新文協、臺灣共產黨等左翼人士。這與青年團主要推動者的背景及人脈有關，例如最早來臺籌組的張士德是農民組合出身，其所借重的臺北執業律師陳逸松，曾是日本東京帝大左翼團體「新人會」的一員，接手臺北分團的洪石柱曾是新文協中央常務委員，而臺灣區團部主委李友邦在一九三〇年代更曾因被國民黨當局視為左派而繫獄。青年團的參與者大

表3-4 三民主義青年團臺灣區團部及各分團部幹部名單

團部	職務	姓名	籍貫	背景與經歷
臺灣區團部	主任	李友邦	臺北蘆洲	廣東革命青年團成員、臺灣義勇隊隊長
	幹事	張士德	臺中大甲	臺灣農民組合成員
		盧鈵欽	臺灣基隆	
		張信義	臺灣臺中	新文協幹部
		洪石柱	臺灣屏東	新文協幹部、臺灣義勇隊隊員
	書記	佘　陽	廣東海澄	中央訓練團科長
	第一科科長	陳俊鋒	廣東惠來	
	第二科科長	周　堯	福建雲霄	
	第三科科長	陳少麟	廣東汕頭	青年團廬山幹訓班
	第四科科長	嚴秀峰	浙江杭州	青年團金華分團幹部
	婦女隊隊長	謝雪紅	臺灣彰化	舊臺共幹部
臺北分團部	主任	洪石柱（先）	臺灣屏東	新文協幹部、臺灣義勇隊成員
		王添灯（後）	臺灣臺北	地方自治聯盟成員、臺灣省參議員
	幹事	林日高	臺北板橋	舊臺共幹部、臺灣省參議員
	青年股長	黃啟瑞	臺灣臺北	律師
	組訓股長	林日高	臺北板橋	舊臺共幹部、臺灣省參議員
	婦女股長	謝 娥	臺灣臺北	臺北市參議員、制憲國大代表、國民參政員
基隆分團部	主任	李清波	臺灣基隆	
新竹分團部	主任	陳旺成（先）	臺灣新竹	臺灣民眾黨幹部、民報主筆
		郭紹宗（後）	河南	新竹市長
臺中分團部	主任	張信義	臺灣臺中	新文協幹部
	幹事	林碧梧	臺灣臺中	新文協幹部
		石錫勳	臺灣彰化	舊文協幹部
	書記	林培英（先）	臺灣臺中	霧峰林家林幼春之子
		王文輝（後）	福建	
	總務股長	葉榮鐘（先）	臺灣彰化	舊文協會員、地方自治聯盟成員
		張振輝（後）		
	組訓股長	陳　崁	臺灣彰化	新文協成員、黑色青年聯盟成員
	宣傳股長	高兩貴	臺灣臺中	新文協幹部
	婦女股長	謝瑞年	臺灣臺中	臺灣義勇隊隊員
	區隊長	林連宗	臺灣臺中	律師
		童炳輝	臺灣臺中	律師
		賴耿松	臺灣臺中	律師
		何赤城		
		巫永福	南投埔里	作家

團部	職務	姓名	籍貫	背景與經歷
臺中學校分團部	主任	余麗華	臺灣屏東	臺中女中校長
彰化分團部	主任	石錫勳	臺灣彰化	舊文協幹部
嘉義分團部	主任	王甘棠（先）	臺灣嘉義	醫生
		陳復志（後）	臺灣嘉義	本名陳士賢，保定軍校畢業
	幹事	王甘棠	臺灣嘉義	新文協幹部、醫生
		盧鈵欽	臺灣嘉義	嘉義市參議員
		李曉芳	臺灣嘉義	新文協幹部
		許世賢	臺灣嘉義	嘉義女中校長
	書記	盧鈵欽	臺灣嘉義	嘉義市參議員
	總務股長	李瑞成（先）	臺灣嘉義	
		賴木川（後）	臺灣嘉義	
	組訓股長	鍾逸人	臺灣臺中	和平日報記者
臺南分團部	主任	莊孟侯	臺灣臺南	新文協幹部、醫生
	幹事	曾溪水		臺灣義勇隊隊員
		許麗玉		
		鄒美娥		
		歐滋英	臺灣澎湖	律師歐清石之子
臺南學校分團部	主任	蘇惠鏗	廣東	臺南一中校長
高雄分團部	主任	吳海水（先）	臺灣高雄	新文協幹部、醫生
		王清佐（後）	臺灣高雄	律師
	幹事	彭清靠	臺灣高雄	高雄市參議會議長
		王清佐	臺灣高雄	律師
		陳啟川	臺灣高雄	商人
		蘇泰山	臺灣高雄	
		黃聯登		
		簡 吉	臺灣高雄	農民組合幹部、舊臺共成員
		盧新發	臺灣高雄	舊臺共幹部
	書記	簡 吉（先）	臺灣高雄	農民組合幹部、舊臺共成員
		江 灝（後）	臺灣高雄	

屏東分團部	主任	吳道澤（先）	廣東	
		黃聯登（後）		
	書記	陳崑崙	臺灣屏東	新文協成員、農民組合幹部
	總務股長	葉秋木	臺灣屏東	屏東市參議會副議長
花蓮分團部	主任	鄭品聰	福建龍岩	臺灣省參議員、制憲國代
	幹事	馬有岳	臺灣苗栗	臺灣省參議員
	宣傳股長	許錫謙	臺灣花蓮	青年報編輯
臺東分團部	主任	謝　真（先）	福建龍岩	臺東縣長
		許添枝（後）		
澎湖分團部	主任	許整景	臺灣澎湖	醫生

資料來源：作者整理自王世慶，〈三民主義青年團團員與二二八事件（初探）〉，《史聯》第二一期（一九九二年十二月），頁六一一二二。臺灣省行政長官公署人事室編，《臺灣省各機關職員錄》（臺北：臺灣省行政長官公署人事室，一九四六）。臺灣總督府警務局編，《臺灣總督府警察沿革誌第二編領臺以後の治安狀況（中卷）：臺灣社會運動史》（東京：龍溪書舍，一九七三，復刻版）。臺灣新民報社編，《臺灣人士鑑》（臺北：臺灣新民報社，一九三七）。章子惠，《臺灣時人誌》（臺北：國光，一九四七）。

都具社會主義思想，特別吸引日治時期左翼人士參與，包括新文協、工友總聯盟、農民組合等團體成員紛紛加入，左翼人士簡吉、張信義、莊孟侯、蘇新、李曉芳等人，都是各地重要幹部。甚至日治時期臺灣共產黨成員也加入，如臺北分團的組訓股長林日高、團員潘欽信、蕭來福、王萬得等人，均是舊臺共分子。青年團事實上已成為左翼人士聚集的團體，這也成為該團體在二二八事件發生後被當局大力剷除整頓的主因。

一九四五年九月，國民黨中常會通過改組中央直屬臺灣黨部為臺灣省黨部，任命李翼中為主任委員，張兆煥為書記長，委員共十一名。十月底書記長張兆煥率新舊黨員五十餘人自福州啟程，十一月二日抵達臺灣。隨後，省黨部在各地發展組織。[175]

參加國民黨的臺灣人，其背景不同於青年團，多屬於保守人士。吳新榮在回憶錄中指出，青年團比省黨部先一步來臺發展，捷足先登，使得進步分子與熱血青年都被吸收到青年團去，「致使那輩所謂保守分子和有力士紳後來走入國民黨，而形成同一主義下的二大派別的畸型現象。」[176]也有民眾投書報紙，認為青年團成員較為純良，「因為它是由臺灣文化協會、臺灣農民組合的同志們之手而組織的」，而國民黨區黨部成員中，則有的是日治時期擔任日本特務迫害抗日人士者，有的是在日人當政下完全日本化且為日人助勢者。[177]後來任省黨部委員的蔡培火也認為臺灣省黨部在人員吸收與組織發展上有待改進，「對日人時代之御用分子多多拉攏，因此黨部亦多吸收此類為黨員，民眾對黨竟漸失其革命性的信仰」，「省黨部似在急於近功，遂無暇顧及素質之良否，只謀黨員數量之遽增。」[178]

另由表3-5國民黨省黨部幹部名單可以看出，省黨部幹部絕大多數為廣東人、福建人，其中絕大部分為客家人，可能與省黨部主委李翼中本身是客家人有關，臺籍人士僅占極少數。對於這種情形，蔡培火多所批判，他指責「臺灣省黨部的實際指導人員中只有百分之幾分為臺省的人，故對於現實的事情不免處處隔膜，至於地方機微的所在，是絕對無法過問」；所以檢討臺灣省黨務工作，首先必須從人事方面著手。[179]

儘管如此，國民黨臺灣省黨部積極扶持民間團體臺灣省政治建設協會組織。一九四五年十月間，臺灣省黨部幹部來臺就職之時，蔣渭川等日治時期文化協會、民眾黨人士在新中華酒家開歡迎宴，席間談及有組織團體、做為國民黨員研究或訓練機關之必要。於是在省黨部指導下籌設臺灣民眾同盟，廣為招攬舊同志加入。其間，來自大陸的臺灣革命同盟會人員張邦傑、呂伯雄亦皆

表3-5 國民黨臺灣省黨部幹部名單

職務		姓名	籍貫	背景與經歷
主任委員		李翼中	廣東梅縣	國民黨中央組織部祕書
書記長		張兆煥	福建仙遊	福建海疆學校校長、福建音樂專科學校校長
委員兼組訓組長		徐白光	廣東蕉嶺	中統局交管處副處長
委員兼宣傳處長		林紫貴	福建福清	
委員		劉兼善	廣東梅縣	臺灣革命同盟會成員
		林炳康	福建福州	國民黨中央宣傳部專門委員
		謝東閔	臺灣彰化	臺灣黨部委員
		蔡繼琨	福建晉江	警備總部交響樂團團長
		郭天乙	臺灣新竹	軍事委員會政治部委員
		丘念台	臺灣臺中	臺灣黨部委員、監察委員
祕書		古善愚	廣東梅縣	蘇、魯、浙、閩黨部幹部
組織科長		林一鶴	福建蒲田	蒲田縣黨部書記長
訓練科長		章子惠	福建永春	
登記科長		張通昌	廣東蕉嶺	中央軍校特別班
編審科長		陳泗蓀	福建晉江	
文書科長		林玉衡	福建蒲田	
人事室主任		白志忠	廣東梅縣	
會計室主任		周叔華	浙江餘杭	
指導員	臺北市	楊鑫茲	福建福清	中央軍校主任教官
	臺北縣	李友三	臺灣臺北	臺灣民眾黨幹部、工友聯盟幹部、臺灣省參議員
	基隆市	連燕輝	福建仙遊	
	宜蘭縣	葉應時	福建林森	
	新竹市	彭　德	臺灣新竹	
	新竹縣	徐德勳	廣東蕉嶺	
	臺中市	林金藻	福建蒲田	
	嘉義市	張百豐	福建連城	
	臺南市	韓石泉	臺灣臺南	臺灣民眾黨幹部、臺灣省參議員
	臺南縣	朱　炎	臺灣臺中	臺幹班受訓、臺灣義勇隊幹部
	高雄市	郭國基	臺灣高雄	臺灣省參議員
	高雄縣	賴心晴	福建永定	
	屏東市	古貴訓	廣東梅縣	
	花蓮縣	李蔚臣	福建龍溪	
	臺東縣	劉鳳儀	廣東梅縣	中央訓練團
	臺東縣	鄭葆生	福建林森	
	澎湖縣	傅緯武	福建上杭	中央訓練團黨政班、澎湖縣長

資料來源：作者整理自臺灣省行政長官公署人事室編，《臺灣省各機關職員錄》（臺北：行政長官公署，一九四六）；章子惠，《臺灣時人誌》（臺北：國光，一九四七）。

表3-6 臺灣省政治建設協會理監事名單

職務	姓名	背景與經歷
常務理事兼組織組長	李友三	民眾黨、工友總聯盟幹部、臺灣省參議員
常務理事兼宣傳組長	張晴川	民眾黨幹部、臺北市參議員
常務理事兼總務組長	蔣渭川	民眾黨幹部、臺灣省候補參議員
常務理事兼社會組長	王萬得	舊臺共幹部
常務理事兼政治組長	呂伯雄	臺灣革命黨、臺灣革命同盟會幹部、長官公署財政處科員
常務理事兼財務組長	黃朝生	文協幹部、臺北市參議員
常務理事兼經濟組長	廖進平	民眾黨幹部、廣福洋行總經裡
常務理事兼文化組長	楊元丁	民眾黨支部幹部、臺灣革命同盟會會員、基隆市參議會副議長
常務理事兼調查組長	陳　總	新文協幹部
理事	張邦傑	臺灣革命黨主席、臺灣革命同盟會幹部、長官公署參議
理事	王添灯	地方自治聯盟支部幹部、臺灣省參議員
理事	陳　屋	工友總聯盟成員、臺北市參議員
理事	李仁貴	臺北市參議員
理事	陳　炘	文協幹部、大公公司董事長
理事	施江南	醫生
理事	陳旺成	民眾黨幹部、民報主筆、臺灣省候補參議員
理事	潘欽信	舊臺共幹部、《自由報》記者
常務監事	周井田	工友總聯盟幹部、光復出版社社長
常務監事	李振芳	新文協幹部
常務監事	陳廷章	民眾黨幹部

資料來源：作者整理自何義麟，＜臺灣省政治建設協會與二二八事件＞，收入張炎憲等編，《二二八事件研究論文集》（臺北：吳三連臺灣史料基金會，一九九八），頁一七五。臺灣總督府警務局編，《臺灣總督府警察沿革誌第二編領臺の治安狀況（中卷）：臺灣社會運動史》（東京：龍溪書舍，一九七三，復刻版）。

參加，張邦傑時任長官公署參議，至一九四六年一月舉行「臺灣民眾協會」成立大會，張邦傑為主任委員。[180]

由於臺灣民眾協會會員眾多，約數萬人，多為日治時期臺灣民眾黨分子，甚為活躍，引起長官公署的注意，欲將之解散。省黨部主委李翼中乃命省黨部委員林紫貴、徐白光與蔣渭川商議，將該團體改組為「臺灣省政治建設協會」，並將張邦傑驅逐出境。[181]

從臺灣民眾協會改組為臺灣省政治建設協會，前者吸納了從右到左的諸抗日團體活躍分子，後者則以臺灣民眾黨及工友總聯盟幹部為主體，左翼人士相對淡出。而且，協會更名改組的過程，臺灣省黨部介入甚深。據蔣渭川指出，臺灣省政治建設協會可以說是在省黨部指導下所組成，該會十七個地方分會，幹部皆是國民黨員，[182]與省黨部關係之緊密可見一斑。

臺灣省政治建設協會成立後與長官公署關係緊張，「因要協助政府使政治明朗化，建設臺灣為模範省，不期大失所望。而長官深居公署，被人包圍，不易接見民眾，無從進言的機會，因此無法糾正，乃以書面建議，終鮮具效，惟有以報紙攻擊，或開演講會攻擊政治上之缺陷，及痛罵貪官汙吏的舞弊橫行，以期大加改革。」[183]一九四六年十二月，蔣渭川終於因為以臺北市商會理事長身分發表演說，抨擊民政處大小官吏貪汙，而被長官公署以妨害秩序之名向法院提出告訴。後來以蔣渭川出具悔過書認錯了事。[184]

如上所述，戰後國民黨政府統治模式進入臺灣。特務機關保密局最早進入臺灣，在各地建立調查站、密布眼線，並配合警備總部、警務處、各地警察局進行社會控制。特務機關將共產黨、親日派視為「國家」的敵人，早在二二八事件前已經建立起種種黑名單，進行監視。

其次，國民黨內各派系進入臺灣，爭奪資源，發展勢力，臺灣政治生態逐漸發生變化，朝野對抗態勢形成。統治集團方面以長官公署為主，由陳儀治閩班底、軍統、孔宋系統及半山人士所組成，其中，陳儀班底主宰政治、軍統掌軍警、孔宋系統主財經，而半山人士則具有樣板作用。另方面，CC派與三民主義青年團未取得有力職位，乃積極發展組織，結合民間力量，擴大勢力範圍。CC派以國民黨臺灣省黨部為根據地爭奪日產、吸收黨員，並扶植民間團體臺灣省政治建設協會；三民主義青年團最早進入臺灣，成員多為日治時期左翼抗日人士，在各地設立分支。CC派與青年團兩大派系形同在野勢力，吸收在地力量，牽制統治當局。

面對陌生的國民黨政府統治文化及快速變化的戰後政治局面，臺灣菁英或源自種族情感、或基於利益算計，或主動或被動地加入軍統（保密局）、CC派（臺灣省黨部）、三民主義青年團等組織，不知不覺中被收編進政治派系，捲入派系鬥爭之中。而派系政治爭權奪利，形塑出高度緊張、衝突性質的政治環境，一旦危機事件爆發，不易彌平；甚至，派系人馬趁勢大扯後腿、煽風點火、打擊對手，無疑是二二八事件擴大蔓延、株連眾多的重要原因。

注釋：

1 吳濁流，《無花果》（臺北：前衛，一九八八），頁一七一。

2 杜聰明，《回憶錄之臺灣首位醫學博士：杜聰明》（臺北：龍文，二〇〇一），頁一七九。

3 李筱峰，《解讀二二八》（臺北：玉山社，一九九八），頁五八—八〇。

4 陳逸松口述、林忠勝撰述，《陳逸松回憶錄》（臺北：前衛，一九九四），頁三〇〇。

5 〈黃昭明〉，軍事委員會侍從室檔案，編號：38410，國史館藏。一九四五年八月底黃昭明以軍統少校組長身分抵臺，他在人事調查表中自稱自一九四三年八月一日至一九四六年八月三十一日是軍統局臺灣組組長。但另有一說指黃昭明原是共產黨員，在福建漳浦發展組織，一九二七年四月國民黨清共時無法容身，曾逃到馬來西亞躲藏，一九三〇年回到廈門，被廈門特種警察局逮捕，警察局偵緝室主任連謀與他為同學、舊識，經連謀介紹加入軍統局，在廣州等地從事情報工作。一九四二年黃昭明與翁俊明於香港相遇，介紹翁認識軍統局負責人戴笠，進而成立直屬臺灣組，翁俊明為組長、黃昭明為副組長。喬家才，〈臺灣情報戰線兩大明星黃昭明與翁俊明〉，《中外雜誌》二九：三（一九八一年三月），頁六二—六六。

6 〈黃澄淵〉，軍事委員會侍從室檔案，編號：15991，國史館藏。

7 SSU, Formosa Reports, 19-21 Sept. 1945, RG226, Records of the Office of Strategic Services, Entry 173, Box12, in NARA.

8 Formosa Intelligence, RG226, Records of the Office of Strategic Services, Entry 140, Box49, in NARA.

9 陳逸松口述、林忠勝撰述，《陳逸松回憶錄》，頁三〇〇。

10 〈三民主義青年團臺北分團籌備處主任陳逸松到職通報案〉，《各機關主管接篆視事》，臺灣省行政長官公署檔案，典藏號：00301300008004，國史館臺灣文獻館藏。

11 謝聰敏，〈二二八事變——二二八事變中的黨政關係〉，收入謝聰敏，《黑道治天下及其他》（臺北：謝聰敏國會辦公室，一九九二），頁一四八。

12 陳逸松口述、林忠勝撰述，《陳逸松回憶錄》，頁二〇二。

13 〈陳達元〉，軍事委員會侍從室檔案，編號：09328，國史館藏。

14 陳文惠，〈陳逸松二三事（上）：一九四五至一九七二之紀事〉，《傳記文學》九九：五（二〇一一年十一月），頁十二。

15 許雪姬訪問，〈李曉芳先生訪問紀錄〉，《口述歷史》第三期（一九九二年二月），頁十七。吳新榮，《吳新榮回憶錄》（臺北：前衛，一九八九），頁一八九—一九〇。

16 〈三民主義青年團　全島的に組織進捗す〉，《臺灣新報》，一九四五年九月二十九日，二版。

17 SSU, A Report on Formosa(Taiwan): Japanese Intelligence and Related Subjects, RG59, Department of State Decimal File 1945-1949, Box7358, in NARA.

18 吳新榮，《吳新榮回憶錄》，頁一九一。
19 吳濁流，《無花果》，頁一六〇。
20 〈三民主義を標榜　臺灣學生聯盟組織〉，《臺灣新報》，一九四五年九月二十九日，二版。
21 〈同胞相搏つの愚　即刻に是正せよ〉，《臺灣新報》，一九四五年十月一日，四版。
22 莊嘉農（蘇新），《憤怒的臺灣》（臺北：時報，一九九三），頁一一七。
23 Major General Lien Mou, RG226, Box26，《美國國家檔案暨文件署臺灣政經情勢》，檔號：1893/0001/001/001/021，檔案管理局藏。
24 連謀，福建惠安人，一九〇六年生。十九歲考入黃埔軍校第四期，兩年後結業，曾任國民革命軍排長、連長、營長、團長等職，一九二九年協助中國國民黨惠安縣黨部清黨；一九三二年任軍統局廈門站站長；一九三五年任軍統局隊長、中央訓練團副組長；一九四四年任財政部川康緝私處兼軍統局督察室主任。〈連謀先生傳略〉，收入國史館編，《國史館現藏民國人物傳記史料彙編第二十六輯》（臺北：國史館，二〇〇六），頁三一〇—三一二。
25 〈連謀呈報遊民取締並組織義勇糾察隊報告〉，《組織義勇糾察隊》，典藏號：00313200003001，臺灣省行政長官公署檔案，國史館臺灣文獻館藏。
26 〈高雄市市長連謀派代案〉，《縣市長任免（七七〇）》，典藏號：00303231013010，臺灣省行政長官公署檔案，國史館臺灣文獻館藏。
27 邵毓麟，《勝利前後》（臺北：傳記文學，一九八四），頁一〇五。
28 李翼中，〈帽簷述事〉，收入中研院近史所編，《二二八事件資料選輯（二）》（臺北：中研院近史所，一九九二），頁四〇一。
29 Formosa Intelligence, RG226, Records of the Office of Strategic Services, Entry 140, Box49, in NARA.
30 Suzuki Gengo to George H. Kerr，GK-001-0002-070，葛超智檔案，臺北二二八紀念館藏。
31 〈三民主義青年團員　要經嚴密考核〉，《臺灣新生報》，一九四五年十一月十三日，二版。
32 〈各集團隊整理中　青年團停止活動〉，《民報》，一九四五年十一月十四日，一版。
33 〈告臺灣青年〉，《民報》，一九四五年十二月二日，一版。
34 近藤正己著、林詩庭譯，《總力戰與臺灣：日本殖民地的崩潰（下）》（臺北：臺大出版中心，二〇一四），頁四三八—四八四。
35 賴澤涵等訪問，〈嚴秀峰女士訪問記錄〉，《口述歷史》第四期（一九九三年二月），頁一一五。王曉波，〈李友邦與臺灣義勇隊初探〉，收入王曉波，《臺灣史與臺灣人》（臺北：東大，一九八八），頁一〇七—一〇八。
36 〈活用戰時的苦楚　邁進建設新臺灣〉，《民報》，一九四六年二月八日，二版。
37 〈三民主義青年團　籌備慶祝青年節〉，《臺灣新生報》，一九四六年三月十五日，三版。
38 李友邦，〈一年來臺灣團務之回顧——為光復週年紀念〉，《人民導報》，一九四六年十月二十五日，四版。

39 〈黃朝琴簽呈〉，《組織義勇糾察隊》，檔號：0034/474/1758/1/009，檔案管理局藏。

40 〈黃朝琴簽呈〉，《組織義勇糾察隊》，檔號：0034/474/1758/1/009，檔案管理局藏。

41 〈臺北市政府安插義勇糾察隊辦法案一〉，《組織義勇糾察隊》，臺灣省行政長官公署檔案，檔號：474/1758，國史館藏。

42 〈安插義勇糾察隊辦法經分別核示電希轉飭遵照由〉，《組織義勇糾察隊》，臺灣省行政長官公署檔案，檔號：474/1758，國史館藏。

43 富澤繁，《臺灣終戰祕史：日本植民地時代とその終焉》（東京：いずみ書房，一九八四），頁一〇一—一〇二。唐賢龍，《臺灣事變內幕記》（北京：九州，二〇〇四，復刻版），頁九四—九五。

44 唐賢龍，《臺灣事變內幕記》，頁九四—九五。

45 梁辛仁，〈我們對不起臺灣〉，收入李敖編著，《二二八研究續集》（臺北：李敖，一九八九），頁十三。

46 富澤繁，《臺灣終戰祕史：日本植民地時代とその終焉》，頁一〇二。

47 國史館編，〈陳達元先生行狀〉，收入國史館編印，《國史館現藏民國人物傳記史料彙編第二輯》（臺北：國史館，一九八九），頁三八三—三八七。

48 〈第二處第二科卅五年度工作計畫實施進度第一季檢討表〉，《卅五年度本局工作計畫》，國防部軍事情報局檔案，典藏號：148-010400-0001，國史館藏。

49 國防部情報局編，《國防部情報局史要彙編（上冊）》（臺北：國防部情報局，一九六二），頁十九—二四。

50 內政部警政署，〈蔡蘭枝先生「二二八事件」回憶資料〉，收入侯坤宏、許進發編，《二二八事件檔案彙編（九）》（臺北：國史館，二〇〇二），頁二三一。

51 國防部情報局，《國防部情報局史要彙編（上冊）》，頁二—四。

52 林正慧，〈二二八事件中的保密局〉，《臺灣史研究》二一：三（二〇一四年九月），頁一—六四。

53 許德輝所組織之互正公司，據忠義服務隊副隊長廖德雄所言，是一「無盡會社」，在今蓬萊國小對面，寧夏路五四—五八號，正是後來忠義服務隊地方流氓成員聚集之處。互正公司全名為「臺灣互正公司」，乃一合會儲蓄公司，由許德輝、鄭鴻源所組織，陳逢源也有投資，並被選為常務董事。但後來該公司因兼營地下錢莊倒閉，依據財政處頒布之〈合會儲蓄業管理規則〉，和臺北地區的合會合併，一九四八年重新組織「臺北區合會儲蓄公司」，陳逢源出任董事長。參見張炎憲等訪問，〈廖德雄先生訪問紀錄〉，收入張炎憲等採訪記錄，《臺北都會二二八》（臺北：吳三連臺灣史料基金會，一九九六），頁八七。王世慶，〈陳逢源先生訪問紀錄〉，收入黃富三等編，《近現代臺灣口述歷史》（板橋：林本源基金會，一九九一），頁一六三。

54 許德輝，〈臺灣二二八事件反間工作報告書〉，已收入侯坤宏、許進發編，《二二八事件檔案彙編（十六）》（臺北：國史館，二〇〇四），頁一九九—二〇八。〇表示原稿字跡無法辨識。

55 唐賢龍，《臺灣事變內幕記》，頁四二二。
56 朱浤源訪問，〈王雲青先生訪問紀錄〉，《口述歷史》第四期（一九九三年二月），頁二三。
57 〈「拂塵專案資料」——陳愷先生提供二二八事件發生前後臺北地區之政情與社會民心狀況追憶〉，收入侯坤宏、許進發編，《二二八事件檔案彙編（十六）》，頁二一〇—二一四。
58 黃康永口述、匡垣整理，〈國民黨軍統組織消長始末（七）〉，《檔案與史學》二〇〇二：一（二〇〇二年二月），頁六三。黃康永口述、匡垣整理，〈國民黨軍統組織消長始末（十）〉，《檔案與史學》二〇〇二：四（二〇〇二年八月），頁五九。
59 臺灣省保安司令部編，《臺灣省保安司令部八年工作概況》（臺北：臺灣省保安司令部，一九五七），頁十—十一。
60 臺灣省警備總司令部編，《臺灣省警備總司令部週年工作概況報告書》（臺北：臺灣省警備總司令部，一九四六），頁九一—九三。
61 〈飭令嚴密注意防（有）關範東南奸匪赴臺徵求同志建立臺灣根據地〉，《防範異黨卷》，檔號：0035/192.5/1/1/012，檔案管理局藏。
62 〈奸偽直屬臺灣工作團團長章埱奉命潛入臺灣〉，《防範異黨卷》，檔號：0035/192.5/1/1/024，檔案管理局藏。
63 豫審制是戰前日本仿效法國的刑事訴訟程序，檢察官起訴後，先由豫審法官對該案件搜集及保全相關證據，並決定是否送交法院審判，是一種在法院審判前進行審理的程序。法院審判時法官還是可以調查證據。此制與我國仿效的德式刑事訴訟程序不同，無法對應翻譯。感謝清華大學法律研究所陳宛妤教授、臺灣師範大學公領系劉恆妏教授之諮詢協助。
64 〈據呈報共產黨分子名冊一份〉，《防範異黨卷》，檔號：0035/192.5/1/1/013，檔案管理局藏。
65 〈奸黨在臺活動情形希飭屬切實偵防具報〉，《防範異黨卷》，檔號：0035/192.5/1/2/015，檔案管理局藏。
66 〈中共對臺灣之陰謀策略暨防制奸偽應注意事項〉，《奸偽活動卷（三五—三七）》，檔號：0035/17-7/020/001/011，檔案管理局藏。
67 〈中共對臺灣之陰謀策略暨防制奸偽應注意事項〉，《奸偽活動卷（三五—三七）》，檔號：0035/17-7/020/001/011，檔案管理局藏。
68 〈各縣市奸黨分子調查表〉，《各縣市奸黨分子調查》，檔號：36/0019/36/1/001，檔案管理局藏。
69 據中共省工委會黨員吳克泰稱，他於一九四六年三月返臺，七月中有一自稱姓陳的人士前來聯繫，這位他稱為「老陳」的共黨分子，並非張志忠、也非洪幼樵，是否即「陳潔」？此人真名為何？仍待查證。參吳克泰，《吳克泰回憶錄》（臺北：人間，二〇〇二），頁一六五、二一三、二一七。
70 〈各縣市奸黨分子調查表〉，《各縣市奸黨分子調查》，檔號：36/0019/36/1/001，檔案管理局藏。
71 Chinese Tai Li Report on Formosa，《美國國家檔案暨文件署臺灣政經情勢》，檔號：1893/0001/001/001/010，檔案管理局藏。
72 Chinese Tai Li Report on Formosa，《美國國家檔案暨文件署臺灣政經情勢》，檔號：1893/0001/001/001/010，檔案管理局藏。
73 陳翠蓮，〈臺灣戰後初期的「歷史清算」（一九四五—一九四七）〉，《臺大歷史學報》第五八期（二〇一六年十二月），頁二三五—二三八。

74 郭緒印主編，《國民黨派系鬥爭史（下）》（臺北：桂冠，一九九三），頁六一一—六一二。

75 孟真，〈中統與我〉，《傳記文學》六一：三（一九九二年九月），頁四三。張國棟，〈細說中統局（上）〉，《傳記文學》五五：二（一九八九年八月），頁六八。王禹廷，〈中國調統機構之創始及其經過——專訪中國調統機構創始人陳立夫先生〉，《傳記文學》六〇：六（一九九二年六月），頁三〇—三四。

76 傳記文學編輯部，〈中統局軍統局重要演變及其負責人名錄第一部分：中統局〉，《傳記文學》六一：六（一九九二年十二月），頁一二七—一三三。

77 郭緒印主編，《國民黨派系鬥爭史（下）》，頁六一一。

78 張國棟，〈細說中統局（上）〉，頁六九。

79 何廉，〈簡述國民黨的派系——何廉回憶錄之七〉，《傳記文學》六二：六（一九九三年六月），頁八七。

80 何廉，〈負責起草戰後經濟計畫——何廉回憶錄之八〉，《傳記文學》六三：二（一九九三年八月），頁八七。

81 張國棟，〈細說中統局（下）〉，《傳記文學》五五：四（一九八九年十月），頁一一八—一二〇。

82 章微寒，〈戴笠與龐大的軍統組織〉，收錄於徐恩曾等著，《細說中統軍統》（臺北：傳記文學，一九九二），頁二八二—二八三。復興社之上又有革命軍人同志會、革命青年同志會兩個組織，最上層則是三民主義力行社，力行社成員前後不超過三百人，亦即精銳分子的組合。鄧元忠，《國民黨核心組織真相：力行社、復興社暨所謂藍衣社的演變與成長》（臺北：聯經，二〇〇〇），頁六三—九〇。鄧文忠為國立師範大學歷史學系教授，復興社核心成員鄧文儀長子。

83 編輯部，〈中統局軍統局重要演變及其負責人名錄第二部分：軍統局〉，《傳記文學》六二：一（一九九三年一月），頁一一三。

84 趙毓麟，〈中統點將錄〉，《傳記文學》五六：六（一九九〇年六月），頁一一九。

85 郭緒印主編，《國民黨派系鬥爭史（下）》，頁六一一。

86 鄧葆光，〈我與軍統〉，《傳記文學》六一：四（一九九二年十月），頁七三—七五。

87 沈醉，《我所知道的軍統內幕》（臺北：出版年代及資料不詳），頁二三九—二四一。

88 邵毓麟，《勝利前後》，頁七四—八三。

89 康澤，〈三民主義青年團成立的經過——康澤回憶錄之二〉，《傳記文學》五九：五（一九九一年十一月），頁二一。〈簡述國民黨的派系——何廉回憶錄之七〉，頁八三—八四。

90 康澤，〈蔣介石培植經國迫我離開——康澤回憶錄之五〉，《傳記文學》六〇：二（一九九二年二月），頁五九。郭緒印主編，《國民黨派系鬥爭史（下）》，頁六四六—六四八。

91 程思遠，《政海祕辛》（臺北：李敖，一九八九），頁二五一—二五三。

92 何廉，〈簡述國民黨的派系——何廉回憶錄之七〉，頁八八。

93 唐德剛，〈政學系探源〉，《傳記文學》六三：六（一九九三年十二月），頁二一—二八。

94 何廉，〈簡述國民黨的派系——何廉回憶錄之七〉，頁八八。郭緒印主編，《國民黨派系鬥爭史（下）》，頁六二八。

95 郭緒印主編，《國民黨派系鬥爭史（下）》，頁六二八—六三〇。

96 唐德剛，〈政學系探源〉，頁三〇。

97 柯博文（P. M. Coble Jr.）著、蔡靜儀譯，《金權與政權：江浙財團與國民政府》（臺北：風雲論壇，一九九一），頁七四—八八。吳景平，〈宋子文政壇浮沉錄〉，《傳記文學》六一：五（一九九二年十一月），頁三五—三八。

98 柯博文（P. M. Coble Jr.）著、蔡靜儀譯，《金權與政權：江浙財團與國民政府》，頁一五一—一六六。吳景平，〈宋子文政壇浮沉錄〉，頁三八。

99 譚光，〈孔祥熙集團與令侃令偉兄妹〉，《傳記文學》六一：四（一九九二年十月），頁十五—二三。

100 傅孟真，〈這樣子的宋子文非走開不可〉，《觀察》二：一（一九四七年三月），頁二五。錢昌照，〈資源委員會始末記〉，《傳記文學》六四：一（一九九四年一月），頁七七—七九。

101 陳文瑛，〈陳儀早期經歷〉，收入李敖編著，《二二八研究三集》（臺北：李敖，一九八九），頁二—四。

102 葛敬恩，〈大革命時期的陳儀〉，收入李敖編著，《二二八研究三集》，頁八—十。

103 有關陳儀治閩之功過評價可參考賴澤涵，〈陳儀與閩、臺、浙三省省政（一九二六—一九四九）〉，收入中華民國建國八十年學術討論集編輯委員會編，《中華民國建國八十年學術討論集第四冊：社會經濟史》（臺北：近代中國，一九九一年），頁二三二—三五六。賴澤涵，〈陳儀在閩、臺的施政措施〉，《中國論壇》三一：五（一九九一年二月），頁二七—三一。戴國煇，《愛憎二·二八》（臺北：遠流，一九九二），頁六一—一〇四。

104 錢履周，〈陳儀主閩事略〉，收入李敖編著，《二二八研究三集》，頁四二—四五。

105 〈陳儀與招商局總經理徐學禹來往電文〉，收入陳興唐主編，《臺灣「二·二八」事件檔案史料（上卷）》（臺北：人間，一九九二），頁一六三—一六七。

106 錢履周，〈陳儀主閩事略〉，頁五〇—五一。

107 錢履周，〈陳儀主閩事略〉，頁五四。

108 余鐘民，〈陳儀槍殺張超的前前後後〉，收入李敖編著，《二二八研究三集》，頁五七—七二。

109 高塏，〈陳儀與福建省人事制度〉，收入李敖編著，《二二八研究三集》，頁一一〇。

110 陳嘉庚，《南僑回憶錄（下）》（臺北：陳嘉庚國際學會，一九九三），頁三九二—三九三。

111 〈中央設計局臺灣調查委員會一年來工作大事記〉，收入張瑞成編，《光復臺灣之籌劃與受降接收》（臺北：中國國民黨黨史會，一九九〇），頁四四—四七。
112 錢履周，〈陳儀主閩事略〉，頁四六。
113 臺灣省文獻委員會編，《臺灣省通志卷十：光復志》（南投：臺灣省文獻委員會，一九七〇），頁十六—十七。
114 周一鶚，〈陳儀在臺灣〉，收入李敖編著，《二二八研究三集》，頁一五四。
115 沈雲龍，〈陳儀其人與二二八事變〉，《傳記文學》五四：二（一九八九年二月），頁五八。陳三井等訪問，《林衡道先生訪問紀錄》（臺北：中研院近史所，一九九二），頁八一。
116 賴澤涵等著、羅珞珈譯，《悲劇性的開端——臺灣二二八事變》（臺北：時報，一九九三年），頁一一三。
117 戴國煇著，魏廷朝譯，《臺灣總體相——人間、歷史、心性》（臺北：遠流，一九八九），頁一〇二—一〇三。
118 謝聰敏，〈二二八事變研究——二二八事變中的黨政關係〉，收入謝聰敏，《黑道治天下及其他》（臺北：謝聰敏國會辦公室出版，一九九三），頁一五三。
119 李宣鋒訪問，〈范誦堯先生口述紀錄〉，收入李宣鋒等編，《二二八事件文獻補錄》（南投：臺灣省文獻委員會，一九九四），頁一一七。
120 陳三井等訪問，《林衡道先生訪問紀錄》，頁八一。
121 薛月順編，《臺灣省政府檔案史料彙編：臺灣省行政長官公署時期（一）》（臺北：國史館，一九九六），頁三九—四二。
122 沈雲龍，〈陳儀其人與二二八事變〉，頁五八。沈雲龍，〈初到臺灣〉，《傳記文學》五一：六（一九八七年十二月），頁六六。
123 《臺灣省接收委員會日產處理委員會結束總報告》（臺北：臺灣省接收委員會日產處理委員會，一九四七），頁五〇。
124 薛月順編，《臺灣省政府檔案史料彙編：臺灣省行政長官公署時期（一）》，頁四三—四四。
125 何漢文，〈臺灣二二八起義見聞紀略〉，收入李敖編著，《二二八研究三集》，頁一一三。
126 陳三井等訪問，〈二二八事變的回憶——林衡道先生訪問紀錄〉，《口述歷史》第二期（一九九一年二月），頁二〇九。
127 胡允恭，〈臺灣二二八事件真相〉，收入李敖編，《二二八研究續集》，頁三一。
128 〈國防最高委員會常務會議「檢舉臺灣專賣局長任維鈞案」〉，一九四七年四月，中國國民黨史會檔案，中研院近史所檔案館藏。
129 李宣鋒訪問，〈范誦堯先生口述紀錄〉，收入李宣鋒等編，《二二八事件文獻補錄》，頁一一三—一一四。
130 張紹乾，〈張慕陶將軍百年冥誕誌文〉，《湖北文獻》第一四六期（二〇〇三年一月），頁四六—四七。
131 于國勳，〈關於所謂「復興社」的真實性〉，收入徐恩曾等著，《細說中統軍統》，頁三六一—三六五。
132 錢履周，〈陳儀主閩事略〉，頁五四。
133 周一鶚，〈陳儀在臺灣〉，頁一五九。

134 周一鶚，〈陳儀在臺灣〉，頁一五九—一六〇。

135 葛敬恩，〈接收臺灣紀略〉，收入李敖編著，《二二八研究三集》，頁一六八。

136 沈雲龍，〈陳儀其人與二二八事變〉，頁五八。

137 嚴演存，《早年之臺灣》（臺北：時報，一九九一），頁十四—十六。

138 沈雲龍，〈陳儀其人與二二八事變〉，頁五八。

139 周一鶚，〈陳儀在臺灣〉，頁一五八。

140 〈三民主義青年團　籌備慶祝青年節〉，《臺灣新生報》，一九四六年三月十五日，三版。

141 吳新榮，《吳新榮回憶錄》，頁一八八。

142 何鳳嬌編，《政府接收臺灣史料彙編（上冊）》（臺北：國史館，一九九〇），頁一六五—一六六。

143 Political and Social Conditions Taiwan, 894A.00/8-1246, Department of State Decimal File 1945-1949, RG59, Box7385, in NARA. Political and Social Conditions and Personalities and Group Interests on Taiwan, 894A.00/9-1446, Department of State Decimal File 1945-1949, RG59, Box7385, in NARA.

144 可參張瑞成編，《臺籍志士在祖國的復臺努力》（臺北：中國國民黨黨史會，一九九〇）。

145 徐瓊二，〈黃朝琴論〉，收入徐瓊二，《臺灣の現實を語る》（臺北：大成企業局出版部，一九四六），頁五四—五五。司法行政部調查局，〈臺灣地方派系調查專報〉，財團法人吳三連臺灣史料中心藏。謝德錫，〈第一位臺灣省議會議長——黃朝琴〉，收入張炎憲等編，《臺灣近代名人誌第一冊》（臺北：自立晚報社，一九八八），頁一七五。

146 李翼中，〈帽簷述事〉，頁四〇四。戴國煇，《愛憎二·二八》，頁一六九—一七〇。

147 徐瓊二，〈黃朝琴論〉，頁五五—五六。謝錫德，〈第一位臺灣省議會議長—黃朝琴〉，頁一七五。

148 吳濁流，《臺灣連翹》（臺北：前衛，一九八八），頁一六七—一六八。

149 徐瓊二，〈黃朝琴論〉，頁五七。

150 謝德錫，〈臺灣觀光之父——游彌堅〉，收入張炎憲等編，《臺灣近代名人誌第一冊》，頁一五一—一五四。

151 司法行政部調查局，〈臺灣地方派系調查專報〉，頁四。

152 徐瓊二，〈游彌堅論〉，收入徐瓊二，《臺灣の現實を語る》，頁三四—三五。

153 司法行政部調查局，〈臺灣地方派系調查專報〉，頁四。

154 司法行政部調查局，〈臺灣地方派系調查專報〉，頁三。吳濁流，《臺灣連翹》，頁一九五。

155 丁滌生，《中華民國名人傳之四》（臺北：世界文化服務社，一九五七），頁二一九。戴寶村，〈毀譽參半的「了然居士」——劉啟光〉，收入張炎憲等編，《臺灣近代名人誌第四冊》（臺北：自立晚報社，一九八八），頁二三〇—二三四。

156 蔣渭川，〈二二八事件與臺灣省政治建設協會之關係〉，中國國民黨黨史會檔案，中研院近史所檔案館藏。

157 吳濁流，《臺灣連翹》，頁一九六。

158 司法行政部調查局，〈臺灣地方派系調查專報〉，頁二。

159 吳濁流，《臺灣連翹》，頁一八九—一九〇。

160 蘇新，《未歸的臺共鬥魂——蘇新自傳與文集》（臺北：時報，一九九三），頁六〇—六二。

161 〈為資省政府施策　組成建設協進會〉，《民報》，一九四五年十月三十日，二版。

162 蘇新，《憤怒的臺灣》，頁一一四—一一五。〈人民協會臺北支部　昨日盛舉發會式〉，《民報》，一九四五年十一月十八日，二版。

163 蘇新，《憤怒的臺灣》，頁一一六。

164 《臺灣省行政長官公署公報》一：一（一九四五年十二月一日），頁四。〈行政長官公署制定　人民團體組織辦法〉，《臺灣新生報》，一九四五年十一月十八日，二版。

165 〈整訓本省人民團體　民政處報告目前之情形〉，《臺灣新生報》，一九四六年一月十九日，三版。

166 梁辛仁，〈我們對不起臺灣〉，《新聞天地》第二三期（一九四七年四月一日），頁一。本刊特約記者，〈隨時可以發生暴動的臺灣局面〉，《觀察》二：二（一九四七年三月一日），頁十八。

167 鄭梓，〈試探戰後初期國府之治臺策略—以用人政策與省籍歧視為中心的討論〉，收入二二八民間研究小組，《二二八學術研討會論文集》（臺北：二二八民間研究小組，一九九二），頁二五六。

168 臺灣省行政長官公署人事室編，《臺灣一年來之人事行政》（臺北：臺灣省行政長官公署人事室，一九四六），頁七—八。

169 李翼中，〈帽簷述事〉，頁三九九—四〇〇。

170 〈逮捕漢奸嫌疑者　四十一人被拘禁〉，《民報》，一九四六年二月二十五日，二版。

171 丘念台，《嶺海微飆》（臺北：中華日報，一九七六），頁二五一。

172 林獻堂著、許雪姬編，《灌園先生日記（十八）一九四六年》（臺北：中研院臺史所，二〇一〇），頁六六—六八。

173 葉榮鐘，〈臺灣省光復前後的回憶〉，收入葉榮鐘，《臺灣人物群像》（臺北：時報，一九九五），頁四二三—四二四。

174 可參陳翠蓮，〈戰後初期臺灣政治結社與政治生態〉，收入曹永和先生八十壽慶論文集編輯委員會編，《曹永和先生八十壽慶論文集》（臺北：樂學，二〇〇一），頁二八九—三二七。

175 劉達梅，〈臺灣省黨部素描（上）、（下）〉，《民報》，一九四五年十二月十五、十六日，二版。

176 吳新榮，《吳新榮回憶錄》，頁一九一。

177 張榮宗，〈讀蔡培火的「敗戰記」〉，《人民導報》，一九四五年八月二十六日，二版。

178 〈臺灣省黨部委員蔡培火報告〉，收入魏永竹主編《二二八事件文獻續錄》（南投：臺灣省文獻委員會，一九九二），頁三六六—三六七。

179 〈臺灣省黨部委員蔡培火報告〉，頁三六七—三六八。

180 蔣渭川，〈二二八事件與臺灣省政治建設協會之關係〉，頁五，中國國民黨黨史會檔案，中研院近史所檔案館藏。

181 李翼中，〈帽簷述事〉，頁四〇〇。

182 蔣渭川，〈二二八事件與臺灣省政治建設協會之關係〉，頁六。

183 蔣渭川，〈二二八事件與臺灣省政治建設協會之關係〉，頁六。

184 蔣渭川遺稿，《二二八事變始末記》（臺北：蔣氏家屬自印，一九九一），頁六七。

第四章 二二八事件分析

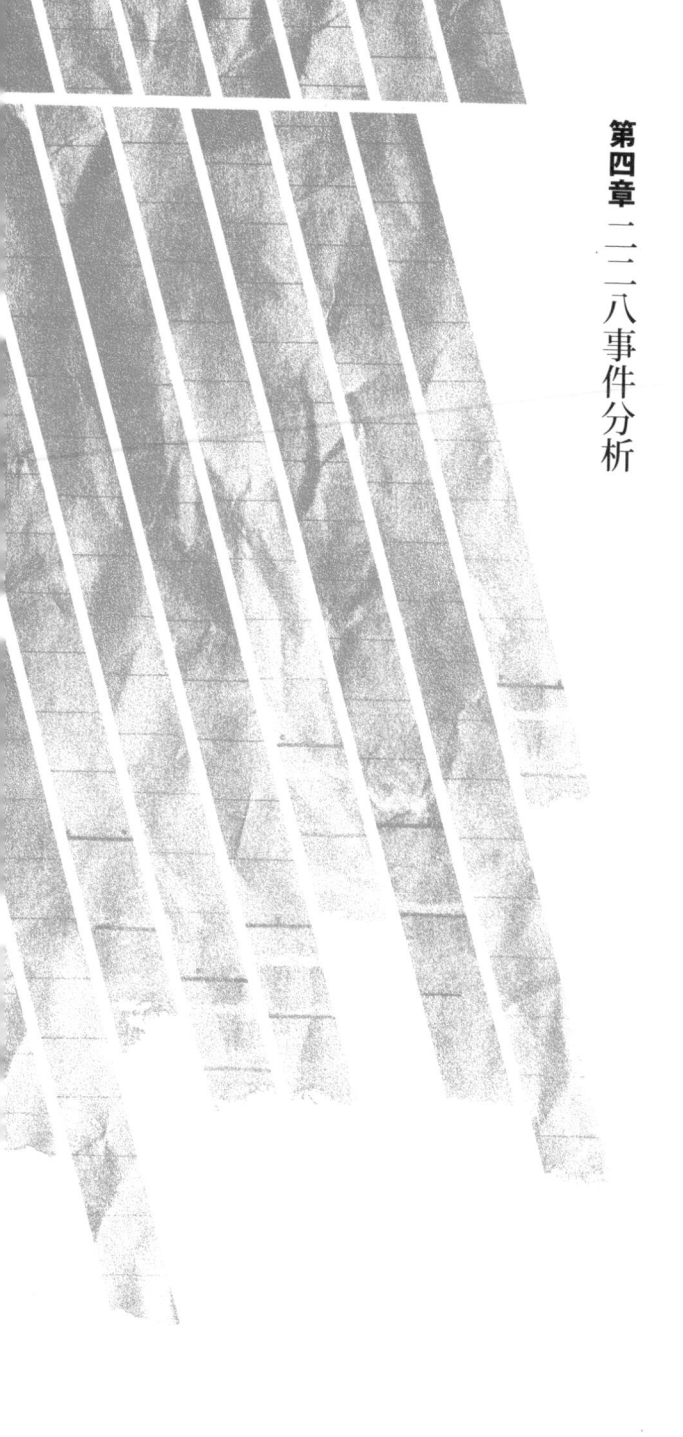

中國統治一年多之後，在經濟惡化、民生凋敝、貪汙橫行等情況下，臺灣社會早已蓄積嚴重的不滿情緒，官民衝突、流血事件時有所聞。在不斷累積的不安氣氛中，一九四七年二月二十七日又爆發了查緝私菸的警民流血衝突，在幾天之內迅速擴大，蔓延全島各縣市，即一般所稱的二二八事件。

二二八事件是在占領體制下爆發的民變，但臺灣民眾並無此認知。本章將探討二二八事件的經過，處理委員會的組成與改組、定位與功能，事件中談判者與抵抗者背景、事件本質與訴求，並釐清共產黨在事件中的角色。

第一節　二二八事件爆發經過

一九四七年二月二十七日下午二時，專賣局接獲線民陳朝濱密報，指有載運私菸船隻一艘、私運香菸五十五箱在淡水起貨，專賣局業務委員會第四組組長楊子才命專賣員葉德根、傅學通、盛鐵夫、鍾延洲、劉超群、趙子健等六人，會同警察大隊四名警員，及密報人陳朝濱、司機一名與孩童一人，一行十三人共乘專賣局卡車前往淡水查緝，但僅查到九條香菸。因私菸通常白天在臺北後車站發售，夜間則集於天馬茶房附近，所以晚上七時半左右，葉德根等人又至太平町（今延平北路一帶）天馬茶房附近查緝私菸，到達後即分頭搜捕，發現私菸一、二千包。[1] 菸販見狀紛紛逃散。

但女販林江邁因逃避不及，被當場查獲，所有紙菸和販售所得現款六千餘元悉數被奪一空。林江邁哭著向緝查員求情，訴說她的苦境，懇求緝查員網開一面，說著說著雙腳跪地哭嚎起來。路旁圍觀民眾愈聚愈多，林江邁仍不放棄，葉德根隨手以短槍敲擊其頭部，使她頭破血流、昏倒在地。[2]在場民眾眼見緝查員行為橫暴，遂聚攏包圍、高聲喊打，緝查員見狀分頭逃竄，民眾則尾隨追趕。緝查員傅學通跑到永樂町一帶，被追趕者抱住，情急之下掏出手槍發射，擊中路人陳文溪胸部，傅氏乘隙逃脫。[3]此舉引爆民眾怒火，乃回頭放火焚燒緝查員所乘卡車洩恨，並湧至緝查員逃入之建昌派出所（日治時期之港町派出所，今西寧北路派出所），要求交出肇事凶手。[4]

戰後國民政府施政無能，臺灣各處已多次爆發官民衝突，緝菸血案之所以擴大變成全島性的反抗行動，與陳文溪遭槍擊事件、長官公署開槍事件密切相關，這兩個關鍵事件，如同在星火上添加了大量柴薪助燃，終於引爆全島衝突。

一、陳文溪遭槍擊事件

陳文溪遭傅學通拔槍誤擊受傷後，被送到南京西路「洪源火外科醫院」急救，次日傷重不治。[5]陳文溪不是一般小民，當地里長王雲青指出，陳文溪的二哥陳木榮是舊市場（歸綏市場）一帶有名的「頭兄」，他本身則因重聽嚴重、無一技之長，是個無業游民。[6]長官公署新聞室所編《臺灣暴動事件紀實》也指稱陳文溪乃「當地大流氓陳木榮之弟」。[7]緝菸血案次日，以大稻埕流氓為主

4-1《中國生活》大幅報導臺灣二二八事件

來源：臺北二二八紀念館

的群眾敲鑼打鼓、沿街抗議，使得事件難以平息。[8] 中央社於二十八日午夜所發出的參考密電更指出：「昨夜被警員擊斃之陳文溪，係一大流氓之弟，今日暴動之領導中心，即為全市流氓與失業工人，及自內地返臺之臺人所混合組成。」[9]

緝查員傅學通開槍後逃往淡水河第三水門邊的建昌派出所要求保護，憤怒的群眾數百人包圍派出所，要求交出兇手，後來發覺緝查員已被送至警察總局，又湧向市內的警察總局，臺北市警察局長陳松堅慌亂中欲上二樓陽臺講話，卻被群眾怒吼聲打斷，雙方又僵持一陣之後，群眾衝進警局，肇事者已被移送憲兵第四團團部。人群再湧向憲兵第四團團部，此時已是晚上九時許，群眾呼喊交出兇手，聲浪如雷，憲兵第四團團長張慕陶幾次出面疏導規勸無效。因交涉未果，人群遂愈聚愈多，群情鼓譟，徹夜未已。

另有部分群眾也湧至《臺灣新生報》報社，要求該報刊登事件經過，該報代總編輯兼日文版主編吳金鍊出面說明報社立場，表示收到長官公署宣傳委員會命令，禁止各報刊登事件經過。憤怒群眾動手拆毀報社招牌，威脅要燒掉報館，社長李萬居趕到，答應翌日刊登此事，群眾方始散去。次日該報果真違反長官公署命令刊出事變消息，不過僅百字左右而已。[10]

三月三日至五日，陳文溪之兄陳木榮在《臺灣新生報》上連續三天刊登陳文溪將舉行葬式（葬禮）的啟事。[11] 三月八日上午十時舉行葬禮，前往參加致哀的市民達數千人之多，場面浩大。而在事件爆發後，二二八事件處理委員會內部的爭權過程中，陳文溪之兄陳木榮顯然是與蔣渭川站在同一陣線。[12]

二、長官公署開槍事件

二月二十八日清晨，龍山寺、延平北路一帶人山人海，群眾在街頭演說，分頭沿街敲鑼擊鼓，通告全市商店罷市。上午九時許，一大隊民眾高舉各式標語口號，向專賣局臺北分局出發，途經太平町一町目（延平北路）警察派出所時，因黃警長出面制止，遭民眾圍毆，並搗毀派出所玻璃門窗洩恨。隨後就湧向本町（今重慶南路一段）專賣局分局請願，民眾衝入分局，逢人便打、見物便毀，毆斃職員二名，毆傷四人，局裡所有物品全數抛至街上，縱火焚燒，一時之間火光沖天。[13] 十一時左右，民眾湧向南門町的專賣局總局（今重慶南路、南昌路口），憲警已事先戒備，門戶緊閉。民眾轉往專賣局前後任局長任維鈞與陳鶴聲家中，唯任維鈞夫婦事前已逃逸、陳鶴聲人在上海未受殃及，但附近專賣局職員家中大半

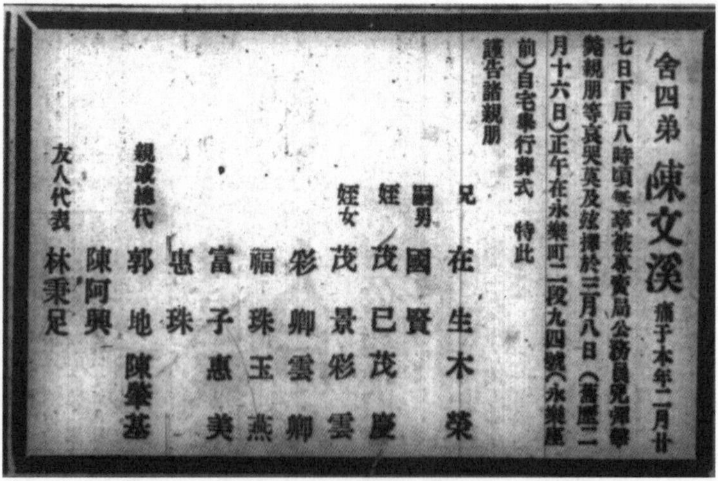

舍四弟 陳文溪 痛于本年二月廿七日下后八時頃[illegible]卒被專賣局公務員兇彈擊斃親朋等哀哭莫及茲擇於三月八日（舊歷二月十六日）正午在永樂町二段九四號（永樂座前）自宅舉行葬式 特此
謹告諸親朋

兄 在生 木榮
嗣男 國賢
姪 茂已 茂慶
姪女 茂景 彩雲
彩卿 雲卿
福珠 玉燕
富子 惠美
惠珠
親戚總代 郭地 陳攀基
陳阿興
友人代表 林秉足

4-2《臺灣新生報》上連續三天刊登陳文溪將舉行葬式的啟事

來源：《臺灣新生報》，一九四七年三月三—五日。

都被搗毀，總局左鄰的南門工廠機器也被破壞。[14]

下午一時許，以鑼鼓為前導的一隊群眾，約四、五百人，高舉旗幟、呼著口號，由臺北火車站前向長官公署前進請願，要求懲凶及撤銷專賣局。長官公署周圍已嚴密部署了武裝部隊，群眾抵達長官公署（今行政院院址），卻被衛兵開槍掃射，民眾四處逃竄，現場多人傷亡。[15]民眾因抗議、請願未成，反遭長官公署開槍射擊，新仇舊恨頓時迸發，臺北市成為恐怖世界。

4-3 二月二十八日的臺北火車站前人群聚集

來源：臺北二二八紀念館

同日，長官公署祕書長葛敬恩向臺北市參議會代表們報告事件情況，誆稱衛兵開槍「是向空中發的，不是向人的」，民眾受傷是因為「槍響時人民自相踏蹈的」。當晚，臺北市參議員謝娥依據葛敬恩這番「長官公署開槍並未打死人」的說詞，對民眾廣播，她並呼籲省民冷靜，不可輕舉妄動，信賴當局的處理。[16]次日上午，憤怒的群眾搗毀謝娥在延平北路所開設的康樂醫院，以報復她昨夜錯誤的廣播。

謝娥是艋舺人，父親謝全在西門町經營餐館，家境富裕。第三高女（今中山女中）畢業後赴日求學，進入東京女子醫學專門學校，一九四二年回到臺灣，在臺北帝國大學附屬醫院（今臺大醫院）第一外科工作，關心公共事務，曾經與好友郭宗清等人因在牆上書寫反日文字，遭日警逮捕下獄，戰後才被釋放。為人熱情好客的謝娥，在太平町（今延平北路）開設康樂醫院，成為政商名流匯聚之處，謝娥並與鄭麗玉等人成立戰後第一個婦女團體臺北市婦女會，一九四六年並當選為唯一的女性臺北市參議員，隨後又當選制憲國民大會代表，是第一位臺籍女性中央民意代表，足見其活躍程度。[17] 二二八事件發生時，謝娥相信官署的說詞，試圖透過廣播安撫民眾，反遭惡名。一九五〇年代，謝娥流亡美國，直至一九八五年，才在接受謝聰敏訪問時表示：「那個時候大家**不知道政府會說謊**，或做不正確的報告。」[18]

4-4 臺北市參議員謝娥廣播長官公署未開槍傷人，遭民眾搗毀醫院洩憤。

來源：高麗鳳總編輯，《臺北人物誌第一冊》。

長官公署衛兵開槍、造成示威民眾更大的傷亡，無異火上加油，請願民眾四散奔逃之後，積壓的憤怒情緒被點燃，省籍矛盾全面爆發。群眾奔向各交通要道、公共場所、旅館商店，看到外省人，不分男女，莫不以拳腳相向、棍棒交加，汽車、卡車上的外省人被拉下毆打，車輛則被推至圓環夜市附近縱火焚燒，全市秩序陷入混亂。外省人經營的公司也成為洩恨的目標，本町（今重慶南路一帶）正華大旅社、表町（今臺北車站前各街道）虎標永安堂首先遭殃，不但門窗玻璃全被砸毀，貨物也被搬出燒毀，榮町（今衡陽路一帶）新臺公司也難逃一劫。外省公務員、憲兵、警察於南門、新公園、車站、榮町、本町、永樂町、太平町、萬華等地紛紛被毒打。[19] 數日之內，外省人頻頻遭受攻擊，據行政長官公署之統計，二二八事件中外省公教人員死亡者三十三人、受傷者八六六人、失蹤者七人。[20]

三、事件的蔓延與稍歇

由於事態迅速擴大，臺北各處陷入混亂，警備總部於二十八日下午三時宣布臺北市臨時戒嚴，武裝軍警乘大卡車在大馬路上巡邏，並不時開槍掃射。民眾則包圍專賣總局、鐵路警察署、交通局等處，和武裝軍警發生衝突，陸續有民眾被射殺。因此，部分人士向官方展開交涉。

但同日下午，臺北民眾聚集到中山公園（今二二八公園）召開群眾大會，占領臺灣廣

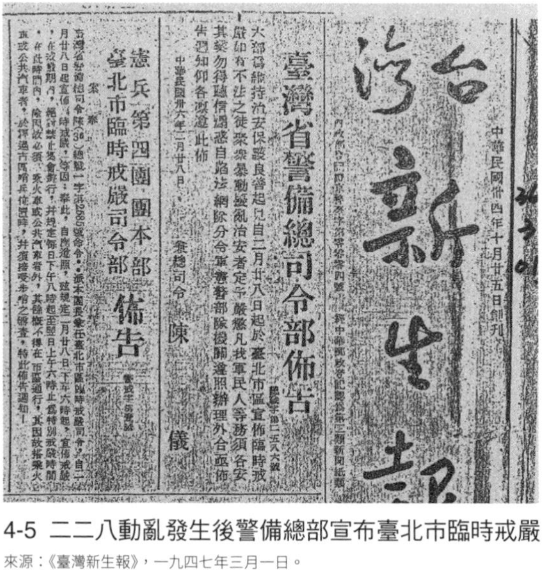
台灣新生報

中華民國卅四年十月廿五日創刊

臺灣省警備總司令部佈告

本部為維持治安保護良善起見自二月廿八日起於臺北市區宣佈臨時戒嚴如有不法之徒聚衆暴動擾亂治安者定予嚴懲凡我軍民人等務須各安其業勿得聽信謠惑自蹈法網除分令軍憲警部隊機關遵照辦理外合亟佈告週知仰各凜遵此佈

中華民國卅六年二月廿八日

兼總司令 陳儀

憲兵第四團團本部 臺北市臨時戒嚴司令部 佈告

4-5 二二八動亂發生後警備總部宣布臺北市臨時戒嚴

來源：《臺灣新生報》，一九四七年三月一日。

播電臺，向全臺廣播，控訴臺灣自光復以來政治黑暗、貪官汙吏無法無天，以致勾結走私、米糧外溢，因而呼籲人民起來反抗，驅逐貪官汙吏以求生存。[21] 臺北暴動消息因此傳開，全臺各縣市紛紛加入反抗行動，幾天之內遍及全臺各地。大致而言，臺北市於二月二十八日下午起爆發大規模衝突，當天，臨近的基隆、北縣地區也受到波及。三月一日亂事擴及桃園、新竹一帶，二日蔓延至臺中、彰化、嘉義、臺南等縣市。三日，高雄地區也發生混亂，四日屏東「三四事件」爆發，風潮所及，花蓮、臺東等東部地區也出現較輕微的騷亂。至此，全省各縣市都捲入了二二八事件，只有離島的澎湖地區，除了三月二日曾發生軍人射傷婦人事件外，未生重大波瀾。

另方面，因二二八事件處理委員會緊急處置，且各地紛紛成立治安組織，動亂至三月四日已有歇息跡象，包括臺北市、基隆、新竹縣市、彰化地區，秩序都已逐漸恢復。五日，臺北附近各地區、臺南市也次第平靜。六日，屏東緊張情勢解除。七日，花蓮、臺東也自動恢復安寧。亂事較嚴重的臺中市，地方士紳力主和平解決，但謝雪紅等人另組二七部隊領導抵抗行動，於八日國軍增援部隊到達前移往埔里鄉間。戰事最激烈的嘉義地區，民眾包圍水上機場欲接收武器，但也於三月六日起與官員及國軍展開談判。大體說來，在八日國軍增援部隊抵臺之前，各地情況已在恢復之中，同時，二二八事件處理委員會也提出政治改革要求，事件已有平息之勢。

第二節　二二八事件處理委員會之組織與功能

二二八事件爆發後，民意機關向長官公署提出要求，於是成立負起官民折衝責任的二二八事件處理委員會；但部分地區如臺中、嘉義、高雄則形成較激烈的反抗行動。

一、二二八事件處理委員會的成立與改組

三月一日上午，臺北市參議會邀請國大代表、省參議員、參政員等組成了緝菸血案調查委員會，議長周延壽主持會議。會中決議派代表黃朝琴、周延壽、王添灯、林忠等人，赴公署謁見陳儀，提出五項請求：1.立即解除戒嚴令，2.被捕之市民應即開釋，3.下令不准軍、憲、警開槍，4.官民共同組織處理委員會，5.要求陳儀對民眾廣播。陳儀應允於四時前召集各機關處理解嚴，被捕市民由父兄、里鄰長聯名具保釋放，另三項則予照辦。

為回應民意代表要求，一日下午五時**陳儀第一次向全省民眾廣播**，聲明肇事者已交法院嚴格訊辦，傷者治療慰問、死者優厚撫卹、被捕者具保釋回；呼籲民眾停止遊行，由官民共組委員會來處理此次暴動事件。[22]晚間八時，警備總司令部發表公告，臺北區自十二時起解除戒嚴，但集會遊行仍然禁止。同時，警總少將處長蘇紹文也致函臺北市參議會，說明當局已決定撥付死者家屬臺幣二十萬元、傷者五萬元，以為撫卹。亦即，陳儀答應市參議會的五項要求，除了第三項禁止軍憲警開槍未曾公開宣布之外，其他各項都已辦到。

三月二日下午三時，由緝菸血案調查委員會改組而成的二二八事件處理委員會，在中山堂首次召開會議，政府官員代表亦配帶白臂章出席與會，民眾踴躍到場旁聽，會場擁擠不堪。會中決定採納政治建設協會的意見，由商會、工會、學生、民眾、政治建設協會等五方選出代表參加，[23]當即提出名單。主席周延壽並表示，處委會決定再擴大，包括全省參議員、國大代表等均有參加。

同時，公署並宣布派民政處長周一鶚、交通處長任顯群、工礦處長包可永、農林處長趙連芳、警務處長胡福相等五人，參加二二八事件處理委員會。[24]同日，**陳儀亦向民眾做第二次廣播**，宣布不追究參加此次事件之民眾，被捕之民眾不需具保可由父兄領回，同意處委會可增加其他人民代表，以容納多數民眾意見等。[25]三月三日上午十時，改組後的二二八處理事件委員會在中山堂開會，政府方面之代表增為七人，新增二人是警總參謀長柯遠芬與憲兵第四團長張慕陶。[26]

四日上午十時，處委會繼續在中山堂開會，決議擴展為全省性機構，通知十七個縣市組織處理委員會分會，處理各地所發生之事件，並推派代表參加本會以推進工作。[27]此一決議使二二八事件處理委員會從處理單一事件的組織，擴展成全省性的組織，但因長官公署另有策謀（見第六章），政府部門的代表已不再出席會議。[28]

三月五日下午二時，處委會在中山堂分為十組召開小組會議，包括財務組、糧食組、宣傳組、交通組、連絡組、救護組、總務組、調查組、治安組等組，確定工作內容及通過多項議案。[29]

下午四時，亟欲擴大為全省性組織的處委會在中山堂召開臨時大會，會議由陳逸松主持。會中通過了〈二二八事件處理委員會組織大綱〉，以及〈八項政治根本改革方案〉。[30] 組織大綱第一條明白指出，該會「以團結全省人民，處理二二八事件及改革臺灣省政治為宗旨」，將處委會定位為具有高度政治意涵的機構。該會成員也不斷擴大，除臺省國大代表、國民參政員、省參議員、臺北市參議員之外，還有各縣市參議員各三名、省級人民團體代表、縣市人民團體代表、各縣市工會代表、各縣市高砂族代表、各大學中等學校以上之職員學生代表。

其次，組織大綱規定以全體委員會為最高機構，其決議交由常務委員會執行，常務委員會再選出主席團七人。常務委員會下置處理局與政務局，其下分別再設各組，整個處委會的組織如圖4-6。處委會層層疊疊、蔚然可觀的組織架構，

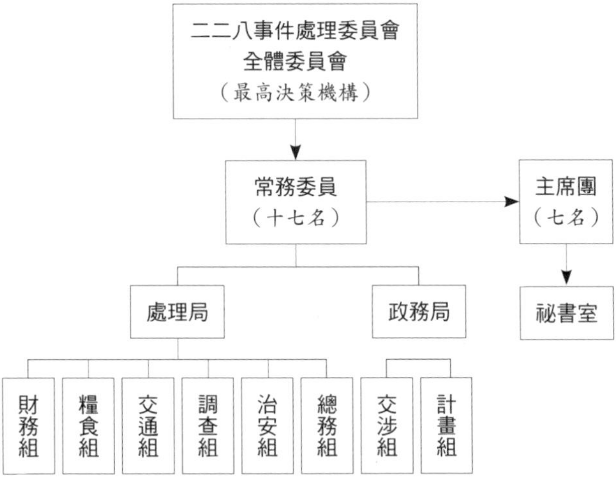

4-6 「二二八事件處理委員會」組織架構圖

來源：作者依據〈二二八事件處理委員會組織大綱〉製作

儼然是個頗具規模的「臨時政府」。

三月四日至五日，是二二八事件處理委員會角色轉變的關鍵期。三月四日，處理委員會決議通知全省十七縣市組織分會，並在與陳儀見面時提出政治改革要求。五日，處委會組織規模與定位大幅提升，並且驟然將談判條件從事務層次提高到政治層次。兩日內，二二八事件處理委員會幾乎與先前有了判若兩者的重大轉變。

表 4-1 是二二八事件各縣市處委會成立情形。至國府援軍抵達前，全臺十七個縣市中，只有高雄縣未成立二二八事件處理委員會分會。

三月六日上午，二二八處委會在中山堂召開正副組長會議，下午二時，召開第三次改組成立大會，成為全省性之組織，出席委員及旁聽民眾共三百餘人，會議由王添灯擔任主席，陳逸松宣讀昨日甫通過之組織大綱。隨後選舉常務委員十七名，包括國民參政員林獻堂、陳逸松，國大代表李萬居、連震東、林連宗、黃國書，臺北市參議員周延壽、潘渠源、簡檉堉、徐春卿、吳春霖，省參議員王添灯、黃朝琴、黃純青、蘇維梁、林為恭、郭國基；候補常委二人為洪火煉、吳國信。[31]

六日晚間，**陳儀向全省民眾發出第三次廣播**，更進一步退讓：1.考慮將行政長官公署改為省政府，一經中央核准即可改組，改組時省府委員、各廳處長將盡量任用本省人，希望省參議會等合法團體推舉合適人才，以便向中央推薦。2.預定於七月一日舉行縣市長民選，在未民選以前，現任縣市長中當地人民認為有不稱職者，可將其免職，另由當地縣市參議會及合法團體推舉三名人選，由陳儀長官圈定一人充任。[32]

三月七日上午，長官公署並且行函處委會表示「二二八善後事宜，各方代表紛紛來見，建議辦法莫衷一是，唯關於善後辦法，已組織二二八事件處理委員會，該會本可容納民眾代表。今後，各方意見希均先交處理委員會討論，定擬綜合的意見後，由該會選定代表數人，開列名單向本署建議，以便採擇實施」。[33]陳儀長官如此壓低姿態、一再退讓，豈知竟是玩弄政治權術之計謀（將於第六章說明）。

三月七日，處委會鎮日開會，上午王添灯報告〈三十二條處理大綱〉，獲得通過。下午，市議會副議長潘渠源主持會議，在會場秩序混亂的情況下，又增列政治方面十項要求。[34]當晚，處委會代表黃朝琴、王添灯、吳國信等人將〈三十二條處理大綱〉面呈陳儀，竟被陳儀斷然拒絕。[35]傍晚六時二十分，處委會宣傳組長王添灯向中外廣播，除闡述事變原因、經過，另報告本日處委會開會經過，及所提要求被陳儀所拒情形，並宣讀〈三十二條處理大綱暨十項要求〉之內容。王添灯並向全省民眾表示，處委會使命已了，今後只有全體省民的力量，才能解決此次事件並達成合理要求，希望全體省民繼續奮鬥。[36]

三月八日，由於所提要求被陳儀所拒，且有國軍部隊開來之說，處委會部分委員緊急商議補救辦法後發表聲明，推翻昨日決議。聲明中指出「本會議決提請陳長官採納施行之三十二條件，因當時參加人數眾多，未及一一推敲，例如撤銷警備總部、國軍繳械，跡近反叛中央，絕非省民公意」，「本會認為改革省政之要求，現已初步達成，本會今後任務，厥在恢復秩序，安定民生，願我全省同胞，速回原來崗位，努力工作。」[37]國府援軍上岸後，情勢重大逆轉，為期約一週的二

表4-1 各縣市二二八事件處理委員會成立情形

來源：作者製作

縣市	日期	處委會成立情形
臺北市	三月一日	市參議會邀集國大代表、省參議員成立緝菸血案調查委員會，向陳儀提出五項要求。
	三月二日	緝菸血案調查委員會改組為二二八事件處理委員會，官方指派民政處長周一鶚、交通處長任顯群、農林處長趙連芳、工礦處長包可永、警務處長胡福相等五位官員參加。
	三月三日	二二八事件處理委員會第一次改組，擴大組織，納入公、商、學生、民眾、政治建設協會等代表。官方代表增加警備總部參謀長柯遠芬、憲兵第四團團長張慕陶二人，成為七人。另組織忠義服務隊維持治安。
	三月四日	二二八事件處理委員會第二次改組，成為全省性組織。
	三月五日	全省性二二八處委會召開臨時大會，通過〈二二八事件處理委員會組織大綱〉、〈八項政治根本改革方案〉。
	三月六日	全省性二二八事件處理委員會補舉行成立大會，選出十七名常務委員，並發表〈告全國同胞書〉。
	三月六日	二二八事件處理委員會臺北市分會成立。
	三月七日	處委會通過〈三十二條處理大綱暨十項要求〉，晚間被陳儀拒絕。
	三月八日	全省性處委會收回成案，聲明〈三十二條處理大綱暨十項要求〉絕非省民公意。
新竹市	三月二日	二二八事件處理委員會新竹分會成立。
	三月五日	新竹分會做成十項提案，向臺北之全省處委會提出。
臺中市	三月二日	地方士紳成立臺中地區時局處理委員會，並由青年組成治安隊。
	三月五日	處委會臺中分會提出七項主張。
臺中縣	三月三日	員林鎮公所接獲上級指示，成立處理委員會及自衛隊。
彰化市	三月三日	彰化市善後處理委員會在市警局成立。
嘉義市	三月三日	嘉義三二事件處理委員會成立，並組織防衛司令部，青年團幹部陳復志任主委。

基隆市	三月四日	二二八事件處理委員會基隆市分會成立。
臺南市	三月四日	在官方要求下，市參議會成立二二八事件處理委員會臺南市分會。
	三月五日	臺南分會選出省參議員韓石泉為主委、議長黃百祿、青年團主任莊孟侯為副主委。與市府共同提出「不擴大、不流血、不否認現有行政機構、政治方法解決」等四項解決事件原則。
	三月九日	提出黃百祿、侯全成、湯德章為市長人選。
屏東市	三月四日	二二八事件處理委員會屏東市分會成立，是參議會副議長葉秋木為主席，並成立治安本部。
澎湖縣	三月四日	二二八事件處理委員會澎湖分會成立。
臺北縣	三月五日	二二八事件處理委員會宜蘭分會成立。
	三月六日	宜蘭分會舉郭章垣為主委，並提出五項要求送全省處委會辦理。
	三月六日	二二八事件處理委員會板橋支會成立。
	三月七日	二二八事件處理委員會臺北縣分會成立。
臺南縣	三月五日	在上級要求下，北門地區時局對策委員會改為事變處理委員會。
臺南縣	三月九日	二二八事件處理委員會臺南縣分會成立，縣參議會議長陳華宗為主委。
高雄市	三月五日	二二八事件處理委員會高雄市分會成立，市參議會議長彭清靠為主委。另在高雄中學成立指揮總部，吳光明任總指揮。
花蓮縣	三月五日	二二八事件處理委員會花蓮分會成立，青年團幹部馬有岳為主委。並提出十二項要求。
	三月七日	花蓮縣分會提出「不流血、不獨立、不共產化」三項處理原則。
臺東縣	三月六日	縣參議會組成二二八事件處理委員會臺東分會。
新竹縣	三月七日	二二八事件處理委員會新竹縣分會成立，黃運金為主委。
結局	三月十日	陳儀下令解散二二八事件處理委員會及一切非法團體。

二八處委會運作，就此草草落幕。

簡言之，二二八處委會成立之初，原本希望做為官民橋梁，處理緝菸血案，並有效化解衝突。但若從民眾角度，除期待處委會妥善處理緝菸血案外，更應積極向官方爭取更進一步的政治改革，廓清長官公署接收以來的各種弊端。做為官民之間折衝機構的二二八事件處理委員會，背負著來自官民之間極大的期待落差。表面上看起來，官方一再放低姿態，全力配合處委會的各種要求，但卻不知長官公署另有算計，早已在處委會中滲透運作，處委會自五日起看似逐步壯大，實際上正一步一步掉入長官公署與警備總部的陷阱中。

二、二二八事件處理委員會的角色與功能

儘管處委會為期僅一週期間，仍舊發揮了相當的功能：

（一）撥借米糧，協調民生

事件發生以來，全省交通斷絕，致使各地糧食問題嚴重。三月三日，處委會要求糧食局長李連春到會報告米糧供應情形。四日，由於北市缺糧孔急，處委會乃決定派陳海沙、劉明朝、盧水木、簡檉堉等人為糧食委員，將北市所需約二千五百包食米之採購，委託糧商辦理，並向工商銀行支借購米資金二千萬元臺幣。五日，處委會糧食組報告，合計有工商銀行領出之二千萬元、糧食局

領出之二千萬元，及臺北糧食協會糧商自籌之一千萬元，處委會已派人往南部採購米糧。同日並由農產公司領出糧食八百包、於士林購買糧食五百包、交涉由松山酒廠撥出造酒米三千包，及糧食局撥出黃豆一萬包。[38]而處委會各地分會也都負起調撥糧食、力求平價配售、赴鄉間或南部採購糧食的責任。

其次，事件發生後的三月一日，火車全線停駛，二日，鐵路員工出身的制憲國代簡文發獲邀參加處委會，並被賦予恢復鐵路交通之責任。[39]四日，全線鐵路交通因而得以恢復。處委會並決議要求電力公司，不分晝夜向全省送電。五日，處委會向全省各地郵政機關發出通知，要求不可停止郵訊，各郵政人員應立即復職，回到工作崗位。六日，處委會宣布將有煤炭一千噸運市配售，臺灣省煤炭公會也決定拋售煤炭一萬噸，以解決煤荒、平抑物價。同日，處委會請求市民協助電信局員工修復故障。凡此種種，都是處委會及各地分會所處理協調的日常業務。[40]

（二）維持治安，制止衝突

由於全省各地相繼發生毆人燬物的暴力事件，警察機關人員奔逃一空，如何維護各地治安、恢復秩序，便成為處委會及各地分會的重要工作。三月三日，處委會決定成立忠義服務隊，藉重青年學生負起維護治安之責，未料該組織卻受到有關當局利用。同日下午，處委會也通過決議，呼籲民眾不可再毆打外省人，並在報紙上刊登〈急告本市同胞書〉謂：「本事件已在徹底交涉中，請我同胞暫為鎮靜，做本會後盾，冀交涉目的能達到，幸勿打人燬物，各自維持秩序為盼。」[41]公開表達二二八事件處理委員會願扮演官民折衝角色。

事件發生後，全臺各地方乃紛紛成立「治安維持會」、「自衛隊」、「保安隊」等組織，主動或被動成立的處委會各地分會，目的都在盡速恢復地方秩序，制止暴亂擴大。尤其是，各地處委會分會紛紛組織青年學生組成保安隊、治安服務隊，維持秩序；或看管軍警槍械、與地方軍政機關談判等，制止暴亂蔓延，化解軍警與民眾之間的對立衝突。

（三）交涉折衝，提出改革要求

二二八事件處理委員會成立以來不斷與長官公署交涉，提出種種要求。初期談判重點針對事件本身之善後措施，如懲凶、撫卹、解嚴等，或是要求警總參謀長柯遠芬將街頭軍隊調回營區，禁止武裝軍警開槍傷人，以免擴大事端等等，均是事務性的要求。同時，處委會也疏導民眾情緒，勸導民眾勿毆打外省人，並努力恢復交通，使得臺北市及臨近地區秩序在三月四日已漸次恢復，包括基隆、桃園、新竹、臺南等地，情況都穩定下來。甚至，戰鬥情況最激烈的嘉義地區，也於五日近午時停止衝突，[42]事件和平解決似乎已露出曙光。

三月五日，處委會逐漸從「折衝者」轉變成「改革者」角色，不僅通過〈二二八事件處理委員會組織大綱〉，擴大成全省性組織，並公布〈八項政治根本改革方案〉，內容包括 1.二二八事件責任應歸政府負責。2.公署祕書長、民政、財政、工礦、農林、教育、警務各處長及法制委員會委員過半數以本省人充任。3.公營事業歸由本省人負責經營。4.依據《建國大綱》即刻實施縣市長民選。5.撤銷專賣制度。6.廢止貿易局、宣傳委員會。7.保障人民之言論、出版、集會自由。8.保障人民生命、身體、財產之安全。這些改革訴求，要求重要職位由本省人充任、省市長民選、保障基本人權，對長官公署的談判籌碼驟然提高許多，並且成為後來〈三十二條處理大綱〉的張本。

三月七日，處委會通過的〈三十二條處理大綱〉，主張「政府在各地之武裝部隊應自動下令暫時解除武裝，武器交由各地處理委員會及憲兵隊共同保管」、「在政治問題未根本解決之前，政府一切施政，須先與處理委員會接洽，以免人們懷疑政府誠意發生種種誤會」、「省各處長應經省參議會之同意，省參議會應於本年六月以前改選，目前省各處長人選由長官提出，交由省處理委員會審議。」此些要求，無異是將長官公署的行政

台灣新生報
處理委員會發出告全國同胞書
爭取本省政治改革並非排斥外省同胞
監院關懷臺北情勢 電令楊亮功即來臺
自治青年同盟召開幹部會 審議章程推討論解決
各組長會議
郭國基遍返省垣 談稱臺東蘇宜等地安靜
臺南市處理會成立 席上各界代表熱烈提供意見

4-7　二二八事件處理委員會發表〈告全國同胞書〉，呼籲不要排斥外省人。

來源：《臺灣新生報》，一九四七年三月七日。

與軍隊之指揮權、決策權、人事任命權完全架空，處委會成為真正的決策中心、太上政府，有意挑戰現存體制。再者，〈三十二條處理大綱〉之後追加的十條中則更進一步要求，長官公署限於三月底前改為省政府制度，「但未得中央核准前，暫由二二八事件處理委員會之政務局負責改組」、「處委會之政務局應於三月十五日以前成立」，處理委員會及其下所設的政務局，眼看著就要取代陳儀的長官公署。

短短的幾日之內，處委會的角色有重大變化，由早先的官民中介者，轉變成為政局發展的主導者，其中除了環境交相激盪、處委會成員複雜且政治企圖心旺盛等因素使然之外，也與長官公署與警備總部方面的策略運用有密切關係。

（四）擴大呼籲，向國際發聲

處委會各種決議中，不僅要求陳儀政府改革，也向中央政府呼籲，更同時向國際發聲，希望引起廣大關注。三月三日上午決議，派出林宗賢、林詩黨、呂伯雄、駱水源、李萬居五人為委員，赴美國在臺領事館，請託向世界及國民政府當局通告此一事件。[43] 三月五日下午，處委會通過多項議案，包括派出陳逸松、王添灯、吳春霖、黃朝生等人為代表，赴南京向中央政府陳情；致電國防部長、國民黨中央黨部及中國駐日代表團委員謝南光、上海同鄉會等，以闡明事件真相；發表〈告全國同胞書〉，使各界瞭解事件真相。[44] 三月六日下午，王添灯動議為使中外人士明瞭事件真相，將以國語、客語、閩語、英語、日語向中外廣播〈二二八事件處理大綱〉（三十二條處理大綱），及闡明事件遠因、近因，獲全體委員一致通過。七日晚間，傍晚六時二十分，處委會宣傳組長王添灯向中外廣播，除闡述事變原因、經過，報告本日處委會開會經過，及所提要求被陳儀所拒情形，並宣讀〈三十二條處理大綱暨十項要求〉之內容。[45]

處委會對中央政府提出訴求，要求關注事件，不難理解。但值得注意的是，處委會的菁英們在事件過程中多次採取行動，訴諸國際社會，希望引起對臺灣統治狀況的矚目。**此些舉動高度敏感，上海報刊視為訴諸國際託管、臺灣獨立**。但是，隨即遭到否認，代表前往美國臺北領事館請願的李萬居就在處理委員會說明：

> 上海及其他若干方面，故意誇張、歪曲消息刊載稱，本省人民發動暴動係要求託管等云，切望同胞應明瞭，自身為獨立國家之人民，**此次事件之發生，純粹在於要求今後政治的改革而起**，並非如外間所傳有其他企圖。[46]

臺灣菁英是否希望訴諸國際輿論，進一步改變臺灣地位，目前史料仍無法加以佐證。

第三節　抵抗與談判路線分析

二二八事件中的兩條主軸：以士紳階層、社會菁英為主的談判協商路線，與群眾、青年為主的抗爭行動。此兩種路線同時並進，但兩者之間並未有效整合，共同對抗官署，反而因內部分子複雜、目標不一，而自相抵銷力量，甚至遭到官方分化運用，或成為軍隊鎮壓的藉口。

一、事件參與者與內部矛盾

二二八事件是全島性的抵抗行動，參與者眾，背景也複雜多樣。監察委員楊亮功、何漢文的〈二二八事件調查報告及處理經過〉報告書中，將此次參與事件分子分成「流氓、海外歸僑、政治野心家、共黨、青年學生、三民主義青年團、高山族、皇民奉公會會員、留臺日人」等九大類。[47]筆者認為，事件主要參與者及參與方式可分為以下兩大類：

（一）各地抵抗者的複雜性

在各地參與反抗的行動者，以退伍軍人、青年學生最多。青年們大多基於義憤，一呼百應，相率加入行動，他們或是投入各地戰鬥、攻打軍事機關、接收武器，或是出面協助維護治安、看管外省人。

自日治時期一九二五年以來，臺灣中等以上學校開始教授軍事訓練課程，戰爭時期自一九四一年起，更強化軍事訓練，並以「學徒奉公」的名義要求學生參與戰技訓練、防空演練、陣地構築、軍事勞務等等。一九四四年起，中等學校高年級學生被徵召入伍，十四到十八歲青年也以「第二國民兵」名義被編入兵籍，成為准軍人。一九四五年五月進入決戰階段，所有學生都必須組成「學徒隊」從事軍事勞動、防禦工事、挖掘戰壕等工作。[48]中學校女學生也要受空襲防災、防空救護、急救處置、止血、消毒、包紮等訓練，並隨身攜帶急救袋到校，也會在躲避空襲時為眾人製作飯糰。[49]退伍青年更曾在二次大戰中於南洋、海南島等地的軍事行動中吸取了戰場經驗。日治時期所受的各種軍事訓練、參戰經驗，是青年們得以相率參與行動的條件。

事件中出現許多青年組織，包括學生自治同盟、學生聯盟、憂鄉青年團、臺灣省警政改革同盟、海南島歸臺者同盟、青年復興同志會、興臺同志會、若櫻會、海友會等等。[50]青年們聽到電臺廣播或卡車宣傳「打倒貪官汙吏」、「勇敢的臺灣人起來反抗」等口號，為此熱血沸騰而加入行動。退伍軍人透過廣播召集群眾前往定點報到集合，例如臺北地區有退伍青年透過廣播，呼喚同伴在中山堂、太平國校集合。[51]戰爭時期的軍事教育與訓練，讓青年們懂得採取占領電臺、接收派出所武器等行動。[52]戰爭時期的軍事演練、急救看護、實戰經驗，也使男女學生、退伍青年很快地捲入事件，成為主要的參與者。

各地的民兵抵抗行動，以退伍青年為主。例如臺中二七部隊成員大多為海南島、菲律賓、紐西蘭返臺的陸軍、海軍志願兵，或學徒兵。部隊長鍾逸人曾是陸軍囑託，治安隊隊長黃金島是海軍陸戰隊員，有海南島作戰經驗，參謀長黃信卿是關東軍陸軍少尉，還有林姓學生隊隊長等，都是退伍軍人。[53]斗六地區自衛組織治安維持會，成員兩百多人多是退伍回臺青年，隊長黃清標是陸軍志願兵，曾被派到印尼東帝汶島；[54]組織民兵攻打虎尾機場的眼科醫師陳篡地，有曾被徵召到越南任軍醫、成為越共俘虜的經驗，因而熟悉槍械與游擊戰。[55] 原臺籍日軍退伍軍人是事件中進攻官署、接收武器、攻占軍事要地的主力，尤其活躍於各地民兵組織，投入雲林虎尾機場、嘉義水上機場、埔里烏牛湳等戰役。

其次，戰爭末期，臺灣總督府推動「奉公運動」，包括青年、學生、壯年、婦女、各行各業，都在勤勞奉公之列，國民勵行「奉仕第一」（奉仕為服務、效力之意）。[56] 此種講求「滅私奉公」的集體主義、公共精神，也在戰後延續，並在二二八事件中顯現。

以戰鬥最為激烈的嘉義地區為例，三月二日下午因中部青年南下，在嘉義火車站、噴水池之間號召「勇敢的臺灣人站出來」，市區開始騷動，三二事件處理委員會成立，嘉義中學師生控制嘉義廣播電臺，[57] 對外廣播召募「志願軍」，一時之間，中南部各縣市青年陸續趕到。為了接收武器、防止軍隊出動傷害民眾，民兵圍攻紅毛埤第十九軍械庫、水上機場，來自臺南鹽水、佳里、嘉義番路、雲林斗六、北港、臺中市、南投埔里、臺南工學院（今成功大學）的青年各自組成隊伍馳援，官方記載民兵人數達三千名。何以產生此種現象？許雪姬教授認為，二戰末期臺灣各階層人士已形成「奉仕」傳統，具有戰爭經驗的退伍軍人被認為有責任站出來參加行動，受邀者也認為是自己的義務。婦女和女學生也出動去包飯糰、照顧被集中看管的外省人，嘉義中學學生們也在教師陳顯富帶領下參加行動。二二八事件凝聚不同階層人士，不分男女、職業，在「一戶一人」的口號下，參加維護治安、捏飯糰的工作。[58] 監察院二二八事件報告也指出，臺北、臺中方面之學生，要求每戶派出一人、參加訓練。[59] 此種「奉仕」、「奉公」精神，都與戰爭時期的訓練有關。

再者，部分青年被動員，卻來自官方的權謀運作，例如組織忠義服務隊、青年自治同盟。三月三日下午在臺北地區，市長游彌堅、市警察局長陳松堅召集二二八事件處理委員會治安委員會，要求青年代表、學生代表協助維護治安，決定成立忠義服務隊，由許德輝擔任忠義服務隊總隊長兼處委會治安組組長，臺北商校學生廖德雄擔任副總隊長。臺北市長游彌堅並要求青年負起治安重任、組織團體，愈快愈好。[60]延平學院創辦人之一劉明也透露，事變發生後，臺北市警察局長陳松堅拜託他動員延平學院及開南商工學生，守護各派出所。[61]許德輝並前往拜訪蔣渭川，希望蔣渭川催促青年學生早些出動。[62]

忠義服務隊成立後，包括臺灣商工（今開南商工）、臺北工業學校（今臺北科技大學）、法商學院（今臺大社會科學院）、成功中學、延平學院、泰北中學、建國中學等校的學生共一千多人參加。同時，三月五日成立臺灣省自治青年同盟，由張武曲、陳學遠等人領導。[63]

忠義服務隊以青年學生為掩護，實際上一部分成員是許德輝所帶領的臺北地區角頭流氓。警備總部參謀長柯遠芬向中央社記者透露，安排許德輝出面組織忠義服務隊，真正的目的在「一面希冀分散不法行動之臺胞力量，一面暗地協助政府推進工作」。[64]三月八日國府援軍開進臺北，青年學生成為被捕殺的替罪羔羊。

另外值得注意的是，部分地區參與事件的流氓浪人，角色十分特殊。

日治時期，臺灣社會形成流氓浪人集團，一般俗稱「兄弟人」、「鱸鰻」，在各地都有分布，光復之初尤以臺北最多、嘉義次之、屏東再次。[65]光是臺北市流氓浪人就有一萬餘人，[66]其主要分布於太平町、萬華及士林地區。[67] 事件初起，在各地攻擊官署、毆人燬物，甚至搶劫財物者，多以此類人為主。

第三章已指出警備總部及保密局在戰後之初吸收流氓浪人、滲透臺灣社會。二二八事件中，警總與流氓浪人的關係十分曖昧。例如二月二十八日清晨率領獅鼓陣、敲鑼打鼓、聚集民眾遊行示威的林秉足、莊傳生、陳戊已，都是太平町一帶的「兄弟人」、「角頭」。他們翻攪起群眾情緒，引發暴亂，事後並未被逮捕。[68] 事實上，正如本書第三章所述，林秉足、陳戊已等人正是戰後初期義勇糾察隊成員，該隊解散後被編入偵緝隊、消防隊，當地里長王雲青即指證林秉足是警總線民，在保密局臺北站站長毛簡手下，負責提供地方情報。[69]

二二八事件處理委員會治安組組長許德輝，原是一流氓頭子，戰後初期曾組織糾察隊幫助政府接收工作，後來糾察隊被解散，成員被以流氓處置，而對官方有所不滿。[70] 不料卻在事件中為軍統所利用，安排他擔任處委會忠義服務隊總隊長，從中運作事件發展。而警備總部轄下，林頂立為總隊長所組織的義勇總隊，也有許多流氓分子參加，其工作卻是施行威嚇、搶劫、放火、毆打，製造恐怖狀態。[71]

中南部地區同樣也出現類似情況。例如員林地區黑社會人物趁事件之時打人、搶劫，「臺中縣長宋增渠卻又保護這批人，政府也在利用這批人，事件後，獎勵的竟然也是這批人，令人驚詫不已。」[72] 嘉義「兄弟人」首領林振榮（前立委林健治之父）在事件中擔任自警團團長，也安然無恙。[73] 臺南市流氓趁亂毆打外省人、擴大事端，律師湯德章應市參議會之請擔任處委會治安組長，出面邀集「角頭」擺平事端，湯氏反而在事後名列處死名單第一人。[74]

從官方眼中觀察，流氓浪人、青年學生與退伍軍人，彼此意見也甚紛歧。中央社三月四日密電就透露，「臺北暴動之三大集團」流氓派、學生派與海外派三派內鬥，「流氓派原與學生派合作，昨日受人挑撥，學生派乃反對恢復秩序，曾與流氓派內鬨，傷亡一人」，「包括海南島及日本之歸僑（一稱海外派），亦為反對妥協者」，「流氓派原與學生派協力壓制海外派，今已轉變為學生派與海外派合作對抗流氓派。」而「海外派領導人迄今尚未出現，學生派係以臺大為中心，知識較高，思想最激」。[75]

（二）談判者間的競爭

二二八事件處理委員會原本應該扮演官民折衝、談判角色，但事實不然。吳濁流說，長期被日本統治者限制政治參與的臺灣人，戰後初期患上了「政治渴望症」，無論有無知識者不約而同地都想走進政治窄門，而「處理委員會完全是光復的縮影」，「甚至連政治的政字都不知道的愛出風頭者，以及虛偽的投機分子也很多混入在裡面。」[76] 中國新聞媒體也報導，「處理委員會成立了，中途給做不到官、做不到生意的政治野心家利用了，而在爭執各縣市長民選的三個名單中，這些人自己內鬨了。」[77]「二二八處委會的少數臺灣士紳，別有用心，想利用當前紊亂的場面，滿足他們自己的要求。」[78]

事件尚未平息、談判仍未有結果之際，赤裸裸的權位鬥爭熱烈上演，其中以陳逸松與蔣渭川的領導權之爭最為火熱。當時陳逸松、劉明為同一陣線，在處委會居於優勢，蔣渭川則走長官公署路線，受到處委會委員們的排擠。陳逸松應李萬居之邀負責起草〈二二八事件處理委員會組織大綱〉，三月四日開會時，陳逸松在臺上說明草案內容，臺下蔣渭川帶來的人馬大吵大鬧，大聲喧嚷：「大交椅你就搶著要坐上去了？」陳逸松不甘示弱回敬：「大位子你們若想坐，你們就上來坐吧！」[79] 雙方對於權位之爭毫不掩飾。

處委會通過〈組織大綱〉與〈八項政治根本改革方案〉後，蔣渭川另向陳儀獻策，建議設立臺灣政治改革委員會，並以臺灣省政治建設協會名義提出〈九項省政改革綱要〉，政改會的委員以各區鄉鎮民代表為候選人，排除二二八處委會成員加入。[80] 此構想引起處委會的不滿，尤其對政改會委員的產生方式最為恐慌、氣憤不平，於是乃「在陳逸松家裡開會議研究奪取實權的對策方法」。[81] 五日，全省性處委會成立，下設政務局，以改革臺灣省政治為目的。蔣渭川人馬認為政務局之設置，不過是為了強奪臺灣政治改革委員會權限，並且陳逸松自為政務局長，「這不過也是陳逸松、劉明及特權人等一手包辦式的作風」，直指「他們一看事將成功就想要政權」，[82] 雙方權力爭奪戰愈見白熱化。

對於蔣渭川跟長官公署密切往來的行徑，處委會部分人士公然大罵，指責蔣渭川「有奪取政權的野心、沒有團隊的精神，單刀匹馬獨走長官路線，想要獨占政治的地位」。[83] 而長官公署方面確實誘之以利，長官陳儀、憲兵團長張慕陶先後透露想要任命蔣渭川為教育處長的訊息。[84]

其次，處委會各委員爭權奪位之說傳言不斷。時任工礦處主任祕書的嚴演存指出，二二八事件處理委員會成立政務局，對於公署各局處及各重要附屬機構，均推出首長人選，「顏欽賢曾來工礦處，要接收煤礦。」[85]當時在專賣局工作的孫志俊稱，處委會宣布陳松堅為臺灣省警務處長。[86]黃紀男聽說處委會有一份名單，以優秀臺人來接掌部分要職，如「林茂生當臺大校長、吳鴻麒當臺灣高等法院院長、施江南當臺大醫院院長、林旭屏當專賣局長等」。[87]警備總部情報也指出，三月八日「處委會內部因爭奪權利、競求作官，已發生內鬨」，「處委會要角王添灯有於公署改組後出任祕書長之企圖，蔣渭川則擬出掌民政處，本日該處委會在中山堂開會，蔣王爭執意見、幾至動武。」[88]諸如此類傳聞不一而足，都透露臺灣人在處委會中爭逐權位的情形。

談判尚無結果，革命尚未成功，處委會的菁英們已各謀權位、坐地分贓起來，使得事件的前景更加黯淡。

二、事件的本質與要求

二二八事件後，官方將此定位為「叛國陰謀」。三月十日，行政長官陳儀在〈告民眾書〉上聲稱「少數陰謀分子，企圖利用機會，奪取政權，背叛國家」，「非使臺灣自外中國而生存不可」，「反叛中央，背叛國家，昭然若揭。」[89]長官公署也說，「此次暴動……以要求改革政治為煙幕，進而逐步發表其叛亂之言論，由所謂『高度自治』而變為背叛國家、脫離祖國之獨立主張，其陰謀毒計，至是真象畢露。」[90]赴臺調查事件的監察委員楊亮功、何漢文則認為〈三十二條處理大綱暨十項要求〉逾越政治改革範圍，「叛國陰謀昭然若揭」。[91]

事實上，從緝菸血案調查委員會到二二八事件處理委員會成立以來，無論是三月一日向長官公署提出懲凶、撫卹、解嚴等五項要求，三月三日與柯遠芬達成軍隊退入營房等七項協議，三月五日處委會提出〈八項政治根本改革方案〉，甚至三月七日處委會提出之〈三十二條處理大綱暨十項要求〉，從未提出過脫離中國或臺灣獨立的主張。相反的，處委會在各種場合中強調此次事件純粹在爭取政治之改革，澄清錯誤的傳聞。除三月四日李萬居在處委會上強調此次事件乃在追求政治之改革，別無其他目的外，三月六日，處委會再發表〈告全國同胞書〉，澄清外界疑慮：

親愛的各省同胞，這次二二八事件的發生，我們的目標是在肅清貪官汙吏，爭取本省的政治的改革，不是要排斥外省同胞，我們歡迎你們來參加這次改革本省政治的工作，以使臺灣政治的明朗，早日達到目的。……親愛的同胞們，我們同是黃帝的子孫、漢民族，國家政治的好壞，每個國民都有責任……「二二八」那天有一部分省外同胞被毆打，這是出於一時誤會，我們覺得很痛心……我們的口號是改進臺灣政治。

中華民國萬歲。

國民政府萬歲。

蔣主席萬歲。[92]

就在處委會氣勢最盛的時刻，其聲明內容仍然強調身為漢民族的立場，及以爭取政治改革做為最大目標。六日，臺北市參議會議長周延壽電覆內政部長張厲生關心臺北事件之電文，表示「……唯其動機，純出乎愛國之至情，絕對擁護中央，除求省政之革進，國家、民族之隆盛外，別無希冀……請賜俯察省民之微衷，通令全國同胞周知，俾無誤會」。[93]

三月六日上午，陳儀接見民間代表蔣渭川等十二人，提出處理目前問題之兩大原則為：1.臺灣必須永為中華民國之臺灣，2.臺灣必須不為共產黨之臺灣。代表們表示遵行陳儀之兩大原則，一位代表即聲明：「臺胞僅係請求改革政治，別無其他作用。臺灣乃中華民國之臺灣，今後定可於精誠團結之下，官民合作實行民主。」[94]晚間，國民黨臺灣省黨部主委李翼中向省民發表廣播表示：「此次事件，民眾的要求，既純為改善政治、革新經濟政策，動機出於愛國、愛省，本會實至表同情。」[95]以上處委會的聲明、民意機關的電文、民間代表的回應等等，都可說明二二八事件的基本主張。

其次檢視事件過程中各種團體的要求。事件中最為聲勢浩大的團體「臺灣省自治青年同盟」，其組織章程第二條標明：「本同盟以培養自治精神，遵守國父遺囑，擁護蔣主席，實行三民主義，協助政府建設新臺灣，暫時協力保持治安為宗旨。」[96]蔣渭川在其該同盟成立大會中發表談話表示：「我們絕對擁護中央，打倒臺灣省貪官汙吏，此項目標務請各位充分把握。」[97]另外如「臺灣學生聯盟」的傳單，呼籲學生們團結起來，要求學園自治，廢除長官公署制，立即實行自治，公署祕書長、民政、警務、教育處長以本省人任之，確保人身、言論、出版、思想、集會、結社、居住等自由，要求糧食配給、安定民食，嚴辦緝菸血案兇手，處分主管人員。署名「臺灣青年團」的傳單也抨擊專賣制度、呼籲打倒葛敬恩兄弟。署名「中部自治青年同盟本部」的傳單，批判貪官汙吏，要求迅速實施自治，完成真正的民主，呼籲「建設高度自治，完成新中國的模範省」、「迅速實施省縣市長民選」、「發揮臺胞守法精神，為促進民主政治之先鋒」等等。98

另有署名「高雄學生軍」者，散發兩次傳單。在〈告親愛的同胞書〉中表示：

世界已經邁進民主的潮流，事實可以證明，我們臺胞為了臺灣民主及中國民主起來奮鬥……光復以來臺灣的行政是不是民主政治，這個不要講也會知道的。我們看到的都是失望。……我們是絕對沒有忘記愛祖國，但是，

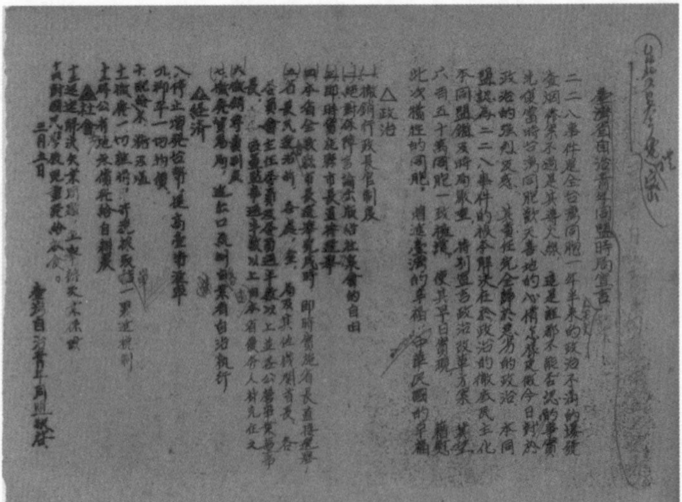
臺灣省自治青年同盟時局宣言

二二八事件是全台灣同胞一年半來的政治不滿的爆發
查烟案不過是其導火線 這是誰都不能否認的事實
光復當時台灣同胞歡天喜地的心情 今日對於
政治的強烈反感 其責任完全歸於惡劣的政治 本同
盟認為二二八事件的根本解決在於政治的徹底民主化
本同盟鑒及時局嚴重 特別提出政治改革方案 其要
六百五十萬同胞一致擁護 使其早日實現 藉慰
此次犧牲的同胞 增進臺灣的幸福 中華民國的幸福

△政治
(一)撤銷行政長官制度
(二)絕對保障言論出版結社集會的自由
(三)即時實施縣市長直接選舉
(四)本省全數縣市長選舉完成時 即時實施省長直接選舉
(五)省長民選前 各處、會、局及其他機關首長 各委員會主任委員及[illegible]半數以上並各公營事業首長 以上由本省籍人材充任之
(六)撤廢專賣制度
(七)撤廢貿易局 進出口貿易由商人自治執行
△經濟
(八)停止增發台幣 提高台幣價值
(九)抑平一切物價
(十)配給米糧及鹽
(十一)撤廢一切雜稅 可免稅級一罪並稅制
(十二)將公有地優先給自耕農
△社會
(十三)迅速解決失業問題
(十四)對國民學校兒童免費給公食。
三月五日
臺灣自治青年同盟敬啟

4-8 臺灣省自治青年同盟傳單　來源：《暴動海報傳單十九件》，檔案管理局。

為了臺灣，為了中國，是否向世界民主邁進，現在，我們的行動是表示二十世紀以來民主躍進。……臺胞，為了正義，起來奮鬥！[99]

高雄學生軍的第二次傳單〈告臺灣同胞書〉，仍舊呼籲「打敗腐敗官僚，建立民主政治」、「同胞團結起來，協助臺灣民主革命」、「建立真正民主的臺灣」。[100]顯然民主與自治，是高雄學生行動所追求的最重要價值。

事件中抗爭行動激烈的臺中地區謝雪紅，也向群眾聲明：「我們六百五十萬省民，為了爭取臺灣真正的自治，掃清貪汙，改革政治，現在全省人民已決意武裝起來，向這個獨裁政府宣戰。」[101]即使到了國府援軍上岸武力鎮壓，仍有署名臺灣自治爭取聯盟的團體，散發傳單控訴陳儀已露出猙獰面目，以軍隊屠殺臺灣同胞，呼籲不可讓先烈的血白流，不要再受欺騙，應該「繼續奮鬥，以組織力量爭取自由與權利，確保真正的高度自治」。[102]

中國記者唐賢龍也報導，二二八事件中的臺灣民主同盟支部、憂鄉青年團、學生自治同盟、海南島歸臺者同盟、學生聯盟、興臺同志會、臺灣省警政改革同盟、青年復興同志會、若櫻敢死隊、臺灣省政改革委員會等團體，行動或有激烈，但卻未聞什麼獨立主張者。[103]

最能代表臺灣民眾改革訴求的〈三十二條處理大綱暨十項要求〉，其中的政治大綱，及追加的十項要求，主要內容包括：

1. 追求臺灣自治：主張制定省自治法為最高政治規範，本年六月以前實施縣市長民選，省署各處長三分之二以上須由居住臺灣十年以上者擔任，警務處長、各縣市警察局長應由本省人擔任，公營事業機關主管應由本省人擔任，各地方法院院長、首席檢察官應由本省人擔任，各法院司法人員半數以上應由本省人擔任等等。

2. 保障基本人權：除警察機關以外不得逮捕人犯，禁止政治性拘捕，非武裝之集會結社完全自由，言論、出版、罷工絕對自由，即刻廢止人民團體組織條例，高山同胞之政治經濟地位與應享利益應切實保障等等。

3. 確立合理制度：三月底前行政長官公署應改為省政府制度，撤廢警備總部以防止軍權濫用，撤銷專賣局、貿易局、宣傳委員會，實施所得統一累進稅、奢侈品稅，勞動營等不必要機構應廢止或合併，六月一日起實施勞動保護法等等。

4. 其他事項：二二八事件處理委員會政務局應於三月十五日以前成立及規劃各地名額，日產處理事宜應劃歸政務局，本省戰犯及漢奸嫌疑被拘捕者應無條件釋放，中央運走之十五萬噸食糖應依實價撥還臺省等等。[104]

仔細檢證〈三十二條處理大綱暨十項要求〉的主要目標在爭取高度自治、民主政治、保障集會結社等人民權利、改革現存制度，與「叛國」、「獨立」無關，但卻被官方視為叛亂罪證。

國府援軍抵達後，武力鎮壓迫在眉睫。有標題為〈新臺灣〉的傳單，控訴陳儀政府背信不義，一面設計欺瞞善後處理委員會，一面向南京請派大軍鎮壓，因此呼籲臺灣人民切莫坐待大屠殺，應速速整備臺灣自衛軍，做最後的抗爭，即使手無寸鐵，也要竹篙湊菜刀、石瓦碎片，阻止土匪兵上陸！又訴求「親愛的中國士兵」，應愛護民眾，體察二二八慘案是受腐敗政治所迫，「我們的敵人不是外省人，不是中國士兵，我們堅決要打倒封建臭爛分子和他們的爪牙」，呼籲中國士兵投入民眾的陣營。再則召喚臺灣六百萬同胞「革命時刻到了，斷不可有絲毫妥協，在完全打倒封建獨裁政治之前，絕不放下武器，為了追求自由，為了民主政治，全體民眾應起而武裝」。[105]保鄉衛土的激昂躍然紙上。

綜上而言，戰後初期，臺灣人的政治想像中仍以民主政治、臺灣自治為追求目標。雖然，廖文奎曾在一九四七年元月提出主張，指依據大西洋憲章殖民地人民自決權，應予臺灣人民自決自己的命運；[106]但是，至二二八事件發生時，臺灣自決、臺灣獨立仍未成為具有共識的政治選項。二二八事件中的自由、民主與自治主張，與戰後初期美國戰略情報局（OSS）的臺灣調查報告結果相當一致。臺灣人追求民主與自治，並非戰後突然出現，早在日治時期一九二〇年代大正民主時期，臺灣人即已濡染世界自由民主思潮，追求殖民地自治，並推動臺灣議會設置請願運動、臺灣地方自治運動，但是，在殖民體制下無法實現民主與自治的目標。戰後新時代，臺灣人抱持極大期望，以為民主與自治的機會已經來臨，未料卻換來更嚴厲的鎮壓。[107]

二二八事件之後，臺灣人追求自治的行動並未停止。一九四八年中共華東局召開之香港會議總結建議，**為了統一戰線需要，「應以臺人治臺的口號來號召臺灣人民」**，[108]因此，中國共產黨臺灣省工作委員會改弦更張、變換名目，以「臺灣民主自治同盟」的名義，吸收追求民主自治的臺灣青年加入組織。極為諷刺的是，在國共對峙的局勢下，國民黨當局為鎮壓共黨，嚴厲壓迫臺灣民眾；共產黨則工具性利用臺人對「民主自治」的期待，以圖統一戰線。五〇年代白色恐怖時期，許多知識青年加入臺灣民主自治同盟，遭到國府當局逮捕或處決，更有不計其數的民眾在白色恐怖事件中遭牽連，臺灣人成為國共鬥爭下的受害者。

第四節　中國共產黨在二二八事件中的角色

國府當局也將二二八事件歸咎於共產黨煽動。三月十日，國民黨總裁蔣介石在總理紀念週談話，首次針對二二八事件發表看法。蔣介石說，二二八事件是因為「昔被日本徵調往南洋一帶作戰之臺人，其中一部分為共產黨員，乃藉此次專賣局取締攤販乘機煽惑，造成暴動，並提出改革政治之要求」。[109] 二十七日，國防部長白崇禧對全國廣播則稱：「光復以來，中國共產黨在國內惡意宣傳，破壞詆毀中國國民黨、國民政府……臺灣少數共產黨及野心家，亦同時在臺顛倒是非，造謠惑眾，利用緝私案件，掀起二二八事變的暴動大風潮。」[110] 究竟，共產黨在事件中扮演什麼角色呢？

一九四五年八月，中國共產黨中央任命蔡孝乾為臺灣省工作委員會書記，九月蔡孝乾離開延安，十二月抵達江蘇淮安，向中共華中局請調洪幼樵、張志忠、林英傑等人潛返臺灣。一九四六年五月，中國共產黨臺灣省工作委員會正式成立，蔡孝乾為省工委兼書記、洪幼樵為省工委兼宣傳部長、張志忠為省工委兼武裝部長。[111]根據蔡孝乾被逮捕後的供詞，中共省工委會的組織發展極為有限，因為蔡氏離臺已十八載，對臺灣情形極為隔閡，又怕暴露身分，只能與日治時期臺共人士聯繫。他命張志忠經由謝雪紅，聯絡王天強、楊克煌、廖瑞發、謝富、孫古平、簡吉等人，並由華中局派來季澐（張志忠之妻）、詹世平（吳克泰）等人，再經李偉光介紹了員林醫師林糊、接洽潘華（李友邦祕書）、發展李媽兜的關係，至二二八事件發生時，全省黨員不過七十餘人。[112]因為共產黨員人數極少，蔡孝乾供述，中共省工委會對於二二八事件「實在起不了整個領導作用」：

> 對於北部的武裝暴動還沒有力量可以控制，新竹地區的林元枝部那時也未有聯絡，只有張志忠在中南部領導的武裝工作，組成了「自治聯軍」，並由謝雪紅在彰化一帶領導武裝群眾數百人，參加了二二八的暴動。但因力量不足，很快就被國軍解決。張志忠的少數武裝力量，自從襲擊西螺警察所事件失敗後，完全消失，張也從此不能再回嘉義工作，謝雪紅等也就此逃離臺灣。[113]

蔡孝乾供詞中把謝雪紅及其部眾算做中國共產黨的一支，有商榷的餘地。謝雪紅是活躍於日治與戰後初期的舊臺共分子，其所從事的群眾工作與中共省工委會未必有關，甚至戰後初期謝雪紅本身是否已具有中共黨員身分，都是疑問。負責發展老臺共關係的張志忠就說：

> 我們雖然覺得有爭取老臺共的必要，唯認為老臺共有以下缺點，即很紅，目標太大，鬥爭方式太公開的鋒頭主義，接近他們很危險，而且他們自高自大，不能虛心接受領導……謝雪紅……我曾和她聯繫，因為她不能接受領導，所以在臺灣的黨籍並未恢復。[114]

二七部隊幹部古瑞雲針對謝雪紅的黨籍問題指出，一九四六年底蔡孝乾到臺中找謝雪紅，當時謝氏要求恢復黨籍，並請求讓她所組織的人民協會成員集體加入中共，但蔡孝乾認為中共黨章規定只能各別申請，不能集體入黨，至於謝雪紅個人則需填寫入黨申請書及經歷。謝雪紅拒絕了蔡孝乾的要求。直到一九四八年香港會議時，蔡孝乾仍不承認謝雪紅為中國共產黨員。[115]由於謝雪紅與中共在臺工作委員會領導人蔡孝乾自日治舊臺共時期就一直存在矛盾，兩人對戰後臺灣情勢評估又有分歧，謝雪紅顯然不受蔡孝乾的指揮領導。

謝雪紅的二七部隊在國府援軍抵達前往埔里撤退。但因情勢瞬時逆轉，謝雪紅與楊克煌並未堅持長期鬥爭，也未與部隊同進退，反而在國府軍進攻埔里前的三月十四日，以「保存黨的力量」為由，先行遁逃。[116]被拋棄的二七部隊隊員們在失去領導、缺乏糧食彈藥補給的不利情況下，終究寡不敵眾，難逃潰散的命運。[117]

根據張志忠的供詞，他在二二八事件中，領導自治聯軍，與謝雪紅並無聯絡，各自作戰。他說，自治聯軍由蔡建東協助組成，包括北港隊（隊長許木）、新港隊（隊長小林）、朴子隊（隊長老張）、嘉義隊（隊長蔡建東）、小梅隊（隊長陳日新、簡吉），全軍合約二百人，曾接收朴子警察局、北港警察局槍枝。三月四日，張志忠率部分隊伍會攻虎尾機場，五日助攻水上機場，八、九日聽說臺中謝雪紅部已潰散，乃撤出嘉義市，後集中在北港。十四日，政府軍進攻北港，張志忠率百餘人撤出，十五日在崁頭厝與小梅途中遭遇政府軍，全軍覆沒。張志忠總結說：

黨在二二八事變中領導的臺中謝雪紅部及嘉義自治聯軍，因無聯絡配合，又互存依賴心理，各自作戰，情況不明，……致遭全部覆沒的厄運。而且軍事幹部闕如，部隊未經政治教育，工農群眾毫無鬥爭經驗，事前既無應變準備，事發後又應付倉皇，致敗後不可收拾。[118]

不過，根據保密局地方特務人員的情報，顯示各地自治聯軍的情況可能更複雜，未必都與張志忠有關、聽從其指揮。例如特務人員密報，三民主義青年團東石區隊長呂水霖，在一九四七年元月即在該區朴子鎮組織自治聯軍兩個支隊，事件中擴大為三個支隊，甚為活躍，幹部有林江海、黃啟芬、施宜臻、張榮宗、蔡溪南、蔡耀景等地方人士，成員主要來自海南島歸臺失志青年。[119]長官公署、警備總部與特務機關屢屢將反抗民眾指控為共產黨人，但保密局特務在朴子地方所見，卻未察覺共產黨在其中的角色。嘉義地區各地反抗行動究竟屬自發性質？或是共產黨所組織？虛實之間，仍有待探究。

前述蔡孝乾、張志忠的供詞顯示，中國共產黨臺灣省工作委員會並未在二二八事件中發揮實際作用。但是，事件後逃離臺灣的共產黨員，日後卻大大吹噓地下黨的武鬥與文鬥路線。

中共地下黨員陳炳基、吳克泰、葉紀東聲稱，二二八事件中省工委會準備採取武裝鬥爭，在臺北地區組織學生部隊，指派當過日軍砲兵的李中志為臺北地區武裝起義總指揮，於三月四日策劃作戰計畫，把動員來的學生編成三個大隊：第一大隊在建中集結，由陳炳基帶領；第二大隊在師範學院集結，由郭琇琮帶隊；第三大隊在臺大集結，由李中志本人指揮。李中志是此次行動總指揮，郭琇琮是副總指揮，各校負責人為：臺大楊建基、師範學院陳金木、法商學院陳炳基、延平學院葉紀東。作戰計畫原本打算先攻取景尾（今景美）、馬場町軍火庫，再分取軍警憲各據點，最後會攻長官公署，但卻因入夜後大雨不止，加上桃園方面武器供應始終沒來，致使計畫胎死腹中。[120]

官方檔案中有關臺北學生軍的記載，與陳炳基之說有相當出入。警備總部情報指出，三月三日「臺大學生八人向領事館請求借用槍彈，以為襲擊軍警之武器」，三月五日「臺大學生吳裕德召集臺大、延平學院、師範學院學生數百人開會抨擊政府施政，最後決議集體簽名參加共產黨，並在市區散發荒謬傳單，宣傳推倒現政府，凡曾受軍訓學生，均予分別登記」。[121] 此些情報後來被官方誇大為「臺大學生八人，向美國領事館借用槍彈，以為襲擊軍警之用，曾有四百餘名學生，沿徒張貼標語，並遣人聯絡全省各地青年爭取武器，擴大暴亂，並以組織『學生軍』為名，公然請警備總部發槍」。[122]

陳炳基等人所謂臺北地區「學生軍」之說，可能與以下訊息相關。警備總部參謀長柯遠芬指出，三月四日晚上，新莊倉庫守兵捕獲兩名「奸偽」，原來是兩名建國中學學生，他們供出將在臺灣大學、建國中學兩處集合，預定晚間十二時至一時行動，但兩人只知送命令、到何處集合，其他一概不知。柯遠芬當即指示警備總部義勇總隊長林頂立派便衣到建國中學與臺灣大學搜查，十一時查獲一學生在臺大附近徘徊，經詢稱在此集合。義勇總隊後來回報臺大方面的「奸偽」集合，因為下雨，只來了二、三十人，經勸說後已解散。[123] 與柯遠芬所得情報對照之下，陳炳基等人數十年後的回憶所說三個大隊學生軍的武裝行動，顯然有灌水之嫌。

其次，蘇新、蔡慶榮（蔡子民）等人則強調自己在二二八事件處理委員會中從事文鬥。蘇新說：

「處理委員會」裡面，除敵人以外，還有各種派別——左、中、右。我們的方針是爭取中間，壯大左派，孤立右派，打擊敵人。即使「處理委員會」是純粹為了談判，我們也應最大可能地爭取有利於人民的條件，何況「處理委員會」不僅僅是為了談判，更重要的是利用這個講壇，揭露敵人的陰謀和欺騙，去打擊敵人；一方面宣傳、鼓動和教育群眾，組織群眾起來鬥爭。[124]

蘇新說，由於二二八事件處委會中並無中共黨員，所以地下黨「把王添灯、林日高等人，做為黨的代理人爭取過來，而且通過他們爭取了不少人，形成了強有力的左派隊伍，還爭取了中間派，孤立了黃朝琴一夥的右翼，打擊了敵人」。[125]

省參議員王添灯原本是茶商，戰後活躍於政界，並先後擔任《人民導報》、《自由報》社長。王添灯身邊圍繞的人士，例如潘欽信是他的祕書與智囊，省參議員林日高是他的至友，蕭來福（蕭友山）是他茶行的職員兼《自由報》經理，加上《自由報》記者蔡慶榮、蘇新等人，[126]都是左翼或舊臺共分子。王添灯在二二八事件處委會擔任宣傳組長，潘欽信、蕭來福、蔡慶榮、蘇新等《自由報》的同仁自然成為他「參謀」，為他草擬在處委會的發言、提案、廣播稿。[127]

一九七〇年代，蘇新、蔡慶榮等人更加刻意誇大了中共地下黨在處委會中的影響力。蔡慶榮說，三月五日處委會通過〈八項政治根本改革方案〉，內容過於簡單，會議推舉王添灯起草具體方案，王氏返回辦事處後即吩咐潘、蕭、蔡等人草擬，次日由潘欽信執筆草擬了〈三十二條處理大綱〉，而此大綱是經過蕭來福請示地下黨後獲得同意的。[128]蘇新則特別畫出處理委員會中「王添灯—蕭來福—廖瑞發—蔡孝乾」的組織聯繫關係，表明重大問題都是來自蔡孝乾的指示。[129]

前文已指出蔡孝乾的供詞，完全未提地下黨與二二八事件處理委員會的任何關聯。那蘇新為何在一九七七年指證歷歷、言之鑿鑿？

一九五〇至一九六〇年代，中共對臺宣傳轉變，逃到中國的楊克煌等人的著作開始強調，二二八事件是共產黨領導下的人民起義，對事件詮釋大大改變。[130]同時，逃亡中國的左翼人士，面臨嚴酷的內部鬥爭，無論是二七部隊的武裝鬥爭路線或處委會談判路線，都要強調是基於黨的領導，以辨明路線正確。一九六〇年代文革浩劫下，在中國的臺灣人處境更加悽慘，謝雪紅在批鬥中亡故，蘇新、楊克煌、蕭來福等人都遭下放勞改命運。直到一九七七年文革十年浩劫結束，這一年正逢二二八事件三十週年，事件宣傳重新獲得重視。筆者認為，蘇新之說是為了強化自己在事件中的作為與地下黨的關係，駁斥「二二八處委會是談判妥協路線」，亦即，是為了自我保護而虛構的歷史敘述。

證諸蘇新在晚年所寫的〈蘇新自傳〉，可以支持筆者的推測。一九八〇年完成的〈蘇新自傳〉中，自承是受到王添灯對人民的責任心所感動，所以與《自由報》同仁組織了「對策委員會」做為智囊，蕭來福、潘欽信後來也加入。該文中不再提及〈三十二條處理大綱〉是經過中共地下黨同意之事，更不再強調處委會與黨的指揮系統。[131]同時，蘇新也承認自己日治時期雖為臺共黨員，但自出獄後就沒有再活動，「由於一向與組織沒有發生過關係，自己所做的事情都沒有保障。」蘇新真正申請加入中共是在一九四八年一月，在香港由謝雪紅、楊克煌所介紹，至該年七月才正式獲得黨籍。[132]

事實上在一九四八年六月，中共華東局在香港召開的臺灣工作幹部會議（香港會議）上，就對二二八事件進行了總檢討：

1.事先準備工作不夠：a.沒有迅速處理老臺共關係，以便在事變中能很好取得聯繫。b.沒有抓住光復後陳儀統治未深入時，迅速擴大黨的力量。c.沒有利用矛盾，來進行統戰工作。d.對外通訊沒有建立。……7.開始時輕敵，後來對敵人力量估計過高，迷戀城市，撤退時無組織，變成一哄而散。8.沒有以我黨名義，公開提出明確方針，指出到達勝利必須走的道路，來教育群眾。[133]

中共華東局的總檢討，無疑為二二八事件中共產黨的角色下了定論。由於中共省工委會組織發展未臻健全、對臺灣戰後情勢估量失準，二二八事件爆發後，只能扮演被動的角色，甚至是依靠黨員個人臨機應變，缺乏全面的計畫與統一的指揮系統。舊臺共勢力固然有較前者深厚的社會基礎，但謝雪紅的二七部隊受到臺中地方士紳的抵制，在國府軍增援前後匆匆潰散。中共中央則僅僅在一九四七年三月二十日的《解放日報》社論〈臺灣自治運動〉中，對臺灣的二二八事件表達聲援與同情之意。[134]

注釋：

1〈抄臺灣省警備總司令部軍法處訊問筆錄〉，收入陳興唐主編，《臺灣「二・二八」事件檔案史料（上卷）》（臺北：人間，一九九二），頁三二三。國防部史政局，〈臺灣二二八事變紀言〉，收入李敖編著，《二二八研究》（臺北：李敖，一九八九），頁二〇。

2〈緝煙血案被告傅學通等判決書〉，收入陳芳明編，《臺灣戰後史資料選》（臺北：二二八和平日促進會，一九九一），頁二二九。林木順，《臺灣二月革命》（臺北：前衛，一九九〇），頁十。

3 林木順，《臺灣二月革命》，頁十。〈緝煙血案被告傅學通等判決書〉，頁二二九。臺灣省行政長官公署新聞室編，〈臺灣暴動事件紀實〉，收入陳興唐主編，《臺灣「二・二八」事件檔案史料（上卷）》，頁二三三。

4 朱浤源訪問，〈王雲青先生訪問紀錄〉，《口述歷史》第四期（一九九三年二月），頁二〇。

5 朱浤源訪問，〈王雲青先生訪問紀錄〉，頁二〇。

6 朱浤源訪問，〈王雲青先生訪問記錄〉，頁十九。

7 臺灣省行政長官公署新聞室編，〈臺灣暴動事件紀實〉，頁二三三。不著撰人，〈二二八事變之平亂〉，收入中研院近史所編，《二二八事件資料選輯（一）》（臺北：中研院近史所，一九九二），頁一一四。

8 朱浤源訪問，〈王雲青先生訪問紀錄〉，頁二一。

9 林德龍輯註，《二二八官方機密史料》（臺北：自立晚報社，一九九二），頁六。
10 林木順，《臺灣二月革命》，頁十一十一。
11 〈陳文溪葬式啟事〉，《臺灣新生報》，一九四七年三月三—五日，二版。
12 蔣渭川遺稿，《二二八事變始末記》（臺北：蔣氏家屬自印，一九九一），頁一〇一—一〇二。
13 林木順，《臺灣二月革命》，頁十一—十二。臺灣省行政長官公署新聞室編，〈臺灣暴動事件紀實〉，頁二三四。〈二二八事件的經過〉，《臺灣新生報》，一九四七年三月三日，號外。
14 林木順，《臺灣二月革命》，頁十三。唐賢龍，〈臺灣事變內幕記〉（北京：九州，二〇〇四，復刻版），頁六一。
15 林木順，《臺灣二月革命》，頁十三。唐賢龍，〈臺灣事變內幕記〉，頁六二。〈二二八事件的經過〉，《臺灣新生報》，一九四七年三月三日，號外。
16 謝聰敏訪問，〈謝娥女士談二二八〉，收入陳芳明編，《臺灣戰後史資料選》，頁三九一—三九二。
17 〈謝娥〉，收入陳翠蓮著，《續修臺北市志卷九：人物志——政治與經濟篇》（臺北：臺北市文獻委員會，二〇一四），頁一〇〇—一〇一。
18 謝聰敏專訪，〈謝娥女士談二二八〉，頁三九一—三九二。
19 林木順，《臺灣二月革命》，頁十三。〈二二八事件的經過〉，《臺灣新生報》，一九四七年三月四日，一版。唐賢龍，〈臺灣事變內幕記〉，頁六三—六四。
20 〈楊亮功、何漢文關于臺灣二二八事件調查報告及善後辦法建議案〉，收入陳興唐主編，《臺灣「二·二八」事件檔案史料（上卷）》，頁二六五—二六六。
21 林木順，《臺灣二月革命》，頁十四。唐賢龍，〈臺灣事變內幕記〉，頁六六。
22 〈長官廣播宣布　四項處置辦法〉，《臺灣新生報》，一九四七年三月三日，一版。
23 〈處理委員會昨開會　擴大組織廣納民意〉，《臺灣新生報》，一九四七年三月三日，一版。
24 林德龍輯註，《二二八官方機密史料》，頁十七。
25 〈長官廣播宣布　四項處置辦法〉，《臺灣新生報》，一九四七年三月三日，一版。《臺灣二月革命》，頁二二—二三。
26 林德龍輯註，《二二八官方機密史料》，頁二二。
27 〈處理委員會加強機構　十七縣市同時組會〉，《臺灣新生報》，一九四七年三月四日，號外。
28 臺灣省行政長官公署編，〈臺灣省二二八暴動事件報告〉，收入陳芳明編，《臺灣戰後史資料選》，頁一四六。
29 〈處委會各小組討論　將發告全國同胞書〉，《臺灣新生報》，一九四七年三月六日，一版。〈全會分為十個小組　商討決定工作內容〉，

《民報》，一九四七年三月六日，二版。

30 〈處理委會商討 組織大綱草案〉，《臺灣新生報》，一九四七年三月六日，一版。〈決定處委會組織大綱 暨政治改革兩草案〉，《民報》，一九四七年三月六日，二版。

31 〈二二八事件處委會 正式選出常務委員〉，《臺灣新生報》，一九四七年三月七日，一版。

32 〈陳長官廣播全文 長官公署將改為省政府〉，《臺灣新生報》，一九四七年三月八日，一版。

33 〈各方意見先交處委會 開列名單向公署建議〉，《臺灣新生報》，一九四七年三月八日，一版。

34 〈處委會闡明真相 向中外廣播處理大綱〉，《臺灣新生報》一九四七年三月八日，二版。林木順，《臺灣二月革命》，頁三三。蔡子民，〈憶二二八與王添灯〉，《臺聲》第二期（一九八七年二月），頁十三。

35 根據〈監察院閩臺使署調查二二八事件發生經過報告〉，二二八事件處理委員會向行政長官陳儀所提出的〈三十二項條件〉，經比對，即〈三十二條處理大綱〉，並未加上〈十項要求〉。可參考〈監察院閩臺使署調查二二八事件發生經過報告〉，收入陳興唐主編，《臺灣「二·二八」事件檔案史料（下卷）》，頁一九〇—一九三。

36 林木順，《臺灣二月革命》，頁三四。

37 林德龍輯註，《二二八官方機密史料》，頁一四三。

38 林德龍輯註，《二二八官方機密史料》，頁四九、七五、一〇四。

39 許雪姬訪問，〈簡文發先生訪問紀錄〉，《口述歷史》第四期（一九九三年二月），頁四八。

40 林德龍輯註，《二二八官方機密史料》，頁七〇、九三、一二七、一二九、一三〇、一四〇。

41 〈二二八處委會改組首次會 決積極維持治安〉，《臺灣新生報》，一九四七年三月四日，一版。

42 〈嘉義衝突業已停止 處委會代表往訪柯參謀長〉，《民報》一九四七年三月六日，二版。

43 〈二二八處委會改組首次會 決積極維持治安〉，《臺灣新生報》，一九四七年三月四日，一版。

44 〈處委會各小組討論 將發告全國同胞書〉，《臺灣新生報》，一九四七年三月六日，一版。〈全會分為十個小組 商討決定工作內容〉，《民報》，一九四七年三月六日，二版。

45 林木順，《臺灣二月革命》，頁三四。

46 〈吾人要認清此次行動目標 除要求政治改進外無他求〉，《臺灣新生報》，一九四七年三月五日，一版。

47 楊亮功、何漢文，〈二二八事件調查報告〉，收入李敖編著，《二二八研究》，頁八三—八八。

48 鄭政誠，〈戰時體制下臺南師範學校學生的軍事訓練與動員〉，《國史館館刊》第四一期（二〇一四年九月），頁一五七—一八六。

49 竹中信子，《日本女人在臺灣：日治臺灣生活史昭和篇（下）》（臺北：時報，二〇〇九），頁三〇九、三六七、四三五。

50 陳翠蓮，《二二八事件與青年學生——二二八事件檔案專題選輯》（臺北：檔案管理局，二〇〇五），頁二五。

51 蔣渭川遺稿，《二二八事變始末記》，頁一〇五。

52 張炎憲等訪問，〈王振南先生訪問紀錄〉，收入張炎憲等採訪紀錄，《嘉南平野二二八》（臺北：吳三連臺灣史料基金會，一九九五），頁二五。

53 鍾逸人，《辛酸六十年》（臺北：自由時代，一九八八），頁四八〇、四八六—四八七。

54 張炎憲等訪問，〈黃清標先生訪問紀錄〉，收入張炎憲等採訪紀錄，《嘉南平野二二八》，頁八四—八五。

55 陳儀深訪問，《濁水溪畔二二八——口述歷史訪談紀錄》（臺北：二二八事件紀念基金會，二〇〇九），頁九。

56 林呈蓉，《皇民化社會的時代》（臺北：臺灣書店，二〇一〇），頁一一六—一二二。

57 王昭文，〈二二八事件嘉義地區的學生與武裝行動〉，收入許雪姬主編，《二二八事件六十週年紀念論文集》（臺北：臺北市文化局，二〇〇七），頁二六九。

58 許雪姬，〈臺灣光復初期的民變：以嘉義三二事件為例〉，收入賴澤涵主編，《臺灣光復初期歷史》（臺北：中研院人社所，一九九三），頁一八四—一九二。

59 〈臺灣省二二八事件調查報告紀要〉，收入陳興唐主編，《臺灣「二·二八」事件檔案史料（上卷）》（臺北：人間，一九九二），頁三五九。

60 蔣渭川遺稿，《二二八事變始末記》，頁三七。

61 謝聰敏，〈二二八事變研究——二二八事變中的黨政關係〉，收入謝聰敏，《黑道治天下及其他》（臺北：謝聰敏國會辦公室，一九九三），頁一六〇。此處所說陳松堅要求劉明動員學生之事，乃謝聰敏訪問劉明時被告知。

62 蔣渭川遺稿，《二二八事變始末記》，頁三七、五七、八六。

63 黃富三等訪問，〈廖德雄先生訪問紀錄〉，《口述歷史》第四期（一九九三年二月），頁六八。

64 林德龍輯註，《二二八官方機密史料》，頁二四七。

65 許雪姬等訪問，〈林山先生訪問紀錄〉，《口述歷史》第三期（一九九二年二月），頁五五。

66 臺灣省文獻委員會，《臺灣省通志卷首下：大事記》（南投：臺灣省文獻委員會，一九六八），頁一六一。

67 〈臺灣暴動紀實〉，《觀察》二：五（一九四七年三月二十九日），頁十七。

68 朱浤源訪問，〈王雲青先生訪問紀錄〉，頁二〇—二三。

69 〈臺北市政府安插義勇糾察隊辦法案一〉，《組織義勇糾察隊》，臺灣省行政長官公署檔案，檔號：474/1758，國史館藏。朱浤源訪問，〈王雲青先生訪問紀錄〉，頁二三。

70 唐賢龍，〈臺灣事變內幕記〉，頁八七。林龍德，《二二八官方機密史料》，頁三八。

71 黃富三訪問，〈鄧進益先生訪問紀錄〉，《口述歷史》第四期（一九九三年二月），頁九七。林木順，《臺灣二月革命》，頁二四。
72 黃秀政訪問，〈林朝業先生訪問紀錄〉，《口述歷史》第四期（一九九三年二月），頁二四〇。
73 許雪姬等訪問，〈林山先生訪問紀錄〉，頁五五。
74 許雪姬訪問，〈蔡丁贊先生訪問紀錄〉，《口述歷史》第三期（一九九二年二月），頁一四〇—一四三。
75 林德龍輯註，《二二八官方機密史料》，頁五九。
76 吳濁流，《無花果》（臺北：前衛，一九八八），頁二一一、二一九—二二〇。
77 路人，〈臺灣二二八真相〉，《新聞天地》第二三期（一九四七年五月），頁二七。
78 蕭鐵，〈我在臺灣二二八事件中〉，《新聞天地》第二四期（一九四七年六月），頁三一。
79 謝聰敏，〈二二八事變研究——二二八事變中的黨政關係〉，頁一五四。葉芸芸，〈「山水亭」舊事〉，收入葉芸芸編，《證言二·二八》（臺北：人間，一九九〇），頁一一五。
80 蔣渭川遺稿，《二二八事變始末記》，頁七八—七九、九一—九二。
81 蔣渭川遺稿，《二二八事變始末記》，頁九五—九六。
82 蔣渭川遺稿，《二二八事變始末記》，頁一〇一—一〇二。
83 蔣渭川遺稿，《二二八事變始末記》，頁一〇二。
84 蔣渭川遺稿，《二二八事變始末記》，頁八〇—八一、一〇八。
85 嚴演存，《早年之臺灣》（臺北：時報，一九九一），頁二八、三三。
86 孫志俊，〈回憶臺灣光復與二二八事件的一段歷程〉，收錄於《二二八真相》（臺北：出版年代及資料不詳），頁三六五。
87 許雪姬訪問，〈黃紀男先生訪問紀錄〉，《口述歷史》第四期（一九九三年二月），頁八六。
88 臺灣省警備總部，〈臺灣暴動經過情報撮要〉，收入中研院近史所編，《二二八事件資料選輯（四）》（臺北：中研院近史所，一九九三），頁四五一—四五二。
89 〈告民眾書〉，收入鄧孔昭編，《二二八事件資料集》（臺北：稻鄉，一九九一），頁三四一。
90 臺灣省行政長官公署，〈臺灣省二二八事件調查報告紀要〉，收入陳興唐主編，《臺灣「二·二八」事件檔案史料（上卷）》（臺北：人間，一九九二），頁三五二。
91 〈楊亮功、何漢文關于臺灣二二八事件調查報告及善後辦法建議案〉，頁二六五。
92 〈處理委員會發出　告全國同胞書〉，《臺灣新生報》，一九四七年三月七日，一版。
93 林德龍輯註，《二二八官方機密史料》，頁一一八。

94 林德龍輯註，《二二八官方機密史料》，頁一〇六—一〇七。
95 林德龍，《二二八官方機密史料》，頁一一七。
96 〈自治青年同盟　召開幹部會議〉，《臺灣新生報》，一九四七年三月七日，一版。
97 林德龍輯註，《二二八官方機密史料》，頁九九。
98 陳翠蓮，《二二八事件與青年學生——二二八事件檔案專題選輯》，頁二八、三〇、四〇。
99 〈監察院閩臺使署調查二二八事件發生經過報告 附件九高雄市二二八事件報告書〉，收入陳興唐主編，《臺灣「二・二八」事件檔案史料（下卷）》（臺北：人間，一九九二），頁五〇五。
100 〈監察院閩臺使署調查二二八事件發生經過報告 附件九高雄市二二八事件報告書〉，頁五〇六—五〇七。
101 林木順，《臺灣二月革命》，頁六六。
102 陳翠蓮，《二二八事件與青年學生——二二八事件檔案專題選輯》，頁二八、三〇、四〇。
103 唐賢龍，〈臺灣事變內幕記〉，頁八二。
104 〈處委會闡明真相　向中外廣播處理大綱〉，《臺灣新生報》，一九四七年三月八日，二版。
105 〈敵の善後工作に騙されるな 速に自衛態勢を取れ〉、〈告示兵書〉、〈六百萬臺灣民眾 總武裝して立て〉，收入侯坤宏、許進發編，《二二八事件檔案彙編（二）》（臺北：國史館，二〇〇二），頁二六一—二六四。
106 前鋒編輯部，〈青年座談會〉，《前鋒》第十四期（一九四七年二月八日），頁十—十三。
107 陳翠蓮，《百年追求——臺灣民主運動的故事卷一：自治的夢想》（臺北：衛城，二〇一三）
108 〈蔡孝乾訊問筆錄〉，《蔡孝乾》，檔號：0036/0410.9/44904440/2/001，檔案管理局藏。
109 〈蔣介石在中樞紀念週上的講話〉，收入鄧孔昭編，《二二八事件資料集》，頁三六七。
110 〈白崇禧對全國廣播詞〉，收入鄧孔昭編，《二二八事件資料集》，頁三五五。
111 法務部調查局編，《臺灣光復後之「臺共」活動》（臺北：法務部調查局，一九七七），頁二九—三〇。
112 〈蔡孝乾訊問筆錄〉，《蔡孝乾》，檔號：0036/0410.9/44904440/2/001，檔案管理局藏。
113 〈蔡孝乾訊問筆錄〉，《蔡孝乾》，檔號：0036/0410.9/44904440/2/001，檔案管理局藏。
114 〈楊春霖（張志忠）供述筆錄〉，《蔡孝乾自白書及供詞》，檔號：0036/0410.9/44904440/2/023，檔案管理局藏。
115 葉芸芸，〈二・二八事變中的謝雪紅〉，收入葉芸芸編，《證言二・二八》（臺北：人間，一九九〇），頁三八。
116 葉芸芸，〈二・二八事變中的謝雪紅〉，頁三七—三八。
117 古瑞雲，《臺中的風雷》（臺北：人間，一九九〇），頁七二。

118 〈楊春霖（張志忠）供述筆錄〉，《蔡孝乾自白書及供詞》，檔號：0036/0410.9/44904440/2/023，檔案管理局藏。

119 A-11-0009，〈報青年團東石區隊主任呂水霖組軍參變罪證〉；A-11-0012，〈報臺南東時暴民呂水霖所組織之偽自治聯軍成立暗殺團遴選林桂彬為隊長執行暗殺〉，保密局臺灣站二二八史料，中研院臺史所藏，未刊。

120 藍博洲，《沉屍．流亡．二二八》（臺北：時報，一九九一），頁二八—三〇、五七、八四—八八。

121 臺灣省警備總部，〈臺灣暴動經過情報撮要〉，頁四四六—四四八。

122 不著撰人，〈二二八事變之平亂〉，頁一二二。

123 柯遠芬，〈事變十日記〉，收入李敖編著，《二二八研究》，頁二四八—二四九。

124 蘇新，〈關於「二．二八事件處理委員會」〉，收入蘇新，《未歸的臺共鬥魂——蘇新自傳與文集》（臺北：時報，一九九三），頁一九三。

125 蘇新，〈關於「二．二八事件處理委員會」〉，頁一九四。

126 蘇新，〈王添灯先生事略〉，收入蘇新，《未歸的臺共鬥魂——蘇新自傳與文集》，頁一一一。

127 蘇新，〈王添灯先生事略〉，頁一一八。

128 蔡子民（蔡慶榮），〈憶二．二八與王添灯〉，《臺聲》第二期（一九八七年二月），頁十三。

129 〈關於「二．二八事件處理委員會」〉，頁一九四—一九五。

130 陳翠蓮，〈二二八事件史料評述〉，收入李旺台總編輯，《二二八事件新史料學術論文集》（臺北：二二八事件紀念基金會，二〇〇三），頁一八六—一八七。

131 蘇新，〈蘇新自傳〉，收入蘇新，《未歸的臺共鬥魂——蘇新自傳與文集》，頁六九。

132 蘇新，〈蘇新自傳〉，頁七五—七六。

133 〈關於「二二八」的經驗教訓〉，《中共有關「二二八」之內部文件》，國家安全局檔案，中研院近史所檔案館藏。

134 〈臺灣自治運動〉，《解放日報》一九四七年三月二十日社論，收入鄧孔昭編，《二二八事件資料集》，頁三〇九—三一三。

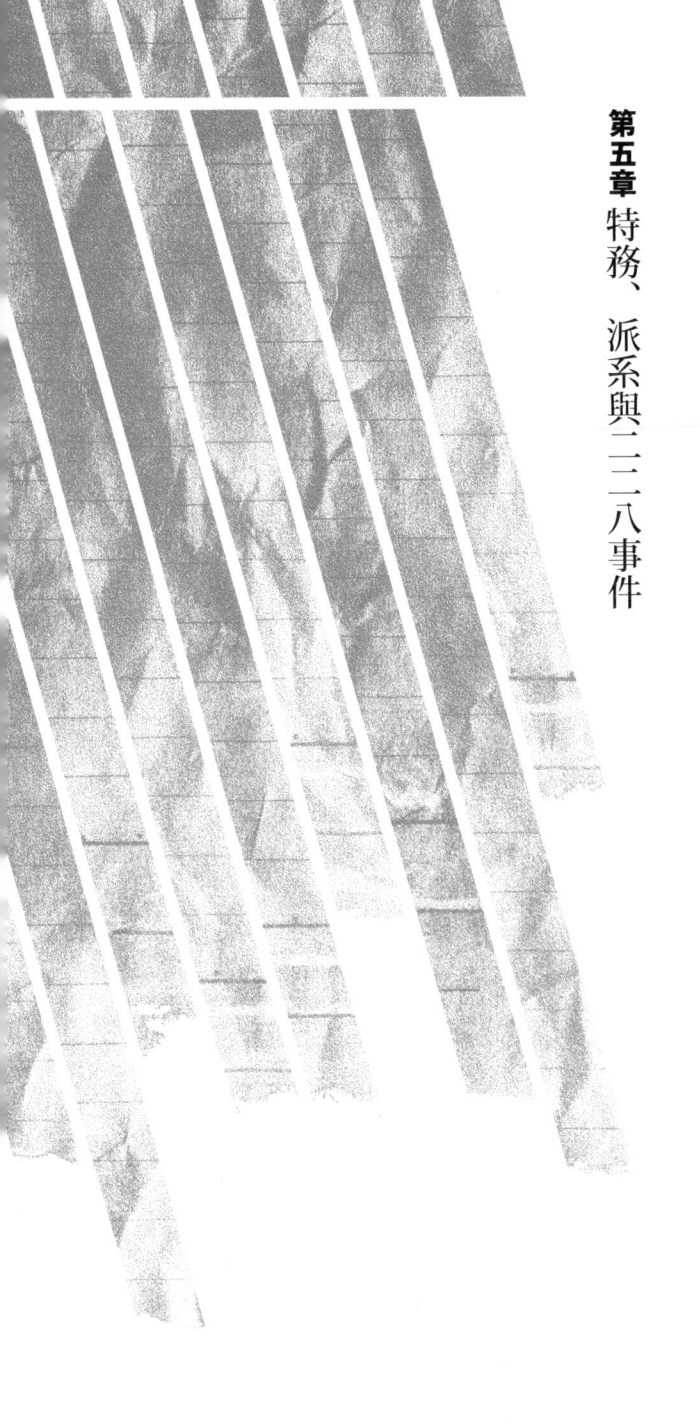

第五章 特務、派系與二二八事件

經過一年十個月的混亂統治，臺灣社會從「歡天喜地」到「烏天暗地」，二二八事件是民怨的總爆發。面對沖天民怨，國府統治集團並未因此檢討統治失敗問題，反而慣性地施展特有的統治模式。本章將透過特務機關、政治派系在二二八事件期間的各種作為，藉以檢視此種統治文化所造成的巨大破壞性。

因為新檔案的出土，使得過去甚為模糊、疑點重重的問題得以釐清，二二八事件中特務介入運作、派系鬥爭傾軋的面貌，逐漸清晰。戰後中國正值訓政期過渡到憲政階段，特務機關面臨縮編、改組的壓力，二二八事件提供了特務機關證明自身存在之重要功能的機會。特務機關在事件中結合黑道、滲透分化，甚至以暗殺日敵、共產黨的激烈做法進行社會控制，種種手段莫不複製自戰前在中國大陸的統治經驗。其次，各政治派系也以事件為角力戰場大肆活動，藉以打擊對手、爭奪權位。派系政治以謀取私利為目標，造成傷害擴大、株連無數。而部分半山人士、臺籍菁英捲入其間，也有待檢視。

第一節　特務機關在事件中的角色

戰後，在美國要求「團結、民主、強大的中國」催促下，國共開始和談，國民黨政府並推動從訓政體制轉為憲政體制進程，開始制憲工作。國共「雙十協定」（全名〈國民政府與中共代表會談紀要〉）中要求國民黨政府取消特務組織，為此，軍事委員會軍統局一度面臨組織解散的壓力。

幾經折衝後，國民黨政府打算將特務組織納入行政體系，一九四六年八月軍統局改組為國防部保密局，組織編制縮編到原有三分之一規模。但實際上，各站組轉入祕密活動，並以對付共產黨、民主黨派人士為主要任務。[1]

抗戰時期，軍統局的主要任務是「保衛祖國，殺敵鋤奸」，其次才是對付共產黨。抗戰勝利後負責處理漢奸懲治工作，改組為保密局後，主要任務轉變為對付「奸匪叛國」、保密防諜，展開對匪情報作戰。保密局在各地的布置，無論是情報蒐集、心戰策反、破壞行動、保密偵防，都以「克制共匪」為主要目標。保密局的布建原則包括：對「奸偽」活動地區展開複式布建，以各組為單位祕密潛伏，安排內線偵查陰謀活動，臺灣等特殊地區隨時依情勢需要加強或調整情報布置。[2]

面臨組織裁撤、生存保衛戰的特務們，必須積極證明自身存在的價值。二二八事件發生，剛好提供了這樣的機會，他們拿出對付日本人、共產黨的那套思維與手段，大展身手，事件期間潛伏滲透、祕密暗殺，全力打擊「敵人」。

一、保密局對各地處委會的滲透情形

保密局臺灣站以警備總部調查室為掩護單位，與警備總部密切合作。警總參謀長柯遠芬回憶二月二十八日下午長官公署開槍射殺請願民眾，激起動亂後，他立即指示警備總部調查室、憲兵特勤組、軍統局臺北站等情報單位動員所有人力偵查事變為首分子，並嚴密加以監視。三月三日，柯遠芬認為事變已變質且事態愈形嚴重，乃亟思「擒賊擒王」之策。他再度召集警總調查室主任陳達元、憲兵團長張慕陶、保密局林頂立等人，指示偵查事變幕後策動分子，掌握為首分子動態，以備將來「平亂」之用。[3] 再參照柯遠芬所寫的〈事變十日記〉可知，警備總部與保密局一開始就將事變視為「奸匪叛亂」，積極策謀，尋求一網打盡之計。[4]

第三章已指出，戰後初期保密局在臺灣已建立完整的情報網。二二八事件發生後，特務人員依指示運作，二二八事件處理委員會與各地分會被滲透情形十分嚴重。依據新出土的國家安全局「拂塵專案」與保密局臺灣站檔案，還原特務機關的滲透情形，令人震驚。

（一）二二八事件處理委員會、忠義服務隊：

國安局「拂塵專案」收入了許德輝的〈臺灣二二八事件反間工作報告書〉。此報告書由許德輝在事件後呈給保密局副局長毛人鳳，因為國府軍隊抵臺後，忠義服務隊遭官方追究，三月十二日有六名憲警人員進入許德輝的互正公司追問行蹤，隊員賴金圳、惠澤二人當場遭到槍殺，許德輝為求自保，上書毛人鳳呈報「反間經過」。[5] 報告書中指出，二月二十八日長官公署衛兵開槍擊斃請願民眾後，暴動勢如狂潮，當日下午一時，許德輝承保密局臺北站站長毛簡、臺灣站站長林頂立之邀，透過陳儀之弟陳公銓的安排，面見陳儀，陳儀允准成立忠義服務隊。三月一日，奉林頂立之命，召集臺北市各角落首領（角頭）於中午十二時在林頂立公館集合聆聽指示。二日，由林頂立報告陳儀，核准製發出入證二百五十號，並給曾永富等三人手槍各一把以保護保密局站部，其餘人員商借臺北市警察第一分局[6]樓下做為忠義服務隊總部。許德輝說：

> **組織忠義服務隊**……於三月三日上午開始辦公，**將原有二十二角落成立二十二分隊**，直轄總隊部，**每分隊暫編隊員十名，及另設特務隊員三十名，計二百五十名**，開始維持秩序。（四）深入反間：三月三日下午三時，臺灣省參議會在中山堂成立二二八事件處理委員會，職等恐當場騷動，當率同隊員前往參加及監視該等行動，即於當場被選為治安組組長。職因之乘機，更得深入反間工作之良好機會，並將詳情返陳公館面報林頂立、陳達元二先生。[7]

原來，許德輝是臺北市一大流氓，戰後組織糾察隊協助國府接收工作，事後成為保密局線民。二二八事件發生當天下午，許德輝受陳儀長官與保密局之命組織忠義服務隊，二日前往拜訪蔣渭川，希望蔣氏在處理委員會中推舉自己為治安組組長。[8]同日，警備總部參謀長柯遠芬向中央社記者透露：「政府目前全力從事爭取民眾工作，如找可靠而有力量之臺胞許德輝等，出來組織忠義服務隊，一面希冀分散不法行動之臺胞力量，一面暗地協助政府推進工作。」[9]

三月三日，許德輝在處理委員會會議上表示：「願喚起全省有志數十萬民眾，組織自衛隊以負安全之責，惟有前車可鑑，不可如光復後之督察隊，先被其利用後被做為流氓處理，對此點望諸位協助。」滿場鼓掌，表示支持。[10]中央社更報導，許德輝在會中表示已連絡好臺北市所有好漢，組織治安糾察隊，「如軍警不法開槍時，吾輩已決玉碎做為犧牲……如長官以空言欺瞞吾輩，再發生問題時，全省十餘萬之好漢子，斷然玉碎，以責問長官之食言」，聽眾聞言高喊：「我們做你們的後盾！」處委會成員黃朝生醫生並期勉之，群眾大聲呼喊：「許先生萬歲！」滿堂激昂興奮。[11]許德輝明明是長官公署、保密局暗中安排滲透處委會工作者，卻在會議中上演犧牲玉碎的感人大戲，而被推舉為處委會治安組組長，並組織早已私下組成之忠義服務隊。

忠義服務隊的主要成員是二百五十名臺北市各處角頭流氓，三月六日並經陳儀同意撥配手槍十七桿。另方面，在臺北市長游彌堅、臺北市警察局長陳松堅、蔣渭川、劉明等人動員之下，不知情的臺北市學生包括臺灣商工學校（今開南商工學校）、法商學院（今徐州路臺大社科院）、成功中學、延平學院、泰北中學、建國中學等共十五個學校約一千二百名學生參與。忠義服務隊收編流氓，民間指證該隊在事件中大肆猖獗，公然打劫、威脅善良、結隊橫行、假公濟私、勒索暗殺，並企圖分化民眾，燒毀外省人商店、毆打外省人，製造中央派兵鎮壓的藉口。[12]而軍隊上岸後，忠義服務隊青年在圓山軍械庫被殺害，成為代罪羔羊，將在後文敘述。

保密局的滲透、反間工作不限於臺北一例，各地亦如法泡製。以下，保密局臺灣站機密檔案與各類史料提供了更多的例證。

（二）臺南縣二二八事件處理委員會：

據臺南諜報組特務「周元寧」情報指出，「查**臺南縣嘉義區長蔣重鼎**於事變中參加臺南縣處委會委員，且在該區組織外交宣傳組，煽動青年組織聯軍會，與各地暴徒連絡反抗國軍。似此罪大惡極，仍得逍遙自在，位置安然，民眾僉以費解。」[13]但另方面，檔案中也看到針對虎尾區區長謝掙強案之情報，保密局人員批文「請飭蔣重鼎兄查覆憑核」，[14]隨後致函「蔣少華」，並括弧「蔣重鼎」，指示詳查謝掙強言行等情報。[15]亦即，保密局檔案不小心透露出化名為「蔣少華」的線民，就是嘉義區長蔣重鼎，他在事件中潛伏於臺南縣處委會。

蔣重鼎，臺灣嘉義人，日治末期潛往中國，曾加入李友邦在福建龍岩組織的臺灣義勇隊及軍統局的忠義救國軍，戰爭末期接受臺灣幹部班培訓。戰後返臺任臺南州接管委員會委員、臺南縣政府東石區長等職。[16]檔案中可以看到他化名「蔣少華」，在印著「臺灣省臺南縣政府」字樣的稿紙上為保密局提供情報。第三章已說明保密局情報網特務人員之工作職級，蔣重鼎雖然只是保密局的運用員，但二二八事件中有關雲嘉南地區的情報，大都指示彙送「蔣少華」（蔣重鼎）查核，可見保密局臺灣站高層對該員之倚重。特務人員不知蔣重鼎是保密局在臺南縣二二八處理委員會之線民，加以密報指控，在不明就裡的特務人員眼中竟是「罪大惡極」的叛徒。

其次，東石區朴子鎮處理委員會治安組長**黃錫鏞**，被指控與黃媽典召開祕密會議，密召同志，準備武器，進行革命，情報中卻赫然標記為「總部第三課報組運用」。[17]

（三）基隆市二二八事件處理委員會：

二二八事件處理委員會基隆分會組織組組長「林風」在呈送情報時提到，「弟因奉兄（柯復興）函令及史司令（史宏熹）之令，負責組織組長之責，以資監視。此為基隆二二八處理分會內幕之

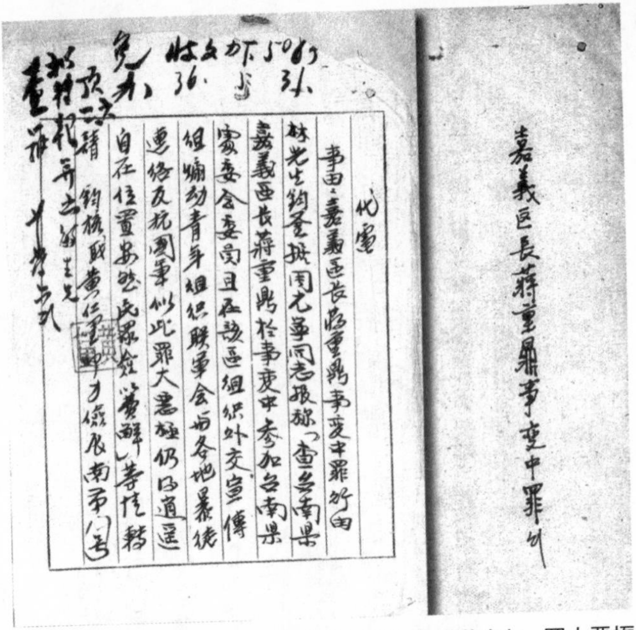

5-1 保密局情報指控區長蔣重鼎在事件中煽動青年、罪大惡極。

來源：許雪姬主編，《保密局臺灣站二二八史料彙編（二）》。

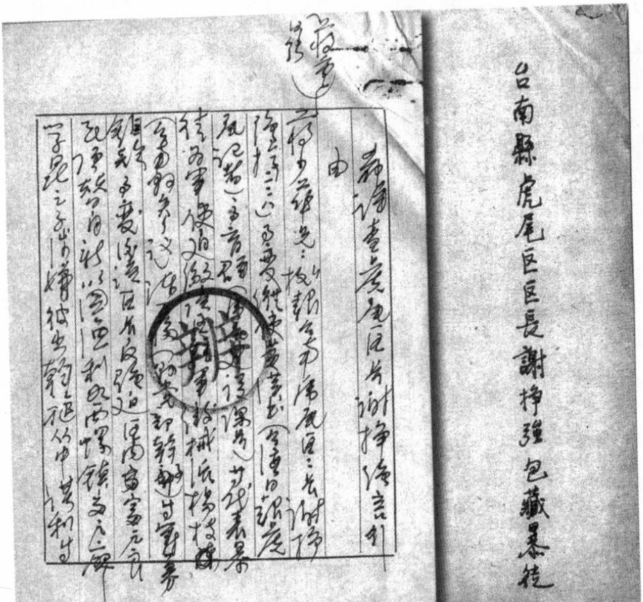

5-2 另一則情報中卻透露，特務蔣少華即是蔣重鼎。

來源：許雪姬主編，《保密局臺灣站二二八史料彙編（二）》。

人物分配」，[18]並上呈該會名單，包括正副主委黃水樹、楊元丁，治安組長紀秋水，宣傳組長蔡星穀，財務組長葉松濤，總務組長蔡炳煌，糧食組長楊元丁；而地方人士在事件中的活動情形一一被密報。

（四）花蓮青年團、自衛隊：

花蓮地方組織也有特務滲透，花蓮諜報組長「紀桐霞」報稱：「職觀此危急局面……並將廣播電臺派妥人予以控制，一方面**派施龍木同志參加金獅團與青年團**，聯合組織自衛隊，以維治安。」[19]花蓮鳳林鎮青年團中，有特務人員「吳相輝」滲透監視，地方人士不查，竟還由該員負責保管槍械倉庫鎖匙的任務。基隆諜報組「林思龍」呈報「於微（五日）**派吳相輝監視區長**，管理電話」，[20]「查鳳林鎮鎮民張芳堯，二二八事件號召鳳林青年組織青年團，自任團長。……與青年中隊長李慶喜、警察所刑事徐水源等，接收鳳林警察所槍械、倉庫，……除少數發配青年團應用外，餘仍存倉庫，而鎖匙交與吳相輝、徐水源共同保管等情。」[21]

（五）臺灣新生報社：

臺灣新生報社中，也有多位線民潛伏，在報社中監視社員行動。臺北諜報組「董貫志」報稱：「新生報社吳金鍊、阮朝日、陳昆山……於三月一日，由上列三叛徒發起接收委員會，計委員十五人……又由**社長李萬居派入監視行動之蔡朝根、蔡水勝、林鐘、許家庭等員為偽委員，公開倡亂**，

淆惑是非」；特務並建議應保護自己人：「蔡朝根、蔡水勝、林鐘、許家庭等四員則因奉社長令侵入參加，予以保障」。[22]另外，新生報社中尚有其他潛伏人員，「該報社**校對劉振良**……**主任祕書蔡雲程**……係國民黨忠實黨員……**平素多與我方同志接觸**，**忠貞黨國**，被報有奸黨嫌疑一節，實係挾嫌誣報。」[23]

（六）澎湖縣二二八事件處理委員會[24]：

二二八事件處理委員會**澎湖分會的活躍分子「陳大欣」**，乃特務人員。陳大欣是澎湖縣救濟院辦事員，在事件中參與處委會澎湖分會，是處委會十一位委員之一。[25]情報中指出：「查前此最出風頭者，長輩為許整景、陳伯寮……等，青年為許龍棋……陳大欣……等」，[26]但這位活躍青年陳大欣，正是保密局澎湖組的運用員，並在事件中向澎湖諜報站提供情報。[27]

（七）中部自治青年同盟：

事件期間，名為「**中部自治青年同盟本部**」的團體甚為活躍，並散發傳單主張實施地方自治、完成真正的民主、臺灣高度自治、迅速實施省縣市長民選等等，傳單上署名該同盟**本部長「黃光衛」**。[28]事件後，黃光衛被緝獲押解至警備總部法辦，但旋即被釋放回臺中，並任職臺中互正公司。[29]互正公司是許德輝所成立之合會儲蓄公司，總部在臺北市寧夏路，也正是二二八事件期間忠義服務隊隊員聚集之處，該公司後來與臺北區合會儲蓄公司合併。[30]黃光衛在事件中以公開名號積極活動，事件後卻被警備總部釋放，並安排到互正公司臺中分公司工作，恐怕也是保密局滲透工作的一環。

由以上檔案可知，二二八事件中保密局人員不僅在各處密布特務與眼線，部分人員並身先士卒、翻雲覆雨。其中以臺北市二二八事件處理委員會治安組組長、忠義服務隊總隊長許德輝是最明顯的例子。在事件中大為活躍的許德輝，本身是保密局臺灣站直屬通訊員，化名「高登進」。由於特務人員介入各地行動甚深，有時甚至連保密局主官也無法辨認是否為負有「特別使命」的「我方人員」，例如在嘉義自治聯軍中頗為活躍的朴子隊隊長張榮宗，密報中指稱他「原屬軍統局，克復福州時頗著成績。此次嘉義動亂時亦參加，未知有無特別使命」。[31]

一九四七年四月，保密局臺灣站站長張秉承（林頂立）所呈報的〈臺灣二二八事變報告書〉中即指出：

> 二二八事發，查其情態勢正擴大，乃派許德輝同志出面掌握臺北廿二角落流氓首領及一部分純良學生，指示方針，參加為反間工作，出為鎮壓暴徒……臺中、臺南、高雄、花蓮各地亦有如法進行，收效宏大。惟吾人在臺工作建立不久，人員稀少致不能發動全面工作、達成任務，殊為遺憾。[32]

二二八事件中，保密局不僅監視事件動態，並且派員滲透各地處理委員會、擴大事端，意圖

「引蛇出洞」，以便「擒賊擒王」，因為特務的密報，各地區「黑名單」因此編製而成。對於相對安定的地區，當局反覺棘手。例如，澎湖在事件中並未受到波及，這對統治當局而言應該感到欣慰，但是，警備總部參謀長柯遠芬卻認為，如此一來「良莠則甚難分辨得出」，故下令肅清奸黨、不良分子，由馬公要塞司令部參謀長姚盛齋與縣政府合組「軍政情報網」著手調查。[33]

二、捏造情報，誇大危急情勢

從保密局相關檔案中可以發現，特務機關宣稱「奸偽作亂」，不斷誇大危急情勢，甚至捏造情報。尤其，做為「領袖的耳目」的保密局，對二二八事件先入為主的看法即是「奸黨操縱」、「獨立叛國」。

（一）指控「奸黨作亂，臺人奴化，獨立叛國」

事件初始，陳儀、柯遠芬就以「奸黨操縱」定義臺北市的動亂，保密局情報更強調共黨奸偽在事件中的作用。保密局甚至認為二二八事件是奸黨之預謀行動，臺灣站站長林頂立（化名張秉承）指臺灣省政治建設協會蔣渭川、《青年自由報》陳進興、《前鋒報》廖文毅及廖文奎、《民報》吳春霖、《大明報》艾璐生與奸黨負責人老李、亞璵在二月二十五日即祕密召開會議，對於「對付排斥外省人、挑撥民族情感、詆譭政府等，有所決定」，迨至緝菸事件發生，乃乘機煽惑大規模暴動。[34]

又例如臺南諜報組揑造臺南地區波動是中共幹部董必武等暗中搗鬼：「查二月廿八日有共黨中委董必武之弟董必焜由臺北來臺南，偕同本市奸嫌胡國雄前往高雄活動，由此足見『二二八』事件之擴大，顯係彼等奸徒從中作祟。」[35]即使地方士紳希望緩和情勢，保密局卻不做此想，例如，事件中態度溫和的臺中地區時局處理委員會在三月五日發出傳單，呼籲回復秩序、維護治安，並進行政治折衝，主張「建設新中華民國」、「擁護中央政府剷除貪官汙吏」、「歡迎全國人才合作」等等，但情報人員卻認為「標語盡屬反對政府之語氣……以擾亂民心，破壞治安，必有奸黨從中以活動。」[36]警備總部調查室也認為事件之前，「臺省奸偽及民盟分子已滲入各文化團體及事業機關」，臺北市暴徒行動，有幕後主事機關等等。[37]

其次，保密局對各地活躍分子的另一種指控罪名是「思想奴化」。臺灣站報稱，因日本統治、灌輸日本文化，臺灣二十五歲以下青年均受奴化思想，「此次二二八事件發生更蓄陰謀，企圖坐大事態，以做獨立復僻迷夢。」[38]又如情報指出，林宗賢、吳金鍊、阮朝日、陳昆山、黃媽典、張榮宗、許丙丁、湯德章、沈崑山、陳篡地等等，大都是日本御用士紳、皇民奉公會成員，奴化中毒過深，認賊作父，排斥政府。[39]又以為事件中主力的海外歸臺青年，奴化最為嚴重：

> 查此次臺中之暴動主張最力者為海外返臺之出征軍人，日化思想甚深，頭腦非常頑固，……如斯之人民思想，還不以奴隸為可恥，誠係我國民之一奇辱。由此可見臺胞思想之幼稚……故政

府應即以三民主義向臺胞宣傳，使有正確思想。[40]

再者，特務人員往往對於臺人的政治改革主張，認定是「叛國主張」。例如三月四日，三民主義青年團花蓮分團幹事馬有岳在花蓮市民大會上報告二二八事件發生原因是：1.對祖國統治極度失望，2.外省人統治結果仍是奴隸生活，3.貪官汙吏弊端百出，人民生活困苦。同分團宣傳組長許錫謙即提出從速實施憲政、省市長民選、貪官汙吏驅逐出境等政治訴求。此些批評與要求被認為即是「叛國」。[41]五日，士紳們在花蓮處理委員會上還強調「以不流血解決一切政治問題」、「凡中華民族無分彼此」。但保密局人員卻認為這是一群暴動青年要求政府解除武裝、「儼如叛亂」，而處委會廣播鼓動青年團結，「意似反對中國政府及內地人員，臺灣須自（己）統治才能民主。」[42]憲兵第四團團長張慕陶認定「此次臺灣暴亂，其性質已演變為叛國奪取政權之階段」。[43]

新出土檔案中部分情報強調臺人排斥中國統治，必殺盡外省人而後已，建立自己的國家。例如三月三十日的情報指出屏東中正國校師生在校園遊行示威，高呼臺灣獨立、殺盡外省人的口號。[44]四月，臺南諜報情報組指士紳李讚生指派親信簡溪圳組織「興中共和國」。[45]五月又有情報指郭國基巡迴全省各地，召集青年訓話鼓勵響應叛亂，在臺北時擬定臺灣為「新華國」，王添灯為第一任大總統，郭氏為副總統云云。[46]值得注意的是，這些情報多數是國府援軍鎮壓之後出現，有事後追加罪名之嫌，亦即，二二八事件雖已獲得全面鎮壓，特務機關仍一再強化臺人叛亂的指控。

（二）誇大危急情勢

保密局發給南京的情報，也屢屢誇大臺灣情勢危急、朝不保夕，製造統治當局危機感，以強化武力鎮壓的正當性。例如三月五日保密局臺北諜報站急電副局長毛人鳳，指臺北電臺被暴徒占領，日人御用士紳蔣渭川號召臺籍日軍爭取臺人自治，臺北已成立決死、前進兩隊，**外省人死傷達萬人**，局勢萬分嚴重。[47]但事實上，三月四日臺北等地秩序已逐漸恢復平靜，官民正在協商之中，且依據警備總部的統計，外省人死亡三十三人、被毆傷八百餘人，與保密局情報所稱「外省人死傷達萬人」的說法有極大出入。又如警備總部調查室指稱，五日臺灣大學、延平學院、師範學院等學生數百人開會抨擊政府，最後決議集體簽名參加共產黨，[48]此說亦相當誇大。

三月八日夜裡，國府援軍自基隆開進臺北，血腥鎮壓。張秉承（林頂立）卻稱「臺灣臺北暴徒圍攻長官公署及警備司令部」、「入晚以來槍聲不停，臺北情況又趨惡化。」[49]九日「葛滋韜」報告「臺灣共產黨乘機操縱暴動」、「臺灣共產黨乘機發展……總計全臺**各地共產黨已發展至三萬餘人**，臺灣共黨勢力突然龐大，暴動已為臺灣共黨所操縱。」[50]

三月八日，保密局長鄭介民面諭劉戈青攜帶小型電臺飛臺灣傳達命令，並會同保密局臺灣負責人陳達元等協助當局平息風潮。[51]劉戈青剛剛抵達臺北當夜，正是國府軍隊開入臺北武力掃蕩之時，劉戈青竟急電中央謂：「臺灣全境與城郊幾全為匪徒所控制，……匪徒已成立司令部統一指揮各地武裝匪徒，自八日晚起向臺北攻擊……臺北已入戰時狀態……緊急情勢益趨嚴重，有隨時失陷可能。」[52]真可說是極盡危言聳聽之能事。

三、特務機關的恐怖行動

國府援軍開到，二二八事件被有效鎮壓之後，特務機關對所謂「暴徒」展開反制工作。對臺灣人而言，此些反制行動駭人聽聞，但在中國早已淵源久遠。

（一）軍統局的「制裁」傳統

軍統局前身是軍事委員會密查組，成立之初目標即是效忠蔣介石，鞏固其統治，其成員具祕密身分，一方面蒐集反蔣情報，充作「領袖耳目」，一方面保護蔣的安全，逮捕暗殺反蔣人士。[53]同時，軍統人員不但對敵人出手毫不留情，對內也強調紀律與家法，不容違逆。軍統特務工作最重要的手段就是「制裁」，對外暗殺敵人、對內處分「叛徒」，作風極為嚴酷。

暗殺手段並非軍統的獨技，中統局也擅於運用暗殺手段對付敵人，尤其是對付共產黨人，並向領袖蔣介石爭寵邀功。但因兩大情治機關的內部鬥爭，中統局長徐恩曾於一九四四年被撤職，永不錄用，中統局的地位逐漸居於下風，軍統局較受蔣介石重視。[54]

從抗戰到剿匪，軍統局對付反蔣人士、敵偽政府官員、共產黨員，主要手法包括暗殺、綁票、祕密逮捕、祕密監視等。[55]暗殺做為一種最極端的政治對抗手段，是軍統局特務人員經常性的工作之一，稱為「制裁」。據軍統局內部資料所記載之「工作成果」，抗戰前被制裁或祕密逮捕的漢奸、敵人，包括冀東防共自治政府委員長殷汝耕、職業殺手王亞樵、軍閥張敬堯等三十七案。抗戰期間被制裁者包括華北臨時政府主席王克敏、南京維新政府梁鴻志等二十餘人、維新政府外交部長陳籙、汪精衛外甥沈崧、日軍少將野田大郎、上海市長傅筱庵、上海黑幫張嘯林、南京政府特工總部負責人李士群等，斃命「巨奸」就有二十九案，並曾派殺手王魯翹（前警政署長王卓鈞之父）等人多次刺殺汪精衛未果。[56]

除了上述軍統局白紙黑字可資憑證的「工作成果」外，一九四九年國共內戰後投共的軍統局人員，也留下大量口述史料，說明自己所參與或聽聞的暗殺事件。其中最受矚目者包括：一九三三年中央研究院總幹事楊杏佛案、一九三四年《申報》主筆史量才案、一九四七年社會教育家李公樸案等。[57]

戴笠以特有的領導風格鞏固向心力，他與其學生，強調「父兄、師長」的關係，喜歡特訓班學員稱他為「主任」，總在內部活動強調「秉承領袖意旨，發揚清白家風」。[58] 在學員訓練過程中，要求宣誓「余誓以至誠，為黨國效忠，為領袖效忠，為戴先生效忠，為組織效忠，服從命令，完成使命，如有違背，願受紀律制裁」，並飲血酒為盟。[59]

軍統局標榜「**忠義**」，鼓勵同志犧牲精神。一九四〇年四月一日軍統局成立八週年紀念大會上，公祭歷年死難同志，蔣介石委員長親臨主祭、訓話。此後，「四一大會」成為軍統局的傳統，戴笠每年在會上公祭，流淚悼念死難同志，標榜「無名英雄，清白家風」，[60] 並對死難同志遺族給予盡心照顧：死者薪俸按時寄送家屬；白髮黃口無人照顧者，予以安置；軍統局所辦學校，無條件收容遺族子女；遺族子女優秀者，扶助其升學至大學畢業；籌措撫卹金以慰家屬等等。[61]

一旦軍統局人員背叛組織，則將遭受嚴厲「制裁」。戴笠在軍統局立「六不准」禁令，第一條不准，就是禁止擅自脫離組織，軍統人員若要脫離組織，將是「活的進來，死的出去」。[62] 諷刺的是，軍統鼓勵共產黨人「反正」，經常「利用叛徒」；但卻不許軍統人員投共，視為「背叛組織」，將遭「家法制裁」。此些制裁手段極為嚴厲，依據軍統局資料，叛徒遭「家法制裁」者不在少數。[63]

（二）二二八事件中的「密裁」行動

前文提及保密局自南京派劉戈青赴臺，協助平定事件。事件發生時，西安事變主角張學良被軟禁在竹東井上溫泉，時任新竹縣警察局長的陳鼐指出，劉戈青的重要任務之一是聯繫監視張學良的保密局人員劉乙光，確認張安全。經確認安全無虞之後，劉戈青立即前往臺北配合組織「忠義救國軍」。[64]

劉戈青與臺灣有些淵源。他的父親劉建寅是雲林斗六人，日本統治後移居廈門，投入軍職。劉戈青於上海暨南大學社會系畢業後，加入了軍統局，曾經擔任軍統局上海站通訊員、上海站行動組組長、香港行動隊隊長。[65] 一九三八年他在上海行動隊，連續執行了十一次的暗殺鋤奸行動，其中最著名的是在農曆除夕，潛入維

5-3 劉戈青

來源：作者翻製自國史館檔案

新政府外交部長陳籙公館，成功將其槍殺，名震上海。日本特務機關以巨額獎金懸賞，劉戈青一度暫避到香港，但不久又回上海執行下一個暗殺任務，而被汪精衛政權的特工總部逮捕，由特工頭子李士群親自審問。據說，劉戈青面無懼色、英勇不屈，最後成功逃出特工總部回到重慶，軍統局負責人戴笠給予盛大的英雄式歡迎。[66] 簡言之，劉戈青是軍統局出名的殺手。

保密局在臺灣二二八事件發生後，派出有「軍統第一殺手」之稱的劉戈青趕赴臺灣，並協助成立「**忠義救國軍**」，此事頗值得注意。

所謂「忠義救國軍」，其前身是抗戰時期的「蘇浙行動委員會**別働隊**」。蘇浙行動委員會別働隊成立於一九三七年，是軍統局戴笠與上海黑幫杜月笙力量的結合，別働隊最初的五個支隊中，杜月笙旗下的上海幫會人士就占了三個支隊。同年底淞滬失守，國府軍西撤，一九三八年將別働隊編為「蘇浙行動委員會忠義救國軍」。[67]

杜月笙在上海擁有龐大的青幫流氓勢力，與租界各方勢力都有勾結，戴笠為了利用並控制杜月笙，推舉他為蘇浙行動委員會主任委員，將特務、流氓合為一處，合組武裝隊伍。這是軍統特務與黑道合作的開始，黑幫結納軍統局，目的在獲得庇護，得以放手活動、聚斂搜刮；軍統局吸收黑幫則是為了「掌握其組織、運用其力量、限制其發展」。此後，軍統局與各省青幫、洪門、哥老會等幫會攜手合作，特務打入幫會、掌握幫會，也有利於控制底層社會，以便反制中共地下組織活動。[68]

無論是別働隊，還是忠義救國軍，主要目的都在發揮特工威力，負責打擊日敵、偵殺奸偽，尤其以「**制裁敵酋**」的手段最為駭人。根據國防部情報局《忠義救國軍誌》所載，此行動意謂「本**擒賊擒王**之旨……或打入敵偽機構之中，相機運用『刺殺』、『毒殺』、『炸殺』等手段，制敵偽首要於死地，迫使敵偽頓失領導中心，而惶恐失措，進而戰志沮喪、兵心渙散」。[69] 八年抗戰中，忠義救國軍單獨執行的「制裁敵偽首要」行動就有二百四十八件。[70]

劉戈青不僅是軍統著名殺手，更是蘇浙行動委員會別働隊最早的成員。[71] 保密局在國府援軍已經出發的時刻，派出頭號殺手抵臺，協助組織暗殺隊，令人不寒而慄。國民黨營《國是日報》記者野僕則指出，「陳儀從福建帶來的一批軍統局特警東南訓練班出身的警備部特工人員，卻奉令祕密處決各地參與反政府活動的士紳人民。」[72]

國府援軍由基隆開進臺北後，控制情勢後，特務機關大舉展開行動。國民黨臺灣省黨部主委李翼中指出：

> 警察大隊、別働隊於各地嚴密搜索參與事變之徒，即名流碩望、青年學生亦不能倖免，繫獄或逃匿者不勝算。中等以上學生，以曾參與維持治安，皆畏罪逃竄遍山谷，家人問生死、覓屍首，奔走駭汗、啜泣閭巷。[73]

從保密局競爭對手中統局呈給蔣介石的電文，也可以看到保密局別働隊的恐怖行動：

> 九、十兩日國軍絡續開到，警察及警備部軍士即施行報復手段，毆打及拘捕暴徒，臺民恐慌異常。……警備部十日晚起開始行動，肅清市內奸徒。[74]
>
> 警備總部竟公然組織別働隊多組，臺民恐懼萬分。[75]

新出土檔案則顯示，三月六日，保密局運用員「高頭北」已奉警備總部第二處處長林秀欒之命，組織便衣武裝人員六十名，均攜帶武器。[76]八日軍隊增援後，保密局人員甚至直接要求逮捕民眾，例如高登進（即許德輝）指控趙阿寶在事件中參加暴動、焚燒國大代表謝娥家具與天府酒家，而要求「訓准派特務隊按址緝究，以杜效尤」。[77]肅殺騰騰的氣氛，至為駭人。

保密局檔案中也出現各地諜報組人員對地方人士的各種監視情報、指控罪名，並出現大批的黑名單。

北部地區，許多菁英失蹤、下落不明，或因不明原因被槍決，新出土的保密局檔案相當程度提供了解答。例如張秉承（即林頂立）向南京報稱「王添灯已被密裁，陳復志已槍斃」，南京方面並特別指示確認「王添灯、陳復志兩名，由何人、奉何命予以制裁」。[78]楊元丁因抨擊地方政府，「被人暗殺，棄屍港中」，[79]張七郎因托病婉拒協助花蓮縣長張文成維持治安之請，與子張振龍、張鎮慶（即張宗仁、張果仁）慘遭「在鳳林郊外番社執行密裁」。[80]檔案中也呈報反抗人士被公開處決的消息，如黃媽典被指「參加叛亂，罪跡昭然」，已被槍斃。[81]嘉義三青團主任陳復志被指利用職

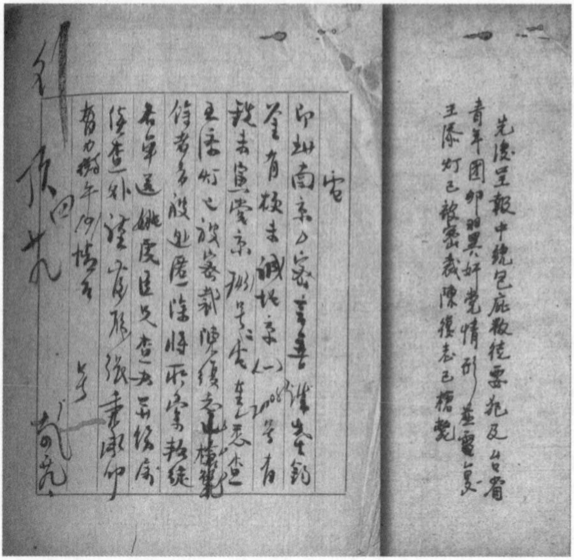

5-4 保密局情報透露王添灯已被「密裁」

來源：許雪姬主編，《保密局臺灣站二二八史料彙編（一）》。

權營私，又因「參加叛亂已被槍決」等等。[82]

軍隊展開鎮壓後，北部地區許多知名菁英失蹤，家屬心急如焚、四處打探消息。三月十六日，南港橋下發現八具屍體，震驚社會。南港地方人士回憶說：

大約半夜十二點多，曾聽到橋邊傳來陣陣槍聲，以為是附近捉小偷。天將亮時，我三叔公準備出門下田播種……結果到田裡一看，又跑回家，嚇得一直發抖，說不出話來……三叔公慌得比手畫腳，說：「田裡有好多屍體。」

八具屍體的手腳都被反綁，嘴巴被綁腿布塞住，有的可能在滾落時鬆動了，綁腿布掛在下巴。根據現場情況，大家認為那八個死者，應該是在路邊槍決，再往下丟。有人穿襯衫，有人穿內衣，有人只穿內褲，沿著路旁橋邊的斜坡滾下去。有的仰著，有的趴著，有的倒叉著頭，疊在一起。[83]

被槍決者包括高等法院法官吳鴻麒、專賣局科長林旭屏、華美醫院醫師鄭聰、三重地區豆干小販周淵過、民眾林定枝等，三人姓名不詳。吳鴻麒是到法院上班時，被兩個穿便服者帶走。他的夫人楊毛治在南港橋下找到先生屍體，好不容易找來人力板車，將遺體運回家，一入屋內，立刻血流不止。楊毛治將遺體拭淨、換上乾淨的衣服，請醫師來驗屍，並且堅持請照相師到家裡來拍照存證。她堅信《聖經．羅馬書》上耶和華的應允：「申冤在我，我必報應」，冷靜地照顧兩個孩子長大成人。[84]而包括省參議員王添灯、臺大文學院代理院長林茂生、律師林連宗、李瑞漢、李瑞峰、法官王育霖、臺北市參議員李仁貴、徐春卿、醫師黃朝生、施江南……，無數臺灣菁英都在失蹤之列。

5-5 吳鴻麒夫婦

來源：張炎憲等採訪記錄，《臺北南港二二八》。

事件後的一九四七年五月，劉戈青出任臺灣省警務處副處長兼刑事室主任，一九四九年任臺灣省警務處副處長兼刑事警察隊總隊長。[85]卸任後於一九五四年參選臺灣省臨時省參議員，因捲入謀殺情敵案件，落選。[86]此後仕途斷絕，一九八五年逝世。

中日戰爭期間，軍統局以「忠義」、「愛國」為名，組織「別働隊」，實際上是結合黑道以暴力、暗殺手段對付敵人、對手或反叛同志，美其名為「制裁」，視為自豪的行動成果。戰後，軍統局進入臺灣，即吸收黑道流氓，滲透臺灣社會；二二八事件中召集臺北市角頭組織忠義服務隊，軍隊上岸後又成立別働隊展開緝捕暗殺行動。這一套特務結合黑道、以暴力暗殺敵人的統治模式，從中國複製到臺灣來，連使用的名稱也都相同。事件中，許多臺灣菁英被祕密逮捕、殺害，保密局的「密裁」檔案證實了此事。這是民眾從未聽聞的統治模式，衝擊之大，令臺灣社會戰慄不已。

第二節　事件中的派系鬥爭

戰後臺灣統治出現種種問題，派系伺機而動、相互傾軋。事件爆發後，陳儀所領導的行政長官公署不僅要面對民間洶湧而至的憤怒抗議，更棘手的問題是政治派系群起暗中運作、助長火勢。

一、CC派另有盤算

（一）促使蔣渭川進入處委會

緝菸血案爆發，群眾包圍警察局及憲兵隊鼓噪抗議，徹夜不止。當晚，與國民黨臺灣省黨部極為接近的臺灣省政治建設協會成員臨時開會，決定隔日舉行抗議活動。二十八日清晨，在該會策動下，臺北市大稻埕、萬華一帶民眾聚集在臺北橋頭與龍山寺，兵分兩路出發到專賣局抗議，其中包括了流氓浪人與地方角頭。臺北橋頭所聚集的群眾由該會常務幹事兼經濟部長張晴川擔任總指揮，常務幹事兼宣傳部長廖進平並吩咐時為臺北商業學校學生、擔任學生自治會會長兒子的廖德雄召集學生，參加抗議活動。[87]

面臨臺北市動亂的行政長官陳儀，趕忙尋求助力，命憲兵第四團團長張慕陶於二月二十八日當天兩度造訪臺北士紳蔣渭川未遇，留下一函。次日，張慕陶及警總參謀長柯遠芬均致函蔣渭川，力邀他出面收拾大局。[88]

5-6 蔣渭川

來源：作者翻製自國史館檔案

蔣渭川是日治時期政治運動領袖蔣渭水胞弟，曾經協助兄長推動勞工運動。戰後他開設三民書店，擔任臺北市商會理事長，在國民黨臺灣省黨部主委李翼中的協助下，組織了臺灣省政治建設協會，並擔任常務幹事兼組織處長。該會在全省設有十七個分會，擁有數萬名會員的群眾基礎，幹部都是國民黨員。[89]但是，蔣渭川因北市商會一筆鉅款被長官公署民政處大小官員吞沒，多次公開批判，民政處官員將蔣氏歷次演講紀錄上呈陳儀長官，一九四六年十二月，陳儀以「反對政府、妨害秩序」的罪名向法院提告，雙方關係緊張。最後在檢察官勸說下，由蔣渭川提出「悔過書」，而受不起訴處分。[90]

蔣渭川與長官公署關係不睦，卻在緝菸血案後要求他出面，讓他十分猶豫。但是，省黨部主委李翼中建議蔣渭川接受邀請。三月一日，李翼中派省黨部組織處長徐白光赴三民書店，陳儀所派的憲兵第四團團長張慕陶亦至，共同說服蔣渭川，邀其協助平息事件。[91]同一天夜間八時，李翼中致函蔣渭川謂：「為國家民族計，為臺灣前途計，君以黨員指導者立場，值此動亂騷擾之際，必須冒險挺身出來收拾大局，使社會早日恢復常態，方不貽笑外人。」在李翼中的敦促下，蔣氏終於在次日面見陳儀。

蔣渭川與陳儀的首次會面，除希望陳儀對事件寬大處理外，並主動建議擴充處理委員會的組織，增加民眾代表十人，陳儀當即同意通知照辦。[92]因此，政治建設協會成員先後有張晴川、黃朝生、李仁貴、白成枝、王添灯等人，及蔣渭川、呂伯雄、廖進平等人分批加入，[93]擴大影響力。省黨部主委李翼中為何建議蔣渭川出面？頗值得推敲。據蘇新描述蔣渭川在處委會的活動：

他（按：蔣渭川）每晚都與CC頭子密會後，翌日才出席處理委員會。他在處理委員會的任務是擴大「建設協會」的勢力，……蔣渭川又剛愎自用，離開處理委員會的統制，採取個別行動，誣謗其他委員，搗亂處理委員會的統一。他一方面在整個CC的指揮下，極力爭取青年學生，尤其是過去曾經到過海外參加作戰的退伍軍人，做為打倒CC的政敵陳儀的工具。[94]

蔣渭川進入處委會後，與陳逸松派人士衝突白熱化，他另提〈九項省政改革綱要〉，欲取代陳逸松〈八項政治根本改革方案〉，招來許多議論。同時，蔣渭川多次在電臺廣播，與處委會宣傳部長王添灯呈競爭之勢。有關蔣氏多次廣播內容，當時在《國是日報》任編輯的野僕事後追述：「蔣渭川在電臺廣播號召各地區人士出面組織治安維持會，暫時接管地方行政，以適度控制事態的擴大，廣播詞由高拜石撰寫，經林紫貴向當時主委李翼中請示。由於新聞需要，我比蔣更早看到原稿。」[95]《國是日報》是省黨部所經營，以宣傳處長林紫貴為社長、宣傳處主任祕書高拜石為總編輯。蔣渭川並在事件期間隨時用電話向林紫貴匯報各地情況。

分析蔣渭川幾次廣播的內容，大致上都先抨擊長官公署處置私菸問題不當、數落貪官汙吏、肯定民眾行動是出於義憤，最後再報告與長官公署所達成之協議。他同時屢屢提醒民眾擁護國民政府、信奉三民主義，強調「臺灣不是謀反」、「是愛國的行動」、「希望中央政府及全國民眾不可誤會」。[96] 早已知悉省黨部為蔣渭川操刀代擬講詞的野僕，起初認為省黨部是在運用林紫貴與蔣渭川之私人關係控制事態發展，事後才警覺到「林紫貴透過蔣渭川廣播煽風絕不是私人行為」、「肯定是CC派企圖攆走政學系的陳儀取而代之」。[97]

三月四日，李翼中約見在處委會甚為活躍的國民黨員蔣渭川、王添灯，但只有蔣渭川偕張晴川、呂伯雄應約而至，三人神色沮喪，李翼中乃慰勞三人勞苦。由於李翼中表示事件至今，「官民智力已竭，而禍無寧息之兆，為今之計，惟有**籲請中央**，**然後臨之以威**、**綏之以德**，自可速平而免糜爛。」蔣渭川聞言大驚，警覺到「微斯言，吾為叛亂之人矣」。[98] 當天傍晚，政治建設協會送來電文，籲請中央蔣主席「剋派大員蒞臺善處，以副眾望，千祈勿派軍隊鎮壓，庶免驚動民心」，[99] 請省黨部譯發。五日，政治建設協會並託美國駐臺領事館轉南京大使館致國民政府蔣主席請願書謂：「臺灣此次民變純為反對貪汙官僚，要求政治改革，並無其他作用，請萬勿派兵來臺，以免再激民心，並懇迅派大員蒞臺調處，則國家幸甚。」[100] 由這些當事人的紀錄可知李翼中在事件中的企圖，未明底細的蔣渭川則成為棋子、捲入政治鬥爭而不自知。

蔣渭川對政治鬥爭的陌生不只一樁。他在警備總部、臺北市警察局長陳松堅等人的鼓勵下，幫忙呼籲青年學生加入忠義

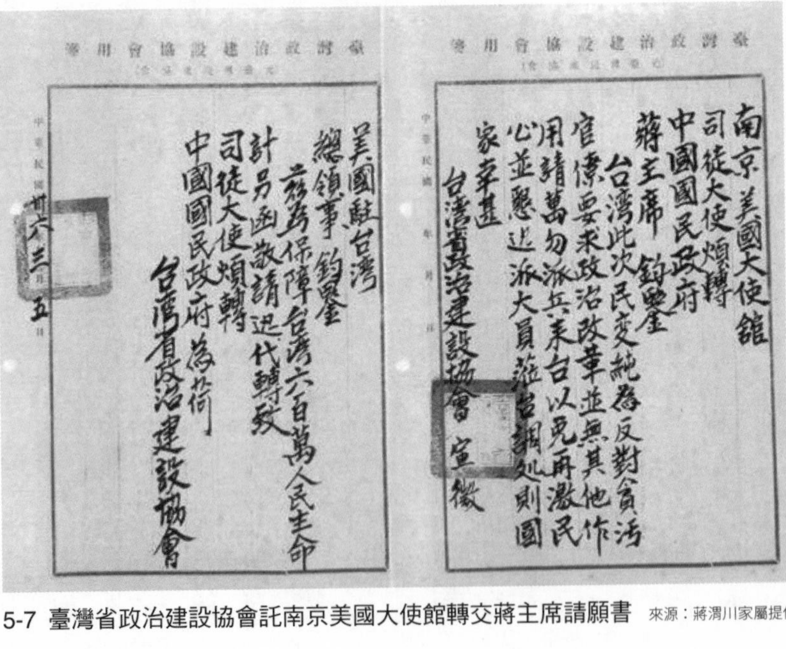

臺灣政治建設協會用箋

南京美國大使館
司徒大使煩轉
中國國民政府
蔣主席 鈞鑒
台灣此次民变純為反對貪污官僚要求政治改革並無其他作用請萬勿派兵來台以免再激民心並懇迅派大員蒞台調処則國家幸甚
台灣省政治建設協會 寅微

臺灣政治建設協會用箋

美國駐台灣
總領事 鈞鑒
茲為保障台湾六百萬人民生命計另函敬請迅代轉致
司徒大使煩轉
中國國民政府為荷
台灣省政治建設協會
卅六 三 五

5-7 臺灣省政治建設協會託南京美國大使館轉交蔣主席請願書 來源：蔣渭川家屬提供

服務隊、組織臺灣青年自治同盟。四日當晚受青年楊文彬、蔣炳佳之託，代播自治同盟成立消息及口號。[101] 六日又在電臺受託代播，呼籲青年出來服務，同時代為召集若櫻會、海友會臺籍退伍軍人於中山堂及太平國校集合。[102] 事實上，早先已有廣播號召全省退伍之臺籍日軍海陸空人員、軍械技工，以及從海南島、東北、南洋各地歸臺者集中登記，由白成枝領導訓練。聚集在老松及太平國校登記之海外歸來退伍軍人達三千人，以白成枝為首領，主張「有錢出錢，有力出力，堅持抵抗國軍」。[103] 白成枝是政治建設協會活躍成員、國民黨員，卻在事件中動員退伍軍人，動向十分可疑。

而此項號召退伍臺籍日軍的舉動，成為後來蔣渭川被通緝追捕的主要罪名之一。

CC派利用二二八事件打擊陳儀的動作，也在地方上出現。鍾逸人回憶錄指出，員林地區有一名叫詹正光者「危言聳聽，鼓動民軍放火燒燬房舍……詹正光乃臺中『十四大哥幫』主要成員，屬CC系國民黨臺灣省黨部調查室主任蘇泰楷在臺中地區的一個地下組織。同是唐山人的國民黨地方單位，竟然也起來鼓動民眾放火，而且其議論矛頭又隱約指向陳儀政府……很多人為此目瞪口呆，一直納悶，始終無法釋疑」。[104]

（二）省黨部動作頻頻

緝菸血案發生前一天，國民黨臺灣省黨部所主辦的《國是日報》刊載了一則軍民衝突事件，內容指士兵強行乘車，與司機發生衝突，司機氣憤之餘乃載運著一千國軍士兵衝下蘇花公路，不惜與外省士兵同歸於盡云云。警總參謀長柯遠芬指後經查證此事全屬謠傳，[105] 該消息雖然與血案無直接關係，但在事件期間流傳甚廣，成為「效法臺籍無名英雄」、「趕走清國奴、支那人」的煽動材料。[106]省黨部所營之報紙刊載這樣的訊息，無異使官民情感更加惡化。

臺灣省黨部在事件中動作頻頻。中統局黨政經濟調查處科長趙毓麟指出，二月二十八日凌晨他收到臺灣調查統計室十萬火急的電報，敘述事件經過，以後每天接到急電兩次，每次電文長達二、三千字：「當時我即以中統名義，用快郵代電急報中統頭目葉秀峰，建議火速加派三個師開赴臺灣。」[107]此處所指的「臺灣調查統計室」即是臺灣省黨部調查室，該室主任為蘇泰楷。一九四七年七月發刊的左翼雜誌《前進》則稱，CC派支援下的省黨部向中央提出報告，指事件完全是因政治腐敗而爆發，因此陳儀應負起全部的責任。[108]

省黨部主委李翼中甚至親自出馬，向中央進言。三月五日，李翼中往訪長官公署面見陳儀，陳儀認為臺北事態雖已平息，但地方縣市局勢仍陷混亂。李翼中建議：「何如速請中樞加派勁旅且選派大員為助，俾事件得早日彌平？」陳儀答：「余亦有此意，惟須有能員為使，而苦思不得其人」，李翼中乃毛遂自薦前往。七日李翼中搭機飛南京，九日與國防部長白崇禧共商對策，白崇禧詢以宣慰與撤換陳儀何者先行為宜？李翼中竟稱「**臺人厭之矣，如愛陳儀不如速為去也**」。[109]受陳儀指派為代表向中央請兵的李翼中，竟向中央建議盡速撤換陳儀，令人稱奇。

省黨部在事件中的種種作為，大有扯陳儀後腿的意圖。事件後不久，即有傳言指出「二二八事件為CC與政學系之爭」，或謂李翼中「實掀動事件、藉端取而代之者」。[110]事件相關人士認為，「省黨部把持在CC系手中，表面上對陳儀推崇備至，骨子裡是勢不兩立，他們暗中一直勾結不滿

5-8 李翼中

來源：作者翻製自國史館檔案

陳儀的臺籍人士，以圖一逞。『二二八事件』中，蔣渭川之流上竄下跳，就是得到李翼中積極支持的」；[111]或說「當二二八事件發生的當天，為首的煽動分子竟是黨部新吸收的臺北市惡霸（或可說是劣紳）蔣渭川、王添灯等，而省黨部竟不予制止……後來在『二二八事變處理委員會』初期，仍以本黨黨員分子為多，省黨部若能善為運用黨團關係，仍可誘導其步入正軌，和平解決，無如省黨部心存『黃鶴樓上看翻船』，並不以『同舟共濟』為念」。[112]由此或可看出省黨部的心態。

二、軍統的兩面手法

警備總部是軍統在臺主要陣地，參謀長柯遠芬於二二八風潮初起時，就斷言是「奸偽煽動」。柯遠芬是廣東人，黃埔四期畢業，對共黨奸偽具高度警覺、採敵對態度。早在一九四六年底北大發生沈崇事件，臺北群眾呼應、遊行聲援時，柯遠芬就逕自斷定「共黨分子早已俟機製造風潮」。[113]二二八事件中他獨排眾議，自始以「奸偽陰謀」定調，主導了三大策略：1.「分化奸偽」、「運用民眾力量打擊奸偽」，2.「擒賊擒王」，3.「軍事上做萬全的準備」、「一俟他們叛國罪證公開後，馬上以軍事力量來戡亂。」[114]

（一）擒賊擒王之策

事發之初，警備總部邀請政治建設協會常務理事蔣渭川出面已如前述。此事表面上是請蔣氏協助收拾亂局，實際的目的則是利用他分化二二八事件處理委員會。陳儀同意讓蔣渭川為首的政治建設協會以民眾代表十人名義加入處委會，稀釋了處委會以民意代表為主的組成結構。同時，警總參謀長柯遠芬向中央社記者透露：「政府目前全力從事爭取民眾工作，如找可靠而有力量之臺胞許德輝等，出來組織忠義服務隊，一面希冀分散不法行動之臺胞力量，一面暗地協助政府推進工作。」[115] 許德輝事先拜訪蔣渭川表達爭取處委會治安組組長之職、爭取支持，與陳逸松派的劉明爭奪治安領導權。[116]

柯遠芬並擬「為著要分化奸偽，和運用民眾力量來打擊奸偽」，報請陳儀批准設置了義勇總隊，並以林頂立為總隊長。[117] 義勇總隊與忠義服務隊吸收流氓為成員大肆猖獗，假公濟私、勒索暗殺，企圖擾亂並分化民眾，造成民眾反感，並「製造中央派兵鎮壓的藉口」。[118]

指揮情治人員從事破壞工作關係甚深的柯遠芬，在事隔四十多年後完全否認此事。他在接受訪問時推說：「林頂立成立義勇總隊，許德輝成立忠義服務隊，可能成為警總調查室的外圍組織，並不需要逕向警總報告的」，[119] 撇清他與這些團體的關聯，以及他在事件中的角色。

三月三日，柯遠芬認為事件已變質且事態愈形嚴重，乃亟思「擒賊擒王」之策。他再度召集情治負責人警總調查室陳達元少將、憲兵團長張慕陶、保密局臺灣站站長林頂立，指示偵查事變幕後策動分子，並掌握為首分子動態，以備將來平亂之用。[120]

透過警備總部、保密局的運作，二二八事件處理委員會不斷升高政治要求。第四章已指出，三月五日處委會提出〈二二八事件處理委員會組織大綱〉及〈八項政治根本改革方案〉，是該會角色從折衝者轉變成改革者、定位從事務性轉變成政治性的重要時刻。根據各種新出土的檔案史料，提出〈二二八事件處理委員會組織大綱〉與〈八項政治根本改革方案〉這兩項提案的關鍵人物，正是陳逸松。[121]

陳逸松戰後協助國府完成接收過程在第三章已述及。一九四六年，他當選國民參政員。二二八事件發生後，受《臺灣新生報》社長李萬居推薦，借重他的法律專長草擬〈二二八事件處理委員會組織大綱草案〉，之後由李萬居過目。[122]陳逸松並提出〈八項政治根本改革方案〉，之後擴充為〈三十二條處理大綱〉。

過去的研究多根據蘇新等人所言，以為〈三十二條處理大綱〉是王添灯及其左翼幕僚所提出，但是，王添灯任處委會會議主席、報告〈三十二條處理大綱〉內容時，透露了該大綱是在陳逸松家中討論至翌日凌晨四點才決定。[123]國民黨省黨部主委李翼中也回憶，因為中山堂集會中此一提議、彼一提議，眾說紛紜，最後由陳逸松攜至家中，與王添灯、劉明、陳逢源等人整理成〈三十二條要求〉。[124]又據陳逸松之子陳希寬所說，曾聽父親談起他花了許多功夫在〈三十二條處理大綱〉文字草稿上，因陳逸松任律師，擅長法理與文辭運用，二二八處委會討論後的結果經常由他綜合寫成條文。[125]

綜合以上史料，筆者認為〈二二八事件處理委員會組織大綱〉及〈三十二條處理大綱〉與陳逸松關係十分密切。

陳逸松在二二八處委會中居於主導地位，是政務局長的不二人選；好友劉明與他搭檔合作，並擔任臺灣省青年自治同盟顧問、提供資金。筆者近期在檔案管理局發現有關陳逸松、劉明角色的直接證據。一九四八年七月，前軍統局臺灣站站長、警備總部調查室主任陳達元，在給保密局的報告中指稱：

查該劉明與參政員陳逸松二人，於三月四日應邀出助救亂，**經報秉獲陳長官兼總司令核准運用**，並於三月六日奉陳兼總司令派為總部別働隊副司令有案，無日均與弟密取聯絡，並著日將工作情形彙交弟（按：陳達元）轉報長官。迨國軍登陸援救，該員復奉陳兼總司令手令，**協助弟緝捕奸逆，表現至佳**。白部長（按：白崇禧）返京之日，陳長官且條派姚副官親到弟寓查取該員簡歷，荐充新任臺省府委。所傳參加叛亂，卻非事實等語。查該劉明於事變中，本處並無蒐獲該員參與叛亂，及煽惑學生罷課之情報，惟該員係由陳達元同志運用，曾深入「二二八」事件處理委員會活動，參加開會。[126]

原來，在處理委員會甚為活躍的陳逸松、劉明，與蔣渭川、許德輝同樣都是經過警備總部、保密局的安排；並且，保密局運用蔣渭川、陳逸松這幾人，事先都取得陳儀同意。

對照陳達元報告所言，二二八事件後劉明確實一度被陳儀推薦為臺灣省政府委員，[127] 但省政府

5-9 陳逸松（左前）與陳達元（右）　來源：陳雪梨女士提供

主席魏道明並未任用他，後出任臺灣省政府石炭調整委員會主任委員。陳逸松被中央政府任命為考試院考試委員，陳達元則擔任監察委員。

事件兩年後，臺灣省政治建設協會幹部張邦傑、張晴川等人仍私下議論事件真相。張晴川透露，二二八處理委員會所提出之〈三十二條要求〉條文，均為時任考試委員的陳逸松親手所擬，陳逸松並暗中與陳達元有聯絡。因為張晴川並不知曉軍統在事件中的策謀，還表示相關文件均保存在他的住宅，將來擬向中央揭發二陳之陰謀。[128] 一九八四年，與CC派甚為接近的臺灣學者林衡道在調查局內部報告中的證言也說：劉明與蔣渭川在處委會中對立，劉明動員若櫻隊與延平學院學生，蔣渭川則控制青年同盟，事後劉明以軍統局行動人員的身分開始捉人。這些來自CC派人士的證詞，都與陳達元所提之內部報告一致。[129]

另外，有關追加十條要求的過程，也經過運

作：「原來陳儀已經布置許多特務混入會場，一則陰謀破壞會場的秩序，二則由這些特務分子提出可以構成『罪責』的各種脫軌的要求，以為鎮壓的證據。」[130] 三月七日下午會場秩序混亂，國民黨臺灣省黨部鐵道特別黨部書記長吳國信提出「本省人戰犯、漢奸即時釋放」，[131] 政治建設協會成員呂伯雄提議「撤銷警備總部」，白成枝等人相繼提出「國軍繳械」、「防止軍權濫用」等要求，[132] 這些在混亂中追加的條文，後來成為政府當局坐實二二八事件為「叛亂」的罪狀。

七日晚間〈三十二條處理大綱暨十項要求〉於電臺廣播之後，柯遠芬認為處委會「叛國證據已確鑿」，相當興奮：

> 其中與我們有關而又為叛國的證據的，是取消警備總司令部，和解除國軍武裝，臺灣的陸海空軍軍官由臺灣人充任，其次司法人員亦要由本省人充任，這些都是離開了改革省政的立場，完全是要求獨立了。（中略）
>
> 晚飯與師管區劉司令等一同進餐，今晚大家的話更多，真是談笑風生……現在他們的陰謀大暴露了，現在是我們理直氣壯了……我們為什麼不高興呢？[133]

依常理來說，軍情首長柯遠芬面對處委會「奸黨暴徒」提出「叛國」的無理要求，應該是充滿不滿與憤怒，柯遠芬卻是興奮不已、談笑風生。原來，處委會已落入軍統當局所設的圈套。

次日，因處委會所提〈三十二條處理大綱暨十項要求〉被陳儀斷然拒絕後，士紳們急急忙忙尋求補救辦法，中山堂會場一片混亂。記者唐賢龍前往採訪，卻見中山堂外大批奇奇怪怪的人，他們化裝成乞丐、僕役、菸販、車夫等，「從他們的舉止和神態上看，我可以有很多證據，推測他們不是臺灣人，而是負有一些特殊使命的便衣。」[134] 顯然，中山堂已完全在特務人員掌控之中。

簡言之，警總、保密局在事件中的主要策略就是引蛇出洞、製造罪狀，最後來個甕中捉鱉，其策略與目標可謂完全達成。

對於臺灣最高軍事機關警備總部未在事件中設法降低傷害，反而擴大動亂的做法，《中央日報》資深記者龔選舞認為，事件擴大至不可收拾的地步，當時在臺黨政軍當權人物對陳儀的牽制、杯葛是主要因素，「譬如警總參謀長柯遠芬在事發之初，便頗有站在一旁看陳好看的心理，以為事態擴大，陳遭挫折後，再行全力出面收拾局面，當可獲致重賞，不料星星之火，遂至燎原。」[135] 戴國煇則認為柯遠芬未有疆場戰功，二二八事件無異是個大顯身手的機會，因而認真力求表現。[136] 從柯遠芬同年五月在《臺灣新生報》連載的〈事變十日記〉內容觀之，確實充滿急切攬功的心態。

（二）推諉卸責於政敵

但另一方面，軍統卻在援軍抵達展開鎮壓之後，將事件擴大的責任推給政敵 CC 派，上演派系鬥爭。

陳逸松與劉明在二二八事件中如此活躍，事後卻能安然無恙。據劉明指出，國府援軍抵達基隆後，他接獲陳達元通知即將大禍臨頭，於是到大稻埕陳逸松法律事務所，帶著陳氏沿水門外淡

5-10 陳逸松曾躲藏的林頂立宅邸

來源：張維修先生提供

水河岸，徒步走到陳達元住宅，劉明則躲藏在新店。[137] 劉明所說的陳達元宅，此時其實已是林頂立的住宅。此宅在淡水河第三號水門外，乃日治時代高進商會社長高橋猪之助所有、位於濱町一丁目之四層樓房。這是當時臺北市最摩登的豪宅，戰後被軍統局陳達元接收進駐，軍統局改組為保密局後，林頂立出任臺灣站站長，該豪宅因此成為林頂立住宅。林頂立之女林惠玲證實，「二二八事件那時候家裡很多人，有本省人也有外省人，我爸爸就是收容很多人，等於是『窩藏』很多很多的人，就是救這些人。」[138] 這棟大宅，目前已改建為豪景酒店。

國民黨臺灣省黨部主委李翼中回憶錄指出，整編二十一師向臺北進發後，三月九日清晨六點警備總部下令戒嚴：

軍事部署略定，**警總特設別働隊，林頂立為隊長，劉明、李清波副之，陳逸松為參謀長，張克敏**（按：張士德）、高欽北、周達鵬為大隊長。時警務處已改任王民寧為處長，**均臺人**。[139]

參照前述軍統局陳達元的證詞，與CC派李翼中的回憶，都一致指出陳逸松、劉明在別働隊的職務。從保密局事後的布局來看，明顯是採取「以臺制臺」的手段。

陳逸松晚年客居美國休士頓，筆者曾就此事向陳逸松查證，但他否認擔任過別働隊參謀長之職，並說不認識李翼中。[140]

令人驚訝的是，保密局一面利用陳逸松、劉明，一面卻向南京密報「中統包庇叛徒要犯」。臺灣站站長林頂立上呈情報：

據各員所報國民參政員陳逸松、延平學院董事長劉明、國大代表顏欽賢、省參議長黃朝琴等均參與處委會偽組織，企圖平分政權。陳、劉領導學生組學生聯盟，組學生治安隊，召集臺警組警政革新同盟，陳擬任警務處長、劉任臺北市警長……罪跡昭然。迨國軍抵臺後即乘風轉舵，勾結高官要人為護符，**該四逆得省黨部特務要人之保護，日進出其門**，憲警側目，無奈其何，故仍逍遙法外。為此**巨奸不除，遑論肅奸澄吏**。合亟電請轉請究辦，以重綱紀為禱。[141]

保密局利用陳逸松、劉明等人後，竟然轉身變臉，指其為「巨奸」，以推卸責任，這種手法也施展在蔣渭川身上，後文再述。事實上，保密局指控政敵省黨部包庇巨奸大惡的同時，陳逸松就藏匿在林頂立家宅中，如此睜著眼說瞎話、陰狠的中國式政治鬥爭手法，令人嘆為觀止。

新出土檔案中也可以看到各式各樣保密局利用情報打擊異己、進行派系鬥爭的案例，主要打擊對象正是CC派國民黨省黨部。例如「高登進」情報指臺灣省黨部新竹市黨部指導員彭德為二二八事件暴徒之一，被捕後其黨羽正運作解救，保密局上級指示：「新竹市黨部指導彭德者，出任暴徒首領，並擬有計劃書并地圖，以謀進攻政府各機關，奪取政權。請即將該彭德所擬具計劃書并地圖與其罪行，送經憑辦為禱。」[142] 保密局臺南站更舉報臺南縣黨部黨員沈昆山、陳華宗、沈瓊南等二十七人都參加暴動，將他們列入暴動名冊。[143] 情報中也檢舉省黨部《中華日報》社長盧冠群，指該報在三月八日發表言論「稱臺灣暴徒動機純良，並指稱省政措施未洽民情」，言論荒謬，應予究辦。[144]

三、三民主義青年團參與各地行動

二二八事件中，三民主義青年團各地分團呼應而起，組織治安隊伍，甚至成為抵抗主力，許多青年團各縣市分團幹部參與二二八處委會與各縣市分會，成為靈魂人物。

事件發生後某日，陳儀曾邀請青年團臺灣區團部主任李友邦出面廣播平撫亂局，但李友邦原本與陳儀已經不睦，此刻不願為陳儀出力，加以拒絕。[145] 官方則指出，事件擴大原因在於政府「內音不差」、「行政長官公署派系及各地政黨之幹部，有名為政黨實為鼓動者，如李友邦之一夥」。[146]

保密局認定全臺及各地動亂，背後是青年團在主導，應加以清理。林頂立密報指稱：

> 查三民主義青年團臺灣區團自臺省光復後，由李友邦主持團務，毫無成績，團員亦係**濫竽充數，且卵翼奸黨**。故此次叛亂之主要叛徒，即為該團及各地高級幹部所領導者，如區團視察潘叔華、臺北分團幹事長王添灯、幹事林日高、服務隊長張道福、臺中分團股長高丙章、股員鍾逸人、臺南分團主任莊孟侯、嘉義分團主任陳復志、高雄分團主任王清佐、屏東分團書記陳崑崙、花蓮分團股長許錫謙、幹事馬有岳、宜蘭分團主任游如川（以上各員罪行已據報有案）等，**多為奸黨分子**，**正為此次叛亂之主犯**。在臺青年團之失敗，於此可見，非亟予改革、清除奸黨，非但無補黨國，且為奸宄淵藪。[147]

保密局追究臺中青年團之行動，「查三月二日臺中之暴動，三民主義青年團團員實為主要分子，且曾一時將青年團部為暴動之本部……青年團主任張信義領導無方，任奸黨利用，該團團部為暴動之本部，當不能辭其責。若政府無加究辦，仍為主任，不僅不能使青年團走入三民主義之正途，更會走入危險之殿。」[148]密報又指高雄分團幹事蘇泰山「在鳳山中涼山煽動民眾謂：（1）趕快發動全體人民暴動，（2）包圍駐軍搶奪武器，（3）立刻組織人民政府等語……」蘇泰山已於光復後曾被古屋吸引奸黨參加指揮，與叛亂分子屢次來往甚密」。[149]甚至青年團主任李友邦也被檢舉窩藏奸黨分子：「查三青團臺中分團宣傳股長高兩貴平時即與謝奸雪紅聯絡甚密，此次臺中三二暴動發生，高逆即鼓動青年及學生參加暴動……及至國軍進駐臺中後……高逆即畏罪匿不敢出，聞現已潛往臺北三青團主任李友邦處」；[150]「查李現任臺區團主任，素以卵翼奸黨……今竟庇護叛徒，更屬不法。」[151]

四、事件後各派系動向

事變發生後，有關CC派掀動策謀以取代陳儀之說風起，省黨部宣傳處長林紫貴、調查室主任蘇泰楷、新竹市黨部彭德都被逮捕，[152]成為陳儀當局清理的對象。長官公署以蘇泰楷在事件中縱容其主辦之《重建日報》刊發號外、助長亂事之名義，封閉報社並將蘇泰楷逮捕，看管候訊。為此，中統局向蔣介石報告：

> 遵查蘇泰楷同志自三十五年八月到任迄今，思想行動尚屬正確，此次「二二八」事變發生，以調查工作繁重，對該報刊發號外，並未預聞……事變後并正傾全力布置調查工作，蒐集有關事變情報，提供軍政當局參考。陳長官於國軍抵臺後，誤信長官公署宣委會主委青年黨首要夏濤聲一面之詞，以《重建日報》為反動報紙予以查封，並將該主任扣押，是不啻助長其他黨派，摧殘本黨同志經營之文化事業，予本局防制奸偽、保衛黨國之任務以嚴重打擊。[153]

從中統局的報告，可以明顯看到事件中各派系角力、爭取最高當局信任的情況。而蘇泰楷被捕，恐怕正與他傾力蒐集情報、日日急電中央有關。

彭德則是在新竹市騷亂中被以「指揮暴亂」之罪名遭到逮捕，當時中部地區防衛司令蘇紹文欲置之於死地，執刑之前，李翼中得訊，請求柯遠芬以電話命令蘇紹文將彭德押解至警總審訊，方能倖免於難。[154]

然而，事件後有多人被追捕的臺灣省黨部，卻也參與開具「黑名單」的惡行。在三月十二日中統局與憲兵司令部呈給蔣介石的情報中指出，「九、十兩日國軍絡續開到，警察及警備部軍士即施行報復手段，毆打及拘捕暴徒，臺民恐慌異常。**臺省黨部調統室曾建議警備部，應乘時消滅歹徒，並將名冊送去**。警備部十日晚起開始行動，肅清市內奸徒。」[155]國民政府二十一軍副官處長何聘儒指出，事件後「成立了一個黨、政、軍、憲、警的聯合特務機構，調查進步人士，製造黑名單，到處捉人」。[156]監察委員何漢文也回憶：「在軍事大屠殺以後，接著由黨、政、軍、憲、警聯合實行全面大搜捕，加以祕密殺害，這樣被殺害的人民當不下千數。」[157]

軍統人員則在國軍增援部隊到達之後，組織別働隊、主導捕殺人犯工作。這些恐怖捕殺臺人士紳的行動究竟是誰下令指使？警備總部副參謀長范誦堯指出，事件後由憲兵成立特高組及林頂立成立特別行動隊（別働隊），全面逮捕首要分子，警備總部參謀長柯遠芬理應知情，至於槍斃人犯，「多由軍統局林頂立負責」。[158]

但多年之後，參與事件部署極深的柯遠芬對一切指控一概否認。一九九〇年代接受臺灣省文獻會訪問時，柯遠芬表示，林頂立成立義勇總隊、許德輝成立忠義服務隊，可能成為警總調查室外圍組織，並不需要向警總報告：「我只是一介幕僚……陳儀召見我，表示已下決心，要取消所有處理委員會，並下令逮捕所有為首者和幕後策動者。至於逮捕作業，主要是由憲兵依陳儀所核定名單來執行，而名單是陳儀直接交給憲兵團長張慕陶的，坦白地說，警備總部自始至終並沒有派人參與逮捕人犯的行動。」[159] 在另一份訪問紀錄中，柯遠芬又說：「三月九日（應是八日）陳儀宣布全省戒嚴後，陳儀就下令由憲兵張慕陶團長主其事，警總調查室、軍統臺北站協助之，緝捕為首分子」；他強調逮捕人犯工作由林頂立的特別行動隊（別働隊）、張慕陶的憲兵特高組執行，陳儀封鎖消息、他完全未被告知。[160] 簡言之，柯遠芬將所有責任推給了陳儀、林頂立與張慕陶。

雖然柯遠芬迴避了所有責任，但卻有許多史料印證他在這個時期的作為。赴臺宣慰的國防部長白崇禧在回憶錄中，指柯遠芬在綏靖清鄉會議上表示暴徒混亂地方，一定要懲處，「寧可枉殺九十九個，只要殺死一個真的就可以」，並引用列寧的話說「對敵人寬大，就是對自己殘酷」。[161] 各種史料都指證柯遠芬在事件中趁機敲詐勒索、上下其手，例如，閩臺監察使楊亮功指出，柯遠芬要求板橋林家主人、國民參政員林宗賢寫悔過書承認參與暴動，再據此勒索鉅款，但林宗賢仍以內亂罪被起訴，此一敲詐事件「不過是柯氏作惡之一例」。[162] 又如，保密局情報透露劉闊才等人透過新竹縣參議員朱盛淇，以一千萬元賄賂警備總部參謀長柯遠芬，「朱盛祺（淇）與柯參謀長遠芬交情甚密，所以由朱居中斡旋，未幾果獲釋放。」[163] 民間也盛傳，柯遠芬在事件後逮捕高雄唐榮鐵工廠負責人，趁機勒索數千萬元，柯氏日後解釋說是用來修復介壽館之用。[164]

三民主義青年團則是事件後被誅殺最為慘重的政治派系，包括臺北分團主任王添灯、嘉義分團主任陳復志、臺南分團主任莊孟侯、高雄分團主任王清佐、花蓮分團許錫謙等人，都在事件中受害。監察委員楊亮功、何漢文來臺調查後，將三民主義青年團列為參加事變的主要分子之一，並指該團在光復後於各縣市成立的分團成員複雜，「故此次事變發生後，各縣市青年團負責人參加者甚多，臺灣省青年團婦女隊隊長謝雪紅率眾暴動，現尚在逃，嘉義青年團籌備主任陳復志、臺南青年團負責人或經逮捕或已逃逸，故全省之青年團組織已形解體。」[165]事後並向蔣介石建議「臺灣三民主義青年團分子複雜，各地負責人此次參加暴動者甚多，應予徹底改組，並加嚴格訓練」。[166]

青年團主任李友邦遭指控在事件中窩藏「奸匪首要分子」，上呈蔣介石的情報中指「李友邦原係奸匪自新分子，此次臺省事變李為幕後操縱人物之一，此次叛亂行動，青年團居領導地位」。侍從室人員在情報上擬簽意見，指保密局去年即已呈報臺灣青年團潛伏奸偽分子，交青年團書記長陳誠徹查整頓，又有高雄三青團會議上郭國基等人的臺灣獨立言論等情報，但陳誠均未呈復。蔣介石乃批示將李友邦「解京法辦」。[167]

事實上，在蔣介石指示前李友邦早已被警備總部逮捕，其妻嚴秀峰求見陳儀、赴南京見蔣經國等，多方營救無效。[168]直至六月，青年團中央團部書記長陳誠呈文蔣介石，指李友邦窩藏奸匪、策動暴動一案經臺灣省警備總部查明，復經國防部軍法處審訊，指控罪名並非事實，[169]李友邦方得釋放，但已被拘三個月之久。而從李友邦被密告、拘捕的過程中，隱然可見派系角力的痕跡。

一九四九年五月，陳誠出任臺灣省主席兼臺灣省黨部主委，李友邦出任省黨部副主委，後升任黨部主委。但是一九五二年李友邦因「意圖非法顛覆政府」的罪名被捕，旋即執行槍決。

第三節 政治鬥爭的結局

一、事件後的權位爭奪戰

二二八事件尚未處理善後，一場權力之爭早已熱鬧上演。[170]事件後，島外臺灣人各團體奔走呼號，旅滬臺灣同鄉會等六團體在上海召開記者會，痛批陳儀當局違法濫權，指責「陳儀為慘案禍首，全臺人民所痛心疾首之人」，強烈呼籲「六百萬臺灣同胞為求本身之生存，為爭取可貴之自由……非達驅逐陳儀、完成自治之目的，誓不休止」、「應請明令撤職嚴辦」。新生臺灣建設會等二十八個旅外團體也向監察院陳情，要求陳儀去職、嚴懲兇手。旅滬臺灣人意見領袖張邦傑、楊肇嘉、陳碧笙、陳重光等人組成「二二八慘案臺胞慰問團」向監察院陳情，籲請「立將事變禍首陳儀撤職解京法辦，以懲其禍國殃民之罪」。[171]

三月五日，二戰前後黨政軍最高決策機構國民黨國防最高委員會第一次針對二二八事件召開會議，出席委員們對於出事已經一週，陳儀卻仍隱匿消息，未向中央內政部、行政院、國防最高委員會等權責機關報告而大為震怒，多人指責臺灣所行制度政策與日本殖民當局無異，會議主席孫科更痛批陳儀集權、一手遮天，直言「陳長官非撤回來不可！」，認為「內地人去臺灣當主人，這是不對的，應當由臺灣人自己來主持」。會議結果，「撤換陳儀」成為出席委員們的一致共識，並決定將此結論報告給國民政府主席蔣介石。[172]

次日再召開第二二四次常務會議，決議關於臺灣問題應：1.廢止長官公署條例，臺灣不要特殊化，改組為省政府制；2.派大員撫慰；3.人事調整方面，臺灣省政府應多容納有聲望之當地人士；4.經濟制度應加以改革。[173]依據以上原則，國民政府派國防部長白崇禧赴臺「宣慰」、改組省政府等，並由白氏及赴臺調查的監察委員楊亮功、何漢文提出善後建議。

面對排山倒海而來的去職壓力，陳儀卻仍力圖一搏。三月六日他呈電蔣介石，建議將長官公署改組為省政府，表示願意「由職暫兼一時」，並著手省政府改組工作，並不打算去職。[174]三月十七日國防部長白崇禧來臺，陳儀終於致電蔣介石稱「衰老不堪再膺繁劇」請辭，但卻推薦李良榮為警備總部繼任人選，蔣經國、嚴家淦為省主席人選。[175]李良榮、嚴家淦均與陳儀有深厚淵源，是他信任的部屬，蔣經國應該只是陪榜。此時，政界傳言朱一民（朱紹良）內定為臺灣省主席，陳儀竟然再次致電，指朱一民「雖不無才幹，但思想太舊，缺乏現代知識……二則現在臺灣擔任財政農林工礦交通等各主管人員，皆屬一時俊逸……若省政府主席不能志同道合，必定渙然星散」。又力薦國民黨祕書長吳鐵城為省主席、嚴家淦為省祕書長，[176]其中吳鐵城與陳儀同是政學系成員，嚴家淦為其僚屬。待罪之身的陳儀不知避嫌，不但為去職後的人事布署積極建言，並顯然以自身的派系、人脈為優先考量。

不僅如此，一股留陳風潮也在此時熱熱鬧鬧登場。包括臺灣省籍國大代表、國民參政員、臺灣省參議會、各縣市參議會等中央與地方民意代表，臺灣省憲政協進會、省文化協進會、省新文化運動會、省教育會、省婦女會等人民團體，或向國民政府主席蔣介石致電挽留陳儀，或在報刊發表言論，以全省民意擁戴陳儀、積極挽留。[177] 電文中稱讚陳儀「主政臺疆勵精圖治，政治日有起色，建設養廉尤見碩畫巨籌」、「確有誠意建設三民主義之新臺灣，故於變亂期間並未聞有對陳長官不滿者，足見其受民眾之愛戴」、「事變突起，陳長官處置得宜」、「此次事變，恩威並施，迅速平息，善後處置秉承寬大，恩澤三臺，萬民欽感」，如今驚聞陳儀即將他調，「駭悉之下，人心惶惶」、「臺省民眾咸望陳長官繼續主持臺政，臺灣幸甚、國家幸甚。」[178]

針對這股留陳風潮，中統局呈蔣介石情報指出，「陳長官現策動游彌堅、劉啟光等發動聯名向中央請求挽留，但威信已失、民心難服，李主委翼中曾極力勸導學生復課無效，眾言誓不相信陳長官。」[179] 臺灣旅滬六團體的《關於臺灣事件報告書》更明白指出，陳儀運作續留其位：

> 陳儀、周一鶚等指使劉啟光、黃朝琴、李萬居出而脅迫國大代表、參政員等十七人，及省縣市參議會、各保甲長聯名通電挽留陳儀……最近由臺來京之國大代表立法委員黃國書，已向同鄉公開表示，聯名通電一事絕非其本人之意思。近陳儀更派李萬居來滬，遊說旅外臺人，陰謀留陳儀運動。[180]

挽留陳儀的活動沒有成功，更激烈的政治派系人事鬥爭接著上場。當時南京、上海報刊相繼攻擊陳儀失政，香港《華商報》報導此乃國民黨內政學系與CC派正進行激烈的派系鬥爭：

為了掠奪中國第二經濟據點的臺灣，CC系與政學系之間展開了激烈的鬥爭。CC系不只以自己的機關報攻擊陳儀，並利用被陳儀冷落的失意官吏在南京大大地批判陳儀……不用說，在上海、北京的臺灣同鄉團體對陳儀一致攻擊，他們的要求正反映了臺灣人的意向，他們之中極少數人被CC系利用，但不能以此而抹煞他們的運動……因為政學系不想簡單地就對臺灣放手，而有以吳鐵城取代陳儀的傳聞。但是，因為CC系的強力反對，吳的任命乃成為問題。[181]

三月下旬國民黨召開第六屆三中全會，《觀察》稱為是「CC派攻擊政學系的大演出」。[182] CC派監察委員劉文島在會中臨時動議，提案將臺灣行政長官陳儀撤職查辦。[183] 儘管主席團意欲將此案壓下，蔣介石也宴請黨代表們，希望打消此案，但在CC派分子黃宇人等人的運作下，將陳儀撤職查辦的提案仍然在三中全會獲得通過，派系鬥爭呈現白熱化之勢。[184]

但是，國民黨三中全會決議將陳儀撤職查辦公文送達國民政府文官處辦理，蔣介石並未照辦。依照中國國民黨黨章之規定，具總裁身分的蔣介石有最後決定之權，可以依照三中全會之決議交行政院將陳儀撤職查辦，也可以使用總裁特權另做決定。[185] 蔣介石對撤職查辦陳儀的決議一直擱置拖延、未予執行，繼任人選也懸而未決，顯然採取了第二種選擇。這一方面說明蔣介石不願受制於派系，一方面也顯示出他對陳儀的信賴。

直到四月二十二日行政院才撤廢臺灣省行政長官公署，改頒《省政府組織法》，並決定任命魏道明為臺灣省首任省主席。對於這項人事任命，美國駐華大使司徒雷登（J．Leighton Stuart）發電文向國務院指出：「魏道明的任命，可能是為了因應美國輿論的結果。雖然沒有證據顯示魏氏的任命是因剛下臺的宋子文的要求，但魏氏與宋交好，是王寵惠的黨羽，因此也不受到政學系的排斥。」[186] CC派大舉撻伐對手，政學系展開權位保衛戰，兩大政治派系爭戰的結果，反令宋子文系統的魏道明坐收漁利。

陳儀下臺之後不久，出任浙江省主席。一九四九年國民黨在內戰中兵敗如山倒，陳儀意欲投共，被義子京滬杭警備總司令湯恩伯舉發，透過其手下第二處處長毛森，將陳儀親筆函交給已升任保密局局長的毛人鳳，唯一的希望是留陳儀一命。但陳儀仍被押解到臺灣，一九五〇年六月被槍決。毛森後來責怪毛人鳳受人之託卻未力爭，毛人鳳表示：「陳儀是殺本局福建負責人張超的仇人，我還會救他嗎？」[187] 陳儀與各政治派系之間的糾葛可說是至死方休。

其次，臺灣省警備總司令一職也成為各方角逐的目標。國防部長白崇禧出發到臺灣之前，已迫不及待向蔣介石推薦國防部史料局局長吳石中將出任，他稱許吳石「學資俱深，且富青年朝氣，忠勤廉能」，必能勝任愉快，[188] 後又陸續建議陸軍總部副參謀長冷欣、高雄要塞司令彭孟緝等人選。參謀總長陳誠則推薦整編第二十一師師長劉雨卿、參謀本部中將林蔚等人。[189] 各方力薦自己的人馬，但蔣介石按兵不動。

自認在事件中貢獻極大的警備總部參謀長柯遠芬卻在人事競爭裡中箭落馬。因警備總部濫捕、濫殺，造成人心惶惶，各種報告紛紛湧向中央，旅京滬臺灣人團體不斷請願陳情、召開記者會、發布聲明，控訴暴行。赴臺「宣慰」的國防部長白崇禧則上簽呈給蔣介石指稱：「現任臺灣省警備總部參謀長柯遠芬處事操切、濫用職權，對此次事變舉措尤多失當，且賦性剛愎，不知悛改，擬請予以撤職處分，以示懲戒，而平民忿」，[190] 柯遠芬因此交陸軍大學管訓，次年被派往東北視察，此後仕途並不順利。一九五八年八二三砲戰期間柯氏任金門防衛司令部副司令兼政戰部主任，這是他事業的最巔峰，後來在擔任越南軍事顧問團團長任內除役退休。

蔣介石屬意的臺灣省警備總司令人選，是在高雄地區率先出兵鎮壓的高雄要塞司令彭孟緝，這應與白崇禧力薦有關。白崇禧對不顧陳儀禁令、率先發兵的彭孟緝青眼有加，多次上電稱許。三月電呈謂：「此次事變高雄要塞司令彭孟緝、基隆要塞司令史宏熹、馬公要塞司令史文桂等，鎮壓最為得力。」[191] 四月又請表揚彭孟緝等人功勳：「查此次臺灣事變中高雄要塞司令彭孟緝**獨斷應變**、**制敵機先**，俘虜滋事暴徒四百餘人……擬懇分別獎勵，以昭激勵。」但是，民間稱彭孟緝為「高雄屠夫」，頗受罵名，因此，侍從室人員簽注「臺變乃為國家不幸事件，彭孟緝等處置適當固屬有功，惟功勳之獎賞必須公布，**但如公布則恐激動臺人及國內反對派之反感**，在給與勳賞之方式上似應考慮行之」等意見。[192] 顯見在表彰彭孟緝等人鎮壓事件功績時的考量與顧慮。

儘管如此，五月五日，國民政府發布臺灣省警備總司令部改制為警備司令部，蔣介石仍然任命彭孟緝為臺灣省警備司令。

臺灣省政府改制後，新的人事任命頒布。首先，省政府委員與廳處首長名單中，臺灣人名額增加，但以陪襯為主。行政院通過的臺灣省政府委員十五人名單，其中林獻堂、杜聰明、劉兼善、南志信、丘念台、游彌堅、陳啟清等七人為臺籍，近全體名額半數，以此收攬人心，臺籍委員都不兼廳處長。十四名廳處首長中只有徐慶鐘（農林處長）、李連春（糧食局長）、顏春輝（衛生處長）、王民寧（警務處長，半山）為臺籍，以專業技術為主，民政、財政、交通、建設等重要單位仍由外省籍人士擔任。另外，四位副首長中，臺籍人士丘斌存（財政廳副廳長，半山）、謝東閔（教育廳副廳長，半山）、陳尚文（建設廳副廳長，半山）占了三名。其次，這些被任用的臺籍人士中，具有半山身分者占極高比例。第三、省府改組後，陳儀人馬大幅退潮，反倒國民黨省黨部李翼中（社會處長）、林紫貴（新聞處長）搶居要職，形成派系政治版圖重新調整的局面。193

從二二八事件後的權位攻防戰可知，蔣介石面對各界要求將陳儀撤職查辦的強大壓力，拖延擱置、並未稍予懲處；又儘管幕僚提醒民間對彭孟緝極為反感，蔣氏仍拔擢彭孟緝升任警備司令。從這兩件人事案，可以看到蔣介石輕忽民意，力挺陳儀、彭孟緝，背後反映的是他對二二八事件的態度。事件中臺灣民眾大聲疾呼「臺人治臺」，付出慘重的血淚代價，但改組後臺灣省政府的人事安排，臺灣人仍舊不脫陪襯、樣板性質，政治結構並未實質翻轉。

二、事件後的半山與臺灣人

吳濁流的《臺灣連翹》一書指出，因國民黨省黨部指導員彭德透露，而得知半山人士在二二八事件中提供二百多名臺灣人黑名單，不然外省人對臺灣各地各界領袖人物不可能知道得那麼詳盡，「是從重慶回來的半山幹的，他們是劉啟光、林頂立、游彌堅、連震東、黃朝琴等人。」[194]部分半山人士在事件後繼續呼應當局，打壓同胞，李翼中回憶錄如此描述：

> 陳儀既大舉清鄉，又與劉啟光、游彌堅等謀改長官公署為省政府，劉氏赫然將貴，趨附者如魚之入於淵、鳥之集於樹，遂與游彌堅等組新文化運動委員會，以肅清皇民思想、奴化教育為號召，一以為陳儀張目，一以為政權。攻勢如此，凡非由中土重返臺灣者，均不能逃其罪，狡黠者仰望以求全，庸懦者惴惴不可終日。[195]

半山排除異己，意圖獨擁權力，本土菁英深感不滿，對劉啟光、林頂立、游彌堅等人議論紛紛。[196]二二八事件的重大衝擊，不僅造成臺灣人與政府當局的關係決裂，也使本土人士與半山新貴的同胞感情嚴重破裂，半山從此成為負面名詞。

此後，半山集團在臺灣政壇看似稱霸一時、動見觀瞻，但在國民黨政府政策下，卻始終只是「政治幫襯」角色，不久之後，勢力即逐一遭到瓦解。

一九五〇年初吳國楨出任臺灣省主席，提名蔣渭川、彭德擔任民政與建設廳長，遭到半山集團黃朝琴、游彌堅、林頂立等人的抵制與反對，蔣、彭二人在省議會被大肆攻擊，未幾即辭職。點燃政治風波的游彌堅後來被免除臺北市長之職，政治生涯走到終點，轉往商業與民間社團發展。

黃朝琴則自一九四六年起擔任省參議會、臨時省議會、省議會的議長之職達十七年之久，未再更上層樓。自省議會退休之後，黃朝琴轉往金融、觀光事業發展。[197]

半山人士也因爭奪權位而自相對抗。軍統出身的林頂立是雲林莿桐人，早年到中國廈門，成為廈門公安局偵緝隊長連謀部下，入軍統局從事地下工作，戰後返臺擔任保密局臺灣站站長工作，二二八事件中立有大功。[198]一九四七年八月，他創辦《全民日報》，據劉明說，辦報資本由他所提供，這是林頂立等人在事件後掩護其安全的代價。[199]憑著掌握輿論工具、全省報社分社組織及介入一連串的地方選舉，林頂立所支持者當選了十一席省議員及為數眾多的縣市長與縣市議員，累積起雄厚的政治實力。他在臺北市議會中支持張祥傳取得副議長之位；他派系下的臺北市議員曾得志揭發游彌堅在市長任內侵占日產案；一九五一年林頂立意欲搶奪臨時省議會議長寶座未果，轉而與劉啟光、李萬居競爭副議長之位得手。林頂立與其黨羽縱橫報界與政壇，自成山頭，被調查局視為新崛起的「林頂立派」。[200]

一九五三年，《全民日報》、《民族報》、《經濟時報》改組合併成《聯合報》，林頂立擔任發行人，一九五四年連任第二屆臨時省議會副議長，一九五五年又取得四大公司之一農林公司之董事長兼總經理職務。就在媒體、政治、經濟三面同時茁壯勢力的林頂立，好景不常，突然被以農林公司麵粉買賣違反總動員體制下《糧食管制治罪條例》的罪名遭到偵查起訴，判刑八年六個月，所有名位頭銜全部卸去。據國防部情報局消息，林頂立被指控在赴日時曾祕密會晤在日本從事臺獨運動的雲林同鄉廖文毅，未向當局報備而獲罪。[201]林頂立在勢力如日中天時瞬間墜落，出獄後再也無

5-12 林頂立後來擔任臺灣省臨時省參議會副議長之職

來源：臺灣省諮議會編著，《林頂立先生史料彙編》。

5-11 二二八事件時擔任保密局臺灣站站長的林頂立

來源：作者翻製自國史館檔案

法復出政壇。

半山中，劉啟光最受爭議。民間流傳諸多有關傳劉啟光在事件中打擊臺人的傳聞，包括「陳儀得到劉啟光等一批臺奸的建策已經決定以武力鎮迫人民」，「臺灣暴動波及全省之後，臺灣工作團團長劉啟光就向陳儀獻策，仿傚日人以武力徹底鎮壓人民的反抗，從此以後直至陳儀垮臺為止，劉啟光始終在陳儀側近，成為實際上的最高參謀，策劃鎮壓民變、屠殺臺灣人民的勾當。」202

劉啟光是嘉義六腳人，本名侯朝宗，日治時期活躍於農民運動，被日警追緝逃亡中國大陸，戰爭時期任軍事委員會臺灣工作團團長。戰後返臺成為政治新貴，接收新竹、出任縣長，又併吞陳炘的臺灣信託，改組為華南銀行，出任董事長。嘉義士紳黃媽典在二二八事件中被槍決，民間傳說是劉啟光趁機報復曾被告密的一箭之仇。203 二二八事件後，劉啟光先是縱橫商界，擔任中華國貨公司董事長、高雄百貨公司董事長、臺灣火柴公司董事長等職，又當選臺灣省臨時省議會議員、出任省政府委員，但因為輔選林金生（舞蹈家林懷民之父）競選嘉義縣長慘敗，逐漸失意於官場。[204]

由於劉啟光與日治時期左翼人士多往來，早已成為監視對象。一九五四年，劉啟光因舊識陳崑崙、蘇清江涉及匪諜案而被牽連，受到國防部情報局調查約談。在自白書中，劉啟光自陳：「『二二八』**時我因與陳公洽先生計劃鎮壓事宜**，所以給一般人不瞭解而恨我，**當時我是一個莫大功勞者**。」[205]劉啟光或許希望藉此自白脫罪，如今觀之，反而證實了民間的指控。從此，他的政治生命告終，晚年以「了然居士」自況。[206]

事件中遭軍統、中統利用的蔣渭川，一度被暗示將授以教育處長的職位。未料大軍掩至，一場大禍從天而降。三月十日上午，五名武裝警察至蔣渭川家中，意圖強行捕人未果，竟然開槍，但因槍枝故障，蔣渭川乘隙逃逸，四女蔣巧雲、幼子蔣松平在混亂中被槍擊，一死一傷。[207]蔣渭川在黨部指導員楊鑫茲、黨部組訓處長徐白光的掩護下藏匿逃亡一年，又因李翼中、丘念台等人力保，才獲不起訴處分。[208]事件後，蔣渭川曾出任臺灣省政府民政廳長、內政部次長等職，一九六〇年淡出政壇。

陳逸松與劉明在事件中也被陳達元所利用，但保密局並未將他們當作「自己人」。陳逸松在短暫出任公職後，不斷受到特務機關騷擾，被檢舉為漢奸、臺獨、貪汙等罪嫌，經營事業極不順遂，一九六四年想要復出政壇，參選臺北市長失利，一九七一年二月竟在美國花旗銀行爆炸案中被指

5-14 劉啟光(中)後居華南銀行董事長職位

來源：謝國興，《陳逢源（一八九三——九八二）：亦儒亦俠亦風流》。

5-13 二二八事件中劉啟光的角色備受爭議

來源：作者翻製自國史館檔案

控為主謀，國防部情報局疲勞審問三天之後釋放。曾經在戰後組織三民主義青年團協助國府當局接收、並在二二八事件中出力的陳逸松，竟然長期遭到特務機關騷擾追究，感到灰心至極，又意識到危機迫近的情況下，於一九七二年離開臺灣前往北京，投效共產黨中國，先後擔任中國全國人民代表大會的常務委員、政治協商會議常務委員。在訴求反共復國且兩岸宣傳高度競爭的年代，陳逸松的投共，讓臺灣當局極為難堪，陳逸松晚年以如此的政治豪賭之姿，對國民黨政府進行報復。劉明的處境也很危險，他因龐大的財富遭情治人員覬覦，一九五〇年八月被以「資匪」罪名判刑十年，家屬設法營救，散盡家財。最後因兄長劉傳能策反在日本的臺灣共和國臨時政府人士，為調查局立了功，才換得胞弟的自由。出獄後的劉明看清統治當局真面目，他成為堅定的反對運動者，積極參與黨外活動，為黨外人士助選，聲援蔡有全、許曹德臺獨案等等。[209]

特務統治、派系政治這些國民黨政府特有的政治文化，戰後隨著此一政權占領接收臺灣跨海移植而來。二二八事件中全臺民眾群起抗暴，不啻是在挑戰國府當局的統治，特有的統治模式幡然上演，強烈衝擊臺灣民眾的政治想像。統治當局滲透潛伏、製造事端，謂之「擒賊擒王」；特務機關複製在中國的運作模式，結合黑道、暴力，組織暗殺隊伍「制裁敵人」，號稱「忠義」；政治派系各懷鬼胎、擴大事端，展開激烈的權位攻防戰，從中獲利。

事件中，許多菁英被祕密逮捕、殺害，臺灣社會驚恐不已。但驚人的是，中國統治模式並非國府當局獨自操作而已，許多臺灣人被收編其中，沾染了此種政治文化。部分半山人士、臺灣菁英在事件中趨附權勢，或甘於賣命，或昧於情勢，捲入鬥爭、爭權奪利、自相殘殺。在付出龐大代價後，臺灣菁英仍只能在政治領域中擔任幫襯、樣板角色，跨不出統治當局所框定的政治棋局，成為浮沉的政壇過客、任人擺布的棋子。

注釋：

1 徐遠舉等，〈軍統局、保密局、中美特種技術合作所內幕〉，收入全國政協文史資料委員會編，《文史資料存稿選編精選三：蔣記特工揭密》（北京：中國文史，二〇〇六），頁六六—六七。國防部情報局編，《國防部情報局史要彙編（上冊）》（臺北：國防部情報局，一九六二），頁四。

2 國防部情報局編，《國防部情報局史要彙編（上冊）》，頁四、七、二九、八四—八五。
3 柯遠芬，〈二二八事變之真像〉，收入中研院近史所編，《二二八事件資料選輯（一）》（臺北：中研院近史所，一九九二），頁十八、二三—二四。
4 柯遠芬，〈事變十日記〉，收入李敖編，《二二八研究》（臺北：李敖，一九八九），頁二二七—二六二。
5 陳翠蓮，〈解讀許德輝《臺灣二二八事件反間工作報告書》〉，《臺灣史料研究》第二七號（二〇〇六年八月），頁一三四。二〇〇〇年十月，筆者協助檔案局籌備處徵集二二八事件檔案，於國家安全局獲得《拂塵專案》共十九冊、三七七件檔案，其中包括許德輝之〈臺灣二二八事件反間工作報告書〉。該報告書為影本，字跡模糊，經筆者辨認並解讀後發表於《臺灣史料研究》第二七號（二〇〇六年八月），頁一三二—一四七。
6 即日治時期北警察署，今大同分局，位於寧夏路八十九號。
7 陳翠蓮，〈解讀許德輝《臺灣二二八事件反間工作報告書》〉，頁一三九—一四〇。
8 蔣渭川遺稿，《二二八事變始末記》（臺北：蔣氏家屬自印，一九九一），頁二七。
9 林德龍，《二二八官方機密史料》（臺北：自立晚報社，一九九二），頁二四七。該則密電並無日期，但參同電文中柯遠芬與蔣渭川等之談話，可知為三月二日之事。
10 〈二二八處委會改組首次會　決定積極維持治安〉，《臺灣新生報》，一九四七年三月四日，一版。
11 林德龍，《二二八官方機密史料》，頁二七—二八。
12 林木順，《臺灣二月革命》（臺北：前衛，一九九〇），頁二七—二八。蘇新，《憤怒的臺灣》（臺北：時報，一九九三），頁一四七。吳濁流，《臺灣連翹》（臺北：前衛，一九八八），頁一八七。
13 A-04-0008，〈件名：黃仁里呈林振藩報告嘉義區長蔣重鼎事變中罪行〉，許雪姬主編，《保密局臺灣站二二八史料彙編（二）》（臺北：中研院臺史所，二〇一六），頁二三一。
14 A-03-0008，〈件名二：高登進致電柯復興報告臺南謝掙強包藏暴徒情形〉，許雪姬主編，《保密局臺灣站二二八史料彙編（二）》，頁三三。
15 A-03-0008，〈件名一：柯復興致蔣少華希詳查虎委區區長謝掙強言行〉，許雪姬主編，《保密局臺灣站二二八史料彙編（二）》，頁二九。
16 〈蔣少華（蔣重鼎）〉，許雪姬主編，《保密局臺灣站二二八史料彙編（一）》，頁二四三。
17 A-02-0004，〈件名一：黃仁里轉呈臺南縣東石區朴子鎮「二二八」事變黃媽典組織治安處理委員會章程及會員名表〉，許雪姬主編，《保密局臺灣站二二八史料彙編（一）》（臺北：中研院臺史所，二〇一五），頁二三八。
18 A-01-0003，〈件名四：林風致柯復興代電報告基隆事件後情況及基隆處理委員會組織情況〉，許雪姬主編，《保密局臺灣站二二八史料彙編（一）》，頁三五。

19 A-07-0006，〈件名三：紀桐霞致電林振藩報告其本人在花蓮暴動中之作為〉，許雪姬主編，《保密局臺灣站二二八史料彙編（三）》（臺北：中研院臺史所，二〇一六），頁八五。

20 A-07-0007，〈件名三：林思龍致電馬力行報告花蓮鳳林鎮鎮長林茂盛組織處理委員會詆毀政府〉，許雪姬主編，《保密局臺灣站二二八史料彙編（三）》，頁一〇六。

21 A-07-0007，〈件名八：林思龍致電馬力行報告花蓮縣鳳林鎮張芳堯號召青年組織青年團〉，許雪姬主編，《保密局臺灣站二二八史料彙編（三）》，頁一一二。

22 A-01-0011，〈件名一：張秉承致電言普誠報告吳金鍊等企圖變更新生報為民主日報日文版〉，許雪姬主編，《保密局臺灣站二二八史料彙編（一）》，頁九四—九五。

23 A-01-0011，〈件名二：董貫志致電柯復興報告對新生報劉振良、蔡雲程等調查情形〉，許雪姬主編，《保密局臺灣站二二八史料彙編（一）》，頁九八—九九。

24 澎湖雖在事件中並無太大風波，但還是依據臺北的全省性處理委員會決議，成立澎湖縣二二八事件處理委員會。

25 A-07-0002，〈件名三：朱士信呈林振藩報告二二八事件發生後之澎湖動態〉，許雪姬主編，《保密局臺灣站二二八史料彙編（三）》，頁二一。

26 A-07-0003，〈件名一：朱士信續報有關二二八事件之澎湖動態〉，許雪姬主編，《保密局臺灣站二二八史料彙編（三）》，頁五七。

27 A-07-0003，〈件名二：朱士信續報有關二二八事件之澎湖動態〉，許雪姬主編，《保密局臺灣站二二八史料彙編（三）》，頁五八。

28 陳翠蓮，《二二八事件與青年學生——二二八事件檔案專題選輯》（臺北：檔案管理局，二〇〇五），頁四〇。

29 臺中市警察局，〈密不錄由〉，《防範異黨卷（四）》，檔號：0038/192.5/1，檔案管理局藏。

30 陳翠蓮，〈解讀許德輝《臺灣二二八事件反間工作報告書》〉，頁一四二。

31 A-02-0004，〈件名三：蔣少華寄復興兄李灣口供一份〉，許雪姬主編，《保密局臺灣站二二八史料彙編（一）》，頁二四五。

32 警備總部，〈臺灣二二八事變報告書〉，收入侯坤宏、許進發編，《二二八事件檔案彙編（十六）》（臺北：國史館，二〇〇四），頁三一四。

33 A-07-0003，〈件名二：朱士信續報有關二二八事件之澎湖動態〉，許雪姬主編，《保密局臺灣站二二八史料彙編（三）》，頁五五。

34 〈張秉承呈報蔣渭川等人煽惑暴動〉，收入侯坤宏、許進發編，《二二八事件檔案彙編（一）》（臺北：國史館，二〇〇二），頁一七三。

35 A-03-0007，〈件名四：黃仁里致電林振藩報告臺南市「二二八」事件經過情形〉，許雪姬主編，《保密局臺灣站二二八史料彙編（二）》，頁七。

36 A-08-0035，〈件名二：王孝順致電臺北林先生報告臺中四處發現有反政府標語〉，許雪姬主編，《保密局臺灣站二二八史料彙編（三）》，頁四八七。

37 臺灣省警備總司令部調查室，〈臺灣暴動經過情報撮要〉，收入侯坤宏、許進發編，《二二八事件檔案彙編（一）》，頁七六、七九。

38 〈張秉承呈報皇民奉公會活動概況〉，收入侯坤宏、許進發編，《二二八事件檔案彙編（一）》，頁九九—一〇〇。

39 A01-0007、A01-0011、A02-0004、A03-0007、A03-0016、A03-0025，許雪姬主編，《保密局臺灣站二二八史料彙編（一）》，頁五五、一一〇、二六一、二六三。許雪姬主編，《保密局臺灣站二二八史料彙編（二）》，頁十一、一一一、一七三、

40 A-08-0028，〈件名二：王孝順電呈臺北林先生報告海外歸臺失業軍人蓄意作亂〉，許雪姬主編，《保密局臺灣站二二八史料彙編（三）》，頁四四四。

41 A-07-0006，〈件名二：紀桐霰致電林振藩報告有關花蓮市民暴動情形〉，許雪姬主編，《保密局臺灣站二二八史料彙編（三）》，頁八一。

42 A-07-0006，〈件名四：紀桐霰致電林振藩報告花蓮、臺東兩地組織處理委員會活動情形〉，許雪姬主編，《保密局臺灣站二二八史料彙編（三）》，頁八八。

43 〈張鎮呈蔣主席臺灣暴動事件專報〉，大溪檔案，收入中研院近史所編，《二二八事件資料選輯（二）》（臺北，中研院近史所，一九九二），頁六七。

44 A-06-0001，〈件名三：謝愛吼致電林振藩報告屏東市中正國民學校校長蔡清水領導暴動情形〉，許雪姬主編，《保密局臺灣站二二八史料彙編（二）》，頁三二九。

45 A-02-0006，〈件名三：張秉承致電南京言普誠報告臺南縣暴動主犯李讚生、簡溪圳、林植發等逍遙法外情形〉，許雪姬主編，《保密局臺灣站二二八史料彙編（一）》，頁二九一。

46 A-12-0004-4，〈謝愛吼呈林振藩代電：呈報臺灣暴動首要郭國基已於五月二日向憲兵隊自首由〉，保密局臺灣站檔案，中研院臺史所藏，未刊。

47 〈宋壎轂電毛人鳳臺灣各地暴徒活動〉，收入侯坤宏、許進發編，《二二八事件檔案彙編（一）》，頁六三。

48 臺灣省警備總司令部調查室，〈臺灣暴動經過情報撮要〉，頁八三。

49 〈張秉承呈報民眾圍攻長官公署情況又趨惡化〉，收入侯坤宏、許進發編，《二二八事件檔案匯編（一）》，頁一八三。

50 〈葛滋韜報臺灣共產黨操縱暴動〉，收入侯坤宏、許進發編，《二二八事件檔案彙編（一）》，頁一八九—一九〇。

51 〈鄭介民呈蔣主席三月十日報告〉，大溪檔案，收入中研院近史所編，《二二八事件資料選輯（二）》，頁一三九。

52 〈劉戈青報臺北暴徒控制全境情勢益趨嚴重〉，收入侯坤宏、許進發編，《二二八事件檔案彙編（一）》，頁一九二—一九三。

53 王業鴻，〈戴笠、毛人鳳其人其事及軍統家規〉，收入潘嘉釗等編，《蔣介石特工祕檔及其他》（北京：群眾，一九九三），頁一七四。

王業鴻於一九三五年杭州特訓班第五期畢業，保密局少將專員。

54 張國棟，〈中統局始末記〉，收入徐恩曾等，《細說中統軍統》（臺北：傳記文學，一九九二），頁八八—九二。張國棟，一九二八年起從事中統特務工作，曾任局本部科長、組長、處長等職，一九四九年投共。

55 沈醉，《軍統內幕》（臺北：新銳，一九九四），頁四五—七〇。沈醉為湖南長沙人，於軍統工作十八年，曾任軍統上海區情報組組長、保密局雲南站站長等職，一九四九年投共。

56 國防部情報局編，《國防部情報局史要彙編（上冊）》，頁二〇〇—二三九。

57 沈醉，〈楊杏佛、史量才被暗殺經過〉，收入郭旭等，《政治暗殺實錄（上冊）》（香港：中原，一九八五），頁八五—九一。

58 王業鴻，〈戴笠、毛人鳳其人其事及軍統家規〉，頁一七五—一八二。

59 陳方生，〈軍統南平無線電訓練班親歷記〉，收入全國政協文史資料委員會編，《文史資料存稿選編精選三：蔣記特工揭密》（北京：中國文史，二〇〇六），頁一一七—一三三。陳方生為軍統局無線電人員訓練班學員。

60 費雲文，〈戴雨農其人其事〉，收入費雲文，《戴笠的一生》（臺北：中外雜誌社，一九八〇），頁五二—五七。

61 良雄，《戴笠傳》（臺北：傳記文學，一九八〇），頁四五四。

62 黃康永，〈軍統「六不准」的內幕〉，收入潘嘉釗等編，《蔣介石特工祕檔及其他》，頁二一三。黃康永曾任軍統局人事處行政科科長、保密局湖南站少將站長，一九四九年赴香港，一九五一年返回中國，被判定為戰犯，一九七五年特赦。

63 國防部情報局編，《國防部情報局史要彙編（上冊）》，頁二三九—二四二。

64 陳痲，〈拂塵專案回憶資料：臺灣發生二二八事變回憶瑣記〉，收入侯坤宏、許進發編，《二二八事變檔案彙編（十六）》，頁二三七—二三八。

65 〈劉戈青〉，軍事委員會侍從室檔案，編號：46387，國史館藏。

66 國防部情報局，《國防部情報局史要彙編（上冊）》，頁二三四。方明，《殊戰：抗戰時期軍統局的祕密行動》（北京：團結，二〇一一），頁一〇七—一一二。喬家才，〈虎穴游龍劉戈青〉，收入喬家才，《戴笠和他的同志（第一集）》（臺北：中外雜誌，一九七七），頁一一三六。文軍等，《蔣介石的十七次暗殺行動》（長春：吉林人民，一九九九），頁一一四—一二三。

67 國防部情報局，《忠義救國軍誌》（臺北：國防部情報局，一九六二），頁七—八、十四。陳進金，〈戴笠與忠義救國軍〉，收入吳淑鳳等編，《不可忽視的戰場：抗戰時期的軍統局》（臺北：國史館，二〇一二），頁一四三—一七二。

68 徐遠舉等，〈軍統局、保密局、中美特種技術合作所內幕〉，收入全國政協文史資料委員會編，《文史資料存稿選編三：蔣記特工揭密》，頁四三—四五。范紹曾口述，〈關於杜月笙〉，收入沈醉等，《青幫洪門》（臺北：學問，一九八八），頁二七四—二七五。

69 國防部情報局，《忠義救國軍誌》，頁五八。

70 國防部情報局，《忠義救國軍誌》，頁九七—一一八。

71 國防部情報局，《忠義救國軍誌》，頁七。

72 野僕，〈二二八事件的真相——一位目擊者的見證〉，收入陳芳明編，《臺灣戰後史資料選：二二八事件專輯》（臺北：二二八和平日促進會，一九九一），頁四〇八。

73 李翼中，〈帽簷述事〉，收入中研院近史所編，《二二八事件事件資料選輯（二）》（臺北：中研院近史所，一九九二），頁三八八—三八九。

74 〈憲兵司令部、中統局呈蔣主席三月十二日情報〉，大溪檔案，收入中研院近史所編，《二二八事件資料選輯（二）》，頁一四六。

75 〈葉秀峰呈蔣主席三月二十六日、二十七日情報〉，大溪檔案，收入中研院近史所編，《二二八事件資料選輯（二）》，頁二三〇。

76 A-10-0002-2，〈高頭北已組織便衣武裝由〉，保密局臺灣站檔案，中研院臺史所藏，未刊。

77 A-10-0002-2，〈趙阿寶焚燒謝娥家具及天府酒家電請究察由〉，保密局臺灣站檔案，中研院臺史所藏，未刊。

78 A-01-0010，〈件名一：張秉承致電言普誠報告王添灯已被密裁、陳復志已被槍斃〉，許雪姬主編，《保密局臺灣站二二八史料彙編（一）》，頁七四。A-03-0023，〈件名二：龍有浩致電張秉承詢問王添灯、陳復志由何人奉何命予以制裁〉，許雪姬主編，《保密局臺灣站二二八史料彙編（二）》，頁一五四。

79 A-01-0003，〈件名一：林風致柯復興代電報告基隆叛徒暴亂情形〉，許雪姬主編，《保密局臺灣站二二八史料彙編（一）》，頁二四—二五。。

80 A-07-0011，〈件名一：張秉承致電南京言普誠報告張七郎被密裁案〉；A-07-0011，〈件名二：許靖東致電丁立仁報告張七郎父子三人遭密裁〉，許雪姬主編，《保密局臺灣站二二八史料彙編（三）》，頁一二七—一二九。

81 A-02-0004，〈件名四：黃仁里呈報臺南朴子鎮暴民黃媽典已被執行槍決〉，許雪姬主編，《保密局臺灣站二二八史料彙編（一）》，頁二六一。

82 A-03-0023，〈件名七：黃仁里呈報嘉義青年團主任陳復志利用職權營利〉，許雪姬主編，《保密局臺灣站二二八史料彙編（二）》，頁一五九—一六〇。A-03-0023，〈件名三：張秉承致電言普誠報告陳復志參加叛亂已被槍決〉，許雪姬主編，《保密局臺灣站二二八史料彙編（二）》，頁一五五。

83 張炎憲等訪問，〈黃再來、高康中、蘇溪圳口述訪問紀錄〉，收入張炎憲等採訪記錄，《臺北南港二二八》（臺北：吳三連臺灣史料基金會，一九九五），頁十九—二二。

84 張炎憲等訪問，〈楊毛治、吳和光口述訪問紀錄〉，收入張炎憲等採訪紀錄，《臺北南港二二八》，頁四三—八五。

85 〈劉戈青〉，軍事委員會侍從室檔案，編號：46387，國史館藏。

86 〈憲警徹查劉戈青情殺案真相〉，《聯合報》，一九五四年四月二十三日，三版。〈十五縣市省議員縣市長 選舉結果全部揭曉〉，《聯合報》，一九五四年五月三日，一版。

87 黃富三等訪問，〈廖德雄先生訪問紀錄〉，《口述歷史》第四期（臺北：中研院近史所，一九九三），頁六二。

88 蔣渭川遺稿，《二二八事變始末記》），頁四—八。

89 蔣渭川，〈二二八事件與政治建設協會之關係〉，中國國民黨黨史會檔案，中研院近史所檔案館藏。

90 蔣渭川遺稿，《二二八事變始末記》，頁六七—六八。謝聰敏，〈二二八事變研究——二二八事變中的黨政關係〉，收入謝聰敏，《黑道治天下及其他》（臺北：謝聰敏國會辦公室，一九九三），頁一五三—一五四。

91 李翼中，〈帽簷述事〉，頁三七七。

92 蔣渭川遺稿，《二二八事變始末記》，頁十五。

93 黃富三等訪問，〈廖德雄先生訪問記錄〉，頁六六。

94 蘇新，《憤怒的臺灣》，頁一四八。

95 野僕，〈二二八事件的真相——一位目擊者的見證〉，頁四〇四—四〇五、四〇七。

96 蔣渭川，〈二二八事件與臺灣省政治建設協會之關係〉，中國國民黨黨史會資料，中研院近史所藏。蔣渭川遺稿，《二二八事變始末記》，頁十七—二〇、三七—四〇、五九—六二。

97 野僕，〈二二八事件的真相——一位目擊者的見證〉，頁四〇五。

98 李翼中，〈帽簷述事〉，頁三七九—三八〇。

99 〈臺灣省政治建設協會託臺灣省黨部主委李翼中發南京中央政府蔣主席電文原稿〉，蔣渭川家屬提供。

100 〈臺灣省政治建設協會託臺北美國駐臺領事館轉南京大使館致中央政府蔣主席電文原稿〉、〈蔣渭川家屬之聲明書〉，蔣渭川家屬提供。

101 蔣渭川遺稿，《二二八事變始末記》，頁九〇、九五。

102 蔣渭川遺稿，《二二八事變始末記》，頁一〇五。蔣渭川，〈二二八事件與臺灣省政治建設協會之關係〉，中國國民黨黨史會資料，中研院近史所藏。

103 臺灣省行政長官公署編，〈事件日誌〉，收入臺灣省文獻委員會編印，《二二八事件文獻續錄》（南投：臺灣省文獻委員會，一九九二），頁五一九—五二〇。

104 轉引自謝聰敏，〈二二八事變研究——二二八事變中的黨政關係〉，頁一五七。

105 柯遠芬，〈二二八事變之真像〉，頁十一—十二。

106 陳三井等訪問，〈二二八事變的回憶——林衡道先生訪問紀錄〉，《口述歷史》第二期（一九九一年二月），頁二二七。

107 趙毓麟，〈中統見聞及功過錄〉，《傳記文學》五七：一（一九九〇年七月），頁一一六。
108 吳濁流，《臺灣連翹》，頁一八六。
109 李翼中，〈帽簷述事〉，頁三八一、三八三、三八八。
110 李翼中，〈帽簷述事〉，頁四〇六—四〇七。
111 周一鶚，〈陳儀在臺灣〉，收入李敖編，《二二八研究三集》（臺北：李敖，一九八九），頁一六一。
112 柯遠芬，〈二二八事變之真像〉，頁十二。
113 柯遠芬，〈二二八事變之真像〉，頁十一。
114 柯遠芬，〈事變十日記〉，收入李敖編，《二二八研究》，頁一六一。
115 林德龍輯註，《二二八官方機密史料》（臺北：自立晚報社，一九九二），頁二四七。
116 蔣渭川遺稿，《二二八事變始末記》，頁二六—二八。
117 柯遠芬，〈事變十日記〉，頁二四七。
118 吳濁流，《臺灣連翹》，頁一八七。
119 李宣鋒訪問，〈柯遠芬先生口述〉，收入魏永竹編，《二二八事件文獻續錄》，頁七二七。
120 柯遠芬，〈二二八事變之真像〉，頁二三—二四。
121 陳翠蓮，〈「祖國」的政治試煉：陳逸松、劉明與軍統局〉，《臺灣史研究》二一：三（二〇一四年九月），頁一三七—一八〇。
122 許水德等口述、陳柔縉記錄，《私房政治：二十五位政治名人的政壇祕聞》（臺北：新新聞文化，一九九三），頁一一四。
123 蔣渭川遺稿，《二二八事變始末記》，頁九七—九八。
124 李翼中，〈帽簷述事〉，頁三八四。
125 陳儀深訪問，〈陳希寬先生訪問紀錄〉，收入陳儀深訪問，《海外臺獨運動相關人物口述史：續篇》（臺北：中研院近史所，二〇一二），頁三一八—三一九。
126 〈所報劉明陳逸松為陳達元運用人員可予免究轉復〉，《人名案（陳逸松案）》，檔號：0037/0410.9/8000/3/047，檔案管理局藏。
127 〈白崇禧成呈蔣主席四月十四日簽呈之附件〉，大溪檔案，收入中研院近史所編，《二二八事件資料選輯（二）》，頁二四六—二四七。
128 B07-0012-0008，〈代電事由：報張邦傑返臺後動態〉，保密局臺灣站檔案，中研院臺史所藏，未刊。
129 法務部調查局，〈臺灣省文獻委員會前主任委員林衡道先生二二八事變回憶〉，收入侯坤宏、許進發編，《二二八事件檔案彙編（九）》（臺北：國史館，二〇〇二），頁一一六、一二〇。
130 蘇新，《憤怒的臺灣》，頁一四〇—一四一。

131 蘇新，《憤怒的臺灣》，頁一四一。

132 〈省民一分子致函　揭發野心家陰謀〉，《臺灣新生報》，一九四七年三月十二日，二版。吳濁流，《臺灣連翹》，頁一八六。

133 柯遠芬，〈事變十日記〉，頁二五七。

134 唐賢龍，〈臺灣事變內幕記〉，頁九〇。

135 龔選舞，〈陳儀之死（下）〉，《中國時報》，一九九二年三月十八日，三一版。

136 戴國煇，《愛憎二．二八》（臺北：時報，一九九五），頁二五四。

137 謝聰敏，〈二二八事變研究——二二八事變中的黨政關係〉，頁一六二。

138 余玲雅主持，《臺灣省參議會、臨時省議會暨省議會時期史料彙編計畫：林頂立先生史料彙編》（南投：臺灣省諮議會，二〇〇六），頁五六、一三四。

139 李翼中，〈帽簷述事〉，頁三八八。

140 陳翠蓮，〈陳逸松先生訪問紀錄〉，一九九三年九月七日，收入陳翠蓮，《派系鬥爭與權謀政治：二二八悲劇的另一面相》（臺北：時報，一九九五），頁四七三—四七七。

141 A-01-0010，〈件名三：張秉承致電言普誠報告中統包庇叛徒要犯情形〉，許雪姬主編，《保密局臺灣站二二八史料彙編（一）》，頁七九—八〇。

142 A-08-00015，〈件名一：柯復興致電林繼成報告新竹市黨部指導員彭德陰謀背叛〉，許雪姬主編，《保密局臺灣站二二八史料彙編（三）》，頁三二六。

143 A-11-0008-1，〈張秉承呈南京言普誠代電：臺南縣黨部黨員參加臺變行列〉，保密局臺灣站檔案，中研院臺史所藏，未刊。A-11-0008-2，〈代電：呈報臺南縣黨部黨員參加事變名冊乙份由〉，保密局臺灣站檔案，中研院臺史所藏，未刊。

144 A-01-0026，〈件名一：沈堅強呈報有關中華日報盧冠群電呈蔣總裁報告二二八事件真相案〉，許雪姬主編，《保密局臺灣站二二八史料彙編（一）》，頁二〇五。

145 賴澤涵等訪問，〈嚴秀峰女士訪問紀錄〉，《口述訪問》第四期（一九九三年二月），頁一一九。

146 不著撰人，〈二二八事變之平亂〉，收入中研院近史所編，《二二八事件資料選輯（一）》，頁一三八。

147 A-01-00010，〈件名四：張秉承致電言普誠報告臺省青年團卵翼奸黨情形〉許雪姬主編，《保密局臺灣站二二八史料彙編（一）》，頁八三—八四。

148 A-08-0036，〈件名二：王孝順致電臺北林先生報告三民主義青年團主任張信義領導無方被奸黨利用〉，許雪姬主編，《保密局臺灣站二二八史料彙編（三）》，頁四九七。

149 A-12-0007-2，〈謝愛吼呈林振藩代電：呈報高雄分團幹事蘇泰山領導暴動被扣情形由〉，保密局臺灣站檔案，中研院臺史所藏，未刊。

150 A-01-0008，〈件名三：王孝順致電林頂立報告三青團臺中團高兩貴參與事變及藏匿情形〉，許雪姬主編，《保密局臺灣站二二八史料彙編（一）》，頁六五。

151 A-01-0008，〈件名二：張秉承致電言普誠關於李友邦包庇奸黨高兩貴情形〉許雪姬主編，《保密局臺灣站二二八史料彙編（一）》，頁六二。

152 李翼中，〈帽簷述事〉，頁三八九。

153 〈中統局呈蔣主席五月七日報告〉，大溪檔案，收入中研院近史所編，《二二八事件資料選輯（二）》，頁三三二—三三三。

154 李翼中，〈帽簷述事〉，頁四〇七。

155 〈憲兵司令部、中統局呈蔣主席三月十二日情報〉，大溪檔案，頁一四六。

156 何聘儒，〈蔣軍鎮壓臺灣人民起義紀實〉，收入李敖編，《二二八研究》，頁二七〇。

157 何漢文，〈臺灣二二八起義見聞紀略〉，收入李敖編，《二二八研究》，頁一三三。

158 〈范誦堯：二二八劊子手是林頂立〉，《自由時報》，一九九三年二月二十八日，二版，臺灣省文獻委員會公布范誦堯先生的口述訪問內容指明：「槍斃人犯（包括臺灣菁英），大多由軍統林頂立負責執行」。同日如《中國時報》、《聯合報》等亦有相同之內容，但臺灣省文獻委員會編印之《二二八事件文獻補錄》（一九九四年二月出版）頁一一七將此段文字改為「至於處置首要分子，多由軍統執行」，並略去了「林頂立」三字。

159 李宣鋒訪問，〈柯遠芬先生口述〉，頁七二七—七二九。

160 李宣鋒訪問，〈柯遠芬先生口述紀錄〉，收入魏永竹等編，《二二八事件文獻補錄》（南投：臺灣省文獻委員會，一九九四），頁一三三—一三四。

161 賈廷詩等訪問，《白崇禧先生訪問紀錄（下冊）》（臺北：中研院近史所，一九八九），頁五六七—五六八。

162 蔣永敬等編，《楊亮功先生年譜》（臺北：聯經，一九八八），頁三七三—三七四。

163 A-08-0041-2，〈黃鋒呈嚴正直六月十六日報告〉，保密局臺灣站檔案，中研院臺史所藏，未刊。

164 李宣鋒訪問，〈柯遠芬先生口述紀錄〉，頁一三六。

165 〈何漢文呈蔣主席三月二十六日函〉，大溪檔案，收入中研院近史所編，《二二八事件資料選輯（二）》，頁二二八。

166 楊亮功、何漢文，〈二二八事件調查報告及善後辦法建議案〉，收錄於陳興唐主編，《臺灣「二·二八」事件檔案史料》（上卷），（臺北：人間，一九九二），頁二八二。

167 〈張鎮呈蔣主席三月二十九日報告〉，大溪檔案，收入中研院近史所編，《二二八事件資料選輯（二）》，頁二三一。

168 賴澤涵等訪問，〈嚴秀峰女士訪問紀錄〉，頁一一九—一二一。

169 〈陳誠呈蔣主席六月四日簽呈〉，大溪檔案，收入中研院近史所編，《二二八事件資料選輯（二）》，頁三四〇。

170 陳翠蓮，〈二二八事件後臺灣省政府人事〉，《法政學報》第八期（一九九七年八月），頁三三—六一。

171 〈旅滬臺灣六團體二二八慘案聯合後援會聲明〉、〈新生臺灣建設會等二十八團體為妥處臺灣事件善後事致于右任呈〉、〈二二八慘案臺胞慰問團呈于右任關於處理臺灣事件意見書〉，收入陳興唐主編，《臺灣「二·二八」事件檔案史料（下卷）》（臺北：人間，一九九二），頁七五四—七八七。

172 〈國防最高委員會常務會議第二二三至二二六次及二三〇次會議紀錄〉，中國國民黨黨史會檔案，中研院近史所檔案館藏。

173 〈國防最高委員會常務會議第二二三至二二六次及二三〇次會議紀錄〉，中國國民黨黨史會檔案，中研院近史所檔案館藏。

174 〈陳儀呈蔣主席三月六日函〉、〈陳儀呈蔣主席三月尤電〉，大溪檔案，收入中研院近史所編，《二二八事件資料選輯（二）》，頁七八、一四四—一四五。

175 〈陳儀呈蔣主席三月篠電〉、〈陳儀呈蔣主席三月霰電〉，大溪檔案，收入中研院近史所編，《二二八事件資料選輯（二）》，頁一九三、一九五。

176 〈陳儀呈蔣主席三月十八日函〉，大溪檔案，收入中研院近史所編，《二二八事件資料選輯（二）》，頁二〇〇—二〇三。

177 佚名，〈陳公洽與臺灣〉，收入李敖編，《二二八事件研究三集》（臺北：李敖，一九八九），頁二五三—二六二。

178 〈國民大會臺灣省代表等電呈蔣主席盼陳儀繼續主持臺政〉、〈嘉義市參議會電呈擁護陳儀續主省政〉、〈新竹市參議會電準陳儀繼掌臺政〉、〈高雄縣參議會電請留任陳儀〉、〈臺灣省憲政協進會等團體電呈挽留陳儀續主臺政〉，收錄於侯坤宏編，《國史館藏二二八檔案史料（上冊）》（臺北：國史館，一九九七），頁六四—七二。

179 〈葉秀峰呈蔣主席三月二十六、二十七日情報〉，大溪檔案，收入中研院近史所編，《二二八事件資料選輯（二）》，頁二三〇。

180 臺灣旅滬六團體，〈關於臺灣事件報告書〉，收入《二二八真相》（臺北：出版資料不詳），頁二七九。

181 轉引自丁果，〈二二八事件と新聞報道─華商報を通にて─〉，《東洋學報》七一：一、二合輯（一九八九年十二月），頁七八—七九。

182 浦熙修，〈國民黨三中全會記〉，《觀察》二：六（一九四七年四月五日），頁十六。

183 〈六屆三中全會主席團會議紀錄〉，中國國民黨黨史會檔案，中研院近史所檔案館藏。

184 浦熙修，〈國民黨三中全會記〉，頁十六。

185 〈國民政府文官處簽擬陳儀撤職查辦意見〉、〈國民政府文官長吳鼎昌會呈撤查陳儀案〉、〈中國國民黨中央執行委魚會祕書處函請國府迅速處理陳儀撤職查辦書〉，收入侯坤宏編，《國史館藏二二八檔案史料（上冊）》，頁七七—八六。

186 Telegram, The Ambassador in China(Stuart) to the Secretary of State, 894A.00/4-2547, Department of State Decimal File1945-1949, RG59,

Box7385, in NARA.

187 毛森，〈陳儀迫湯投共始末〉，《傳記文學》五二：四（一九八八年四月），頁五二。

188 〈白崇禧呈蔣主席三月十三日呈〉，大溪檔案，收入中研院近史所編《二二八事件資料選輯（二）》，頁一九三。

189 〈陳誠呈蔣主席四月十一日簽呈〉，大溪檔案，收入中研院近史所編，《二二八事件資料選輯（二）》，頁二三五、二六二。

190 〈白崇禧呈蔣主席四月十七日簽呈〉，大溪檔案，收入中研院近史所編，《二二八事件資料選輯（二）》，頁二五〇。

191 〈白崇禧呈蔣主席三月有電〉，大溪檔案，收入中研院近史所編，《二二八事件資料選輯（二）》，頁二三〇。

192 〈白崇禧呈蔣主席四月十七日簽呈〉，大溪檔案，頁二五二。

193 陳翠蓮，〈二二八事件後臺灣省政府人事〉，頁五六—五七。

194 吳濁流，《臺灣連翹》，頁一九三、一九六。

195 李翼中，〈帽簷述事〉，頁四〇七。

196 吳濁流，《臺灣連翹》，頁一九四—一九五。

197 司法行政部調查局，〈臺灣地方派系調查專報〉，財團法人吳三連臺灣史料中心藏，頁十一。浦薛鳳，《相見時難別亦難》（臺北：商務印書館，一九八二），頁四〇—四二。

198 〈林頂立被押　政壇恩怨記〉，《紐司》第三三二期（一九五六年五月二十三日），頁三一—六。

199 謝聰敏，〈二二八事變研究——二二八事變中的黨政關係〉，頁一六三。

200 司法行政部調查局，〈臺灣地方派系調查專報〉，頁一、十二。

201 李世傑，《大統領廖文毅投降始末》（臺北：自由時代，一九八八），頁八四—八六。

202 林木順，《臺灣二月革命》，頁二二。蘇新，《憤怒的臺灣》，頁一四六。土行孫，〈林頂立案與廖文毅是否有關之謎〉，《新聞觀察》（一九五六年六月十四日，期數不詳），頁四—六。

203 張炎憲等訪問，〈張秋梧女士口述訪問紀錄〉，收入張炎憲等採訪記錄，《嘉雲平野二二八》（臺北：吳三連臺灣史料基金會，一九九五），頁三〇七。

204 許今野，〈劉啟光官場失意〉，《新聞天地》第三九五期（一九五五年九月十日），頁二四—二五。

205 國防部情報局，〈劉啟光約談筆錄及書面報告〉（一九五四年），謝聰敏先生提供。

206 戴寶村，〈毀譽參半的「了然居士」——劉啟光〉，張炎憲等，《臺灣近代名人誌第四冊》（臺北：自立晚報社，一九八八），頁二一九—二三〇。

207 蔣渭川遺稿，《二二八事變始末記》，頁一二三—一二六。

208 李翼中，〈帽簷述事〉，頁四〇七。

209 陳翠蓮，〈「祖國」的政治試煉：陳逸松、劉明與軍統局〉，頁一五九—一七五。

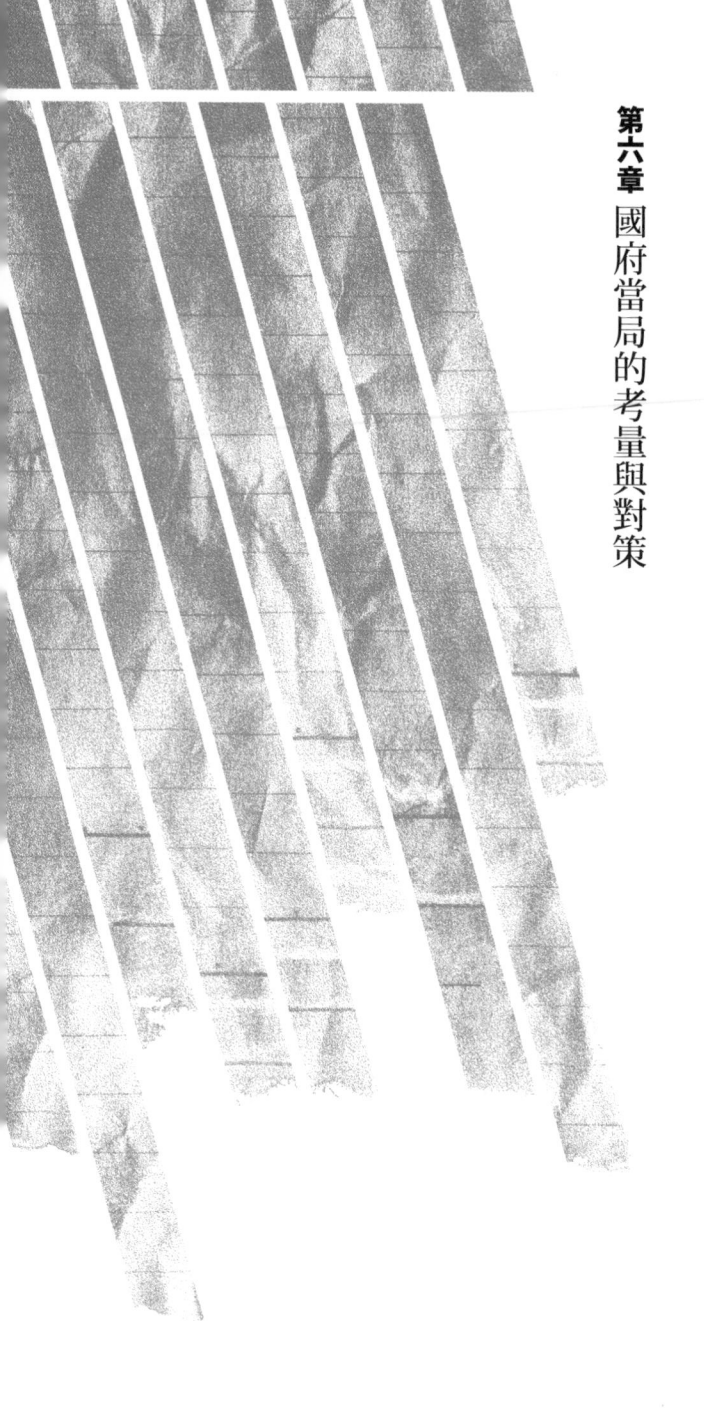

第六章 國府當局的考量與對策

國民政府接收臺灣不到兩年，即因統治失敗，爆發全島性動亂。先前研究認為陳儀武力鎮壓民變，情非得已。賴澤涵、馬若孟等人合著的《悲劇性的開端——臺灣二二八事變》一書指出，陳儀對於以軍力解決問題相當遲疑，是因二二八事件處理委員會不斷升高要求，為保持中華民國在臺灣的政權，才決定非兵不可。[1] 行政院《二二八事件研究報告》也認為，陳儀當局原本以分化、滲透之策以求化解事件於無形，但事態發展出乎陳儀預料之外，求援過程是漸進的，並非自始即打算動用大軍、武力鎮壓。[2] 甚至，一九八〇年代中國方面也為陳儀喊冤，認為陳儀是難得的清官，在事件中受國民黨政治派系掣肘、困於派系鬥爭，不啻是事件的受害者。[3]

既有研究也強調最高當局蔣介石受陳儀所左右、受情治機關所誤導，決定派兵；[4] 或強調蔣介石認定二二八事件原因為「奸黨煽惑」，並因處理委員會提出無理要求，不斷攻擊政府機關，故派兵鎮壓。[5]

本書緒論指出國民黨政府政治文化中的重要行為模式是依恃武力、迷信暴力，以維護自身權位利益為最高目標。以下將透過比對、考證大量史料，梳理行政長官陳儀、國民政府主席暨軍事委員會委員長蔣介石所處決策背景，並論證其決策考量。其中尤以蔣介石日記之出土，相當有助於瞭解最高當局對二二八事件的看法。

另外，近年有白先勇為先人立傳，強調國防部長白崇禧來臺「宣慰」的十六天期間，對臺灣局面力謀匡正補救，使陳儀、柯遠芬遭撤換離臺，並多方瞭解民意，保全許多無辜民眾性命，發揮了「止痛療傷」的作用。[6] 種種美化，也將在本章中一一檢驗。

最後，本章將探討國府政治文化特性，對臺灣社會所造成的巨大衝擊。

第一節　長官公署的因應對策

戰後中國大陸旋即陷入內戰烽火，臺灣相對安定，陳儀因此於一九四六年底同意蔣介石之請將駐軍內調。豈料臺灣竟爆發全面動亂，面臨防務空虛、無兵可用的窘境；加以臺灣治理失敗，陳儀責無旁貸，如何能獲得中央政府諒解、施予援手？

一、軍隊內調，臺防空虛

戰後之初，進駐臺灣之國民政府軍隊是陸軍第七十軍、第六十二軍、第九十五師、特務團、通信連、憲兵第四團等部隊。美方估計，在臺陸軍達四萬名。一九四六年六月，駐紮臺灣之陸軍部隊遵照中央政府整軍計畫，將第六十二軍整編為第六十二師、第七十軍整編為第七十師、第九十五師整編為第九十五旅；第六十二師、第九十五旅旋即內調。[7] 八月三十日，美國臺北領事館向美國駐華大使館報告，指自七月底六十二軍已調往華北，臺灣只剩七十軍駐守，人數僅約二萬。[8] 臺灣省警備總部於同年十月底的報告書中統計，駐臺軍隊包括軍官一五〇六人、士兵一萬五二六〇人；共計一萬六七六六人。[9]

蔣介石夫婦為慶祝臺灣光復一週年，首次蒞臺訪問。當時任中央社臺灣特派員的葉明勳追述，「當三十五年先總統蔣公蒞臺移駕日月潭時，詢問他（陳儀）臺灣的駐軍可否調遣大陸參加戡亂戰事，他便滿口答應可以全部調走。」[10]因此，同年十二月，陸軍整編第七十師也調往徐州，駐防臺灣的軍隊只剩新近開來接防的整編二十一師獨立團何軍章部，散布全省守衛倉庫，團部駐紮鳳山。[11]

由於國共內戰蔓延，國民政府調兵孔急，但各省都推說兵力不足、討價還價，陳儀願意將駐臺兵力騰出，供中央調遣，令蔣介石讚賞不已，曾公開稱許其「深明大體」。[12]陳儀將軍隊內調，則是基於下列數項考量：駐守之軍隊軍紀欠佳，引起臺人反感，乃堅持撤走這些破爛的「叫化兵」；[13]陳儀想要培養臺灣的保安部隊，貫徹其軍政一元化的理想，使軍隊真正能

6-1 一九四六年十月，蔣介石夫婦來臺參加臺灣光復一週年典禮，在中山堂二樓露臺向民眾致意。

來源：國史館

聽令他的指揮；[14]另外，陳儀擔心龐大駐軍費用會增加臺灣財政負擔，出於財政上的考量，反對中央駐軍防守臺灣；[15]並且，臺灣治安良好，臺灣人守法守紀，陳儀認為毋須大批軍隊駐紮。

儘管調走中央軍隊可以達成陳儀所設想的部分目標，但如此一來，臺灣內部防務空虛，一旦發生事端，立即捉襟見肘，難以應付。

據臺灣省警備總部所編之〈臺灣省「二二八」事變記事〉指出，事變發生時，全臺正規軍隊僅有整編二十一師之一個獨立團，以及該師之工兵營與基隆、高雄、馬公三要塞守備大隊，總兵力不過五二五一名。其中三個要塞守備大隊一五三二名兵員需擔負各地區警備工作，工兵營五一七名兵員負責臺中以北之監護勤務，獨立團主力二五〇〇名兵員則負責嘉義以南之監護勤務，警備總部本部實際控制兵力僅獨立團之一個營約七百名兵員，因此兵力甚為薄弱，應變困難。[16]

陳儀的外甥、時任臺南縣曾文區長的丁名楠就形容陳儀調走軍隊此舉，如同是「火災發生前解散了消防隊和救火隊」。[17]在距二二八事件前的兩個月，軍隊調離臺灣。陳儀同意調走軍隊，顯示他對治理臺灣的信心，而後全臺動亂，他該如何進行「損害控管」呢？

二、安撫／滲透兩面手法

由於事出倉促，陳儀一面在二月二十八日下午發布臺北市區戒嚴，一面對於臺北市參議會所提出的六項決議：1.立即解除戒嚴令；2.對凶手依法嚴辦；3.撫卹死傷者；4.由臺北市參議會及北市省參議員、國民參政員、國大代表組織「緝菸血案調查委員會」辦理本案；5.公務員在市內取締專賣品時不准帶槍；6.因本案被捕之民眾應即開釋，除對第一項允於秩序恢復後解除外，其他條件一概接受。[18] 警總參謀長柯遠芬並與臺北市參議會議長周延壽、省參議會議長黃朝琴、北市參議員暨制憲國代謝娥共赴電臺廣播，期能停息爭端。

第二天「緝菸血案調查委員會」成立，向陳儀提出五項要求：1.立即解除戒嚴令，2.被捕之市民應即開釋，3.下令不准軍、憲、警開槍，4.官民共同組織處理委員會，5.要求陳儀長官對民眾廣播。陳儀也承諾會研究解嚴問題，被捕民眾可由父兄、鄰里長聯名具保釋放，其餘條件也全部應允。[19] 下午，長官公署並宣布派民政處長周一鶚、交通處長任顯群、工礦處長包可永、農林處長趙連芳、警務處長胡福相等五人參加北市參議會所組之二二八事件處理委員會。警備總部也致函臺北市參議會，撥付臺幣二十萬元予死者家屬，傷者五萬元以為撫卹。[20] 傍晚，陳儀果然遵照約定於電臺向民眾廣播，內容與緝菸血案處理委員會的各項要求一致，這是他在事件過程中的**第一次廣播**。晚間八時，警備總司令部發布臺北區晚間十二時起解除戒嚴，但集會遊行仍然禁止。[21]

三月二日下午，官民合組的二二八事件處理委員會在中山堂召開第一次會議，五位政府官員代表都出席與會。同時，陳儀亦在下午向全省民眾發出**第二次廣播**，內容大致如下：1.參加此次事件之民眾准予從寬處理，一律不加追究；2.被捕之民眾准予釋放，由父兄領回，不必再由鄰里長具保；3.傷亡者不分省籍，一律加以治療撫卹；4.處理委員會可增加其他人民代表，使可容納多數人民之意見。[22]

事件至此為止，長官公署方面似乎已拿出誠意接納各方意見，盡可能妥協退讓以俾事件收場。但事實不然，陳儀政府採取安撫措施、表現誠意的同時，私底下卻另外謀定滲透、分化策略，使事件摻雜了外部勢力，難以順利落幕。

二月二十八日上午民眾集會遊行，警備總部參謀長柯遠芬即主觀認為「幕後必定有人在煽動」。下午長官公署衛兵開槍事件使動亂擴大後，更認定「事態極為嚴重，奸偽已經混入群眾中，積極地在煽動」，[23]柯遠芬指示警備總部調查室、憲兵特勤組、保密局臺北站等情報單位即日起動員所有人力偵查事變為首分子，並嚴密加以監視。[24]當日下午，保密局臺北站站長毛簡、臺灣站站長林頂立找來許德輝交予任務，並面見陳儀，陳儀同意成立忠義服務隊。[25]許德輝取得處委會治安組組長兼忠義服務隊隊長職位，進入二二八處委會，此為當局滲透策略之一。

晚間柯遠芬至電臺廣播完畢，遇十餘位青年要求由政府發給武器、代替政府維持治安，他據此確認「事變的本質已不單純是暴徒的暴亂，而是幕後有一政治大陰謀——企圖推翻政府、奪取政權，此種政治大陰謀之幕後主使者，自非共產黨莫屬」。[26]在這種先入為主的認知之下，更加速密謀軍事鎮壓的進行。

三月一日，警備總部參謀長柯遠芬、憲兵第四團團長張慕陶邀請臺灣省政治建設協會活躍幹部蔣渭川出面，陳儀也於次日接見，力邀他協助收拾大局。蔣渭川本是柯遠芬眼中的「劣紳」、「惡霸」，更因批評官員貪汙，與長官公署關係緊張。但是，在長官公署安排下，蔣渭川同意出面，並與臺灣省政治建設協會多名成員進入二二八事件處理委員會。蔣渭川進入處委會後，造成該會的爭權分化更為激烈，此為長官公署方面滲透策略之二。

另方面，警備總部亟思「擒賊擒王」的辦法。三月三日，參謀長柯遠芬再度召集情治單位負責人警總調查室主任陳達元、憲兵團長張慕陶、保密局臺灣站站長林頂立，指示偵查事變幕後策動分子，並掌握為首分子動態，以備將來平亂之用。[27]同時，「為著要分化奸偽，和運用民眾力量來打擊奸偽」，陳儀也於三日批准保密局臺灣站站長林頂立組織「義勇總隊」。[28]林頂立的義勇總隊與許德輝的忠義服務隊吸收流氓為成員，公然打劫、威脅良善、結隊橫行、假公報私，在多處酒家飯館勒索綁票，「以致民眾懷疑這次起義的意義，和怨恨領導者的無能。」[29]這些流氓、情治人員闖入公共汽車車庫放火焚燒，搶劫搗亂；[30]並擾亂分化民眾、燒燬外省人商店、毆打外省人，「造成中央派兵鎮壓的藉口」。[31]不明就裡的青年學生被「忠義服務隊」所謂協助維護治安的名義所惑，加入該隊，反被利用做為掩護。柯遠芬所謂「以民眾力量來消滅這種暴行」、「分化奸偽、打擊奸偽」策謀，就是利用流氓、情治人員製造混亂、從事破壞，使民眾懷疑事件的本質，並為軍事鎮壓行動找尋合理化的藉口，此為警總與長官公署滲透分化對策之三。

事發以來，行政長官陳儀、警備總部參謀長柯遠芬與民眾代表折衝，又到電臺廣播致意，看似誠意十足、步步退讓，實為緩兵之計。當局另作籌謀，自二月二十八日起就安插許德輝、邀請蔣渭川、指示林頂立等，居於主動位置，對情勢進行控管。此種滲透、反間手段不僅只見於臺北市的處委會，也同時在各地分會上演，第五章已有探討。

三、請兵／欺瞞兩線並進

二二八事件發生時，島內只有五千餘兵力，警備總部本部直接可資調度運用兵員僅七百餘名。事件當時在臺的中央社記者張任飛指出，二二八發生是陳儀絕未想到的，「這次事變中，他先主張殺人，部下因為兵力不夠，遲遲不去執行。他曾發怒說：『你們不去，要我去拚老命呀！』暴亂擴大到全省，他決定『和談』了。」[32]張任飛所描述陳儀面對事件時的心態，也可以在他發給親信徐學禹的電文中得到印證：「**儀此次處理事變最感困難者，實緣兵力太薄，奸匪敢於暴發者，亦由於我之兵力太薄**」。[33]

警總參謀長柯遠芬也坦承，「當時最感困難的是兵力不夠，在臺北我們可以使用的兵力只有憲兵一個連，特務營一個連，其餘都有勤務。」[34]因此，事發之初，陳儀對民間所提種種要求照單全收、妥協退讓，並非真心，實因情勢不得不然，藉此拖延時間，以便向中央政府請兵平亂。

民間盛傳二二八事件中陳儀施展緩兵之計，一面對處委會及民眾的要求虛與委蛇，一面向中央請求派兵鎮壓。《臺灣二月革命》一書指陳儀於三月一日，「暗中向中央誇張歪曲報告臺灣暴動情形，並要求派遣大兵來臺鎮壓」；三月二日「陳儀向中央要求十萬大兵鎮壓臺灣一事，接到『照准』的密電」；三月六日下午「陳儀接到整編二十一師已由滬出發，又憲兵第四團兩營也已經離開福州」。[35]《憤怒的臺灣》也稱三月一日陳儀「召集劉啟光、林頂立、陳達元等軍統頭子密議武力鎮壓。一面向中央誇張歪曲報告臺灣暴動情形，要求派兵來臺」，三月六日「陳儀接到第二十一師已由滬開出，憲兵第四團也已離開福州赴臺的中央密電」。[36] 美國臺北領事館在事件後向國務院報告：「事後，陳儀向一美國新聞特派員透露，於三月一日向中央政府要求軍隊增援。」[37] 中國記者唐賢龍則指出，根據「一個權威人士」透露的幕後消息，臺省當局起初以為地方事件未幾就會解決，迨至三月三日暴動蔓延全省，乃急電蔣主席與國防部速派援兵，國軍二十一師劉雨卿部於三月五日接獲速調臺灣命令後星夜開赴上海，趕往臺灣。[38]

以上種種說法十分紛亂，陳儀究竟何時向中央政府請求援兵？一九九二年行政院為撰寫《二二八事件研究報告》而公開的大溪檔案中，從二月二十八日起至三月五日，都沒有陳儀向蔣介石報告事變情況、甚或請兵的電文，直到三月六日才出現相關內容。[39] 二二八事件最緊急的幾日內，陳儀竟未與中央政府保持聯繫，令人不敢置信，筆者認為當時政府當局提供大溪檔案時，抽去了關鍵電文。也因此，一九九二年行政院提出的《二二八事件研究報告》並未對陳儀請兵問題做出合理解釋。

即使如此，筆者認為仍可從其他各種史料綜合推測，陳儀是在三月二日向中央政府請求援兵。據柯遠芬〈事變十日記〉所述，三月二日他擔心「情況的惡化，我們不能不做萬一的準備，所以我建議向中央請兵」，但陳儀告訴他「業已電主席速調整編二十一師一個加強團來臺平亂」，而且因為「擔心遠水救不了近火，又決定要求將憲兵第四團留駐福建的一個營，調來歸還建制，並且由交通處即派船接運」。[40] 奉派到臺灣調查事件的監察委員何漢文也說，他在動身來臺前向國民政府文官處調閱案卷的電文中，有三月二日電報說：「奸匪煽動，挑撥政府與人民間之情感，勾結日寇殘餘勢力，致無知平民脅從者頗眾。期即派大軍，以平匪氛」，[41] 兩者說法頗有契合之處。

近年出版的大溪檔案出現幾則一九九二年末出現的電文。二月二十八日動亂初起，陳儀立即向蔣介石主席報告：「臺省防範共黨素未鬆懈，惟近因由日遣回臺僑、由本地流氓受奸匪煽動，感（二十七）日乘專賣局查禁私菸機會聚眾暴動，儉（二十八日）午更形猖獗，搗毀機關、縱火焚燒、沿途傷害外省籍人員，職為維持治安起見，於儉日宣布臨時戒嚴，必要時自當遵令權宜處置。」[42]

雖然此一檔案中，仍然未見到三月二日陳儀請兵電文可做為直接證據，但另有三月四日陳儀呈蔣主席電文可證明筆者的推斷正確。該電文中表示：

> 寅冬亥親電計蒙鈞鑒，臺北於夜十二時解除戒嚴後，秩序逐漸好轉，今日交通及市面已恢復常態，人心亦相當安定，惟各縣市尚有暴徒脅迫群眾、劫奪軍械、包圍政府等暴動。但臺北一經平定，預計省外秩序亦可望於短期間內恢復。查臺灣此次事件之所以發生，**一面是奸黨**利用反政府的人士及機會……**一面由於……憲兵人數甚少，以致政府無法以合理對付暴徒**。此次事情雖不日可望解決，但奸黨禍根欲為拔除，不使其遺禍將來，必須有相當兵力俾資應用，**前電所請酌派素質較好步兵一旅或一團來臺，仍請俯准照辦**。[43]

此一電文出土十分重要，電文中顯示幾項關鍵訊息：1. 電文中的「寅冬亥」即是電報韻目中的「三月二日晚間九至十一時」，證實陳儀在三月二日深夜已向蔣介石請兵，請兵的數量是步兵一旅或一團。2.陳儀將二二八事件歸罪於「奸黨」。3.儘管三月四日秩序已好轉、事件逐漸平息，但陳儀心意已定，仍堅持非派兵不可。

國史館最新出版的檔案彙編中，上述「寅冬亥親電」終於出土，證明在三月二日事變之初，陳儀就已打算以武力平亂。電文中說：

> 臺北事件自發生後，職鑑於本省兵力之單薄及環境關係……目前情勢非有相當兵力，此次事變恐難徹底弭平……現正電請陳總長（指陳誠）迅速酌調素質較良之步兵一旅，至少先派一團來臺，必可肅清奸匪，以紓鈞座南顧之憂。[44]

陳儀一面向中央請兵，一面也調動島內兵力。二月二十八日下午，警總參謀長柯遠芬決定調駐鳳山獨立團的一個營、基隆要塞守備隊兩個中隊開赴臺北，前往基隆載運軍隊的卡車途經汐止時被民眾阻攔，但仍在深夜安全載回臺北。[45]從鳳山所調動北上的軍隊，則被民眾攔阻於新竹。三月三日，二二八處委會聽聞政府調動南部軍隊北上，憂心忡忡，前來詢問，柯遠芬卻對代表們表示「市民勿輕信謠言，南部軍隊絕對不上北」。[46]同日，中央社發出密電指出，「據已由官方證實之消息稱，自閩省增援之憲兵一營，今已到達基隆。此乃首批增援部隊，雖兵額不多，外省人心稍振」，而民間人士此刻正在處委會中要求陳儀停止運兵北上，「民間尚不知另有省外軍隊增援」。[47]當局祕密請兵、調兵，卻向民眾推說是謠言，這是政府官員對民眾所說的第一個欺瞞謊言。

三月三日，警備總部祕密進行兵力布署，劃定臺北、基隆為兩戒嚴區，分別以憲兵第四團團長張慕陶、基隆要塞司令史宏熹為戒嚴司令；劃定新竹、臺中兩防衛區，以少將處長蘇紹文、中將高參黃國書為防衛區司令；並急電高雄要塞司令彭孟緝，指示嘉義以南由其負責防範。[48]軍事布署略定後，四日柯遠芬在日記上寫道：「此時我經過周密的考慮後，才決定做軍事上的萬全準備。一俟他們叛國的罪證公開後，**馬上即使用軍事力量來戡亂**。」[49]

此時民間已傳言陳儀一面請蔣渭川等人出面收拾亂局、一面向中央請求大軍準備展開屠殺報復，恐慌氣氛瀰漫。部分民眾將訊息告知蔣渭川，提醒他勿被官方利用。[50]蔣渭川因民眾多次提醒，也將信將疑起來，於是在三月四日向憲兵團長張慕陶求證，探詢陳儀是否已向中央請兵，卻施緩兵計之事？此時，張慕陶卻指著頭顱說：「我可以用我的頭來保證，絕無此事，你可放心。」他同時要蔣渭川向民眾轉達，「長官只要社會早日恢復常態，不使中央過分注意，當作沒有什麼事就好了，其他不會有什麼惡意。」[51]這是政府官員對民眾所說的第二個欺瞞謊言。

三月五日早晨，因事件已蔓延全省，警總第三處建議電請福建省主席劉建緒調借保安團來臺協防，陳儀同意後，發電文與劉建緒相商。[52]顯示長官公署當局請兵、調兵動作不曾中斷。

這一日，陳儀終於接獲蔣介石來電謂，「已派步兵一團，并派憲兵一營限本月七日由滬啟運，勿念。」[53]柯遠芬日記更明確指出，五日下午收到蔣主席來電，告知已調松滬一帶的整編二十一師一四六旅來臺，十日前可全部到達基隆，同時駐福建的憲兵第四團的一個營亦將來臺歸還建制。[54]蔣介石派赴臺灣的軍隊數量編制，與柯遠芬〈事變十日記〉所稱請求步兵一團、追加憲兵一營相符，顯示蔣介石對陳儀所請必應的信任態度。

事件過程中，陳儀親信、招商局總經理徐學禹一直與他保持密切聯繫。他向陳儀通風報信，指上海臺灣同鄉會理事長李偉光聯合閩臺建設協會等五個臺灣同鄉團體合組「抗議臺灣二二八慘案暴行委員會」，為臺人出頭，報紙輿論亦有不利於陳儀的議論，提醒陳儀注意。又密電告知「奉令由局派海辰及一〇三登陸艇，裝在（載）滬二十一師師部及兵一團共四千人，約佳（九日）到基。另派一〇二登陸艇去榕（廣東）載憲兵六百人約真（十一）日到基」，[55] 使陳儀更準確掌握援兵數量、抵臺期程。

三月五日這天，當省黨部主委李翼中往訪陳儀於長官公署，探詢局面不甚樂觀之下陳儀欲如何處置？這時陳儀竟還回答說：「余將以平息為主，彼等所提之政治改革，不惜斷然從之。」待李翼中質疑妥協做法的有效性，並建議：「何如速請中樞加派勁旅且選派大員為助，俾事件早日敉平？」其實，陳儀早已請兵，此時乃順水推舟表示：「余亦有此意，惟須有能員為使，而苦思不得其人。」於是李翼中毛遂自薦獲陳儀同意。[56]

陳儀與李翼中這段對話透露出幾個極微妙的訊息：1.陳儀早已於三月二日晚間向中央請兵，卻不讓李翼中知悉，佯裝要和平解決。2.李翼中與陳儀向來不甚和睦，此刻卻自薦替陳儀擔任請兵使者，誠可怪也，果然他到南京後即向白崇禧建議盡速撤換陳儀，「先易長、後宣慰」，[57] 真可謂別有居心。3.陳儀不動聲色等李翼中提議請兵，以省黨部首長為使，強化中央調兵動力；李翼中則把握機會置敵於死地，從中可以看到兩位派系人物之間勾心鬥角的複雜心機。

另一更令人不可置信的是，中央決定派兵來臺之消息，部分在臺外省人士竟能同步獲悉。任教於臺灣大學歷史學系的夏德儀教授，據說是「生活在單純的學院，完全不涉入政治」。[58] 二二八事件發生期間，他與家人留在大學宿舍區，不敢外出，三月四日臺北動亂已稍平息，接獲臺大教務處通知明日起照常上課。五日「聞中央已調二師赴臺，一由浙閩方面出發，一由廣東方面出發」。得知此一消息，夏德儀的看法是「專憑武力鎮壓，恐亦非上策」。夏教授甚至在十二日就知道林茂生已被捕、十三日得知王添灯已被正法，[59] 外省人士間靈通的消息從何而來，頗令人好奇。

相反的，臺灣人則受蒙蔽。蔣渭川因不斷受到民眾質疑，三月六日上午[60] 趁與陳儀座談機會查證是否有請兵報復騙殺之事。即使陳儀已在前一日接獲中央派兵來臺電文，並派遣李翼中飛京說明事件經過、再度請兵，此時竟能面不改色地聲稱「絕對沒有這樣的事」，他說：

> 現在本省兵力亦不少，而警察憲兵也可足用，若我有這樣惡意，馬上也可開始屠殺，何必待中央的國軍開來，我是絕對沒有這樣的意思，請你安心就是。……我也願意對天立誓，（此時長官起立舉手）我絕對不騙你也不騙民眾，誓必以良心誠意與你們做事，倘有違背必受惡報。[61]

做為國家官員、封疆大吏，陳儀竟能昧著事實、信誓旦旦地矇騙民眾，如同謝娥所說「沒想到政府官員會說謊」，這是當時臺灣人所無法想像的事。而這正是陳儀政府在大軍將至前對民眾所說的第三個欺瞞謊言。

更令人感到恐怖的是，同日晚間八時陳儀到廣播電臺，又對臺灣民眾撒了一個瞞天大謊。這是他在事件中的第三次廣播，他表示要「開誠布公」和民眾談談自己的想法：他同意將行政長官公署改為省政府，一經中央核准即可實施；同意縣市長於七月一日民選，未民選前，現任縣市長中有不稱職者，可將其免職，另由當地縣市參議會共同推舉三名人選，由陳儀圈定一人充任。在臺灣民眾風聞大軍將至、人心惶惶的此刻，陳儀特別說了一番「安定人心」的談話：

> 我聽說，因為奸黨造謠惑眾，致有同胞遷避的，我希望你們信賴政府，千萬勿輕信謠言。**中華民族最大的德性，就是寬大，不以怨報怨。**我們對於本省自己的同胞，難道還會不發揮寬大的美德嗎？[62]

就在大軍即將進發臺灣的時刻，臺灣最高軍政首長對民眾特別強調的「中華民族寬大德性」的談話，於今觀之，真令人有不寒而慄之感。這段談話是發表於蔣渭川求證陳儀之後，陳儀不僅欺騙蔣渭川，並進一步公開廣播、欺矇民眾，是為了鬆懈心防嗎？這是陳儀政府對民眾所說的第四個欺瞞謊言。

然而，就在陳儀靜候援兵，對民眾施予安撫、虛與委蛇之際，高雄要塞司令彭孟緝突然發動鎮壓行動，破壞了他的整體計畫與布局。

二二八事件約在四日蔓延到高雄，要塞司令彭孟緝認為「奸匪已經滲透進叛亂集團，企圖利用臺胞的一時衝動，導致全省性有計畫、有組織的叛亂行動」，五日，民眾代表多人前往壽山談判，但彭孟緝因軍事布署未定，乃設法拖延，誘騙民眾代表次日再來談判，一面加緊軍事準備。六日，軍事布署妥當，涂光明等七人依約前往壽山要塞談判時，彭氏一舉將他們逮捕留置，並下令攻擊市區。二十一師獨立團第三營、守備大隊陳國儒部、桃子園守備部隊等兵分三路，向高雄第一中學、高雄市政府、高雄火車站武力進擊，造成重大傷亡，入夜後收復部分機構與地區。當他向臺北警備總部報告「戰果」時，卻收到陳儀嚴厲的回電稱：「此次不幸事件，應循政治方法解決。……限電到即撤兵回營，恢復治安，恪守紀律。謝代表東閔到達後，希懇商善後辦法，否則該員（彭孟緝）應負本事件肇事之責。」[63]

「出兵平亂」的彭孟緝未受嘉獎反而受責，主要原因在於彭孟緝未經請示、擅作主張，壞了陳儀的全盤布局。但彭孟緝的平亂舉動不願中途收手，乃將陳儀電令留中不發，獨行其是。七日高雄市內大致戡平，彭孟緝再次電報陳儀謂：「惟認定事件已非政治途徑可以解決，軍事又不能遲緩一日」，「職不知**將在外君命有所不受**，是否此正其時也。」八日，彭孟緝再收復屏東與旗山，尚未發出電報，竟接獲警備總部來電稱：「貴司令認識正確，行動果敢，挽回整個局勢，殊堪嘉獎。」[64]原來，八日上午援軍已抵基隆。陳儀在兩日之內態度幡然轉變，正可說明其靜待援兵，不願打草驚蛇的顧慮。

三月七日，陳儀再度向中央請求加派來臺的兵員數量，電文中稱「職因兵力太少，深恐一發難收」；「職意一團兵力不敷戡亂之用，擬請除二十一師全部開來外，再加開一師，至少一旅，並派湯恩伯來臺指揮，**在最短期間，予以徹底肅清**。」[65] 同日，蔣介石來電告知「二十一師直屬部隊與第一個團，本日正午由滬出發，約十日晨可抵基隆」，並要求陳儀清除鐵路、電力廠為民眾占據等障礙，為部隊將抵基隆做準備。陳儀覆電表示軍隊登陸已在準備中，「目前我因限於武力，十分容忍，**廿一師到達後，當收斧亂之效**。」[66] 此刻，猶如大旱望雲霓的陳儀，只待援軍一到就要武力平亂。

同日晚間，陳儀又電蔣介石，仍執意要求增加兵力。他再度強調「臺灣目前情形表面似係政治問題，實際反動分子正在利用政府武力單薄之時機，加緊準備實力，一有機會隨時暴發，造成恐怖局面。**如無強大武力鎮壓制裁，事情之演變未可逆料**」；因此「仍乞照前電所請，除第廿一師全部開來外，至少再加派一旅來臺」。[67]

三月八日上午七時，由福州調來、搭乘海平號輪的兩營憲兵部隊駛抵基隆港，至晚間十時進港，隨後開赴臺北。[68] 此時二二八處委會正為了昨日通過〈三十二條處理大綱暨十項要求〉被陳儀斷然斥拒而亂成一片，眾人很關心軍隊已經開赴臺灣的消息。上午十一時，憲兵第四團團長張慕陶至處委會以私人資格發表談話，他表示：

臺省諸領袖及臺胞，要求改革政治，實為合理，我們外省人亦願意幫忙。……望省民之要求，不要牽涉軍事方面，一切軍隊皆為國家之軍隊，權力屬於中央……聞省民之要求，包括除憲兵外，尚要求軍隊解除武裝，余意倘中央獲此項消息，必受重大之刺激。余可以生命保證，軍隊絕對不再開槍，余亦相信，中央絕不派兵來臺……希望省民不可懷疑中央，我們偉大之蔣主席，必定同情臺灣同胞之正當要求。[69]

就在張慕陶發言的同時，援兵已抵基隆，兵臨城下，他卻仍以生命保證中央不會派兵來臺，根本是「睜著眼說瞎話」。這已是政府官員向臺灣民眾所說的第五個欺瞞謊言。

四、羅織與誣反

事實上，二二八事件到了三月四日左右，暴亂起點臺北地區已逐次恢復平靜，當天中央社所發電文即稱：「今日臺北市秩序全部恢復，全市商店開門營業。記者今晨乘車巡視市區，汽車穿梭往來，臺省以及外省同胞，熙熙攘攘，面帶笑容。四日來，騷動最烈之太平町、永樂町、北門及萬華地區，亦已恢復昔日景象，戲院均已營業，菜市、米市最形擁擠。」同時交通處長任顯群也宣布各線鐵路已恢復通車。[70] 不只臺北地區，四日以後包括基隆市、新竹縣市、彰化地區等，都已逐漸恢復安定，動亂已有收斂跡象。

但當局一開始就將事件視為「奸偽煽動」，亟思「擒賊擒王」辦法。警備總部參謀長柯遠芬召集前警總調查室陳達元少將、憲兵團長張慕陶、保密局臺灣站站長林頂立，指示偵查事變幕後策動分子，並掌握為首分子動態，「以備將來平亂之用」。[71] 四日，經由陳達元接觸活躍於二二八事件處理委員會的國民參政員陳逸松、士紳劉明，並稟報陳儀，核准運用。[72] 在陳逸松等人主導下，處委會通過了〈處委會組織大綱〉、〈八項政治根本改革方案〉，將二二八事件處理委員會轉變為具有臨時政府性質的全省性組織，並將事務性要求陡然提昇到高度政治性層次，已在第五章說明。

待各縣市二二八事件處理委員會均相繼成立，柯遠芬認為「有接管政權趨勢」，「高度自治、臺人自治等口號則已成為處理委員會的正式要求，而處理委員會亦有政務局、財務局、外事局……類似政府機構的組織」，他推斷「獨立的趨向愈益明顯了」。此時各地將領和官兵均要求迅速採取斷然處置，但柯遠芬認為「小不忍則亂大謀」，即使已知中央部隊正趕赴臺灣，仍「不現一點形色」，他告訴部屬「時機未至，一俟他們叛國罪行暴露後，民眾爭取過來了，這就全屬我們的時候，現在還只占一半有利的形勢」。[73]

中央援軍將至，為何柯遠芬卻認為「只占一半有利的形勢」？

幾個月前，陳儀才以臺灣治安良好、不需駐兵等理由，同意蔣介石將軍隊調回，不料臺灣竟起動亂，該如何向中央交代，以俾師出有名？在確知中央將派兵來臺後，陳儀親信徐學禹建議陳儀「密請中央電令從嚴究辦，俟海辰部隊到後即行宣示，隨即漸取鎮壓態度，以期漸復威信」。陳儀覆電：「稍緩時日，當能徹底肅清」，顯示決心，並且認為「**苟善後有方，亦許因禍得福**」。[74]

五日這晚，行政長官陳儀、警總參謀長柯遠芬、憲兵第四團團長張慕陶三人舉行了重要會議，決定：1. 臺灣絕不可離開中央，須永久為中國的一省分。2. 臺灣絕不使其共產化，須實行三民主義。[75]「叛國、共黨」成為長官公署加諸於臺灣民變的兩大罪名，可說正是陳儀的「善後之策」。

這夜，中央社記者往訪陳儀，陳儀細述其處境之異常艱難，「兩日來之表面平靜，亦難掩飾暗中醞釀之嚴重危機」，「現所僅能保有者，厥唯公署及軍部而已，且政令不出署門，昔日之政權僅餘軀殼。而所謂臺省二二八事件處理委員會，實為另設立之『民間政府』，該會之決議，即為今日之政令。」因此苦思之下擬定兩大必守之原則，以確保領土主權完整及避免共產主義化。已經勝券在握的陳儀卻還向記者假稱：「武力不能解決今日之局面，徒然引起大屠殺、大流血，惹起國際干涉，貽患無窮。故余忍辱負重，擇定和平解決之方式。」[76]

陳儀透過媒體鋪陳自己的苦心，並在次日上電蔣介石，明確定義了二二八事件罪名，他說：

就事情本身論，不止違法而已，顯係叛亂行為。嚴加懲治，應無疑義。惟本省兵力十分單薄，各縣市同時發動暴動，不敷應付。且奸黨亂徒，以臺人治臺、排斥外省人之謬說，煽動民眾，民眾為其所惑……為顧及特別環境，不得不和平解決。……為保持臺灣，使其為中華民國的臺灣計，必須迅派得力軍隊來臺。如派大員，亦須俟軍隊到臺以後，否則亦恐難生效力。[77]

在這一函件中，陳儀明確將事件主因歸咎於「奸黨煽動」，即共產黨從中作亂，並將事件定位為「叛亂行為」。

六日上午，陳儀會見蔣渭川等民間代表人士時，突然提出臺灣不得脫離中國、不得共產化兩大原則。[78]對於陳儀這突如其來的舉動，蔣渭川感到不對勁，他向陳儀表示：「長官你的講話的心情真是令人費解」，「今日長官所講的話，很奇怪，想必有別的用心或還有抱什麼怨恨，我覺得很不安心。」陳儀趕緊改稱：「我剛才說的話，也不過是表明我有意將臺灣在中央領導及主權之下，交給本省人管理」，予以安撫，[79]失去警覺心的蔣渭川，不知正步入陳儀的網羅中。

不僅如此，全省性二二八處委會同樣對長官公署的權謀運作完全狀況外。成立大會上選出十七名常務委員，並發表〈告全國同胞書〉，強調「目標在肅清貪官汙吏，爭取本省政治的改革，不是要排斥外省同胞」，宣誓「我們同是黃帝的子孫、漢民族」，高呼「中華民國萬歲、國民政府萬歲、蔣主席萬歲」，卻不知陳儀已向中央報告、將事件定位為「叛亂行為」。

同日，陳儀所請援兵取得更大進展，蔣介石決定如其所請，將整編第二十一師全師開往臺灣，並調度駐閩的憲兵第二十一團兩個營赴臺。電文並指示事件處理方針是：「政治上可以退讓，盡可能地採納民意；**但軍事上則權屬中央**，一切要求均不得接受。」柯遠芬在〈事變十日記〉文中將此稱為「最高的指導方針」。[80]

在此一指導方針下，三月七日，二二八處委會討論〈三十二條處理大綱〉時，竟然混入許多特務、情治人員在會場起鬨，CC派、軍統人員提出「撤銷警備總部」、「軍隊繳械」、「釋放臺灣人漢奸戰犯」等要求，在混亂中追加了十項要求，成為武力鎮壓的罪證。[81]〈三十二條處理大綱〉要求臺人治臺，當局尚可接受，真正犯忌的是追加的十條要求。

晚間當〈三十二條處理大綱暨十項要求〉透過廣播傳達出來之後，柯遠芬日記指出，包括「取銷警備總部」、「解除國軍武裝」、「臺灣的海陸空軍軍官由臺灣人充任」等，「這些都是離開了改革省政的立場，完全是要求獨立了，是可忍，孰不可忍。」面對此發展，原本應該憤怒的軍政當局，竟然大為開懷。柯遠芬與師管區劉姓司令等人共進晚餐時，飯量大增、談笑風生，因為「現在他們的陰謀大暴露了，現在是我們理直氣壯了，我們苦守了八天，今天我們才爭得了主動，黑暗的日子快過去了，光明就在前面，我們為什麼不高興呢？」[82]

七日晚間當處委會代表黃朝琴等人向陳儀呈遞〈三十二條處理大綱暨十項要求〉時，陳儀未看完序文「忽赫然震怒，將文件擲地三尺以外，遂離座，遙聞厲聲，毫無禮貌而去。眾皆相顧失色」。[83]先前幾日對處委會要求一再退讓的陳儀，在武力增援底定後，突然翻臉。陳儀下令臺北市所有軍隊，祕密集中待命。[84]另方面，柯遠芬也準備提前實施戒嚴，一切準備工作布署完畢，「只要信號一到，即照計畫實施。」[85]

業已抵達基隆的兩營憲兵，於八日晚間十時出發駛向臺北馳援，閩臺監察使楊亮功也在運兵卡車上，行經汐止時卻遭人埋伏在兩邊山上放槍偷襲，致監察使署劉姓職員受傷。開槍者究竟何人？楊亮功認為「這件事始終是一疑問」，京滬地區臺灣同鄉也向監察院說明，開槍擊車者並非本省人，而是警備總部故意製造事端。[86]次日清晨楊亮功到達長官公署，陳儀簡述事件經過後，長官公署顧問沈仲九立即接口說：「現在一切問題非兵不行了。」[87]

援兵開進臺北後，發生圓山軍械庫事件，更引起民間議論紛紛。警總參謀長柯遠芬在九日清晨透過廣播，指昨夜稱有「奸匪暴徒數千名」武裝進攻圓山倉庫、警備總部、長官公署、臺灣銀行等機關，實屬不法已極，經國軍擊退，故自凌晨起臺北、基隆一律戒嚴。關於暴徒進攻政府機關之事，柯遠芬的日記說是在八日晚間十時左右，聞「中山東路[88]方面突然發生步機槍的聲音，而且極為密集，知道事情終於到來了。我即命令盧處長通知各部隊即照預定計畫實施……奸偽只有三卡車由北投方面進入市區，分向長官公署、警備總部和憲兵隊進擾，當時我即令張團長和盧處長準備出擊……不及一小時槍聲逐漸稀少，奸偽潰散了，隨即平靜無事」。[89]此事十分蹊蹺，柯遠芬公開廣播聲稱有「奸匪暴徒數千名」，但日記中卻說「奸偽只有三輛卡車」。外省公教人員之間則傳言，八日夜王添灯率領暴徒千餘名到長官公署迫令陳儀長官立刻移交，陳儀拒絕、痛斥之，暴徒以武力圍攻官署，雙方交火，是以當晚槍聲大作。[90]但當局以此做為再度戒嚴的藉口，則是實情。

民間認為圓山方面暴徒進攻之事是「假戰鬥、真殺人事件」，目擊者指出國府軍在圓山與動物園附近放了許多空槍，過一段時間由卡車運來死屍，換上國軍及日本國民服佯裝軍民雙方戰死人員，「這分明是柯遠芬的把戲，藉以為再戒嚴的口實。」[91]也有說法指死者都是出來協助維護治安的青年學生，卻被憲警、林頂立的別働隊、許德輝的忠義服務隊所拘捕，由國軍擊斃。九日，柯遠芬引導楊亮功到圓山陸軍倉庫前廣場，指著廣場上數百死屍說是昨晚進攻倉庫被國軍擊斃的「奸匪暴徒」，楊亮功默不作聲，事後對跟隨的人員透露：倉庫附近並無戰鬥跡象，死者又都是十八、九歲的中學生，且沒有攜帶武器。[92]但多年後，柯遠芬受訪時則完全否認，說是「無稽之談」、「根本不知有其事」。[93]

國府援軍抵臺後，種種不利臺灣人的傳言傾巢而出，例如「暴民原定於三月十日接收政府，宣布『獨立』，各處人員皆已擬定，並製有國旗，因聞政府將派兵來臺，遂提前暴動」；[94]「他們更圖在九日晚大舉進攻、接收、集中，十一日將外省人殺光」；[95]「又忽有所謂新華國醞釀，林獻堂、黃朝琴、黃國書、丘念台、游彌堅、蔣渭川等所有知名人士，無不廁於其間，道路流傳，杯弓蛇影」等。[96]三月十七日隨白崇禧來臺的蔣經國也發密電稱：「獨立派―新華民主國三月十日成立，總統、軍司令官未定，國旗已（定）。」[97]而最令人吃驚的是，陳儀在三月二十四日致國民政府文官長吳鼎昌的電文中竟稱：「又有所謂獨立運動者國號『新華』，擇十日舉事，全島成功後渡海入中土（改革國體以日本精神重建新秩序）。其國旗於太陽旗上加一黃星，年號用『臺灣自治邦紀元元年』」。[98]

檢視各方面史料，在事件過程中並未出現過關於「新華國」的名稱、事跡，卻在大軍抵臺後一再被提出，根本是事後羅織的叛亂罪名，與傳統中國政治文化中經常出現的「誣反」手法如出一轍。

從二月二十八日事件動亂發生起，臺灣軍政當局即將事件視為「奸偽煽動」，著手一連串權謀布署，一面和談、一面滲透分化；一手請兵、一手謊言矇騙；待中央決定派兵後，則處心積慮羅織「叛國罪證」。陳儀當局未因統治失敗有所反省，過程中的種種策謀絲毫未以百姓為念、以和平為目標，反而充滿為己卸責的盤算。更可怕的是，當局不擇手段、施展欺騙、羅織、誣反之權謀，令人匪夷所思。部分人士認為陳儀在事件過程中「怯懦無能」、「諱疾忌醫」，若非「高雄要塞官兵悲壯奮勇平亂」，加上「中央明見於千里之外，自動派大軍增援」，事件難以迅速彌平。[99]此說不僅過度擡高彭孟緝與中央政府的遠見，且證諸史料並不符事實，也太貶低陳儀當局的政治權謀能力了。

距離二二八事件約十個月後的一九四七年十二月六日，《益世報》一篇報導，刊載了已經去職的陳儀對臺灣問題的看法：

陳氏認為臺人秉性純良，對中央期望甚殷。勝利後一般人重視做官，致使臺人不滿，今後中央對臺灣需因勢利導，使臺灣走上大道。**陳氏稱臺灣並無共黨分子**，因政治未上軌道，若干臺人或有不滿現狀之表示。[100]

去職後的陳儀，終於說出良心話，承認戰後政治未上軌道，造成臺灣人心不滿，不再將二二八事件推諉於共產黨。對照事件當時，陳儀當局的滿口謊言與設局構陷，令人嘆息。

第二節　中央政府的決策考量

一、國共內戰情勢之影響

二次大戰一結束，國共雙方迫不及待地競相占領地盤，爭奪政治領導權。日本剛投降，共產黨武裝部隊搶先進入了東北、內蒙、綏遠、察哈爾、熱河、山西、華北等地區，要求日軍繳械、接收占領。國府軍隊則在美國海、空軍大力支援下，分批被運往各省接收。美軍並直接派遣海軍陸戰隊在中國沿海登陸，協助國民政府接收。[101] 國共雙方爭奪日軍受降，大打出手。

在美國斡旋下，國共雙方一面和談，一面戰鬥，雖然達成「雙十協定」，但東北爭奪戰從未停止。一九四五年十二月，美國總統杜魯門派遣馬歇爾將軍（George Catlett Marshall, Jr.）為特使身分抵華展開調處工作，國共恢復談判。雙方簽署停戰協議，並在重慶召開政治協商會議，但中共趁蘇聯軍隊撤出長春之際大舉進占，攻下長春，公然違反停戰令。[102]同時，四平爭奪戰開打，東北戰事白熱化，且逐漸向關內蔓延。

一九四六年六月，國府軍由劉峙統帥的三十萬大軍向湖北省東部宣化店地區發動進攻；八月進攻北平西北中共所控制之軍事重鎮張家口，繼而又向華東、晉冀魯豫邊區、晉冀察邊區、東北等中共控制區域發動攻擊，內戰以燎原之勢，全面爆發。[103]

一九四六年下半年，國府軍以陸軍三百萬人對抗共軍一百餘萬人，戰事有長足之進展，各地節節勝利，包括陝、甘、晉、察之大部分，冀北、熱河之一部分，以及幾乎整個江蘇，均經國府軍肅清，並占領張家口、大同、承德，保有對平綏鐵路之控制權，在山東地區也將津浦鐵路沿線共軍肅清，戰果可觀。[104]蔣介石在演講中表示「一年餘以來，政府要收復什麼地方，就收復什麼地方」，[105]一九四六年是國府軍在內戰中勝利的一年。

國共內戰全面開打，和平已無可能。一九四七年一月八日，馬歇爾宣布調處失敗，結束了為期一年有餘的調處工作，離華返美。

一九四七年，國共內戰局面開始出現轉折。一月魯南戰役，國府軍初遭挫敗，損失五萬三千餘人，所幸收復臨沂；二月萊蕪戰役再敗，損失五萬六千餘人，蔣介石視為奇恥大辱。[106]華東戰事雖然受挫，但西北地區則大有進展，為打擊中共神經中樞，並為有利於外交宣傳，國府動員大軍全力會攻延安，於三月十九日一舉攻克，國民政府並宣揚為「偉大之勝利」。[107]事實上，中共部隊已先撤出延安，胡宗南部隊攻下的只是一座空城，又因派精銳部隊及主力收復東北，東西兩方戰線過長，後繼無力；一九四七年夏天，東北共軍轉守為攻，國府軍隊逐漸失去優勢，淪為被動。[108]

就在國共內戰轉折點上，臺灣爆發了二二八事件。一九四七年二月蔣介石日記中說：「萊蕪最大之損失，實為國軍無上之恥辱」；「本月下旬實為軍事最危急之時期也」。[109]面對國共內戰戰局初敗的壓力，新復之地臺灣正好在此時發生動亂，恐怕是蔣介石的重要決策考量之一。

其次，臺灣在國共內戰中居於提供武器、糧食與兵源的地位。

國府軍來臺軍事占領之初，除六十二軍下轄之一師武器較為良好，其餘均殘缺不全，兩師之野砲營均缺乏應裝備之火砲；集中在福州之二〇八、二〇九師預備隊甚至尚未裝備。軍事接收完成後，臺灣接收之武器達中國戰區六分之一，火砲一千三百餘門、步槍、騎槍十二萬枝，且均完整無缺；一完成接收即奉命限期內運步槍彈一千萬發。[110]七十軍、憲兵第四團全部改換裝備，換發日式武器，並奉命揀選品質優良武器撥運中國內地，主要步槍、機槍、火砲大部分內運供京滬地區整備利用，江寧、江陰、吳淞各要塞司令部也由臺灣撥運火砲、觀測通信器材。[111]另據楊護源的研究，一九四六年臺灣供應局將四千公噸的火砲運往中國，六月載運戰車與火砲二千噸，又將戰車油料十萬加侖柴油等內運交給徐州裝甲兵部隊使用，十一月將地雷爆破、架橋、照明、土工等器材運至上海與葫蘆島供部隊工兵使用，至十一月底又有各式步槍九萬九千多枝、輕重機槍一萬一千多挺、山砲火砲多門、步槍彈四千二百多萬發、各式砲彈七十多萬發陸續內運。一九四七年二月再將九十二部槍砲與四萬顆砲彈內運，至三月，蔣介石下令在臺接收之軍需物品除必要囤留的之外，一律內運，[112] 臺灣成為國共內戰中重要的軍需補給基地。

在臺駐軍糧食，優先於民食，包括地勤人員在內六萬三千餘名兵員，每月需要軍糧一千五百公噸，並屯糧六千餘公噸。整編六十二師於一九四六年七月奉命內調，運出一萬六四八一名官兵駛往秦皇島，除武器、彈藥、車輛外，運出白米一七五公噸餘；更因北方缺米，竟由臺灣警備總部繼續供應至十月。[113] 有「米倉」之稱的寶島臺灣，戰後米荒嚴重，上海《文匯報》報導：

一九四六年度臺灣兩季稻米收成，共有六百四十萬石，臺灣本島只需五百萬石左右，尚餘百餘萬石足可應付任何意外或災害。況一九四六年全省田賦徵實的成績在百分之九十以上，這些徵米到哪裡去了？行總運到臺灣的二十萬噸肥料向農民換米，再加上長官公署公有地的租谷，都足以平抑任何囤積操縱；根據可靠消息，臺灣徵實的米和肥料換來的米，全部都運往蘇北和華北充軍糧了。[114]

同時，國府當局在臺灣召募士兵送回中國大陸打內戰。七十軍與六十二軍在臺灣各地駐防後，開始召募臺灣兵，七十軍中最多臺灣兵，例如一四〇旅在桃園、苗栗一帶吸收客家籍新兵，一三九旅則召募花蓮、臺東地區的原住民從軍。但因軍籍兵籍數據闕如，確實臺灣兵人數不明，民間說法從七、八千到近萬人都有。這些臺灣兵隨後因整編六十二師、七十師內調，投入國共內戰。

整編六十二師開始在秦皇島、東北葫蘆島作戰，就遇敗仗；整編七十師先調往山東，則在徐州遭共軍團團包圍。[115]

二二八事件後來臺鎮壓亂事的整編二十一師，於一九四七年八月離臺時也帶走了一些臺灣兵，先到江蘇，後移防上海。先前被俘虜的整編七十師臺灣兵，[116]後來加入共軍，竟然在上海遭遇鎮壓二二八事件的整編二十一師，形成臺灣兵分踞國共軍隊對壘的奇景。

國共內戰中戰事吃緊，做為糧食、物資、武器乃至兵源供應地的臺灣卻起動亂，國府高層採取快刀斬亂麻的決定，也就不足為奇了。

二、引起國際干涉之顧慮

雖然美國協助中國政府占領臺灣，但是，美方報刊輿論對於中國政府在臺統治屢屢報導、批判。由美國記者密勒（T. F. Millard）在上海創辦的《密勒氏評論報》對臺灣問題甚為關心，多次報導臺灣問題，一九四六年四月報導臺灣的政治腐敗、經濟崩壞，並提出警語：

就像所有收復的領土，這島嶼將成為猶疑的包袱，或革命暴力之地，如何選擇全在國民政府。這裡既無共產黨可為當前的弊病受責，也無任何外來的敵人威脅。因此，目前的情況只能歸因於島上政府的疏忽與無能。一旦惡兆之雲籠罩地平線不散，**臺灣可能成為中國的愛爾蘭**。[117]

此一評論引起極大矚目，包括《文匯報》等中國報刊都加以引述，質問「臺灣會成為中國的愛爾蘭嗎？」[118] 接著，《密勒氏評論報》又大幅刊載饑荒、失業慘況，指情況從「糟變成更糟」，懷疑中國還能否保有臺灣，建議應該積極改進，以免再次失去臺灣。[119] 又例如，《時代》(*Time*) 雜誌也報導了陳儀當局貪汙腐敗的情況及臺灣人的抱怨：

福爾摩沙人向參訪的美國人表示：「你們對日本人真仁慈，丟下原子彈給他們，卻丟下中國人給我們！」……多數在福爾摩沙的觀察者都同意，如果**現在舉辦公投的話，福爾摩沙人會選擇讓美國統治，第二個選擇是——日本**。[120]

此種批評不僅出於《時代》，上海《僑聲報》指出，美國合眾國際社記者蒞臺實際考察結果，也做出「臺灣苛政甚於原子彈」的評語；《芝加哥論壇報》也有同樣的報導，指責臺灣貪汙處處、工廠被盜賣一空，臺灣人民流行語謂「美國人對日本人太好了，僅僅投下兩顆原子彈。但是美國人對臺灣人太狠了，把中國貪官投到臺灣來！」[121] 等等。《僑聲報》也轉載《密勒氏評論報》的〈臺灣成為國民黨中央政府試驗場〉報導，認為中國政府所有的表現都讓臺灣人感到是另一種殖民地制度，若兩年內不能恢復舊觀，中國一定會失敗。[122] 從中國各大媒體不斷轉載、引述美國新聞媒體看法可以知道，中國輿論對臺灣統治失敗感到憂慮，更十分重視美國對臺灣問題的看法。

The Washington Daily News

CITY EDITION — THURSDAY, MARCH 21, 1946

3¢

Exclusive Inside Report:

CHINESE EXPLOIT FORMOSA WORSE THAN JAPS DID

Page 3

From Stimson Diary:

F. D. Bound U. S. to War in Asia if Japs Moved

(Page 2)

Commuting by Rail? Now, We're Talking

(Page 5)

What Will a 17 Per Cent Pay Raise Mean to You?

John Cramer, The News' 9 to 4:30 columnist, has prepared a table showing in dollars and cents what the proposed increase in pay will mean to Federal workers in many brackets. Page 3.

Army Backs 18-Month Service for Draftees

Fighting hard for continuation of the Selective Act, the Army is giving ground in hearings on the Hill. America's strength and the futures of the country's young men both are in the balance. Page 16.

Look Behind Stalin's Iron Curtain in Europe

How Oriental mystery and modern power politics play their parts in the many satelite states Russia has sealed off from the world by a curtain of iron. Read the inside story in an exclusive News series beginning on Page 12.

6-2 美國媒體批評臺灣統治狀況

來源：臺北二二八紀念館

Formosa Going From Bad To Worse As Famine, Unemployment Spread

By FREDERICK WONG

THE situation in Formosa has gone from bad to worse in the six months since the island was retroceded to China, and General Chen Yi's administration has brought little or no credit to the Chinese National Government and to the Formosan administration itself.

The result of Chen Yi's brief but non-constructive administration is as follows:—

Famine caused by monopoly over foodstuffs;

Widespread unemployment, caused by suspension of Formosan industries and enterprises;

A government monopoly over imports and exports, in which not even legitimate merchants are permitted to participate;

Discrimination against the Formosan Chinese and merchants who have gone to the island from the Chinese mainland;

Pillage and looting by the militarists who have discarded all pretence of honesty

old-time militarists were tax collectors, and it would be sorry to have the Formosan Chinese feel that General Chen Yi's main purpose is the collection of taxes and nothing else.

General Chen Yi cannot have any excuse for making the people in Formosa feel the way they do; Formosa's status is not that of a colony, so that the people of that island are entitled to prosper under a just administration.

Monopolies Parceled Out

Formosa, which to Japan was a jewel or a rich storehouse, must now remain or become an even vaster storehouse after it has reverted to China's sovereignty; but there is danger of General Chen Yi making the island a great liability instead of an asset to China. He has judiciously left his administrative policy in doubt; he has permitted a host of private companies to be formed under his influence and support and has given them monopoly rights to exclude com-

The improvements made in the sanitary conditions of towns and villages had won praise from British and American visitors. The island, possessing a warm and damp climate, has been clad in luxuriant forests. It contains many species of commercial timber, the most valuable of which are oak, cypress, cedar and camphor laurel.

The soil is unusually rich and the Jap irrigation system had increased the rice crops, while their experimental gardens proved that even American grapes will grow on the island, and by means of fertilizers, the experimental stations had made the islanders adopt scientific methods of agriculture.

The fishery industry, too, had been highly developed, the Japs having introduced hundreds of motor-driven fishing boats.

Problem Must Be Tackled

Now, free discussions of the present Formosan administration must be made possible in terms of reality, so that we may automatically approach a right solution. We must also possess the full knowledge required for a solution of the present corrupt, malodorous administration. Such discussions must be open, frank and bold.

If the present quarrel between General Chen Yi's administration,

6-3 美方報刊報導臺灣統治失敗

來源：上海《密勒氏評論報》

就在美國等媒體的關切注目之下，預言成真，臺灣爆發全島性動亂，中國當局必須以明快的手段處置，向盟國展示其統治能力。

二二八事件爆發後，三月五日、六日，黨政軍最高決策機構國民黨國防最高委員會常務會議連續兩天討論了臺灣事變處理辦法，諸多委員的發言都表示臺灣事件可能引起國際干涉：

蔣夢麟：今天臺灣問題不是陳儀能否控制臺灣，**而是中國能否保持臺灣問題**。日本占領臺灣五十年，我們才收復一年多，就弄到這個地步，是值得我們檢討的。

劉建群：日本統治臺灣也曾有幾次暴動，殺了不少人，今天我們收復才一年多就發生這種事，**第一步先要將秩序鎮壓下去**，再談第二步。

谷正綱：臺灣事變處理，一方面要鎮懾，一方面要安撫，鎮懾是鎮懾暴力，安撫是安撫人心……臺灣事件要緊急處置，否則**世界上的觀感太難堪了**。

田崑山：真是國家最失面子的一件事，封疆大吏要他去為國家盡責任，不料他是去闖這麼大的亂子，**這種事情可以引起國際干涉**，將陳長官調回來在國法上還是不夠，不過在風頭中馬上調回來也值得考慮。

于右任：**臺灣情形可能引起人家干涉，我們要保持臺灣，不要給人家干涉**，為免人家來干涉，最好自己早一點把制度改革，和內地一樣，使他們沒有話講。[123]

從上述發言可知，國民黨當局認為臺灣事變使中國政府顏面盡失，並清楚知道臺灣問題可能引起國際干涉。焦慮之下，劉建群甚至具體指出第一步要「先鎮壓下去」；谷正綱則建議鎮撫並用。**一面出兵鎮壓**，**一面派員安撫**，果真成為當局的對策。

事件平定後，四月七日的國防最高委員會議，再度討論了臺灣問題，並追究陳儀責任。時任國民黨祕書長的吳鐵城指出，外國媒體報導蔣介石主席對臺灣問題失察，造成事變，「**事變可以造成機會送給日本或脫離中國**，《密勒氏報》記者也說臺灣行政如何腐敗、怎樣殘暴……他（陳儀）如此剛愎，我為黨為國不能愛護他了。」監察委員酈魯也贊成撤換陳儀，認為如果未以嚴厲的辦法處理陳儀，「恐怕**國家民族都會受人家的侮辱**，**臺灣將來究竟屬誰都成問題**」，[124] 追究陳儀責任問題，也牽涉到國際觀瞻的考量，顯示此因素確實對國府當局決策造成壓力。

三、蔣介石對事件的態度

蔣介石曾在一九四六年十月二十二日飛抵臺北，進行臺灣「光復」後的首次巡視，受到民眾熱烈歡迎，深為感動。二十六日在日記〈上星期反省錄〉表示：

在政治心理上，對臺灣民眾之影響必比東北更大也，私心竊慰。[125] **臺灣尚無共匪之細胞**，**可稱一片乾淨土**，應珍重建設，使之成為全國之模範省也。此次巡臺也正是基於這樣的認知，蔣介石將駐臺軍隊調往中國大陸增援國共內戰兵力。

二二八事件前，臺灣已有各種情治機關布署。除了保密局臺灣站（軍統）以外，臺灣省黨部調查室（中統）、憲兵團，國民黨通訊社中央社等也承擔了情報蒐集的工作。從二月二十八日至三月五日這幾日中，包括陳儀、中統局、中央社、憲兵團各所發給蔣介石的電文與情報中，都將事件原因指向「奸匪」、「異黨」。蔣介石真的相信事件是共產黨製造的嗎？

二月二十八日蔣介石日記的〈本月反省錄〉上記載：

臺灣暴民乘國軍離後，政府武力空虛之機，發動全省暴動，此實不測之禍亂，是亦人事不臧，公俠（按：陳儀）疏忽無智所致也。[126]

三月一日，蔣介石日記中〈上星期反省錄〉又說：

臺灣群眾為反對紙煙專賣等，起而仇殺內地各省在臺之同胞，其暴動地區已漸擴大，**以軍隊調離臺灣是亦一重要原因也**。[127]

這是蔣介石對二二八事件的最初看法。蔣介石一開始並未以共產黨問題看待二二八動亂，認為「政府武力空虛」、「軍隊調離」才是臺灣動亂的主要原因。

值得注意的是，雖然行政長官陳儀對中央政府採取淡化處理態度，但事件發生後，特務機關就不斷密報臺灣情勢緊急。二月二十八日當天，中統局黨政經濟調查處科長趙毓麟接獲臺灣調查統計室（臺灣省黨部調統室）十萬火急的電報，以後每天接到急電兩次，每次電文長達二、三千字，從二月二十八日到三月十三日將近半個月時間內所接獲臺灣方面急電達十餘次，趙毓麟以中統名義，用快郵代電急報中統局局長葉秀峰，建議火速加派三個師開赴臺灣。[128] 接著，中央社、憲兵第四團等，都不斷建議蔣介石派兵。三月四日中央社密電指出，「今日之恢復秩序，僅為一時之表面現象，內部仍在繼續醞釀，未可樂觀」；「欲謀解救眼前之局面，多方面均認為中央宜及早處理，不可失之太遲，中央宜速增兵。」[129] 憲兵第四團團長張慕陶指出臺灣暴動情形日趨嚴重，「此次臺灣暴亂，其性質已演變為叛國奪取政權之階段，外省人之被襲擊而傷亡者總數在八百人以上，地方政府完全失卻統馭能力，一切由民眾控制」；「陳長官似尚未深悉事態之嚴重，猶粉飾太平。」[130]

三月五日，蔣介石決定派兵，他發電給陳儀說：「已派步兵一團，並派憲兵一營，限本月七日由滬啟運，勿念。」參謀總長陳誠則著手調兵遣將，並回報蔣介石：「派兵赴臺一案，（1）已令二十一師劉師長率師部及一四六B之一個團即開基隆，歸陳兼總司令指揮。（2）著憲兵第四團駐福州之第三營即開臺灣歸制。（3）著調憲兵第二十一團駐福州之一個營即開基隆。（4）青年軍二〇二D即以一部接替一四六B遺防，並限該師於寅（三）月底以前裝備完成，準備接替一四六B全部防務。以上已分令聯勤總部準備船舶，務限虞（七）日由上海、福州兩地起運，逕開基隆不得違誤。」[131]

事件過程中，島內外臺灣民眾代表採取各種行動向中央政府請願，反映民意、阻止派兵之舉。三月三日，二二八事件處理委員會以「臺灣省民眾代表大會」名義致電蔣介石，陳述事件經過並「懇請中央速派大員蒞臺調處，以平民憤，並剋速實行地方自治，實現真正民主政治」，[132]將臺灣民眾的心聲首次傳達給蔣介石。臺灣省參議會議長黃朝琴個人也於六日上電謂：「臺北民眾暴動實緣省署施政有失民心，積怨所致」；「外傳託治及獨立，並非事實，擁護中央熱忱如故，對陳長官個人感情尚佳，事發之初，民眾實基於公憤，做無計畫之暴動」，他並懇請「速決治臺方針，簡派大員來臺處理，以免事件擴大，貽笑外人」。[133]臺北市參議會議長周延壽致電內政部長張厲生指出臺灣事件「惟其動機，純出乎愛國之至情，絕對擁護中央，除求省政之革進，國家、民族之隆盛外，別無希冀……請賜俯察省民之微衷，通令全國同胞周知，俾無誤會」。[134]另有臺灣省全體參政員託中央社轉致電文給國民政府蔣主席及各院會部長官，提出登用臺灣人才、縣市長民選等多項建議，並要求「速派大員來臺協同處理本案，勿用武力彈壓，以免事態擴大」。[135]民眾團體「臺灣省政治建設協會」則在三月五日託國民黨臺灣省黨部、美國駐臺領事館轉致電文給蔣主席，籲請「剋派大員蒞臺善處，以副（孚）眾望，千祈勿派軍隊鎮壓，庶免驚動民心」。[136]在中國大陸的「臺灣旅滬同鄉會」理事長李偉光也上書蔣介石，要求徹查真相，查究在法律上、道德上之責任，澄清吏治，以新臺民耳目；「上海臺灣同鄉會」、「閩臺建設協會上海分會」、「臺灣重建協會上海分會」、「臺灣政治建設協會上海分會」、「上海臺灣同學會」等五個團體則組成了「抗議臺灣二二八慘案委員會」，於六日下午召開記者會為臺灣人民爭取自由。[137]

這些紛至沓來傳達臺灣民眾心聲的訊息，並未納入國民政府最高當局的決策考量，甚至，三月六日，蔣介石再如陳儀所請，增派兵力，將整編第二十一師全師調臺，同時駐閩的憲兵第二十一團亦調兩營來臺。[138]

三月七日，陳儀在得知已有二十一師全師、憲兵第四團一營、憲兵二十一團兩營開赴臺灣的情形下，尚發電要求「再加開一師，至少一旅……在最短期間，予以徹底肅清」。[139] 同日，蔣介石告知陳儀「二十一師師部直屬部隊與第一個團本日正午由滬出發，約十日晨可抵基隆」，蔣氏據報知悉鐵路電力廠等設施盡為臺民所占，因此要求陳儀對於部隊到達基隆後之行動，「應先有切實之準備」。[140]

有研究者替蔣介石辯解，指蔣介石不可能看到記者會、省參議會與民間請願電文。[141] 但從以下例子，可以看出事實並非如此。三月七日，蔣介石電陳儀指「接臺灣政治建設促進會由外國領管轉余一電，居間有請勿派兵來臺，否則情勢必更嚴重云，**余置之不理**，此必反動分子在外國領館製造恐怖所演成」。[142] 此處「臺灣政治建設促進會」，即是由蔣渭川等人主事的「臺灣省政治建設協會」，這是因美國駐臺北領事館在發給南京大使館的電文中，將該會名稱譯為「Political Reconstruction Promotion Association of Taiwan」之故。[143] 該會於五日透過美國駐臺北領事館，轉致蔣主席請勿派兵的電文，此一電文顯然轉呈到蔣介石手中，但蔣氏對民眾請勿派兵的請求、美國領事館的協助轉達行動，卻以「置之不理」的態度回應，並電告陳儀，顯示他對陳儀的信任程度。

軍事部署底定後，蔣介石稍稍放心，三月七日，蔣介石再次在日記中表達對臺灣事變的看法：

自上月廿八日起，由臺北延及至全臺各縣市，對中央及外省人員與商民一律毆擊，死傷已知者達數百人之眾，陳公俠不事先預防、又不實報，及至事態燎原，方始求援，可嘆。特派海陸軍赴臺增強兵力，**此時共匪組織尚未深入，或易為力，惟無精兵可派，甚為顧慮**。善後方策尚未決定，現時惟有懷柔。此種**臺民初附，久受日寇奴化，遺忘祖國，故皆畏威而不懷德也**。[144]

此則日記，透露蔣介石對二二八事件的重要心態：1.蔣介石認為陳儀事先未預防、事發後又未實報，對他粉飾太平的做法十分不滿。2.蔣介石認為在臺灣共產黨的組織尚未深入，再度證明他並不認為共產黨作亂是事變主因。3.日記中透露了蔣介石迷信武力的權謀治術：「臺灣初附，畏威而不懷德」，這是決定以兵臨之的重要考量。

以上類似看法在蔣介石日記中一再出現。八日又寫道：

臺灣暴動情勢已擴及全臺各城市，嚴重已極，**公俠未能及時報告，粉飾太平**，及至禍延燎原乃方求援，可痛。[145]

及至武力掃蕩後，三月十五日蔣介石日記〈上星期反省錄〉謂：

臺灣事變以軍隊運島後已大部敉平，然亦未曾根本解決也，可知**新復之地與邊省全靠兵力維持也**。[146]

蔣介石雖對陳儀不滿，但卻力挺到底。因為在國共內戰中，各省對蔣介石調兵藉詞推託、討價還價，但一九四六年十月陳儀對調兵要求欣然配合，將二個整編師的兵力調離臺灣、補充國共內戰之需。蔣介石認為陳儀堅決執行了他的命令，以致防務空虛，給予臺灣民眾可乘之機。因此，基於陳儀對他的「忠誠」、「深明大義」，不應太過苛責。[147]

蔣介石日記的公開，有助於我們深入探知他對臺灣事變的態度。簡而言之，蔣介石迷信武力，在得知事變之初，就判斷軍隊調離、防務空虛是臺灣敢於動亂的主因；面對動亂，堅信新附之民、邊省之民，必須憑藉赤裸裸的武力加以震懾。

即使蔣介石確知共產黨組織尚未深入臺灣，二二八事件期間，蔣介石日記中也從未提到事變與共產黨有關。但是，三月十日，蔣介石在中央總理紀念週首次對二二八事件發表談話，卻將事變起因指向共產黨：

昔被日本徵往南洋一帶作戰之臺胞，其中一部分為**共產黨員**，乃藉此次專賣局取締攤販，乘**機煽惑，造成暴動**，並提出改革政治的要求……不料星期五（按：三月七日）該省所謂二二八事件處理委員會，突提出無理要求，有取銷臺灣警備總司令部、繳卸武裝由該會保管，並要求臺灣海陸空軍皆由臺灣人充任，此種要求已逾越地方政治之範圍，自不能承認。而且昨日又有襲擊機關等不法行動相繼發生，故中央已派軍隊赴臺維持當地治安……期臺省同胞深明大義，嚴守紀律，**勿為奸黨所利用**，勿為日人所竊笑，冥行盲動，害國自害。[148]

這是蔣介石首次對臺灣二二八事件的公開談話，將事件原因定調為「奸黨煽惑」，並將三月七日二二八處委會的〈三十二條處理大綱暨十項要求〉當作派兵的理由。但事實上，蔣介石早在五日已決定派兵，當時處理委會尚未提出所謂「無理要求」，蔣主席的公開談話與陳儀當局對事件所羅織的罪名一致。

對照蔣介石日記，此一談話顯然言不由衷，只是表面文章。最高當局蔣介石的公開談話，不能表達自己對臺灣情勢的判斷、對使用武力的偏好，還必須為陳儀治臺失敗找理由，「共產黨煽動」是最好的藉口。但是，此種推諉於共產黨的說法，卻連黨國大員們也無法說服，國防最高委員會議上賴璉說：「國內弄不好，是共產黨；東北弄不好，是蘇聯；臺灣沒有蘇聯、沒有共產黨，為什麼這樣一蹋糊塗？」國民黨祕書長吳鐵城也不滿：「我們件件事都說是共產黨，到臺灣去還得領護照，臺灣有什麼共產黨？」[149]

一九四七年春，正飽受國共內戰新敗困擾的國府最高當局，心急如焚之際，卻在此時又收到後方失火的消息。加以臺灣地位未定，統治失敗不僅有礙國際社會觀瞻，更可能引起國際干涉，必須有效處理。這些背景因素都讓國府當局面臨必須速戰速決的壓力。更重要的是蔣介石的統治心態，他認為臺灣動亂最主要的原因是防務空虛，並不關心臺灣民眾的請願與要求；又偏信新附之民、邊省之民必須臨之以威、臨之以兵。這些主觀看法，也成為蔣介石派兵鎮壓的重要原因。

第三節 鎮壓、宣慰與自首自新

一、綏靖與清鄉

國府援軍抵臺，展開所謂「綏靖」與「清鄉」工作，這是臺灣社會從未聽過的名詞，也根本不懂其意涵。但是這一套做法，在中國有長久的經驗。

所謂「綏靖」，自一九三三年甘肅省設立「綏靖公署」以來，主要任務是剿匪、剿赤、肅清殘匪、鞏固邊防等等。[150] 戰後，「戡亂綏靖」則是肅清共產黨叛亂的代名詞。參與此項工作的軍統特工陳恭澍認為，所謂「綏靖」工作即是起「開路機和清道夫」的作用，施行地區「一是正與共軍短兵相接的交戰區，一是曾被共軍占據又被克復的收復區」，主要目的在協助地方政府維持治安、恢復秩序。[151] 一九二九年內政部頒布《清鄉條例》，所謂「清鄉」，原本是蔣介石南京國民政府清剿地方土匪的做法，一九三〇年代以來成為各地肅清共產黨所採取的地方基層控制手段；中日戰爭期間，汪精衛政權也學習這套做法，嚴密控制日本占領區，打擊抗日勢力，主要手段包括區域聯防、保甲制度、戶口清查、連保切結、槍械管理等等。[152]

簡言之，國府當局在臺展開綏靖、清鄉行動，事實上即是把臺灣的動亂視為共產黨作亂，所進行的軍事掃蕩與政治鬥爭。

（一）武力綏靖

三月八日下午，憲兵二十一團兩營自基隆登岸，與民眾爆發市街戰，大砲、機槍、步槍齊響，男女老幼許多市民罹難，直到晚上十時，軍隊分乘卡車，直駛臺北。[153] 長官公署與警備總部方面接獲憲兵已抵基隆情報後，於十時半下令總攻擊，當時二二八事件處理委員會要員仍多分聚在中山堂與日新國小開會，軍隊衝入，始知有變，逃竄不及之下，處理委員會、忠義服務隊、自治青年同盟人士被殺、被捕者甚眾。[154] 九日清晨六時，警備總部宣布**臺北市再度戒嚴**，並「派兵彈壓變亂，搜捕奸暴」。[155]

十日午前，由上海開來的陸軍整編二十一師四三八團也抵達基隆，時任副官處長的何聘儒回憶：「尚未靠岸時，即遭到岸上的群眾怒吼反抗，該團在基隆要塞部隊配合下，立刻架起機槍向岸上民眾亂掃，很多人被打得頭破腳斷，肝腸滿地，甚至孕婦、小孩亦不能倖免。」部隊登岸後四處搜捕亂民，主力部隊向臺北推進，沿途見人多的地方即瘋狂進行掃射；該團並空運一營增援嘉義後，立刻與嘉義羅光迪營殘部對武裝民眾進行大屠殺，死傷者數以千計。[156]

十日，陳儀向全省民眾廣播，宣布全省臨時戒嚴，以「對付絕少的亂黨叛徒」，「至於國軍移駐臺灣，完全為保護全省人民，消滅亂黨叛徒，絕無其他用意。」[157]同日並下令解散「二二八處理委員會」及一切非法團體。[158]

同時，警備總司令部公告：「在綏靖期內，為杜絕奸偽煽惑活動，鞏固地方計，時有新聞雜誌書報均應檢查，除臺北市應送由本部第一處負責檢查外，其他各地均應送由當地最高軍事機關檢查後方准發行。」[159]十三日，臺北綏靖區司令部奉警備總部之令，以「思想反動、言論荒謬、詆毀政府、煽動暴亂」為由，查封了《人民導報》、《民報》、《大明報》；以「未經核准」為由查封《中外日報》；以「原未出版擅發號外」為由查封了《重建日報》。十五日，以「言論荒謬、詆毀政府、煽動民心」為由查封《青年自由報》；以「持論荒謬」為由查封《大公報》臺北辦事處。十七日未說明理由就查封了《工商日報》、《自強日報》。二十三日，又以「言論反動並潛入共黨分子」查禁了《和平日報》。四月十九日以「奸匪印刷機關」之名查封了民智印書館。[160]

在這波查封報社的行動中，延平學院竟夾列在名單中，以「參加二二八叛亂」為由，於四月十六日被查封。

整編二十一師四三八團以迅疾之姿挺進臺北，將臺北、基隆路段各要點完全確實控制，同時獨立團一營向臺南挺進，並應援嘉義。十一日，又有整編二十一師司令部及四三六團於拂曉抵達基隆，分馳桃園、新竹維持秩序；並有四三六團一營空運嘉義機場增援，於當晚將前來機場交涉的陳復志等人扣押，突擊嘉義市區俘獲反抗民兵。當天並進駐臺南地區，占領臺南火車站與臺南工學院，獨立團第二營則向臺東、蘇澳、宜蘭方面推進。

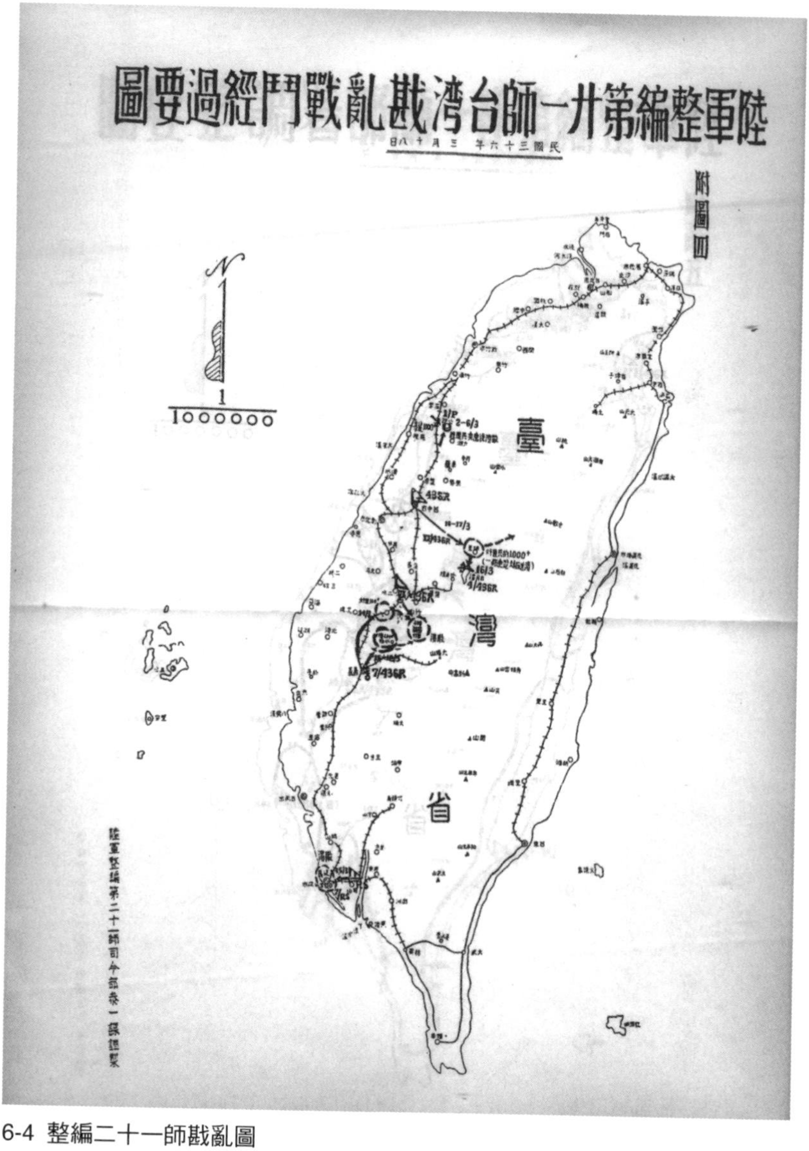

6-4 整編二十一師戡亂圖

來源：中研院近史所編，《二二八事件資料選輯（三）》。

十四日，整編二十一師師部認為嘉義之抵抗已呈強弩之末，四三六團主力進至臺中，一部向彰化方面推進。唯埔里方面民兵仍然活躍，四三六團第七連於斗六附近與陳篡地所率武裝群眾接戰。同日，獨立團主力由鳳山向臺東推進，恢復秩序。

次日，四三六團第二營繼續向埔里追擊，十六日爆發烏牛湳戰役，十七日國府部隊將民兵及高山族擊潰，隨即進占埔里。十八日，四三六團第七連於小梅附近將民兵殲滅。此外，獨立團第二營推進花蓮港，同日會師於臺東，至此，全臺均在國府部隊控制之下。[161]

簡言之，國軍增援部隊抵臺之後，短短十日之內就控制了全臺各地，軍隊挺進過程中幾乎沒有遭受到任何抵抗，只有撤退到埔里的二七部隊、陳篡地所領導的斗六民兵曾與國府軍隊零星交手。警總參謀長柯遠芬在三月十二日增援部隊初到之時，即致函國防部長白崇禧，表示「本部預期於本（三）月二十日前可以恢復全省秩序，在月底以前綏靖亦可完成」。[162] 國府部隊未遭遇強勁抵抗即全面控制局勢，正說明了臺灣動亂並非有組織、有計畫、有領導中心的反亂，故而不堪一擊、迅速潰散。

三月二十日，武力綏靖完成以後，警備總部調整軍事部署，頒布〈臺灣省警備總司令部綏靖部署計畫〉，為「**徹底肅清奸偽**、防範其潛伏流竄、免滋後患起見」，將全臺劃為基隆、新竹、中部、東部、南部、高雄、馬公七個綏靖區，由陸軍部隊「專責奸偽股匪之清勦」，並以憲兵負責「全省交通檢查，以及向民間搜捕奸偽與武器」。憲兵第四團團長張慕陶、基隆要塞司令史宏熹、駐新竹之二十一師一四六旅旅長岳星明、駐臺中之整編二十一師師長劉雨卿、高雄要塞司令彭孟緝、駐臺東之二十一師獨立團團長何軍章、馬公要塞司令史文桂等分任各綏靖區綏靖司令。[163]

三月二十日同時頒布〈臺灣省縣市分區清鄉計畫〉，「為徹底**肅清奸匪暴徒流氓**，防制散匿鄉間僻處祕密活動，即實行全省縣市分區清鄉。」清鄉計畫之實施要領包括：[164]

（二）清鄉工作

1. 組織情報網：「縣市政府及軍憲警須利用各階層分子組織情報網，深入區鎮鄉鄰里各部門群眾，俾探獲奸匪、暴徒、流氓之活動，即予以撲滅。」
2. 運用特務、潛哨：「軍憲警部隊除配備警戒控制要點，巡邏複雜地區外，並祕密組織特務隊、潛伏哨，化裝便衣、小販潛布街衢市場及複雜區域，以撲滅歹徒暴行及祕密活動，遇有反動言行、侮辱政府情節，即予緝捕究辦。」
3. 清查戶口：「清查戶口如有不符及行跡可疑奸匪、暴徒、流氓等，即予捕拿訊辦。於第一次普遍清查後，按需要反覆分區抽查，使歹徒無藏匿之地。」
4. 鼓勵告密：「人民發現奸匪、暴徒、流氓及行跡可疑者，應速即向當地軍憲警、縣市政府、區鎮鄉鄰里長密告檢舉，或捕送縣市政府或當地駐軍」；「人民檢舉歹徒及密報軍火者，經查緝確實，即予發給獎金臺幣五百至五千元；人民捕送歹徒經訊究確實，即予發給獎金臺幣一千至一萬元」；「如有引匿不報及窩藏歹徒，即以通謀同黨治罪。」

5.連保連坐：「戶口清查後應即辦理連保切結，人民互取保結，由同鄰里中戶長五人為保結人，如被保人有不法行為，保結人應受連坐處分，連保切結書由縣市政府製發。」

6.填發國民身分證：「填發國民身分證須即普遍完成之，如查獲未持有國民身分證者，即予扣留查辦。」

7.收繳民間武器：包括在事件中被劫奪之械彈軍品、民間私有之槍砲刀械，均須自動報繳當地駐軍或縣市政府、區鎮鄉鄰里長，轉繳警備總司令部，「人民報繳私有武器者，按俘獲槍械核發獎金，如查出有隱匿不報者，即以私藏軍火處以極刑。」

三月二十六日，陳儀發布〈為實施清鄉告全省民眾書〉，宣稱「清鄉的目的在確保治安，清鄉的主要對象是『武器』和『惡人』，凡武器和惡人，都應該交給政府，由政府做合理合法的處理」。他要求臺灣民眾交出長短槍枝、彈藥、機砲、倭刀等所有武器，並檢舉密報亂黨叛徒，以確保治安，俾安居樂業。[165] 但事實上，軍憲警透過基層行政機關，利用民間人士建立情報網、特務潛哨，監視窺探人民工作與生活，並以戶口清查、連保連坐等規定牽制民眾，再以重賞引誘、嚴刑威逼，鼓勵人民相互告密、彼此出賣，使臺灣進入恐怖統治狀態。

二、白崇禧「宣慰」與自首自新

國府當局採取「先剿後撫」的兩手策略，在軍隊武力鎮壓後，接著進行「宣慰」工作。國防最高委員會常務會議於三月六日通過三大處理原則：1.政府應派出大員前往臺省宣慰；2.臺灣省行政長官公署應依照省政府組織法改組為臺灣省政府；3.改組時應盡量容納當地優秀人士。[166] 此三項方針呈送國民政府軍事委員會蔣介石委員長做最後決定，十二日，蔣介石特派國防部長白崇禧前往宣慰並調查事件原因。

十七日，蔣介石對臺灣民眾廣播〈臺灣事件處理辦法要點〉，並呼籲臺灣同胞確保守法精神、恢復社會秩序，為建設臺灣、建設祖國而努力。[167] 同日，國防部長白崇禧偕同副參謀長冷欣、三民主義青年團中央團部第二處處長蔣經國等十四人抵臺。

白崇禧抵臺後立即向臺灣民眾廣播，宣示國民政府中央與蔣主席對於此次事變「決定採取和平寬大的方針」：

臺灣此次的事變，實在是我們臺灣光復後一件極不幸的事，國民政府蔣主席對於此次事變，已決定採取和平寬大的方針，訂定處理原則。……希望全臺同胞尊重法紀、迅速恢復社會秩序。……至於此次與事變有關之人民，**除共黨分子**煽惑暴動、圖謀不軌者，決予懲辦外，其餘**一律從寬免究**。[168]

他並公布了〈國防部宣字第一號布告〉，明示中央處理原則：1.臺灣地方制度之調整，包括改長官公署制為省政府制、縣市長民選。2.臺灣地方人事之調整，包括警備總司令不由省主席兼任、省府委員及各廳處長盡量先起用臺人、政府機構職員不論省籍待遇一律平等。3.經濟政策方面，盡量縮小民生工業之公營範圍、修正或廢止與中央法令抵觸之現行經濟制度與經濟政策。4.恢復臺灣地方秩序，臺省各級事件處理委員會與類似機構應自行宣告結束，參與事件之有關人員除共產黨外一律從寬免究。[169]

但是，白崇禧的宣慰僅止於形式，並未能真正解救民眾於痛苦之中。中統局呈蔣介石情報就指出：

> 自白部長蒞臺宣慰，並揭示處理事變四項原則後，臺民極為感戴，惟陳長官善後處置仍採高壓政策，凡稍涉事變嫌疑者，每加毒殺，受害者已有四、五十人，對青年學生妄殺尤多，致使人

6-5 白崇禧巡迴各地進行「宣慰」 來源：Wikimedia Commons

心惶惑，社會益形不安。

陳長官對白部長採取敷衍態度，對中央處理事變原則似不樂予接受，對白部長行動力加包圍，凡有晉謁者嚴受監視。現局面仍未明朗，學生畏當局仍嚴加追捕，未敢復課，警備總部竟公開組織別働隊多組，臺民恐懼萬分。[170]

軍隊鎮壓後，包括各綏靖司令部、各縣市警察局、警務處警察大隊、憲兵第四團、警備總部別働隊等，都逕自逮捕、拘押或追緝人犯。[171]白崇禧遲至離臺前兩天的三月二十九日，才下令警備總部及所屬各機關部隊針對所逮捕之所有暴動人犯，將其人數、姓名、身分、案情及處理經過與辦法造冊具報；拘留人犯除首要應依法訊辦外，盲從附和、情節輕微者可准予開釋；已經處決人犯亦應詳列經過造冊具報；逮捕人犯只限於共產黨分子及參加暴動主犯，應由警總統一執行依法審訊，其他軍警各機關非奉警總命令不得擅自逮捕。[172]

但此一命令並未被遵行，憲兵第四團團長張慕陶就行文警備總部，認為「逮捕人犯之機會轉瞬即逝，本團憲兵分駐全臺各地，如對每一奸黨叛徒之逮捕須待命令執行，殊難達肅奸之目的」，「為免除事實上之困難及綏靖工作之牽掣」，而要求憲兵在各該管區繼續擁有「逕行逮捕」之權。[173]而警備總部雖然在三十日將所拘捕暴動人犯造冊報告白崇禧，惟所報在押人犯僅僅一一四名。[174]

白崇禧不但未能有效阻止濫捕，反而同意授權軍事機關對一般民眾進行軍事審判。二二八事件後的戒嚴，乃依據《戒嚴法》第十四條規定之臨時戒嚴：「**國內遇有非常事變之宣告戒嚴，因不**

得侵害地方行政機關及司法機關之職權，關於刑事案件如認為與軍事有關應實行偵查者，該地軍事機關得會同司法機關辦理，但偵查後仍**應交由司法機關依法辦理**。」依此規定，人犯不適用軍法審判，但是中央大員白崇禧、地方首長陳儀卻都缺乏法治觀念、明知故犯。陳儀認為「**臺灣因非接戰區域**，**不能援用軍法**，**普通司法寬大緩慢**，**不足以懲巨兇**，奸黨因得肆無忌憚」，為「根除禍患」，陳儀要求，「司法手續緩慢，而臺灣情況特殊，擬請暫時適用軍法，使得嚴懲奸黨分子，以滅亂源。」[175]

面對如此明顯的違法情事，白崇禧並未加以阻止，反而認為二二八事件後社會秩序異常紊亂，「警備總部請對暴亂案內人犯，**暫由軍法審判**，以資鎮懾。經職一再權衡，期於切合實際需要，**准如所請**。」[176]白崇禧在臺期間允許陳儀以軍法處置人犯一事，在白崇禧返回南京後，因與陳誠主張不一、有所爭執而曝光。

白崇禧返回南京後，同年六月，參謀總長陳誠針對臺灣省警備總部將臺北市參議員簡檉堉、黃火定、國民參政員林宗賢等三案判處重刑之情況，主張臺灣並非接戰地區，不可適用軍法審判，刑事案件應交司法機關辦理；「本案被告簡檉堉等三人均非係國民參政員即是參議員，並無軍人身分，依據上開法條，應由臺灣高等法院審判。」但臺灣省警備總部以遵照國防部長白崇禧蒞臺時所頒之命令辦理，而請求蔣介石核示。[177]換言之，陳誠的簽呈明確指出國防部長白崇禧的權宜命令取代了《戒嚴法》的規定，明顯違法、侵害人權。

二二八事件次年，針對簡檉堉等非軍人而受軍事審判的案件，白崇禧仍認為，「**如移送司法機**

關審理，則已執行之各案，必將發生重大糾紛，**影響政府威信甚重**，為適應臺灣特殊環境，配合行政設施，請核准免移司法機關……仍應以軍法程序，予以審核，以維政府威信，謹就各案原判。」蔣介石徵詢了臺灣省主席魏道明的意見後，依侍從室所擬「請姑准照白部長所擬辦法辦理」，批示曰：「可」。[178]顯然，此些案件中，中央與地方政府均知明顯違法，但為「維持政府威信」，堅持一錯再錯。

其次，白崇禧雖然巡迴全臺各地視察，與社會代表、地方士紳座談，卻對民眾心聲充耳不聞，對二二八事件發生原因充滿偏見。他向臺灣民眾、向原住民、向臺北中等以上學校學生、向全國廣播，都一再重複以下看法：

此次事變的原因，即是臺胞青年過去受日本狹隘偏激的教育，由於日本對殖民地所施奴化教育的遺毒，不正確的思想，不瞭解國情，以致輕視祖國政府人民和軍隊。近因即是受少數共黨分子的惡意宣傳，誤中了他們的陰謀，因此由於少數共黨分子、暴徒浪人的煽惑脅迫，臺胞青年群起盲從，造亂叛變，是社會不安，人心惶惶。這反動派的野心，是想要顛覆政府，奪取政權。[179]

白崇禧的看法，與陳儀的說詞完全一致。赴臺宣慰兩週之後，白崇禧在四月二日返京，七日於總理紀念週上報告臺灣事變起因與善後措施，仍強調二二八事變遠因是臺灣人受到日本奴化，近因是共黨煽惑、野心家奪權。[180]對於這樣的看法，聽取報告的黨國大員也不認同，國防最高委員會上，吳鐵城說：「最後歸結兩點說，一是共產黨，一是美國要臺灣，臺灣人勾結美國，這是哪裡有的事！」朱家驊也批評：「臺灣問題如果都歸罪於共產黨、美國人、奴化教育，這是最危險的……臺灣問題，絕對不是共產黨、日本人、美國人鬧出來的。」[181]

雖然白先勇為先人立說、希望能史冊流芳，但他也承認白崇禧來只是蔣介石處理策略中「先用兵後安撫」的角色。[182] 書中大大宣傳白崇禧之行救苦救難，與事實頗有出入。白崇禧的宣慰行程，只是政治展演的作用，實質的救恤功能十分有限。

四月，警備總部造報、保密局臺灣站站長林頂立提出以林獻堂為首的〈二二八事變叛逆名冊〉共一〇〇六名，全臺從北到南、從西到東，地方上稍具知名度人士莫不入列、成為「叛逆」，名冊中並有許多人事實上已經死亡。[183]

白崇禧宣慰的期間，警備總部公布了《盲從附和或被迫參加暴動分子自新辦法》，要求民眾辦理自新，除填據自新書外，並由五戶連保，若能勸導同伴攜帶武器來歸者，發給臺幣五百至五千百元元獎金，揭發奸情、誘捕首要、引導政府協助破案則發給一千至一萬元獎金。[184] 以《中部綏靖地區辦理自首自新條例》為例，其重點為：[185]

1. 自首者指「凡暴亂分子係故意或因過失造成犯罪行為者，於限期以前（五月十五日）或未捕或之前，當事人知有罪惡，經向軍、警、憲、法院及本部委託辦理之機關自行投案者」，此些暴亂分子包括蓄意圖謀反叛國家者，領導非法組織企圖篡奪政權者，曾組織或統率武力劫奪倉庫、工廠、攻擊國軍、聚眾要脅政府者，曾於變亂期中殺人者，曾著邪說謬論煽動群眾者，附和暴行者，有其他犯罪事實者均屬之。自首者經法定審判程序判決後准予減刑。

2.自新者指「暴亂期間受奸匪叛徒脅迫，或附和盲從，純係過失行為」，即不屬自首各罪之附從分子，經自新後准予免刑。並且又規定：

（1）自新分子得就其原有社會關係，授以工作及任務，每週至少須工作報告一次，每月月報一次，並規定聯絡方法隨時考查並登記工作成績，如工作努力、忠誠無貳者得予獎勵。

（2）自新分子之私人行動應受領導機關之控制，非經領導機關許可，不得遠離住址三日以上。

（3）為改進自新分子之思想，應注意教育感化工作，指示閱讀三民主義、蔣主席言論集等，並須寫作讀書心得報告，再由各單位主管經常召見、訓導、鼓勵。

一九四七年十月，從警備總部改組而來的「臺灣全省警備司令部」總結二二八事件案犯處理經過，總計該部核准自新之人犯共三九〇五名，直接受理案犯五八五名，軍法機關與部隊受理呈核案犯四三六名；高等法院檢察處及所屬檢察機關偵辦內亂案犯二九三名；各機關拘辦事變人犯交勞動訓導營管訓感化者四八六名。[186] 近四千名的自首自新人士，後來成為當局長期監控的「黑名

6-6 魏道明（左三）抵臺，其身邊為葛敬恩（左四）。

來源：國立臺灣博物館

6-7 新任臺灣省主席魏道明（右四）發表演說，身邊為彭孟緝（右三）。

來源：國立臺灣博物館

單」。[187]

一九四七年五月十五日，新任臺灣省政府主席魏道明到任，十六日解除戒嚴，解除清鄉，停止新聞、圖書、郵電檢查，撤銷交通通訊軍事管制，二二八事件綏靖清鄉工作告一段落。[188]

三、祖國統治的前近代式震撼

根據國際法，占領區平民對於占領國有服從義務，居民若不服從占領軍之正當命令，如有妨害治安、公共秩序、從事間諜活動、干擾軍事占領等行為，應受占領國之處罰。[189] 但是，中國政府處理二二八事件的手法完全在文明法律之外，帶給臺灣社會強烈震撼。

前文梳理分析了臺灣當局與中央政府處理民變時的權謀與考量。臺灣陳儀當局面對民變，最主要考量是有效控制局面、使自己全身而退、甚至「因禍得福」，因此施展各種計謀，先以緩兵之計虛與委蛇，滿口謊言欺矇民眾，一旦確定援兵將至瞬即變臉，更進一步製造事端、羅織罪名。蔣介石並不認為臺灣事件是共產黨所鼓動，卻在公開演講時指控共產黨，為陳儀開脫。中國政府的處理態度，完全超乎臺灣民眾對近代政治、文明政府的理解與期待。國府最高領導人蔣介石則關心國共戰局，認為臺灣民變全因軍隊調離、防務空虛，對於京滬平津臺灣同鄉會、臺灣民意代表與各團體的一再請願置之不理，偏信武力平亂是最有效的手段。

援軍抵臺之後的作為，將中國政治的「前近代性」完全展露無遺。日治中期以來已經習於遵守法律秩序的臺灣民眾，面對當局毫無法治、人權觀念的殘酷作為，大為震懾。

國府軍隊以武力報復，恐怖殺戮行為難以盡擬。民間則記載：

> 自九日起至十三日止，足足四晝夜，到處都是國軍在開槍，或遠或近，或斷或續，市民因要買糧外出，輒遭射殺，因此馬路上、小巷內、鐵路邊，到處皆是死人。鮮紅的血，模糊的肉，比二二八日更多了幾十倍，這些死者都是臺灣人。……廣播電臺天天傳達警備總部的命令，一切公務員必須立刻上班，一切學生必須照常上課……但他們都一去不復還！士兵們說：「臺灣人不承認是中國人，他們打死中國人太多了，上頭准許我們來殺他們，這幾天來，殺得真痛快！還得再殺，殺光了，看他們還能造反不成？」[190]

臺灣旅滬六團體提出〈關於臺灣事件報告書〉，指責當局「屠殺方法殘酷絕倫」：包括基隆軍隊用鐵絲穿過人民足踝，每三人或五人為一組，綑縛在一起，單人則裝入痲袋，拋入海中，海面最近就時有屍首浮出；高雄軍隊對集會中民眾用機槍掃射，全部死亡，或將民眾釘在樹上活活餓死；嘉義、臺南一帶人民因聞蔣主席、白部長一律從寬免究之廣播，向當局自首後卻被捕槍決；卡車上巡邏兵見三人以上之民眾，即開槍擊殺；哨兵對於路過民眾，不問情由即開槍擊殺；各地大批逮捕平民，未經審訊即綁出槍決或半途處決；軍隊以清鄉搜查人民家，將財物取去後復殺人滅口等等，[191] 慘絕情況，前所未有。雖然蔣介石曾於三月十三日下令「嚴禁軍政人員施行報復，否則以抗命論罪」，[192]顯然效果極為有限。

接著，祕密逮捕殺害行動登場。憲兵司令部與中統局呈蔣介石情報指出，「九、十兩日國軍絡續開到，警察及警備部軍士即施行報復手段，毆打及拘捕暴徒，臺民恐慌異常。臺灣省黨部調統室曾建議警備部應乘時消滅歹徒，並將名冊送去，警備部十日晚起開始行動，肅清市內奸徒」；「陳長官十日令憲兵駐臺特高組祕密逮捕國大代表林連強（林連宗）、參議員林桂端、李瑞峰，及奸偽首要曾璧中等。」[193]

面對當局的報復性大逮捕，多數臺灣菁英卻自認問心無愧，不願躲避。臺灣大學文學院代理院長林茂生參與處理委員會會議，臺大醫學院大瀨貴光教授早早就提醒林茂生之子、臺大醫學院教授林宗義：

他鄭重勸告我，「你的父親很危險，叫他先避一避，不要留在家裡，直至事件完全過去。」我很吃驚，說：「他並沒有做什麼不法的事。」

大瀨教授說，你要記得，這個政府是軍閥政府，他們什麼都不在乎，只在乎他自己的權力、貪婪和面子。經過這次事件，臺灣人已經

6-8 臺大文學院代理院長林茂生

來源：張炎憲等採訪記錄，《臺北都會二二八》。

威脅到他的權力，也使他失去面子，他不會原諒臺灣人的。他的報復一定是迅速、嚴酷，而且不容辯解的。

當晚，我把大瀨教授的話轉告父親，父親說：「我一生沒做過什麼非法或敗德的事，為什麼要躲藏起來？」[194]

《臺灣新生報》總經理阮朝日之女阮美姝，也勸父親走避，阮朝日卻說，「自己堂堂正正，何需要逃？」不久，橫禍降臨，五位身著中山裝的來者以報社有事將他帶走。[195]包括陳炘、施江南、林連宗、李瑞漢、李瑞峰、吳鴻麒、王育霖、黃朝生、吳金鍊……許許多多臺灣菁英，都在類似情況下被帶走，從此人間蒸發。

遊街示眾、公開處決、曝屍恫嚇這種前近代的把戲，竟也活生生在臺灣上演，其中尤以嘉義市最為慘烈。三月十八日陳復志一人；二十三日蘇憲章、陳榮茂等十一人；二十五日陳澄波、潘木枝、柯麟、盧炳欽等四位市參議員，分批在嘉義火車站前被公開槍決。這種令地方民眾為之戰慄的處決手法，警備總司令部的紀錄中稱為「就地正法」。[196]

陳澄波的兒女陳重光、陳碧女親眼見到父親與幾位嘉義市參議員被槍決：

他們四個人手都被綁在後面，上面插一根木牌，就像電視電影演的古代人犯，或是中共文化大革命時綁人的樣子……

我一路跟著，忽然間我的視線和父親碰在一起。我繼續跟，跟到車站……在開始槍斃第一個時我不知哪來的膽子，拉著兵仔的褲管……我說：「這是我的父親，他是好人，你們要探聽清楚，探聽明白才能槍決。」他將我踢倒一邊去，開槍一個一個開始槍斃。可憐的父親，是最後一個被槍殺的，最後一個最痛苦……父親第一槍沒打到，可能也是老天垂憐，第二槍才打中父親，父親可能不甘願，沒有向後仰，向前倒下去。

四周的人看了，哭的哭，都安安靜靜不敢說話。不知過了多久，好像很久，家人去借板車……屍體不准我們馬上收回去，到下午四、五點的時候，才獲准去收。[197]

6-9 陳澄波先生畫室照

來源：陳澄波文化基金會

事件當時仍是師範學院學生的柯旗化，也記下他在高雄的所見所聞：

在海軍基地正門前附近的草地上，一個在事件中以突闖入基地而被捕的臺灣青年被公開處決。洗不掉封建專制時代陋習的中國統治者，命五花大綁的青年跪在地上，在群眾圍觀中槍斃了他。只有非文明國家才有這種野蠻行為。由於太過殘酷，我不忍靠近去看這位犧牲者，只能默默祈禱他安息。

過了幾天，我到高雄。一出車站，就看到車站前東側的廣場上有雙手遭反綁的人倒斃在地上，子彈從後腦涉入，貫穿左臉頰開了一個大洞，慘不忍睹。沒有人道的中國兵分批在高雄車站前，槍殺了許多臺灣人。我小學時的一位同學，下班後來到高雄火車站前時，在車站前的廣場，目睹雙手被反綁的十二位臺灣青年，一個個被逼跪下再予槍斃。對臨死的人猶加以侮辱，真是可憎的野蠻行為。[198]

這些公開槍決、曝屍數日的做法，得到國防部長白崇禧的背書。他在離臺前的記者會上宣稱：「處決人犯應宣布罪狀，當眾執行，以收殺一儆百之效。」[199]

高雄市的林界、陳顯光依《危害民國緊急治罪法》遭執行槍決，[200]但此一為對付共產黨而制定的法律，早在抗戰勝利後為示國共和談、共圖國事的誠意下，於一九四六年一月三十日廢止。[201]

二二八事件究竟造成多大的傷亡？這是最受關切的問題。但是，相關估計從數百人、數千人、一萬人、數萬人到十萬人，莫衷一是。表6-1所示歷來各方對此問題所提出的數據，可明顯看出紛歧，其中，官方統計數據偏低，民間說法則不斷推高。即使行政院研究二二八事件小組邀請陳寬政教授以人口學方法所做的推算，也因戰後復員及戶籍制度更替，資料紊亂，無法據以認定此即事件造成的確實死亡人數，[202]因此實際死亡人數仍然是個謎。

死者一去不返，生者卻仍得面對無盡的恫嚇、勒索。清鄉行動中各地均傳出不法情事，一般

表6–1 歷來各方對「二二八事件」傷亡人數統計一覽表

來源：作者整理

	來源	傷亡估計	發表時間
官方說法	楊亮功、何漢文，〈二二八事件調查報告〉	1. 軍警、公務員死傷一三九一人，失蹤七人。 2. 民眾死傷五三八人。 3. 共計死傷人數一九三六人。	一九四七年四月
	白崇禧在中樞總理紀念週之報告	1. 軍警死傷、失蹤四四〇人。 2. 公務員及民眾死亡三〇四人、傷一八六〇人。	一九四七年四月七日
	臺灣省警備總部，〈臺灣「二二八」事變記事〉	1. 軍警死九〇人、傷三九七人、失蹤四〇人。 2. 被俘「暴徒」五八五人、自新人數三〇二二人。	一九四七年四月三十日
	臺灣省警備總司令部記者會	1. 死三九八人、受傷二一三一人、失蹤七二人；總計受害者二六〇一人。 2. 其中外省軍人死傷失蹤五二七人；外省公教人員與人民死傷失蹤一四三一人；總計一九五八人。 3. 臺籍死傷失蹤六四三人。	一九四七年五月二十六日
	蘇僧、郭建成，《拂去歷史明鏡中的塵埃》	死傷及失蹤共二六〇〇人	一九八六年
	行政院，《二二八事件研究報告》	依據陳寬政教授之人口學推估，死亡人數在一萬八千至二萬八千人之間。	一九九二年二月
民間說法	臺灣旅滬六團體，〈關於臺灣事件報告書〉	被殺臺胞總數在一萬人以上，傷者至少在三萬人以上。	一九四七年四月十二日
	林木順，《臺灣二月革命》	被殺不下一萬人，被捕不下數千人。	一九四八年
	蘇新，《憤怒的臺灣》	被殺不下一萬人，被捕不下五千人。	一九四八年
	楊肇嘉	死亡一萬七五〇〇人[203]	一九六〇年
	史明，《臺灣人四百年史》	死傷十幾萬人，一九五三年戶籍調查中「行蹤不明」人口達十餘萬人，大多數即事件中被殺害者。	一九八〇年
	王康，〈二二八事變親歷記〉	死傷在二千至三千人之間	一九八二年三月
	王育德，《苦悶的臺灣》	傷亡人數在一萬人至數萬人之間	一九八三年
	林啟旭，《臺灣二二八事件綜合研究》	全臺死傷與失蹤人數不下五萬人	一九八三年八月

民間說法	陳婉真，《一九四七臺灣二二八革命》	保守估計死傷人數二萬人左右；但一九五三年戶籍調查中「行蹤不明」人口達十餘萬人，大多數即事件中的犧牲者。	一九九〇年二月
	何漢文，〈臺灣二二八起義見聞紀略〉	1. 死亡人數七千至八千人。 2. 傷亡人數共約一萬人。	一九九一年
	李喬，〈臺灣二二八事件研究之片段——由《埋冤一九四七》的資料理出〉	死亡人數估計最少一萬五五〇〇人，最多二萬〇五〇〇人，中數為一萬八千人。	一九九二年二月
	賴澤涵等，《悲劇的開端：臺灣二二八事變》	死傷人數應低於一萬人	一九九三年二月
外國估計	《紐約時報》	據信超過一萬個臺灣人被屠殺	一九四七年三月二十九日
	美聯社，John W. Powell	五千人遭殺害，數千人被捕。	一九四七年三月三十一日
	《明尼亞波利論壇報》(*Minneapolis Tribune*)	約五千遭殺害，數千人被捕。	一九四七年三月三十一日
	《密勒氏評論報》	五千人	一九四七年三月
	葛超智，《被出賣的臺灣》	死亡人數至少五千人，傷亡則可能高達二萬人。	一九六五年

民眾被士兵藉機搜刮財物、順手牽羊，士紳大戶更遭敲詐勒索、構陷掠奪。

例如臺灣省政治建設協會主要幹部廖進平因流氓陳皮蛋向憲兵隊告密被捕，陳皮蛋領取十萬元的獎金，還當上憲兵特務少尉。憲兵隊傅姓班長也持監禁中廖進平手寫字條，向家屬勒索。[204] 家屬交出錢財之後，仍無法換回廖進平性命。

清鄉期間，基隆富戶顏家公子顏惠卿被拘押，基隆警察局從局長郭紹文以降沆瀣一氣、勾結勒索。父親顏欽賢付出三十五萬元換回兒子一命，顏惠卿被釋後再付七萬元，連手上的金戒指也被索去，事後不敢聲張。《全民日報》報導基隆警察局長郭紹文貪汙瀆職、勒索侵吞，警務處展開調查，顏家一度矢口否認遭到勒索情事。[205] 同年九月警務處追查，為時晚矣，郭紹文早於六月未辦移交手續即行離臺，主祕、會計、庶務主管等一干人等也相繼離臺。[206]

板橋林家擔任國民參政員的林宗賢，事件後被以內亂罪名起訴。林夫人請願書指林宗賢因警總參謀長柯遠芬的指示，寫下自白書親攜至警總投案，警總卻以此為罪證將他送往軍法處受審。[207] 監察委員楊亮功指證，柯遠芬命林家花園主人寫下悔過書即可無事，據此勒索鉅款。[208] 六月，林宗賢與簡檉堉、黃火定等三人以軍法審結，各被判處有期徒刑十年、褫奪公權十年。[209]

金融家陳炘的遇害，家屬咸信是因有人覬覦臺灣信託公司的龐大資產。於一九二六年日治時期成立的臺灣人金融機構大東信託，在戰後一九四六年改為臺灣信託公司，由陳炘擔任董事長。同時華南商業銀行亦成立，劉啟光擔任董事長。事件後，陳炘被捕，陳逢源接任臺灣信託董事長，五月，臺灣信託被華南銀行合併成為其下信託部，劉啟光任華南銀行董事長、陳逢源任常董。陳炘家屬強烈質疑，臺灣信託資產遠多於華南銀行，反被併吞，背後有極強的利益動機。[210]

另外，軍方及公務人員也藉口個人損失，屢屢出現向當地人民及鄉鎮機關、參議會等要求賠償的不法情事。[211] 鑒於恫嚇勒索情事層出不窮，同年六月，改組後的臺灣省政府因此電飭地方機關：「近據密報竟有少數不法之徒不遵法令，擅向私人及人民團體或民意機關託詞請求捐助或需索，馴至假公濟私、串詞嚇詐，或利用職權、構詞誣陷，殊屬不法已極，特電飭嚴予查禁。」[212]

二二八事件造成民間重大傷亡，即使生還者心中也留下難以平復的傷痕。日治時期到中國組織廣東臺灣革命青年團的張月澄（張秀哲），為了抗日下獄兩年。二二八事變後張月澄也被捕，家人透過錢財而贖回，但他的朋友們不是被捕、就是失蹤，又聽聞四十餘部卡車堆滿屍體行經延平北路，如同古代遊街示眾，愈發鬱悶，對「回歸祖國」的熱情驟然冷卻，餘生自我封閉在孤獨的書房中度過，不再與外界接觸，既像活的死人、也是死的活人。[213] 日治時期從事民主運動的文化人莊遂性在事件後被捕，他向前來探望的畫家藍運登說：「這款的社會，活下去又有什麼意義？」透露對「祖國」悲痛絕望的心情。[214] 高雄市參議會議長彭清靠在戰後積極歡迎國民政府，事件時代表民眾前往壽山與彭孟緝談判，九死一生才被釋回，彭明敏描述父親的轉變：

> 父親精疲力竭地回到了家裡。他有兩天沒有吃東西，心情粉碎，徹底幻滅了。從此，他再也不參與中國的政治，或理會中國的公共事務了。他所嚐到的是一個被出賣的理想主義者的悲痛。到了這個地步，他甚至揚言為身上的華人血統感到可恥，希望子孫與外國人通婚，直到後代再也不能宣稱自己是華人。[215]

二二八事件對臺灣人所產生的衝擊，來自中國前近代式政治文化與統治模式的謊言、狡獪、暴戾、血腥，菁英階層一面震懾恐懼，一面卻又鄙夷不屑。事件後，臺灣人菁英大量退出公共領域，社會大眾噤若寒蟬，但從此對國民黨政府產生根深蒂固的不信任感與無法跨越的隔閡鴻溝。

注釋：

1 賴澤涵等著、羅珞珈譯，《悲劇性的開端：臺灣二二八事變》（臺北：時報，一九九三），頁二五二。

2 行政院研究二二八事件小組，《二二八事件研究報告》（臺北：時報，一九九四），頁二〇一—二〇二。

3 全國人民政協編，《陳儀生平及被害內幕》（北京：全國人民政協，一九八七）。

4 行政院研究二二八事件小組，《二二八事件研究報告》，頁四〇七—四一一。

5 蘇聖雄，〈「奸黨煽惑」：蔣中正對二二八事件的態度及處置〉（國立臺灣大學歷史學系博士論文，二〇〇九）。

6 白先勇、廖彥博，《止痛療傷：白崇禧將軍與二二八》（臺北：時報，二〇一四）。

7 臺灣省警備總司令部編，《臺灣省警備總司令部週年工作概況報告書》（臺北：臺灣省警備總司令部，一九四六），頁五三。

8 Political, Financial and Economic Developments During August 1946, 894A.00/8-3046, Department of State Decimal File 1945-1949, RG59, in NARA.

9 臺灣省警備總司令部編，《臺灣省警備總司令部週年工作概況報告書》，頁五八。

10 葉明勳，〈誰知明月照溝渠〉，收入葉明勳，《二二八事件的追憶》（臺北：大同文化基金會，二〇〇〇），頁四四。

11 彭孟緝，〈臺灣省「二二八」事件回憶錄〉，收入中研院近史所編，《二二八事件資料選輯（一）》（臺北：中研院近史所，一九九二），頁五五。

12 嚴家理，〈陳儀主浙見聞〉，收入李敖編著，《二二八研究三集》（臺北：李敖，一九八九），頁二八四。

13 毛森，〈陳儀迫湯投共始末〉，《傳記文學》五二：四（一九八八年四月），頁五三—五四。

14 葉明勳，〈誰知明月照溝渠〉，頁四四。

15 楊鵬，〈臺灣受降與「二二八」事件〉，收入李敖編著，《二二八研究三集》，頁一五一。

16 臺灣省警備總司令部，〈臺灣省「二二八」事變記事〉，收入臺灣省文獻委員會編印，《二二八事件文獻續錄》（南投：臺灣省文獻委員會，一九九二），頁三九一—三九七。另外，雖有憲兵第四團兩營兵員、供應局人員、輜汽第二十一團、海軍臺澎專員公署、空軍臺灣地區司令部、聯勤總部第九監察電臺、無線電第五區臺、聯勤總部醫院等編制，但並無戰力可言。

17 童清峰，〈他在火災發生前解散了消防隊——陳儀的生活概述及他在二二八事件中的角色〉，《新新聞》週刊（一九九二年三月一日），頁三二。

18〈號外〉，《臺灣新生報》，一九四七年二月二十八日。
19 林木順，《臺灣二月革命》（臺北：前衛，一九九〇），頁十九。
20 林德龍輯註，《二二八官方機密史料》（臺北：自立晚報社，一九九二），頁十五—十七。
21 林木順，《臺灣二月革命》，頁二一。
22〈陳儀在事件中的講話和廣播詞〉，收入鄧孔昭編，《二二八事件資料集》（臺北：稻鄉，一九九一），頁三三六—三三七。
23 柯遠芬，〈事變十日記〉，收入李敖編著，《二二八研究》（臺北：李敖，一九八九），頁二三二。
24 柯遠芬，〈二二八事變之真像〉，收入中研院近史所編，《二二八事件資料選輯（一）》，頁十八、二三—二四。
25 陳翠蓮，〈解讀許德輝《臺灣二二八事件反間工作報告書》〉，《臺灣史料研究》第三七號（二〇〇八年八月），頁一三四。
26 柯遠芬，〈臺灣二二八事變之真像〉，頁十八。
27 柯遠芬，〈臺灣二二八事變之真像〉，頁二三—二四。
28 柯遠芬，〈事變十日記〉，頁二四七。
29 林木順，《臺灣二月革命》，頁二七—二八。
30 林木順，《臺灣二月革命》，頁三一。
31《前進》創刊號，一九四七年七月一日，轉引自吳濁流，《臺灣連翹》（臺北：前衛，一九八八），頁一八七。
32 張任飛，〈我論陳公洽〉，收入林德龍輯註，《二二八官方機密史料》，頁二五四。
33〈陳儀與招商局總經理徐學禹來往文電〉，收入陳興唐主編，《臺灣「二・二八」事件檔案史料（上卷）》（臺北：人間，一九九二），頁一六六。
34 柯遠芬，〈事變十日記〉，頁二三二。
35 林木順，《臺灣二月革命》，頁二〇、二三、三一。
36 蘇新，《憤怒的臺灣》（臺北：時報，一九九三），頁一二五、一四〇。
37 Political Developments During March, 1947, 894A.00/4-647, Department of State Decimal File 1945-1949, RG59, in NARA。
38 唐賢龍，〈臺灣事變內幕記〉，收入鄧孔昭編，《二二八事件資料集》，頁九四。
39〈大溪檔案：臺灣二二八事件〉，收入中研院近史所編，《二二八事件資料選輯（二）》（臺北：中研院近史所，一九九二）。
40 柯遠芬，〈事變十日記〉，頁二四〇。
41 何漢文，〈臺灣二二八起義見聞紀略〉，收入李敖編著，《二二八研究》，頁一三四、一四〇。
42〈陳儀電呈南京蔣主席臺北暴亂必要時將遵令權宜處置〉，收入侯坤宏編，《二二八事件檔案彙編（十七）》（臺北：國史館，二〇〇八），頁一一二。

43 〈陳儀電呈南京蔣主席臺北市面恢復常態但各縣市尚有暴動請派步兵一旅或一團來臺〉，收入侯坤宏編，《二二八事件檔案彙編（十七）》，頁一一三。

44 〈陳儀電報蔣中正請國防部參謀總長陳誠迅調素質優良之步兵來臺〉，收入薛月順編，《二二八事件檔案彙編（廿三）》（臺北：國史館，二〇一七），頁二二九—二三二。

45 柯遠芬，〈事變十日記〉，頁二三一。

46 〈公署今與各界商決　解決緝煙事件辦法〉，《臺灣新生報》，一九四七年三月三日，號外。

47 林德龍輯註，《二二八官方機密史料》，頁三一。

48 臺灣省警備總司令部，〈「二·二八」事變大事記〉，收入臺灣省文獻委員會編印，《二二八事件文獻續錄》，頁四五三。

49 柯遠芬，〈事變十日記〉，頁二四八。

50 蔣渭川遺稿，《二二八事變始末記》（臺北：蔣氏家屬自印，一九九一），頁四三。

51 蔣渭川遺稿，《二二八事變始末記》，頁五九。

52 柯遠芬，〈事變十日記〉，頁二五一。

53 〈蔣主席致陳儀三月微電〉，大溪檔案，收入中研院近史所編，《二二八事件資料選輯（二）》，頁七〇。

54 柯遠芬，〈事變十日記〉，頁二五一。

55 〈陳儀與招商局總經理徐學禹來往文電〉，收入陳興唐主編，《臺灣「二·二八」事件檔案史料（上卷）》，頁一六五。

56 李翼中，〈帽簷述事〉，收入中研院近史所編，《二二八事件資料選輯（二）》，頁三八一。

57 李翼中，〈帽簷述事〉，頁三八八。

58 汪榮祖整理，〈寫在「夏德儀教授二二八前後日記」之前（上）〉，《傳記文學》八六：二（二〇〇五年二月），頁十三。

59 汪榮祖整理，〈寫在「夏德儀教授二二八前後日記」之前（下）〉，《傳記文學》八六：三（二〇〇五年三月），頁四二—四三。

60 蔣渭川遺稿，《二二八事變始末記》記為三月五日，但比對前後內容可知為誤記。例如文中稱陳儀在該日晚上將雙方協議透過廣播傳送，內容為第三次廣播，正確時間是三月六日。

61 蔣渭川遺稿，《二二八事變始末記》，頁七二—七四。

62 林德龍輯註，《二二八官方機密史料》，頁一一五。

63 彭孟緝，〈臺灣省「二二八」事件回憶錄〉，頁六四—七一。

64 彭孟緝，〈臺灣省「二二八」事件回憶錄〉，頁七三—七五。

65 〈陳儀呈蔣主席三月陽電〉，大溪檔案，收入中研院近史所編，《二二八事件資料選輯（二）》，頁九〇。
66 〈蔣主席致陳儀三月虞電〉，大溪檔案，收入中研院近史所編，《二二八事件資料選輯（二）》，頁九一—九二。
67 〈陳儀呈蔣主席三月虞電〉，大溪檔案，收入中研院近史所編，《二二八事件資料選輯（二）》，頁九六—九七。
68 楊亮功、何漢文，〈二二八事件奉命查辦之經過〉，收入蔣永敬等編，《楊亮功先生年譜》（臺北：聯經，一九八八），頁三五七—三五八。
69 林德龍輯註，《二二八官方機密史料》，頁一四一—一四二。
70 林德龍輯註，《二二八官方機密史料》，頁五二—五三。
71 柯遠芬，〈二二八事變之真像〉，頁二三—二四。
72 〈所報劉明陳逸松為陳達元運用人員可予免究轉復〉，《人名案（陳逸松案）》，檔號：0037/0410.9/8000/3/047，檔案管理局藏。
73 柯遠芬，〈事變十日記〉，頁二四九。
74 〈陳儀與招商局總經理徐學禹來往文電〉，收入陳興唐主編，《臺灣「二・二八」事件檔案史料（上卷）》，頁一六六。
75 蔣渭川遺稿，《二二八事變始末記》，頁六九。
76 林德龍輯註，《二二八官方機密史料》，頁一〇七—一〇八。
77 〈陳儀呈蔣主席三月六日函〉，大溪檔案，收入中研院近史所編，《二二八事件資料選輯（二）》，頁七一—八〇。
78 林德龍輯註，《二二八官方機密史料》，頁一〇六、一〇八。
79 蔣渭川遺稿，《二二八事變始末記》，頁六九。
80 柯遠芬，〈事變十日記〉，頁二五三—二五四。
81 蘇新，《憤怒的臺灣》，頁一四〇—一四一。吳濁流，《臺灣連翹》，頁一八七。葉芸芸編，《證言二・二八》（臺北：人間，一九九〇），頁九九。
82 柯遠芬，〈事變十日記〉，頁二五七。
83 蔣永敬等編，《楊亮功先生年譜》，頁三五三。
84 唐賢龍，〈臺灣事變內幕記〉，頁九五。
85 柯遠芬，〈事變十日記〉，頁二五七—二五八。
86 蔣永敬等編，《楊亮功先生年譜》，頁三五八—三五九。
87 蔣永敬等編，《楊亮功先生年譜》，頁三五九。
88 此處中山東路有誤，戰後初期台北市有中山南北路、中正東西路，此處所指可能為中山北路，圓山方向。參〈臺北市新舊路名對照表〉，《臺灣省行政長官公署公報》一九四七春：十（一九四七年一月十五日），頁一六〇。

89 柯遠芬，〈事變十日記〉，頁二五九。
90 汪榮祖整理，〈寫在「夏德儀教授二二八前後日記」之前（下）〉，頁四三。
91 蔣渭川遺稿，《二二八事變始末記》，頁一一九—一二〇。
92 林木順，《臺灣二月革命》，頁四二。
93 李宣鋒訪問，〈柯遠芬先生口述紀錄〉，收入李宣鋒等編，《二二八事件文獻補錄》（南投：臺灣省文獻委員會，一九九四），頁一三四。
94 蔣永敬等編，《楊亮功先生年譜》，頁三五九。
95 路人，〈臺灣二二八真相〉，《新聞天地》第二三期（一九四七年五月一日），頁二八。
96 李翼中，〈帽簷述事〉，頁三八九。
97 林德龍輯註，《二二八官方機密史料》，頁一五七。
98 〈陳儀報告二二八事件情形致吳鼎昌電〉，收入陳芳明編，《臺灣戰後史資料選》（臺北：二二八和平日促進會，一九九一），頁二〇五。
99 不著撰人，〈二二八事變之平亂〉，收入中研院近史所編，《二二八事件資料選輯（一）》，頁一三六—一三九。
100 〈陳儀在京談話〉，《臺灣問題剪報》，檔號：0036/019.2/009/1/023，檔案管理局藏。
101 丁永隆等，《南京政府崩潰始末》（臺北：巴比倫，一九九二），頁十六—十八。
102 牛軍，《內戰前夕：美國調處國共矛盾始末》（臺北：巴比倫，一九九三），頁二八九—三〇一。
103 美國國務院編，《美國與中國之關係》（臺北：文海，一九八二），頁一〇九。丁永隆等，《南京政府崩潰始末》，頁八三—八八。
104 美國國務院編，《美國與中國之關係》，頁一八四。
105 金沖及，《轉折年代：中國的一九四七年》（北京：三聯書店，二〇〇二），頁九七。
106 金沖及，《轉折年代：中國的一九四七年》，頁九八—一一九。蔣永敬、劉維開，《蔣介石與國共和戰（一九四五—一九四九）》（臺北：臺灣商務，二〇一一），頁一一四—一一六。
107 金沖及，《轉折年代：中國的一九四七年》，頁一二六。蔣永敬、劉維開，《蔣介石與國共和戰（一九四五—一九四九）》，頁一二四。
108 美國國務院編，《美國與中國之關係》，頁一八四—一八七。
109 呂芳上主編，《蔣中正先生年譜長編（第八冊）》（臺北：國史館、中正紀念堂管理處、中正文教基金會，二〇一五），頁六一九。
110 臺灣省警備總司令部編，《臺灣省警備總司令部週年工作概況報告書》，頁一二四—一二五。
111 臺灣省警備總司令部編，《臺灣省警備總司令部週年工作概況報告書》，頁二四、六一、一二五—一二六。
112 楊護源，《光復與占領：國民政府對臺灣的軍事接收》（臺北：獨立作家，二〇一六），頁一六九—一七一。
113 臺灣省警備總司令部編，《臺灣省警備總司令部週年工作概況報告書》，頁一二〇—一二一、一三〇。

114 揚風，〈臺灣歸來〉，上海《文匯報》，收入陳興唐主編，《臺灣「二・二八」事件檔案史料（上卷）》，頁一一八。

115 花逸文，《國共內戰中的臺灣兵》（臺北：巴比倫，一九九一），頁一一一二、二六一四七。

116 花逸文，《國共內戰中的臺灣兵》，頁四八、一七八一一八〇。

117 Taiwan Travesty, *The China Weekly Review*（密勒氏評論報）, Apr. 6, 1946.

118 北庚，〈臺灣——中國的愛爾蘭？〉，原載於一九四六年十一月一日《文匯報》，收入李祖基編，《二二八事件報刊資料彙編》（臺北：海峽學術，二〇〇七），頁一四三。

119 Formosa Going from Bad to Worse, As Famine, Unemployment Spread, *The China Weekly Review*（密勒氏評論報）, Apr. 20, 1946.

120 This Is the Shame, *Time*, Monday, Jun. 10, 1946.

121 〈答臺灣《新生報》〉（社論），《僑聲報》，一九四六年八月四日，二版。

122 〈外國記者看臺灣〉，《僑聲報》，一九四六年九月二十日，二版。

123 〈國防最高委員會常務會議第二二三至二二六及二三〇次會議紀錄〉，中國國民黨黨史會檔案，中研院近史所檔案館藏。

124 〈國防最高委員會常務會議第二二三至二二六及二三〇次會議紀錄〉，中國國民黨黨史會檔案，中研院近史所檔案館藏。

125 呂芳上主編，《蔣中正先生年譜長編（第八冊）》，頁五二〇。

126 呂芳上主編，《蔣中正先生年譜長編（第八冊）》，頁六一九。

127 呂芳上主編，《蔣中正先生年譜長編（第八冊）》，頁六二一。

128 趙毓麟，〈「中統」見聞及功過錄〉，《傳記文學》五七：一（一九九〇年七月），頁一一六。

129 林德龍輯註，《二二八官方機密史料》，頁五九一六一。

130 〈張鎮呈蔣主席三月五日報告〉，大溪檔案，收入中研院近史所編，《二二八事件資料選輯（二）》，頁六七。

131 〈陳誠呈蔣主席三月五日代電〉，大溪檔案，收入中研院近史所編，《二二八事件資料選輯（二）》，頁六八一六九。

132 林德龍輯註，《二二八官方機密史料》，頁三五、五八。

133 〈黃朝琴呈蔣主席三月魚電〉，大溪檔案，收入中研院近史所編，《二二八事件資料選輯（二）》，頁八九。

134 林德龍輯註，《二二八官方機密史料》，頁一一八。

135 林德龍輯註，《二二八官方機密史料》，頁一〇九一一一一。

136 李翼中，〈帽簷述事〉，頁三七九一三八〇。〈臺灣省政治建設協會託臺灣省黨部主委李翼中轉致中央政府蔣主席電文〉、〈臺灣省政治建設協會託美國駐臺領事館轉南京大使館致中央政府蔣主席電文〉原稿，蔣渭川家屬提供。

137 林德龍輯註，《二二八官方機密史料》，頁八七一八八。

138 柯遠芬，〈事變十日記〉，頁二五三。
139 〈陳儀呈蔣主席三月陽電〉，大溪檔案，頁九〇。
140 〈蔣主席致陳儀三月虞電〉，大溪檔案，頁九一—九二。
141 蘇聖雄，〈「奸黨煽惑」：蔣中正對二二八事件的態度與處置〉，頁三二一—三二六。
142 〈蔣主席致陳儀三月虞電〉，大溪檔案，頁九三—九五。
143 Incoming Telegram, 894A.00/3-747, Department of State Decimal File 1945-1949, RG59, Box7385, in NARA。
144 呂芳上主編，《蔣中正先生年譜長編（第八冊）》，頁六二五。
145 呂芳上主編，《蔣中正先生年譜長編（第八冊）》，頁六二六。
146 呂芳上主編，《蔣中正先生年譜長編（第八冊）》，頁六三三。
147 嚴家理，〈陳儀主浙見聞〉，頁二八三—二八四。
148 〈蔣介石在中樞紀念週上的講話〉，收入鄧孔昭編，《二二八事件資料集》，頁三六七—三六八。
149 〈國防最高委員會常務會議第二二三至二二六及二三〇次會議紀錄〉，中國國民黨黨史會檔案，中研院近史所檔案館藏。
150 錢端升等，《民國政制史（下冊）》（上海：上海人民，二〇〇八），頁四二九—四三一。
151 陳恭澍，《平津地區綏靖戡亂》（臺北：傳記文學，一九八八），頁十一。
152 王明前，〈南京政府時期的湖南省縣政〉，《浙江學刊》二〇〇九：二（二〇〇九年三月），頁六九—七三。鄧雯，〈南京國民政府時期的河南縣級治安制度（一九二七—一九三七）〉（河南大學研究生碩士論文，二〇一〇）。仲華、季雲飛，〈抗日戰爭期間反「清鄉」鬥爭論述〉，《南京政治學院學報》二〇〇八：三（二〇〇八年七月），頁八〇—八三。
153 林木順，《臺灣二月革命》，頁四六。
154 唐賢龍，〈臺灣事變內幕記〉，頁九五。
155 臺灣省警備總司令部，〈臺灣省「二二八」事變記事〉，收入臺灣省文獻委員會編印，《二二八事件文獻續錄》，頁四五七。
156 何聘儒，〈蔣軍鎮壓臺灣人民起義紀實〉，收入李敖編著，《二二八研究》，頁二六六—二六七。
157 〈陳儀在事件中的講話和廣播詞〉，頁三三九—三四〇。
158 臺灣省警備總司令部，〈臺灣省「二二八」事變記事〉，收入臺灣省文獻委員會編印，《二二八事件文獻續錄》，頁四五七。
159 〈臺灣省警備總司令部公告〉，《臺灣新生報》，一九四七年三月二十二日，一版。
160 〈臺北綏靖區司令部奉令查封停刊報情形一覽表〉，收入中研院近史所編，《二二八事件資料選輯（四）》（臺北：中研院近史所，一九九三），頁一八九。

161〈陸軍整編第二十一師對臺灣事變戡亂概要〉，收入中研院近史所編，《二二八事件資料選輯（一）》，頁二〇〇—二〇六。

162〈白崇禧呈蔣主席三月十二日呈〉附件一，大溪檔案，收入中研院近史所編，《二二八事件資料選輯（二）》，頁一四九—一五〇。

163〈臺灣省警備總司令部綏靖部署計畫〉，收入中研院近史所編，《二二八事件資料選輯（五）》（臺北：中研院近史所，一九九七），頁二二三〇—二二三二。

164〈臺灣省縣市分區清鄉計劃〉，收入中研院近史所編，《二二八事件資料選輯（五）》，頁二二三三—二二三四。

165〈陳儀在事件中的講話和廣播詞〉，頁三四三—三四五。

166〈國防最高委員會第二二四次常務會議「臺灣事變處理辦法」案〉，中國國民黨黨史會檔案，中研院近史所檔案館藏。

167〈蔣主席對臺灣民眾廣播詞〉，大溪檔案，收入中研院近史所編，《二二八事件資料選輯（二）》，頁一八一—一八四。蔣永敬等編，《楊亮功先生年譜》，頁三八六。

168〈白崇禧在事件中的講話和廣播詞〉，收入鄧孔昭編，《二二八事件資料集》，頁三四八—三四九。

169蔣永敬等編，《楊亮功先生年譜》，頁三八六。〈國防部宣字第一號布告〉，大溪檔案，頁一八五—一八九。

170〈葉秀峰呈蔣主席三月二十六、七日情報〉，大溪檔案，收入中研院近史所編，《二二八事件資料選輯（二）》，頁二三〇。

171可參考中研院近史所編，《二二八事件資料選輯（六）》（臺北：中研院近史所，一九九七）。其中收錄了軍憲警特各機關逮捕追緝之人犯名單。

172〈國防部長白崇禧三月二十九日軍電〉，收入中研院近史所編，《二二八事件資料選輯（一）》，頁三〇八—三〇九。

173〈憲兵第四團電警備總司令陳為奉令規定逮捕奸黨叛徒及暴動案犯不得擅自逮捕一案報請鑒核〉，收入中研院近史所編，《二二八事件資料選輯（一）》，頁三〇三—三〇五。

174〈奉電造送拘捕暴動人犯名冊〉，收入中研院近史所編，《二二八事件資料選輯（一）》，頁三二〇—三五四。

175〈陳儀呈蔣主席三月十三日呈〉，大溪檔案，收入中研院近史所編，《二二八事件資料選輯（二）》，頁一六九。

176〈白崇禧呈蔣主席二月二十五日簽呈〉，大溪檔案，收入中研院近史所編，《二二八事件資料選輯（二）》，頁三五二。

177〈陳誠呈蔣主席六月十六日簽呈〉，大溪檔案，收入中研院近史所編，《二二八事件資料選輯（二）》，頁三四二—三四三。

178〈白崇禧呈蔣主席二月二十五日簽呈〉、〈薛岳呈蔣主席三月十九日簽呈〉，大溪檔案，收入中研院近史所編，《二二八事件資料選輯（二）》，頁三五二—三五三、三五八。

179〈白崇禧在事件中的講話和廣播詞〉，頁三五一。

180〈白崇禧在事件中的講話和廣播詞〉，頁三六三—三六六。

181〈國防最高委員會常務會議第二二三至二二六及二三〇次會議紀錄〉，中國國民黨黨史會檔案，中研院近史所檔案館藏。

182 白先勇、廖彥博，《止痛療傷：白崇禧將軍與二二八》，頁一八九。

183 警備總部造報，〈二二八事變叛逆名冊〉，收入侯坤宏等編，《二二八事件檔案彙編（十六）》（臺北：國史館，二〇〇四），頁九三—一九八。

184 〈准許參加暴動分子非主謀者自新公告〉，收入魏永竹等編，《二二八事件文獻續錄》（南投：臺灣省文獻委員會，一九九二），頁四二八—四二九。

185 〈臺南縣警察局綏靖工作報告〉，收入中研院近史所編，《二二八事件資料選輯（五）》，頁三三九—三四〇。

186 臺灣全省警備司令部，〈本省二二八事變案犯處理經過〉，檔號：0036/9999/8/4/006，檔案管理局藏。

187 陳翠蓮，〈歷史正義的困境：族群議題與二二八論述〉，《國史館學術集刊》第十六期（二〇〇八年六月），頁一七九—二二二。

188 〈魏道明呈蔣主席五月十六日電〉，大溪檔案，收入中研院近史所編，《二二八事件資料選輯（二）》，頁三三八。

189 一九〇七年《海牙陸戰法》對並未對占領國所有問題完整規範，僅籠統規定被占領區平民之服從義務，但此說仍有爭議，一九四九年《日內瓦暫時保護平民公約》則反對平民對占領國負有忠順義務之說。彭明敏，《平時戰時國際公法》（臺北：彭明敏發行，一九六一），頁五二八—五二九。沈克勤，《國際公法》（臺北：臺灣聯合書局，一九六三），頁四一八—四一九。

190 林木順，《臺灣二月革命》，頁四三—四四。

191 臺灣旅滬六團體，〈關於臺灣事件報告書〉，收入《二二八真相》（臺北：出版資料不詳），頁二七七。

192 〈蔣主席三月元電〉，大溪檔案，頁一六三。

193 〈葉秀峰呈蔣主席三月二十六日、二十七日情報〉，大溪檔案，頁二三〇。

194 胡慧玲，〈林宗義先生訪問紀錄〉，收入張炎憲等採訪記錄，《臺北都會二二八》（臺北：吳三連臺灣史料基金會，一九九六），頁二三。

195 張炎憲等，〈阮美姝女士訪問紀錄〉，收入張炎憲等採訪記錄，《臺北都會二二八》，頁一七〇。

196 〈嘉義市軍警憲緝獲二二八事變暴動人犯執行槍決一覽表〉，收入中研院近史所編，《二二八事件資料選輯（四）》，頁一二一—一二二。

197 張炎憲等訪問，〈陳碧女女士訪問紀錄〉、〈陳重光先生訪問紀錄〉，收入張炎憲等，《嘉義驛前二二八》（臺北：吳三連臺灣史料基金會，一九九五），頁一六七、一八五。

198 柯旗化，《臺灣監獄島》（高雄：第一，二〇〇二），頁八一。

199 〈白部長昨招待記者　發表重要書面談話〉，收入中研院近史所編，《二二八事件資料選輯（一）》，頁三八八。

200 〈彭孟緝電警備總部暴徒首犯林界、共產暴徒陳顯光執行槍決謹呈核備〉，收入中研院近史所編，《二二八事件資料選輯（四）》，頁五二四—五二五。

201 林山田，《五十年來的臺灣法制》，頁四六—四七，註四九。轉引自裘佩恩，〈戰後臺灣政治犯的法律處置〉（國立臺灣大學法律學研究所碩士論文，一九九七），頁十四。

202 行政院研究二二八事件小組，《二二八事件研究報告》（臺北：時報，一九九四），頁二六三。

203 〈雷震日記〉（一九六〇年五月四日），傅正主編，《雷震全集（四十）：雷震日記（一九五九—一九六〇）——第一個十年（八）》（臺北：桂冠，一九九〇），頁三〇一。

204 黃富三、許雪姬訪問，〈廖德雄先生訪問紀錄〉，《口述歷史》第四期（一九九三年二月），頁七三—七四。

205 〈警務處督察室飭查前基隆警察局長郭紹文貪汙瀆職案報告〉，檔號：37/057.13/22/1/010，檔案管理局藏。

206 〈陳友欽呈副處長郭紹文未辦移交即行離臺報告〉，檔號：37/057.13/22/1/017，檔案管理局藏。

207 行政院研究二二八事件小組，《二二八事件研究報告》，頁二九二。

208 蔣永敬等編，《楊亮功先生年譜》，頁三七三。

209 〈陳誠呈蔣主席六月十六日簽呈〉，大溪檔案，收入中研院近史所編，《二二八事件資料選輯（二）》，頁三四二—三四三。

210 行政院研究二二八事件小組，《二二八事件研究報告》，頁二七二。

211 〈臺灣省警備總司令部電各綏靖區兼司令〉，收入中研院近史所編，《二二八事件資料選輯（一）》，頁三九八—四〇一。

212 〈臺灣省政府電飭臺北縣政府查禁藉口二二八損失向民間捐助需索〉，歐素瑛等編，《二二八事件檔案彙編（十一）》（臺北：國史館，二〇〇三），頁四九一—四九二。

213 張超英口述，《宮前町九十番地》（臺北：時報，二〇〇六），頁九八。張超英，〈張超英談父親〉，收入張秀哲，《「勿忘臺灣」落花夢》（臺北：衛城，二〇一三），頁六。

214 葉芸芸，《餘生猶懷一寸心》（臺北：時報，二〇〇六），頁三一。

215 彭明敏，《自由的滋味》（臺北：前衛，一九八八），頁八〇。

第七章 美國與二二八事件

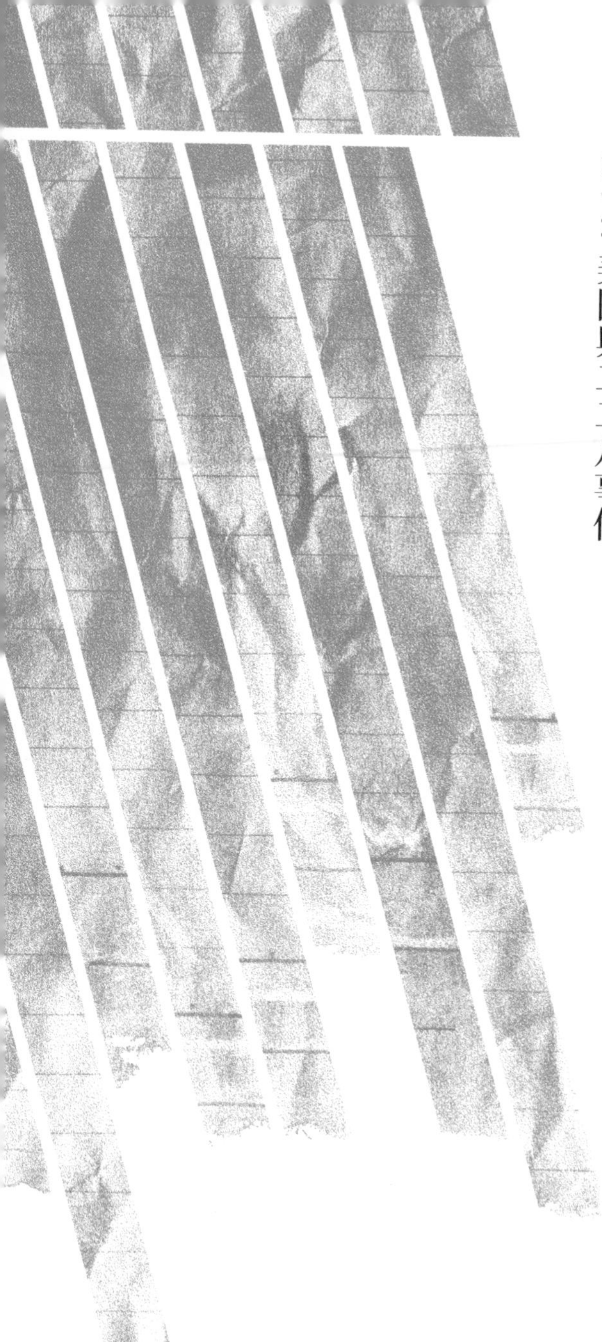

一九四六年元月成立的美國駐臺領事館，初期只有三個美國官員——領事、副領事及美國新聞處（United States Information Services，USIS）主任，其他如書記、翻譯員、無線電員與一般傳達等，則是僱用臺灣人或大陸人。[1]

領事步雷克（Ralph J. Blake）來自奧勒岡州北部的蒙諾瑪郡（Multnomah County），是一位職業外交官，曾於一九三〇年任墨西哥新拉雷多（Nuevo Laredo）領事館副領事，一九三二年任中國濟南領事館副領事。[2] 副領事葛超智被視為「臺灣專家」，許多臺灣情勢報告都由他所執筆。美國新聞處主任卡賓（Robert J. Catto）先前服務於美國戰時情報局，旅居夏威夷多年，於五月到任。[3]

在領事館成立前兩個月，葛超智就以美國海軍預備役中尉（Lieutenant, USNR）身分，撰寫臺灣民意報告呈給國務院。葛氏指出臺灣民眾與大陸來臺官員之間怨隙日深，臺灣人被當作被征服者、不能管理自己，遭排除於新政府之外；從中國來的鑽營者牽親引戚充斥在政府機關中，僅僅一個月後欣喜之情立即幻滅，憤怒與反抗正發生；貨幣體系崩潰、搶劫盛行，海外歸臺兵員失業率高、問題嚴重；但當局坐視不顧。[4]

領事館成立後，在一九四六年三月的臺灣情勢報告中，葛超智歷數社會、經濟、衛生弊端情況，並強調「美國在臺聲望極高」、「臺人希望美國能施壓，以掃除長官公署以下的腐敗無效率」，並大膽預測「民眾暴動可能在六個月內就會發生」。[5] 八月，又詳述陳儀手下官員之貪汙牟利、臺人被排除於高層行政職務之外，臺人與大陸公務人員之薪資差別待遇、警察暴力、公共防疫崩潰、乞丐暴增、米糧外運、物價騰貴、走私猖獗等情況，聯合國對臺灣可能採取行動的傳聞四起，甚

7-1 藍蔭鼎所繪一九四六年美國國慶，陳儀、柯遠芬出席臺北領事館之餐會。
來源：臺北二二八紀念館

至傳言「美國將介入，並將臺灣納為保護國」。[6] 葛超智在二二八事件前又指出，地方上謠傳中國政府為應付內戰將把臺灣售予美國以換取巨額軍需，蔣介石密晤麥帥討論出售臺灣；民間並傳言美國空軍將駐紮臺中、成立B－29軍機工廠等等。[7] 整體而言，葛超智撰寫的臺灣政情報告對中國政府在臺施政印象極其惡劣，並屢屢傳達臺灣人對美國抱有好感、希望美國介入的訊息。

但是，領事步雷克有不同看法。他雖然也看到長官公署失政、軍警紀律敗壞、社會不安、經濟困難等問題，卻認為「儘管臺民對政府有不滿之聲，但未有證據顯示在短期內會組織起來反抗政府」。他指出：

……必須瞭解，無論中、日、美任何

一個政權被指派到臺灣進行復員重建任務，都必須面對因戰爭破壞而導致的困難、複雜的問題。因此，僅僅與日本在太平洋戰爭前的某些條件下所達成的成果進行比較，是不切實際的。

簡言之，現在只是個嘗試階段，尚不足以明白顯露中國政府與中國本身是否有充分的能力去組織、發展臺灣在農業、工業貿易資源上的優越潛力。這個島嶼既提供機會，也是證明中國努力成敗的試驗場，其能力限度將因此被決定。[8]

顯然，領事館內的正副主管對於臺灣情勢判斷大不相同，尤其對於美國應否插手介入臺灣問題，態度歧異。葛超智所撰報告屢次引起內部批評，甚至被束諸高閣。而美國新聞處大力宣傳美國是中國的「老大哥」形象，要民眾「加入美國的行列」，引來臺灣人的請願；但領事館卻持傳統駐外館處觀點，不願對臺灣民間請願有所回應。臺北領事館內正副領事看法分歧，美國新聞處與領事館對臺業務步調不一，因此葛氏嘲諷美國駐臺北領事館是個「精神分裂的機構」。[9]

臺北領事館內的分歧，正顯示戰後初期美國對臺政策的兩種路線之爭。以國務院為主的一派，視國民黨中國為盟友，願意給予機會、讓中國證明自身具有統治臺灣的能力；以軍方為主的一派，延續戰爭時期控制臺灣的戰略構想，主張美國應有積極作為。未幾，臺灣爆發二二八全島反抗行動，美國的態度至為關鍵，以下將分析美國在事件中的立場與處置、葛超智的角色，以及事件後臺灣問題的發展。

第一節　美國在二二八事件中的態度

二二八事件爆發，三月一日美國駐南京大使館根據臺北領事館的報告電告國務院，這是美國領事館方面提到事件的第一通電文，內容僅簡單敘述事件發生經過，並謂群眾雖占據電臺、尋求並呼籲更大的行動，但「（中國）政府自信情勢在掌握之中」。[10]

一、臺北領事館內意見分歧

三月一日，美國駐臺北領事館報告凌晨及下午分別有十一名、十五名大陸人逃過來尋求保護，另有七名翻越圍牆尋求庇護，美領事步雷克通知長官公署當局把難民帶走。美國駐南京大使館則訓令臺北方面依照規定，慎重處理暫予庇護與避難之事宜。由於步雷克判斷事件已成為大規模暴動，乃要求臺灣當局將避難者送往安全地方，以保護領事館本身之安全。[11]

三日，多起陳情、請願事件湧向美駐臺北領事館。先是一私人醫院之醫師向領事館展示憲兵隨意向民眾開槍的達姆彈（dumdum bullet）做為證據，希望美方向臺灣當局交涉，勿再使用此類殺傷力極大的非法彈藥，但領事館拒絕留下使用過的達姆彈證據。[12] 接著，二二八事件處理委員會於同日下午拜會臺北領事館，請求協助向國際公布真相，並向國民政府中央發電文傳達。臺北領事館答稱，他們並非新聞發布單位，僅能將要傳達給美國政府的訊息傳至美國駐南京大使館裁決。[13]

領事館認知到避免介入衝突雙方任何一方的重要性，並請示南京大使館。大使館認可臺北領事館對上述兩項陳情的處置。領事館則下令禁止館方或個人介入此一內部衝突事件，後續情形必須進一步向大使館報告。[14]

三月三日這一天，領事館收到一份臺灣人致美國國務卿馬歇爾的請願書，其上有一四一人簽名，號稱代表八〇七名人士的共同聲明，內容指出「改革臺灣省政的捷徑全有賴於**聯合國共管臺灣**（United Nations Joint Administration in Formosa），切斷臺灣與中國本土之政治、經濟關係，**直到臺灣獨立為止**（until Formosa becomes independent）」。[15]

同日，領事館另一電文中指出：

臺灣人強調美國因開羅宣言之決定而負有責任，並宣稱有意訴請**美國**之協助，尋求聯合國介入，**直到臺灣主權轉移給中國為止**。全島性的負責團體正準備正式請願，並建議領事館。所收到的一份此種請願是致馬歇爾將軍。有關臺灣暫時由盟軍最高統帥（SCAP）管理的可能性也被公開討論。

在嚴肅考慮後，**領事館認為唯一有效的解決方案是由美國自己立即介入，或代表聯合國介入**，以防止政府軍隊在首府的災難性屠殺，這在三月三日看來是極可能的。美國聲望很高，臺灣人深切期望美國介入，他們相信向南京表達由聯合國在此處直接干預，在目前日本享有法理主權的情況下，是有理有據的。

（如此則美國）政府將有機會解除目前大陸困難情況下沉重而持續的軍事負擔。中國也會感到放心，當臺灣回到一個由臺灣人大幅參與的有擔當的中國當局時，由聯合國代表中國的暫時政府就會中止。臺灣人認為聯合國的控制，是以美國人為主。他們經常表達渴望民主政治的培養，也期望建立最終由臺灣人組成的臺灣政府，並以此在中央代表這個島嶼，（否則），在臺灣發生內戰是最可能的替代局面。[16]

以上先後發出的這些電文，透露極為矛盾的訊息。一方面，領事館小心翼翼不偏袒任何一方，希望維持中立、不干預的外交立場，並獲得南京大使館的確認；但另方面部分電文卻又強烈建議美國政府積極干預，或由聯合國介入。

筆者認為，這正是領事館內兩種不同路線主張的激烈鬥爭，二二八事件爆發後，夾雜著各種訊息的大量電文湧向南京大使館與在華府的國務院，部分內容謹守中立立場，部分內容藉著臺灣全島抵抗事件提出大膽的建議。

領事館內的鬥爭也反映在以下情況。事件中副領事葛超智數次撰寫長篇報告上呈，三月三日先完成〈臺灣危機的回顧〉，詳細敘述事件爆發過程，認為陳儀統治導致民眾積怨，臺北所爆發的大規模動亂並無人領導，截至當時為止並未看到臺灣人使用槍械，專賣局及住宅雖遭闖入，所獲物品均放火焚燒、無一例外，但臺灣人並未趁火打劫，甚至有三位取走物品者遭到民眾痛毆。但是，憲兵以達姆彈濫射民眾，政府雖暫時同意人民的要求，其實只是在爭取時間、等待援兵。臺灣人並未打擾或攻擊美國領事館，領事館人員在街上甚至受到歡呼，不斷有傳言說臺灣民眾準備向美國或聯合國請願，要求干預，或至少公正地調查臺灣情勢，目前已收到八一七人簽名的請願書。[17]但是領事步雷克對這份報告有意見，他加註指出，做為領事館的主要官員，他認為報告內容雖然無誤，但暴動中也發生臺北最大百貨公司遭搶劫之事，強調大使館與國務院需要的是更加客觀的事實呈現，他提醒，報告書中對臺灣的觀察有「特定評價」（意指葛超智存有偏見）。南京大使館呈國務院時也註記，「此一報告應被視為是在非常壓力下所完成，撰寫者缺充分考察。」[18]

七日葛超智又完成〈臺灣起義的組織與領導〉，指出當前臺灣有三種團體組織與重要政治態度，第一類是陳儀當局，只剩名義性的存在；第二類是代表人民的二二八事件處理委員會，並有青年自願組織做為外圍團體，這類團體認為一旦援軍開到，陳儀必將報復，只有中央政府介入才能免除劫難，因此在五日，處委會代表至領事館要求轉達信件給蔣介石，要求派大員調處。第三類組織是男性構成的地下團體，與第二類團體關係密切，已準備好隨時採取武力抗暴行動，此類團體打算訴諸聯合國干預，趕走陳儀，但多數仍主張以談判解決問題。葛氏強調：「**聯合國干預受到許多討論，如果中央政府拒絕臺灣人的全盤改革要求，人們將要求聯合國保護，直到戰後和平條約簽訂為止。**」同時，認為臺灣並無組織性的共產黨分子，但經濟崩壞將使共產主義得以滋長。[19]

十日葛超智再寫下〈中國政府在臺灣政府的幾種行動方案〉。他指出，蔣介石對於臺灣危機有二種選擇方案，第一種方案是繼續支持陳儀在臺統治，如此一來，中央必須在臺投下巨額軍事費用，臺灣將成為中國在軍事上的重大負擔；第二種方案是撤換陳儀，依照臺人之要求進行全面的政治改革，則臺灣將成為中國民主的政治、經濟資產。葛氏建議，最好換由文人取代陳儀，以防止繼續因軍事鎮壓而引發經濟崩潰，共產主義萌芽。他並積極建言：

美國只有支持蔣介石做第二種選擇才能獲得利益，即支持撤換陳儀，……在臺灣多花費任何人力或物資的支出，都意味著美國小心翼翼在大陸所挹注的總體軍力的損失。……美國不能因為目前的政策支持蔣介石，就對臺灣問題遲鈍無感，這是一種道德義務。……在和平會議上日本投降後臺灣行政問題必會被檢討，和會舉行之前中國地位與統一可能受到影響。可以確定的是，如果陳儀或任何一位軍事繼任者仍舊掌權，可以預期一年之內臺灣將與中國華北地區一樣落後蕭條。**做為太平洋和平的主要指導設計者，美國不能允許此種局面發生而不努力介入，或不去影響蔣介石的行動決定。**[20]

葛超智所撰寫的〈臺灣起義的組織與領導〉、〈中國政府在臺灣政府的幾種行動方案〉這兩份報告書，都明白建議美國應該插手干預，臺灣人民也熱切盼望美國或聯合國介入。另外，他也根據《人民導報》的報導翻譯了二二八事件處理委員會所提出的〈三十二條處理大綱〉。這三份報告，葛氏以臺灣狀況特殊且情勢緊急為由，並未取得領事步雷克的簽署，就直接以副領事的名義交由來臺考察的軍事參贊鐸（F. J. Dau），轉送給南京大使館。[21]

二二八事件的發生使得美國駐臺北領事館的內部爭議端上檯面，正副領事關係緊張。此一現象連英國淡水領事館人員都注意到了，英國領事館軍事參贊米勒中校（K. E. F. Millar）在致美國駐南京大使館的電文中指出：

美國副領事葛超智及一名長期研究日本與臺灣事務的學生，可能因為無法說服美國領事步雷克將中國在此地之不當施政，以及在暴亂之前的壓迫據實向南京方面反應，而準備辭職。步雷克似乎認為，任何批評國民政府的報告都是與美國利益相違。美國新聞處官員卡賓也可能因類似的理由辭職，他們二人都希望能返回美國，發動新聞界聲援，揭發國民黨的腐敗與殘忍。[22]

直到事件平靜之後，領事步雷克親自撰寫了三月政情報告。報告中記載了二二八事件經過，處理委員會是受官方認可而成立，所提出的八點要求為陳儀所接受，後來擴充成三十二點要求，三月八日前臺灣情勢已趨穩定。但是，陳儀向美國記者透露在三月一日請派援兵，大施緩兵之計，部隊抵臺後槍聲大作，官方說法指臺灣人攻擊軍事設施，但領事館未獲得任何證據證實臺灣人於八日晚間攻擊官署、發動暴動，也沒有任何臺灣人使用武器的證據。步雷克認為：

沒有證據證明共產主義思想蔓延或共產黨煽動，領事館得到的所有訊息顯示，這一自發性的群眾事件是表達對陳儀政府失政的不滿與幻滅。部分人士認為中國若無法處理在大陸上的許多困難，將沒有正當的地位統治臺灣，不久的將來必須由聯合國或美國（透過盟軍總部直接或間接地）暫時性干預。迄今並未出現真正的獨立運動，雖然有報導指政治上不成熟的高雄煉油廠工人戴著臺灣共和國臂章；**也無臺灣人知識分子鼓吹與中國永久分離**。[23]

步雷克判斷，取消經濟管制措施是必要的，這是二二八事件後當局回應民眾需求必要的讓步。他的看法與葛超智大不相同，此時葛氏已被調離臺灣。

二、南京大使館與美國國務院的態度

二二八事件發生，陳儀政府、國府當局都很擔心美國或聯合國會藉此機會插手臺灣問題。官方指出，曾有臺大學生代表八人向美國大使館求援，商借槍械彈藥協助武力抗爭；[24]蔣經國隨白崇禧來臺宣慰，也給蔣介石的電文中提到「親美派——林茂生、廖文毅與副領事Kerr，請美供給槍枝及Money，美允Money」等說法；[25]顯示警備總部、國府當局密切留意美國介入的痕跡，列為重要情報。但是，在美國國務院檔案中，並沒有發現任何相關電文、訊息，或任何蛛絲馬跡證實此事。

三月五日，臺灣省政治建設協會請美國駐臺北領事館轉交一封信函致蔣介石。致領事館的信中表示：「茲為保障臺灣六百萬人生命，計另函敬請迅代轉致司徒大使煩轉中國國民政府為荷」；致蔣主席的信中則說：「臺灣此次民變，純為反對貪官汙吏，要求政治改革，並無其他作用。請萬勿派兵來臺，以免再激民心，並懇迅派大員蒞臺調處，則國家幸甚。」臺北領事館接下此信，譯成英文後轉交南京大使館裁決。[26]

同日，領事館判斷，臺灣情勢遽變，據報福建增援軍隊已迫近，國府高官家屬已祕密撤出，為避免危險，建議撤走領事館眷屬，且聯合國救濟總署（United Nations Relief and Rehabilitation Administration，UNRRA）已建議撤離大部分人員。南京大使館則回覆：

> 大使館對此電文已慎重考慮，並請中國最高當局立即注意，並提供領事館與美國國民最完整的保護。
>
> 在此關鍵時刻，你們應特別小心避免對目前爭論之是非曲直的偏袒而有任何外在表現，或以**任何形式成為參與者**。你們也應瞭解，在此情況下美國官方只能期望當局，其責任在提供給你們適當的保護。[27]

大使館再次訓令，要求在臺北的人員避免偏袒事件任何一方，或以任何形式參與，美國政府在事件過程中極力保持中立的態度極為明顯。

三月六日，步雷克認為臺北市況已恢復平靜，二二八事件處理委員會提出八項政治改革要求，臺灣人已占優勢控制大部分地區，但人們心中最大的困擾是中央政府是否會派兵增援。[28] 七日，領事館決定不撤僑，未來撤出的可能性將視國府中央是否派出鎮壓武力而定，並請大使館查證派兵事宜。[29]

就在臺北領事館對局勢發展保持謹慎樂觀之際，八日深夜臺北市爆發激烈槍戰，陳儀政府通知領事館是因為臺灣人欲搶奪軍械庫之故，隨即臺北再度戒嚴，街上行人絕跡、士兵不時放槍，大約二千名憲兵自基隆登陸，預計有總數兩師的部隊自華南調來。[30] 臺灣情況緊急，九日，南京大使館軍事參贊鐸上校以使館專使身分，順道搭乘蔣介石特別代表之臺專機，前來考察。[31] 隨後，鐸上校將他在臺灣所見回報給大使館，鐸指出，至七日以前，因陳儀同意接受臺灣人的大部分請求，情勢趨於平靜，但是七日以後兩營憲兵與二十一師由大陸開來，動盪再起，週末小型武器交火不斷，至十一日稍止，陳儀聲稱是臺灣的流氓與共產黨所為。但是鐸上校認為「唯一可見的開槍者是軍隊」，軍隊正進行整肅行動，政府背信食言的跡象造成不安與意外。南京大使館將這訊息轉達給國務院遠東局。[32]

國府軍隊抵臺後，領事館報告了臺灣有名望人士開始遭受系統性的鎮壓、逮捕與處決；十三日南京大使館將此事呈報國務院，並表示大使館已採取間接步驟、將所收到有關鎮壓的資料促請蔣介石注意。[33]

第六章已指出，面對臺灣發生動亂，國民政府中央十分擔心會引起國際干涉，國防最高委員會上多次提及；蔣介石則認為「新附之民畏威而不懷德」，決定派兵平亂。但是，當美國駐華大使司徒雷登與蔣介石討論臺灣問題時，蔣介石的反應卻是，他對臺灣事件的詳情並不清楚，請司徒雷登提供他一份書面報告。[34] 面對來自美國的關切壓力，蔣介石並未直接說明他的派兵決定，而是採取了拖延、含糊的策略。南京大使館應蔣介石的要求，後來提供了〈臺灣情勢備忘錄〉做為參考。

就在國府派遣白崇禧赴臺宣慰同一天，即三月十七日，副領事葛超智被召往南京，協助司徒雷登大使撰寫〈臺灣情勢備忘錄〉。葛氏到南京後發現，司徒雷登大使雖然同情臺灣，但對蔣介石仍然深信不疑，並且認為應該多給中國當局一些時間。他更驚訝司徒大使的私人祕書並非美國人，而是住在中國的國民，認為這種情形在美國外交史上可說是史無前例，此人可能效忠蔣介石、洩露向美國求援的臺灣人名單。[35]葛氏所說的這位大使私人祕書 Philip Fu，即傅涇波，一九四九年國民黨節節敗退、各國紛紛遷移領事館隨行之際，經傅涇波的安排，美國大使館一度準備倒向中共。[36]

司徒雷登大使也表達美國對臺灣省政府改組計畫的關切。四月十日，他向國民政府行政院祕書長蔣夢麟建議應讓臺灣人擔任重要職務，並透過各種場合，向包括外交部長王世杰在內的中國官員傳達美方所得知的情勢背景，以及大使館將準備一份長篇情勢備忘錄交給蔣介石，讓他對整個事件不致產生偏見。[37]

〈臺灣情勢備忘錄〉由葛超智執筆，內容詳述事件遠因為經濟衰退、臺灣人被排除於行政高層之外、米糧外運，近因則為延遲行憲、日產標售等；二月二十七日至二十八日的事件是無組織之暴動，處理委員會是經過陳儀同意成立之組織，憲兵第四團團長張慕陶曾公開承諾中央政府不會派兵來臺，但是國府援軍抵臺後開始大肆濫殺；處理委員會所提出之改革計畫，主要是要求臺灣人在地方政府中的地位、人身自由之保障、軍事行政社會制度之改革等等。備忘錄中強調，**臺灣人對於做為中國的一省及對中央政府的忠誠無可置疑，共產黨力量在臺灣根本微不足道**，但如果今後繼續以軍事占領統治臺灣，則將引起經濟崩潰，共產黨勢力極可能蔓延。備忘錄中不厭其煩地分析**軍事鎮壓將付出極高的代價**，因為要壓制一切反對政府的批評，必須全島布置重兵，而臺灣人民仍可躲入山區進行游擊戰，這對工業之影響、糧食之負擔都甚嚴重。事件中臺人菁英被捕，造成人力資源極大浪費，教育發展大幅倒退；軍事鎮壓固可收一時之效，但暴動隨時可能再起。最後建議，應將新憲法施行於臺灣，使臺人自治以恢復以往的高生產水準，並以臺灣的高度工業化與技術化為中國賺取更多外匯，應給予臺人更多參政機會並分享利潤，唯有實行積極徹底的改革，方可恢復臺灣對中央政府的向心力。[38]該份備忘錄在四月十八日由司徒雷登大使交給了蔣介石。[39]

顯然，此一備忘錄與葛超智先前所撰、強烈建議美國介入干預的報告書，在立場上保守許多。備忘錄是站在中國統治臺灣的前提下，為統治安定考量，建議中國方面謹慎處理事件，避免大肆屠殺激起臺人反感，尤其應停止軍事統治，以免對臺灣的經濟發展與社會安定造成阻礙。筆者認為，由於〈臺灣情勢備忘錄〉代表美國官方立場，並無葛超智個人看法的發揮空間，所以絲毫未提及聯合國或美國干預的可能性。

除了美國官方以備忘錄形式表達對臺灣二二八事件的關心、敦促審慎處置之外，美國媒體、國會議員也對臺灣事變嚴重關切。上海《密勒氏評論報》主編鮑威爾（John W. Powell）以〈臺灣浴血記〉（Taiwan's Blood Bath）大幅報導臺灣慘案，[40]《華盛頓郵報》（*Washington Post*）社論以〈臺灣之醜聞〉為題，指中國人為「可怖的統治者」，在臺灣之暴行更甚於日本統治時期，羅斯福總統不顧現實、硬要中國為世界強國之神話，將臺灣交予中國，但事實證明中國根本無法履行勝利國應負之責任，因此建議中國應自臺灣退出，交給聯合國管理。[41] 南京《評論日報》則報導，美國對臺灣事件發展極為注意，因開羅會議時羅斯福總統雖然同意臺灣歸還中國，**但中國必須保證其治理較日本時代更進步**，故二二八事件發生後，美國若干報刊引用羅斯福之言抨擊中國政府，公開呼籲「臺灣應交由聯合國共管」。[42]

四月，美國參議院議員鮑爾（Joseph H. Ball）致函副國務卿艾契遜（Dean Acheson），詢問有關《明尼亞波利星報》（*Minneapolis Star-Journal*）對中國在臺施政及二二八事件之報導是否屬實，若真如此，鮑爾認為美國「應對中國政府如此行徑予以強烈抗議，如同對當年蘇聯在波蘭之作為表示不滿一樣」。[43] 艾契遜在覆函中明白指出：

> 因為開羅宣言中（如附件），我政府已同意將臺灣歸還中國。**雖然主權移轉尚未正式完成，但中國之事實控制**（de facto control）**臺灣**，是眾所承認的事。因此，**我政府沒有立場就中國當局在臺灣動亂之鎮壓作為提出正式抗議**。[44]

四月十一日，鮑爾再次致函艾契遜表示，「我閱讀了開羅宣言，雖然我不是條約專家，但老實說我看不出有任何內容可以阻止我們向中國當局抗議他們執行協議的方式。」鮑爾強調，「姑且不論條約本身，美國人會認為是美國以武力打敗日本，而使中國人得以要回臺灣」，在此關聯上美國政府負有責任；因此，他主張美國政府以最強烈的呼籲（most strongly urge）向中國抗議其在臺灣的行政，同時，「最好向中國指出，此種情況將不利於他們從國會取得援助。」[45]

副國務卿艾契遜則再度覆函，重申上封信中已說明美國政府沒有立場就中國政府鎮壓臺灣動亂提出正式抗議，並補充美國政府在事件中的作為：

美國大使館已在許多場合以口頭或非正式方式，提醒蔣介石委員長注意此問題。為使委員長公正處理臺灣情勢，大使館也準備了長篇事實備忘錄交予他本人。大使館幕僚也利用各種機會告知包括外交部長在內的中國官員，有關事件之背景。至目前為止，中國政府應已充分瞭解我方對此事的嚴重關切與興趣。[46]

艾契遜對國會議員鮑爾的答覆，極為明確地表達了美國國務院對臺灣二二八事件的態度：國務院遵照開羅宣言，將臺灣交還給中國，雖然和平條約尚未訂定，但中國在臺灣已經進行事實控制。在此原則下，美國沒有立場對中國鎮壓臺灣事件提出正式抗議，但是已經透過各種非正式方式提醒蔣介石注意此事，藉此表達美國對臺灣問題的嚴重關切。依國務院之說法，美國事實上默許了國府當局在臺灣的種種作為。

臺灣事件平靜後，有關臺灣行政首長人事如何安排成為蔣介石的難題，他一面要處理國民黨內的派系競爭，一面要關照來自美國的壓力。原本已相互競爭的國民黨內兩大派系CC派與政學系為了攻擊政敵、保衛權位而激烈鬥爭，戰火延燒至國民黨第六屆三中全會，CC派所把持的會議上決議將陳儀撤職查辦，但蔣介石延擱該決議案，並將臺灣改革案交由陳儀規劃。

臺灣第一任省主席的任命過程充滿政治考量。美國雜誌《亞美雜誌》（*Amerasia*）指出，蔣介石拖延任命不僅顯示他不願受CC派和政學系的支配，同時也說明在蔣介石心中，臺灣人民的希望和需要次於黨內權力平衡的考量。[47] 南京報刊則報導，因為美國關心臺灣局勢，視之為西南太平洋重要軍事據點、不沉的航空母艦，故新任臺灣省政府主席人選自非縝密考慮不可，此一人選必須不為美國所討厭。CC派與政學系激烈相爭之下，結果由宋系人物魏道明奪得。[48]

四月二十二日行政院院會決議任命魏道明為第一任臺灣省主席，蔣介石以此項任命表達對美方的尊重。美國駐華大使司徒雷登在發給國務院的電文中指出，第一任臺灣省主席魏道明是美國留學生，曾任中國駐美大使，與同是受美式教育出身的宋子文關係良好，他也同意「任命魏道明可能是為了顧及美國大眾輿論的結果而做的安排」。[49]

政治鬥爭資歷豐富的蔣介石，在臺灣事變後的人事任命上巧妙地擺脫了派系牽制，並且給了美國一個滿意的答案，真可謂「一石二鳥」之計。

綜觀二二八事件中美國政府的態度，包括駐臺北領事館、駐南京大使館都是採取謹守中立、不干涉的原則，僅僅以透過私下管道、提出備忘錄等方式，表達對臺灣問題的關切。其所提出給蔣介石的備忘錄中，則建議中國當局統治臺灣應進行全面政治改革、放棄軍事鎮壓等。更重要的是，美國國務院副國務卿答覆參議員鮑爾的信函中，清楚說明美方遵守開羅宣言，無意提出抗議、也無意積極介入臺灣問題的立場。

儘管如此，美方的種種關切，仍對中國政府產生一定壓力。面對美國關切，最高當局蔣介石自有因應之道。蔣介石先在事件之初施展含糊、拖延戰術，希望美國大使館提出報告，輕巧地回應了美方的關切。及至美方要求改革臺灣政治的聲量提高時，則又任命親美派、文人出身的魏道明出任臺灣省第一任省主席，不但成功地化解來自美方的壓力，也有效地處理了黨內政治派系的鬥爭與對峙。

第二節　葛超智與臺灣

二二八事件中臺北領事館副領事葛超智的角色極為爭議，既有研究對葛超智的看法、評價兩極。朱浤源、王呈祥等人認為葛氏品格卑劣，為了使臺灣脫離中國統治，在領事館電文、報告中上下其手、製造假消息，並透過少數臺籍人士提出託管論主張；[50]又謂臺灣託管之密謀使得國府當局認定臺灣人勾結美國領事館意圖叛國，招致武力鎮壓、臺灣菁英枉死的後果，因此指控葛超智才是造成二二八悲劇收場的主因。[51]蘇瑤崇則認為葛氏同情臺灣，從臺灣人的立場出發；臺灣人支持託管論肇因於對陳儀統治的不滿，並非葛氏所製造；但是陳儀將二二八事件卸責給託管論，大肆逮捕鎮壓。[52]

葛超智在一九六五年出版了《被出賣的臺灣》(*Formosa Betrayed*)，內容描述二二八事件過程、嚴厲批判國民黨政權與陳儀當局，此書成為眾多海外臺獨主張者的「啟蒙書」，葛超智也因而被視為「臺灣之友」、「臺獨之友」。臺灣國族主義者固然推崇他充滿正義感、人道關懷，長期為臺灣發聲；中國國族主義者則視他如寇讎，指控他是戰後製造臺灣分離主義的幕後黑手。

本文無意加入戰局，也不打算從上述同情臺灣／厭惡中國的層次上著眼。葛超智自一九三〇年代以來即與臺灣有所淵源，被視為「臺灣專家」，戰後成為第一任美國駐臺北領事館副領事，在二二八事件中積極建言，但並未成為當時美國的臺灣政策主流。筆者認為，分析葛氏主張，不能只著眼於他個人對臺灣或中國的好惡，他的主張反映美國政府中的某種臺灣政策觀點，其背後的邏輯與考量為何？當時為何未成為美國政府主要政策？此政策選擇所代表的意義？等等問題，更值得探討。

一、葛超智的臺灣託管論

葛超智是美國賓州人，一九一一年生，夏威夷大學文學碩士，一九三五至一九三七年曾在日本研究日本政治與歷史，一九三七至一九四〇年的三年間寓居臺北，並在臺北一中、臺北高校、臺北高等商業學校擔任英文教師。一九四〇年離臺後，進入哥倫比亞大學進行研究工作，一九四二至一九四三年進入美國國防部軍事情報局服務，一九四四至一九四六年以武官身分服務於海軍情報中心，一九四六年出任臺北領事館第一任副領事。一九四七年離開臺灣後，未再有機會回到外交工作，後來在柏克萊大學、史丹佛大學任教，長駐於夏威夷大學。[53]

葛超智在戰爭期間到臺灣教書，被認為具有美國情報員身分。例如臺灣獨立運動家、葛超智的友人黃紀男就指出，葛氏在臺北一中、臺北高校擔任英文教師，事實上是美國中央情報局派來臥底的間諜。[54]他在臺北高校的學生也說，戰後葛超智並不否認他在臺北高校任教期間，確實肩負著替美國情報單位收集情報的任務。[55]曾任教於夏威夷大學的鄭良偉教授也聽過葛超智回憶這段經歷：

> George Kerr曾對我說，他的公寓所看到的珍珠港，時常會讓他聯想起他一生的公職及研究生活。他會想起研究生時期，滿腹的公益心及愛國心，讓他無視任何危險，前往敵國國境的臺灣，一方面教英語，一方面進行祕密的田野工作，收集情報。（中略）
>
> 他被派到臺灣。當時他在臺灣的公開身分是英語教師，任教於高等學校……他祕密的身分是美國海軍的情報員。每有假期他就與學生到臺灣各地遊覽，調查臺灣的自然地勢、民間機構、人口民情、工農業情形、軍事設施及動態等。[56]

在一九四二到一九四六擔任情報工作期間，葛超智密集地接觸了許多與臺灣相關的資料與訊息。一九四二年初，葛超智在軍事情報局工作，他準備了一份備忘錄，主張戰後臺灣應由國際共管，理由是：1.中國尚無單獨管理臺灣的能力，因為沒有足夠的行政與技術人員管理如此複雜的

7-2 來臺任教時期的葛超智

來源：一九三八年《臺北商業學校紀念冊》，陳柔縉女士提供。

7-3 葛超智離臺前在江山樓與學生們餐聚

來源：吳宏仁先生提供

經濟體。2.臺灣可能陷入孔宋蔣等家族剝削，及黨政軍各派系惡鬥的危險中。他向華府鼓吹臺灣在西太平洋軍事戰略上的重要性，絕不可僅視之為中國的一個普通省分，不可輕易歸由中國掌控。[57]之後，他在哥倫比亞大學內的海軍軍政學院（Naval School for Military Government）所設「臺灣研究小組」（Formosa Unit）擔任負責人，並參與了海軍部的攻占臺灣「X島嶼」作戰計畫與軍政訓練計畫，編輯十冊臺灣民政手冊與訓練教材。[58]一九四四年，他又建議在日本投降後到合約簽定前之期間，應由美國單獨軍管臺灣，頂多讓中國象徵式地參與。[59]不過這些建議在華府的大局考量下，並未被接受。

筆者認為，葛超智長期投注大量精神與力氣於研究臺灣占領計畫及籌謀軍政府管理準備工作，逐漸形成他對臺灣問題的觀點，此一觀點也與美國軍方戰略立場若合符節。葛氏自此時起不斷強調臺灣在戰略價值上的重要性，主張由美國統治、保護或託管臺灣。

一九四五年十月葛超智以美國海軍預備役中尉的身分，與美軍聯絡組一起抵臺，他在美軍聯絡組第一處（情報處）擔任情報參謀，[60]並與最早抵臺的美國戰略情報局（OSS）小組走得很近，例如，十一月OSS小組以葛超智意見為主發出情報，指中國戰區美軍總部高層未經諮詢研究、在缺乏周延思考下就進行決策，在臺灣的中國臨時政府未來可能會將其失敗歸咎於美軍聯絡組。他並認為中國臨時政府故意在全銜中漏掉「臨時」二字，因為日本投降文件並未將臺灣主權交給中國。[61]

一九四六年春美國駐臺北領事館成立後，葛超智從海軍預備役轉到外交工作，被任命為第一

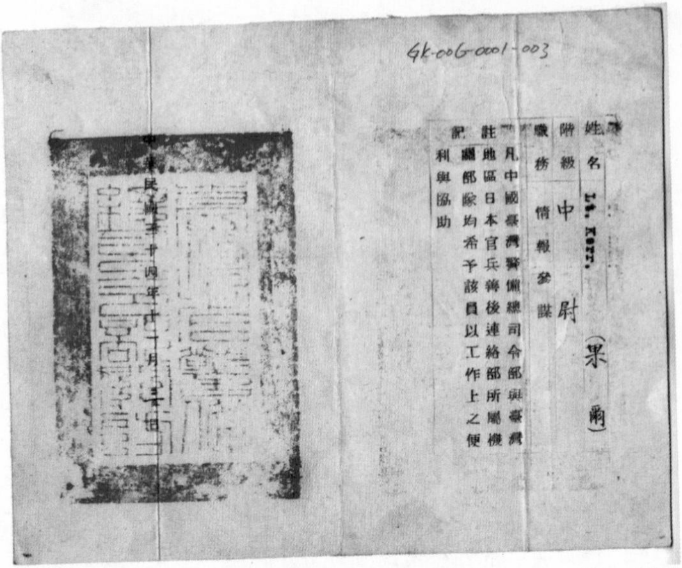

7-4 葛超智擔任美軍聯絡組情報參謀的職員證　來源：臺北二二八紀念館

任副領事。在此之前，他到華府述職，發現國務院對臺灣問題的立場是「中國國民政府已事實統治臺灣，因此美國將承認中國對臺灣之主權主張」。但是葛超智不厭其煩地指出：1.日本是把臺灣交給盟軍，並非單獨交給中國。2.盟軍可能日後有需要利用臺灣做為一個國際維安基地，美國卻在現在放棄這個合法介入臺灣的權利。3.美國應關注解放後的臺灣人民是否得到公平合理待遇及基本人權保障，但美國忽視了此一道義責任。[62]

擔任副領事之後的葛超智十分活躍，由於早先曾在臺任教的經歷，他接觸到許多青年學生，也與臺灣領導階層相互往來。根據葛超智在臺任職期間與其後向華府所做的報告來看，包括林獻堂、林茂生、廖文毅等人，都與他熟識。黃紀男則指出

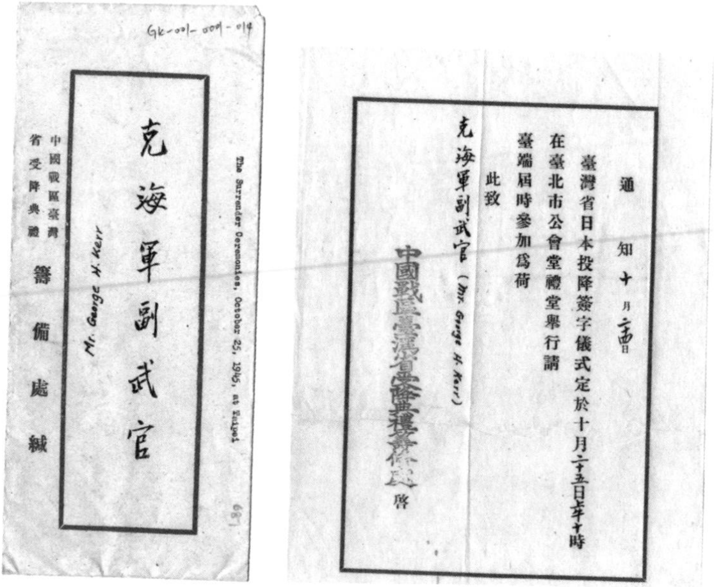
GK-001-0009-014

中國戰區臺灣省受降典禮 籌備處緘

克海軍副武官

Mr. George H. Kerr

The Surrender Ceremonies, October 25, 1945, at Taipei

通知 十月二十四日

臺灣省日本投降簽字儀式定於十月二十五日上午十時在臺北市公會堂禮堂舉行請臺端屆時參加為荷

此致

克海軍副武官（Mr. George H. Kerr）

中國戰區臺灣省受降典禮籌備處 啓

7-5 葛超智受邀出席日本投降典禮通知

來源：臺北二二八紀念館

楊肇嘉、陳逸松、林挺生等人與葛氏有密切往來，林挺生也是他在臺北高校任教時的學生。[63]

左翼運動人士蘇新回憶，戰後初期美國副領事葛超智與美國新聞處處長卡賓接觸臺灣意見領袖，推銷臺灣自治或獨立的主張。某次《自由報》社長王添灯受邀出席美國新聞處茶會，出席的臺灣士紳開門見山提出臺灣自治、獨立主張，王添灯判斷此一茶會別有意圖，先行離去。[64]

戰後從事臺灣獨立運動、曾三次下獄的黃紀男，與葛超智有密切往來。黃紀男有如下描述：

柯爾（按：葛超智）對於當時及日後的臺獨運動，影響確實十分深遠。……就我個人而言，我也受到其頗大影響，可以說他同時也是我對現代自由、民主理念的啟蒙之師。柯爾認為，臺灣人的祖先於三百年前甘願拋棄故土家園，冒著海上被搶、被淹的風險來臺灣開墾，重新建立家園，精神上的意義正如同兩百年前，早期美國人移民新大陸之脫離英國而獨立一樣。……在經過了西班牙、荷蘭人的異族統治後，於文化與社會的特質上，都已與大陸的中國人有相當大的差異；尤其日本人的五十年在臺統治，將臺灣人訓練成具備有現代國民法治觀念條件，就此層次而言，一般臺灣人的平均素養，是比當時的中國大陸人民高出很多，他這些觀點，我基本上是完全同意的。

認識柯爾氏不久，他便告訴我，目前臺灣有兩派嚮往獨立的人士，一為陳逸松領導的「託管派」，另一為楊肇嘉領導的「臺獨派」。[65]

7-6 主張臺灣獨立的青年黃紀男

來源：黃素心女士提供

自承深受葛超智影響的黃紀男，不久便以「臺灣青年自治同盟」的名義，提出英文請願書，請臺北領事館副領事葛超智轉交給美國政府與聯合國，倡議臺灣獨立，要求在聯合國監督下舉行公民投票，以使臺灣成為如瑞士一般的永久中立國。[66]

據《被出賣的臺灣》一書記載，一九四七年一月十五日，一群憤怒的年輕領袖草擬請願書、計畫呈給美國國務卿馬歇爾，請願書上有超過一百五十人以上的簽名，有些人代表組織，所以總計有八百人之多。不過這些領袖們卻決定延後將該請願書遞給美國領事館，他們認為應先向國民大會、中央政府請願，吸引蔣介石的重視。[67] 二月中旬，一群臺灣青年終於來到臺北領事館呈送一份〈致美國國務卿馬歇爾請願書〉，請願書中主張：

> 開羅會議令我們陷入人間地獄……我們嚴厲抗議會議的決定，那將使所有臺灣人陷入奴役般的生活。
>
> 筆桿是最先用來對抗無能政府之革命槍桿與原子彈。加上聯合國的同情與對中國政權的善意干預，是我們唯一的出路。因為在聯合國與日本簽署和平條約之前，臺灣尚未完全歸還給中國。
>
> 總之，我們敢大膽地說，改革省政最短的捷徑就是全心倚賴聯合國在臺灣的聯合行政（United Nations' Joint Administration in Formosa），並與中國大陸斷絕政治、經濟上的往來數年。[68]

這份請願書目前收藏在臺北二二八紀念館的葛超智檔案中。[69] 前文指出，二二八事件爆發後，三月三日臺北領事館收到一份〈致美國國務卿馬歇爾將軍請願書〉，此一請願書的最後一句話「改革省政最短的捷徑就是全心倚賴聯合國在臺灣的聯合行政，並與中國大陸斷絕政治、經濟上的往來數年，**直到臺灣獨立為止**」，與二月分的請願書稍有不同，多了臺灣獨立的主張。

筆者認為，黃紀男所提出的臺灣獨立、公民投票請願書，與葛超智所說事件前的兩份〈致美國國務卿馬歇爾請願書〉，以及二二八事件中的請願書，極可能是同一回事。依常理判斷，臺灣青年請求聯合國託管的主張，是何等強烈的民意表達，更不啻為戰後苦悶局勢投下震撼彈，但是戰後各種新聞媒體並未報導，也未出現在黃紀男以外的時人回憶錄中，這是相當奇怪的事。更奇怪的是，這些臺灣人請願書最後竟由葛超智個人所收藏，並在《被出賣的臺灣》書中披露。簡言之，此一臺北領事館請願書事件的情節十分啟人疑竇，恐怕與葛超智有密切關係。

二、二二八事件前後的葛超智

二二八事件期間，關於美國駐臺北領事館人員及葛超智活動頻頻的情況多有傳聞。例如黃紀男等臺灣青年在事件中與葛超智時有聯絡，「柯爾氏拜託我，將每天在中山堂處理委員會聽到的事與發展情形也順便予以轉述。」[70] 但他也替葛氏澄清：

「二二八事變」發生以後，有一些人討論其成因時，常對 George H.Kerr 有所指責，認為其在「二二八事變」中扮演了頗重要的教唆角色，我個人並不贊同，因為這實在是高估了柯爾氏的影響力，也是誇大其辭，……因為就我在「二二八事變」前後與柯爾氏接觸之頻繁情形，尚不曾聽過他發表任何不適合其職位之言論，更遑論聽到他唆使我去從事任何陰謀活動之事了。[71]

左翼人士則抨擊葛超智在事件中的角色。例如，《前進》雜誌報導，葛超智是日人時代臺北高等商業學校的教授，他住臺北多年，廣交臺灣青年，在二二八事變中大為活動，有一領事館工作的青年在會場主張臺灣託管，恐怕是受了葛氏的影響。[72]《大公報》記者李純青也指控二二八事件時臺北領事館官員在事件中混入群眾中，「給予甜頭與香菸，並大大地煽動他們」，一位被領事館僱用的年輕人提議由國際干涉，則被群眾所拒絕。[73]李純青是戰後第一批搭乘專機來臺的四位中國記者之一，不過，他在一九四五年十二月就回到上海，二二八事件發生時，並不在臺灣。[74]

行政長官公署更認為二二八事件中美國領事館介入匪淺。陳儀在呈蔣介石電文中直陳：「此次事件有美國人參與，反動分子時與美領事館往來，美領事已發表種種無理由的反政府言論。」[75]甚至，民間傳言臺籍菁英林茂生的遇害，與葛超智有關：「有一種說法是林氏的失蹤並非由於《民報》的關係，而是因林氏與美國駐臺（副）領事卡氏有關係，涉嫌參加臺灣由美託管的運動。」[76]

二二八事件發生後不久，葛超智即被召往美國駐南京大使館。黃紀男認為是因為葛氏在臺倡導或唆使臺灣託管及臺灣獨立，而被列為不受陳儀當局歡迎的人物，遭到強制驅逐出境的命運。黃紀男回憶說，臨行前，葛超智親自開了吉普車邀黃紀男同往他在臺北高校任教時的學生林挺生家中，介紹兩人認識，葛氏說當時的「林挺生亦是贊同臺灣付諸託管，以求獨立的臺籍人士之一，因此希望我與林氏能多來往」。不過林挺生在葛超智離臺後為了生意與賺錢的緣故，「從此也就忘了曾為柯爾氏『臺灣託管論』信徒這回事」。[77]

葛超智在臺北領事館任職期間針對臺灣情勢所撰寫的報告，嚴厲抨擊長官公署的施政，不留餘地，並且每每不忘凸顯美國在臺之聲望極高，受到臺人的仰望與擁戴。報告中不斷傳達臺人渴望獲得美國保護，或聯合國託管，厭惡中國官僚統治的訊息。繼任的第二任領事克倫茲（Kenneth C. Krentz）到任後讀了葛氏許多報告，對他此種論調不以為然，批判他「思考太過情緒化，失去對當地民眾公正判斷的可能」；將臺灣的政治情勢類比於美國獨立革命則「簡直是無知」。相反的，克倫茲如步雷克一樣較支持國民黨政府，而不同情臺灣人民，他認為臺人不成熟，政治性格浮躁，不負責任，不堪大任。[78]

一九四七年四月十日，被調往南京的葛超智，又針對白崇禧來臺宣慰撰寫了備忘錄，文中抨擊白崇禧在臺灣一再努力強化陳儀之地位，接受陳儀有關事變何以發生的解釋，也全力支持鎮壓動亂的措施，白氏的調查報告使得臺人對中央政府更加離心離德，白氏的論調隱含著膽敢批評政府者都應除去的意味，而政治上增設副主管位置予臺人擔任的建議，只是表面的改革，根本不能對政府本質產生影響。報告中把白崇禧宣慰及調查報告批得一文不值，致使南京之大使館轉呈國務院時，大使館參贊巴特沃斯（W. Walten Butterworth）在呈文中指出：「葛超智先生親眼目睹臺北血腥事件及其後對臺灣人代表的殘暴鎮壓，以致他的評論、措詞過於武斷與刺耳，但由於陳儀繼續在臺掌政，似乎也就愈來愈難有冷靜、公正無私的評論了。」[79]

葛超智被召回南京大使館任職，執筆〈臺灣情勢備忘錄〉供蔣介石參考。在此期間，他曾參考大使館內檔案，發現一九四六年十二月他所提出的半年政治報告中有一「簡短、祕密、沒有註明號碼的從臺北來的附文」，建議大使館毋須過分認真地採納報告中有關臺灣面臨危機的猜測，[80]顯示在臺北的上司對他的看法很保留。

顯然，無論臺北領事館前後任領事、南京大使館內官員都與葛超智存在不同見解。此些外交系統官員認為葛超智對臺灣問題的看法太過情緒化、武斷與主觀，不需要太過重視。

三、去職後的建議

葛超智在一九四七年五月二十日去職返回華府，[81] 他並未忘情於臺灣問題，隨即在二十六日面見國務院遠東司司長范宣德（John C. Vincent），強調要維持美國及聯合國在西太平洋防線上的利益，必須將臺灣掌握在友軍手中方能連成防線。他建議趁臺灣法律地位未定、和平條約未簽定之前，將臺灣交由聯合國託管，或使臺灣成為美國或聯軍控制下的政策基地。[82] 他呈給范宣德一份〈共產黨在臺潛伏之可能性備忘錄〉，文中認為，在當前中國政府腐敗無能的統治下，相信臺灣在不久的將來將屈服於共產主義之下。二二八事件中，臺灣人代表已表達希望由聯合國或美國暫時託管之期望，否則臺灣將陷入共產黨手中。最後建議，或可透過經援之方式、重建臺灣經濟，並將之置於聯合行政或國際控制之下，以監督臺灣之政經情況，確保穩定。[83]

葛超智自我消遣說，這是他最後一次以準官方身分提出不受歡迎的「帝國主義觀點」。遠東司長范宣德在結束談話後告訴他，無論是聯合國或美國華府，永遠不會有人對臺灣有興趣，葛氏認為，范宣德所表達的是國務院對臺灣的「無政策的立場」、「不理臺灣的話，就不會有臺灣問題的立場。」[84]

葛超智也察覺，國務院裡還是有些人認為應該讓國務卿馬歇爾知道這些「帝國主義觀點」，所以六月他被召喚到國務院，被要求準備一頁有關其觀點的摘要，交給馬歇爾將軍。只是，國務院裡沒有任何專業人士願意背書，葛氏人微言輕，無法發揮影響力。他也到海軍部、五角大廈等對臺灣感到興趣的部門活動，昔日的同事們多是感嘆美國未善用臺灣法律地位未定的身分，未堅持由美國或聯合國來統治。當時魏德邁中將已經著手評估在臺灣設立中美軍事基地的方案，但是，無論是陸軍部、海軍部，都必須在國務院同意與批准下，才能進行軍方的上述構想，而國務院裡「撒手不管」的看法蔚為主流。[85]

一九四八年三月，葛超智又致函新任國務院遠東司司長巴特沃斯，提示面對南京國民黨政府可能垮臺、臺灣在省主席魏道明腐敗統治下，可能再爆發另一次動亂，屆時臺灣人團體可能再訴諸聯合國或向美國求助，他建議美國當局不應予以斷然拒絕，否則是逼迫臺人向左轉，或與美國決裂，甚至利用擁有的資源反對美國。他希望臺灣若再發生動亂時，在臺的美軍顧問團應該撤出，以免被視為支持國民黨，美軍顧問團若在抗爭中與國民黨站在同一陣線上，則臺灣本土領導人物會反抗美方，甚至向中共求援。他進一步分析：

戰略上，臺灣這個島嶼太重要了，以致我們不能允許它淪入中國內戰，尤其在當前持續的軍事性質危機中，我們不可失去日本所遺留在島上五十處可用的空軍基地。顯然，擁有島民的友誼要比其敵意對我們而言是較少成本的，而且有利得多了，假如有一天我們必須把該島用為軍事目的的話。[86]

一九四九年初，國民黨政府已在國共內戰中節節敗退。葛超智再次出動，他提供在美國中央情報局工作的前軍事情報局老長官斐提格上校（Colonel Moses Pettigrew）一份臺灣問題備忘錄。[87] 這份備忘錄堪稱是一設想周全的美國接管臺灣計畫，葛超智稱之為〈美國計畫〉（American Program），計畫的目的在於：1.不使臺灣淪入對手共產黨手中，美國打算干預；2.干預行動務必要盡量降低外界對美「帝國主義」的批評，或影響美國的聲望與國際領導權；3.從國內經濟之利益來看，此行動必須將成本降至最低，並使臺灣經濟能夠自給自足維持政府運作，並對遠東的經濟安定做出貢獻。

在葛超智的構想中，〈美國計畫〉的適用時機是一旦國民黨政府垮臺，共產政權全面襲捲中國大陸，美國不願國共兩黨控制臺灣之時。其具體做法則是將美國**治理菲律賓的經驗**應用於臺灣：1.軍管臺灣，可明訂期間如五年、十年、十五年，並承諾在和平條約簽訂前的適當時機舉行公民投票，決定臺灣前途。如此一來，不但可以獲得臺人最大合作，**且可在美國政策轉變時毋須再背負保護臺灣的責任**。2.盡量使臺人高度自治，但對外事務則必須在美國控制之下。3.提名臺人擔任傀儡政府領袖，將優於以流亡大陸人出任，其最佳人選是林獻堂、楊肇嘉、廖文毅。他同時強烈警告，絕對不可授與黃朝琴任何職位，此人在二二八事件中出賣許多臺籍菁英，臺人痛恨之至。[88]

一九四九年一月七日，葛超智把這一份〈美國計畫〉也複製寄給了國務院遠東司司長巴特沃斯。在致巴特沃斯的信中，他希望美國能阻止蔣介石的國民黨政府敗退到臺灣。他信心十足地指出，臺灣人民不歡迎國民黨，也不希望共產黨統治，所以仍會選擇和美國合作，並很不客氣地指出，「如果美國要支持這些無賴（rag-tag）與孬種（bob-tail）的流亡國民黨政府敗退到臺灣，則幾乎可以斷言，島上的六百萬居民最後將轉而求助於共產黨，以保一線生機。」[89]

一九四九年一月二十三日，葛超智致函友人，並又一次將信函之副本轉致給巴特沃斯，函中不厭其煩、指陳再三，如果美國繼續支持國民黨政府，無異是將臺灣人逼向中共。他樂觀判斷，如果國民黨在大陸垮臺，撤退到臺灣，而美國不介入國民黨在臺之防衛，則國民黨將被臺人以武力逐出該島。因此，一旦臺灣發生暴動，美國應等待臺人起義成功，屆時臺灣人民將會提供美國干預的機會。他提醒，如果暴動發生，美國必須沉著行事，「若在臺灣政府一形成時即介入，則將招來『帝國主義』之譏」。他也特別指出，依據〈羅斯福—霍普金斯書簡〉（Roosevelt-Hopkins Correspondence），羅斯福總統一度是主張臺灣應置於國際共管（international control）之下的；而今華府官方已忘卻一九四五年曾經投注巨大努力，訓練了兩千名軍官準備占領臺灣。

葛超智強調：「如果我們可使臺灣加入菲律賓，在我們的行事曆中**使這些依賴的人民**逐一成為自決的區域，則在民主與極權世界的最後關頭，我們不啻又增加了一個地區在我們這方。」[90]

總而言之，葛超智的對臺主張深受二戰期間在情報部門所研議方案的影響，當時他投注極大的心力為占領臺灣做準備，此後一直為貫徹這些主張而努力。在臺灣擔任副領事期間如此，離開

7-7 葛超智晚年

來源：作者翻攝自*Formosa Betrayed*英文版封底

外交職位後仍不遺餘力地推銷他的理念，希望影響國務院決策官員，甚至為美國中央情報局捉刀謀劃，企圖將臺灣納入美國勢力範圍。仔細分析葛氏所提出的備忘錄、計畫書，處處以美國戰略需要、經濟利益為優先考量，既要防備國際輿論攻擊「美國帝國主義」，又要美國以最省力的方式插手臺灣問題，同時還要爭取臺灣人的支持。多方思考下，他在〈美國計畫〉中提出「公民自決」途徑，認為此案最能面面俱到，並可使美國在必要時抽腿而去。

簡言之，筆者認為葛超智是一位美國利益優先的愛國主義者。從戰爭時期投入海軍軍政學校研究以來，他的思想相當一致，為了維護美國利益與戰略需求，必須將臺灣納入美國控制之下，即使離職後也不改其志，努力奔走、遊說，為美國利益想方設法。他或許同情臺灣人，但是在他的計畫書措辭中可以讀到濃重的美國人優越感；從早期的「臺灣託管」方案到後期的「公民自決」方案，他的種種構想可謂一脈相承，其初衷都是以護衛美國利益為核心價值。

葛超智的主張代表了美國政府中軍方的立場。但是，一九四九年以前美國國務院選擇以國民黨中國為遠東主要盟友，臺灣問題無法進入優先議程；並且，在美蘇競爭激烈的情勢下，因擔心遭受國際輿論指控為「帝國主義」，粗魯介入臺灣問題並不符合美國利益。葛超智等積極干涉臺灣問題的主張，遂在國務院政策中遭到排除。

美國軍方路線與國務院路線看似對立分歧，其實都是為了維護美國的最大利益；雖然有此共同前提，但雙方對於處理臺灣問題的時機與手段，看法殊異。無論在學術研究或政治實務方面，洞悉美國此一國際強權在戰後初期對臺灣的戰略構想、政策考量與演變，遠比糾纏於對葛超智個人的好惡愛憎，更為重要。稱葛超智為「臺灣之友」的人們也應明察，方不致過於溢美。

第三節　託管論、獨立論與臺灣地位問題

二二八事件後，臺灣問題引起美國較多注意，並開始較積極介入運作，而引發相當的波瀾。

一九四七年五月十七日，美駐南京大使司徒雷登向華府建議简派一名新領事赴臺北，取代任期三年屆滿將於九月離臺的步雷克；領事館人力應一次補足，並派出一位高階官員，這位高階人

員毋須處理領事館的例行事務，而需有廣泛經驗、能在全島自由活動，「他的主要任務就是非正式地、非官方地經常與臺灣省主席諮商、藉機進言，建議採行對臺灣政治經濟有利之政策，並防止省主席受其僚屬蒙蔽。」[91] 南京大使館開始顯露對臺灣問題較為積極的態度。

這年七月，魏德邁將軍受美國總統杜魯門之命前往中國進行政治經濟軍事等調查，過程中也來到臺灣。他向國務院提出報告，指陳儀執政引發臺灣民眾不滿，中央失去一個向中國人民與世界表現其能給予忠實有效行政能力的機會。臺灣的二二八事件不能歸咎於共產黨蠱惑、或不滿分子之活動。魏德邁強調，臺灣產煤、米、糖、水泥、水果及茶葉極豐，水力、火力發電等能源充足，日本人對偏僻地帶亦實行有效之電氣化，並設有良好的鐵、公路，百分之八十的民眾識字，與中國大陸情形恰成反比。臺灣人民深深恐懼中國將竭其財源，以支持即將解體之南京政府，因此「已有跡象顯示，臺人願接受美國保護或聯合國託管」。[92] 魏德邁訪中國後，在呈國務院的報告中，主張將東北四省交由包括蘇聯在內監護共管，或交由聯合國託管，對臺灣亦持類似主張，可說是美國官員中公開倡此論調的濫觴。

司徒雷登大使則從經濟角度，兩度向蔣介石建議中美共治臺灣的計畫。一九四七年四月，司徒雷登提出「美國監督援助臺灣經濟發展之計畫」(Proposal for economic development of Formosa with U. S. supervisory assistance)，所獲之利潤必須用來當作對美債務之擔保或償付，蔣介石一度表示高度興趣，希望司徒氏提出更具體的計畫內容，但經美方內部評估之後，認為此舉不符美國對中國總體政策，並且**將削弱在蘇聯控制東北問題上，美國原可採取的反對立場**。十一月，司徒雷登向國務院報告，臺灣消息顯示由於當地政府之失政，人民鬱積強烈的不滿，而當地有能力之領導人物將組成革命性活動之團體，以追求實際的自主（Virtual Autonomy）為目標。司徒雷登說，蔣介石已知悉此情況，「對成立某種『中美在臺聯合行政』（some form joint Chinese-American administration of Formosa）為原則的形式，表達了熱烈的贊同（hearty endorsement）；此共治之形式限於以數年為期，重點強調在經濟之重建（economic rehabilitation）。」[93] 中美共治臺灣的提議後來無疾而終，其具體內容如何，續發的電文中未再提及。因此筆者判斷，中美共治臺灣之議，恐怕也與在美蘇對壘形勢的利害得失有關，而予放棄。

一九四七年十一月，美國所經營的《馬尼拉公報》（*Manila Bulletin*）主張由聯合國託管沖繩，因為二戰末期美軍在沖繩戰役中犧牲甚多；並建議以類似方式託管臺灣，因為朝鮮人民自決成為世界性問題，但臺灣人民卻從未被徵詢過。[94] 報導一出，引起軒然大波。

中國《新民晚報》數次嚴厲抨擊《馬尼拉公報》公開倡議臺灣託管。該報指出，依據美國近期在臺灣之行為判斷，託管說根本是美國的陰謀，並譏諷魏德邁將軍所謂「美國對臺灣並無領土野心」的說法，實際上美方大量空軍進駐臺灣，建立基地，並利用多處工廠製造飛機配件，臺灣已在美國控制之下，美國意圖將臺灣完全納為其「新殖民地」。[95] 接著，又披露美國官員提示臺北市參議員思考臺灣前途問題，若有需要可向美國新聞處處長尋求協助。美國新聞處主管（暗指卡賓）曾與臺灣一名市參議員密談表示：1. 中日和約未簽定，臺灣歸屬未定；2. 美方將使大西洋憲章適用於臺灣，使臺人自決；3. 臺灣現在是在麥帥管轄之下，臺人之任何要求可向麥帥請願；4. 臺人若想自中國統治下解放，美國可予協助；5.臺人若想受美託管，可以公開表明希望條件與託管期間；6.美國可協助臺灣之經濟重建，解決失業問題；7.臺灣託管於美國後，所有二二八事件被捕者及政治犯可立即釋放，並撤銷徵兵、徵糧等政策。[96]

臺北領事館後來查證《新民晚報》前述報導是轉載自香港《新臺灣雜誌》；並認為該雜誌名為共產黨所有，實際上後臺為國民黨。[97]不過領事館的情報顯然不夠正確，《新臺灣雜誌》是左翼人士所有，且《新民晚報》的前述報導並非來自《新臺灣雜誌》，而是是轉載自香港《華商報》，原始撰稿人乃是老臺共蘇新，[98]背後並非國民黨。

《新民晚報》持續報導，臺灣分離運動人士受到美國野心分子驅策，將正式要求參與中日和會，舉行公民投票決定臺灣歸屬，一位意見領袖寫信給他的朋友說，有百分之九十九的臺灣人主張脫離中國，並向美國求援，臺灣命運完全依賴和平會議，若失去此一機會將萬劫不復。《新民晚報》認為，從以上事實可以反映美國野心分子的企圖，他們正利用中國的內戰危機，積極爭取臺人士紳階級推動託管運動。[99]

十一月三十日，蘇聯新聞媒體《紅色艦隊》(*Red Fleet*)也以〈臺灣——美國的下一個目標〉為題，指美國利用國民黨對美依賴，企圖公開統治臺灣，並引述香港《華商報》報導，指蔣介石與麥克阿瑟於一九四六年已就出售臺灣一事與美國達成協議，國民黨用來對抗人民解放軍的部隊乃是在臺灣訓練而成，美國在太平洋各島上的軍隊將送往臺灣用以支援國民黨軍，權威消息透露美國將在臺灣訓練並裝備十個師的武力。[100]

相關報導及傳聞顯然刺激中美關係，造成緊張。美國駐臺北領事館立即向美新處查證，但處長卡竇否認，表示該報導並無事實根據。[101]臺灣省主席魏道明則發表談話，指臺灣脫離母國而由外國統治的謠言，來源有二：一是共產黨的出版品，一是外國出版品。他強調，臺灣問題已在開羅宣言中言明，臺灣應歸還中國，臺灣歸屬斷然不應成為對日和會上討論的問題；如果發生此情況，則不僅六百萬臺人，甚至四億五千萬大陸之中國人也不惜為此流血。[102]同時，美駐臺北總領事克倫茲也針對「《新民晚報》事件」，向臺灣媒體代表三十餘人闢謠，引述國務院聲明指臺灣繁榮對中國有益，中國的戰後復員符合美國利益，美國將持續協助此過程，[103]並高度希望臺灣繁榮。經此聲明後，紛擾暫時告一段落。

然而，美國新聞處仍暗中協助臺灣獨立運動人士。臺獨運動者黃紀男因葛超智的關係認識了美新處主任卡竇，在葛氏去職後轉向後者求助，十二月，卡竇安排黃紀男搭乘聯合國救濟總署臺灣分署之漁船偷渡到上海。此事經香港《文匯報》及《華商報》披露。[104]

逃離臺灣之後的黃紀男在香港與廖文毅會合，成立「臺灣再解放聯盟」，此後分別在東京、香港等地大力鼓吹臺獨，並藉助美方新聞媒體如美聯

7-8 二二八事件後廖文毅組織臺灣再解放聯盟

來源：臺北二二八紀念館

社、合眾國際社的宣傳力量，喚起國際的注意。[105] 一九四八年元月，《新民晚報》再次指控少數美國在臺新聞人員及年輕軍人等所謂「外國觀察家」，正與日本浪人、共黨匪徒等等共謀，鼓吹臺灣託管論調，欲使臺灣納入美國轄下。[106] 託管論、獨立說甚囂塵上，中央政府官員不能再坐視。二月下旬，國民政府副主席、立法院長孫科訪臺，先在扶輪社發表英文演講，指臺灣為中國版圖此是由開羅會議所決定，外國記者所做臺胞現有分離運動之報導，極為荒謬無稽。[107] 三月一日又在記者會上公開抨擊美國新聞記者來臺，專找不滿政府分子談話，發表歪曲報導，說臺灣人不滿政府、要求託管、脫離祖國，這些都是受了共產黨的蒙騙，不實報導不僅破壞中國名聲、也破壞中美友誼。孫科指出，此事已在美國被揭露，進行此一勾當者正是美國駐臺領事館的一位新聞官員，此人利用美國記者不諳地方方言，從中歪曲事實。孫科重申，臺灣是中國的領土，不容許外來者在此製造麻煩，希望進行調查。[108] 此事終於導致美國新聞處處長卡賓去職。

不過，孫科返回南京後解釋說，相關不實報導已引起臺人之不滿，所有錯誤都來自臺北美國新聞處官員所擴散，但他並未公開要求美方撤換此新聞官員。[109]

離臺後的黃紀男到日本向盟軍統帥麥克阿瑟請願，他以彼得黃（Peter Huang）之名在日非法居留，並且走私販售糖精與盤尼西林等違禁品以籌募活動經費，麥帥並非不知情。但耐人尋味的是，麥帥卻告知黃紀男中國政府要求引渡廖、黃等人，並警告他國民黨在東京已撒下天羅地網，要黃暫且迴避、到東京以外的地區從事活動，並不追究偷渡走私之事。[110]

值得注意的是，廖文毅（Thomas W. I. Liao）及黃紀男與美國駐香港領事館、盟軍總部的密切往來，定期會面報告。[111] 香港副領事謝偉思（R. M. Service）與廖文毅、黃紀男會面時，深入打聽臺灣再解放聯盟的訴求，還有廖文毅、廖文奎（Joshua Liao）、黃紀男等人的角色分工；謝偉思對解放聯盟不敢寄予厚望，除非美國同情與協助，否則該聯盟的企圖終將失敗。這位香港副領事評估：

廖與黃重述他們希望美國的臺灣政策允許時，有時能夠資助他們，這使他們看來像是廉價的政治投機者。我傾向信任他們的天真與坦白，與他們所表現出來的驚人的信任。**如果我們需要魁儡，我的估計，這兩位領導人及他們的組織將樂意與我們一起工作**，主要是因為他們看不到其他把中國趕出島嶼的方法，也因為他們喜愛美國人，並信任我們的利他主義。[112]

一九四八年底，國民黨敗相已露，司徒雷登大使於十二月呈國務院電文建議，為阻止臺灣落入中共手中，美方應協助國民黨移往臺灣，並將臺灣置於美國託管之下：

若非開羅宣言的協議，臺灣仍是日本帝國的領土，因此可給予某種和大陸邊陲地區不同的處置。此外，它與美國安全及戰略計畫直接相關。……適當的路線可能是在中國人民信任下**使臺灣在聯合國與美國行政下託管，直到與日本和平條約批准為止**。臺灣直接關係著美國的防衛計畫，保存現有的臺灣人民對我們的善意是非常重要的考量，且應被納入我們決策時的計算。美國若支持中國人士與中央當局遷入，將失去許多同情。

> 在臺灣人與國民政府微妙的關係上，美國政府應透過在中國的任何機構的行動，**避免予人協助國民政府遷臺的印象**。[113]

國務院系統從二二八事件前後對臺灣問題保持中立、反對美國或聯合國託管，短短不到兩年內，司徒雷登大使建議將臺灣置於美國託管之下，乍看之下甚為突兀，事實上正顯示美國對臺政策、甚至遠東政策的高度彈性。

一九四九年三月間，美國駐香港副總事謝偉思與美國大使館廣州代辦曾試圖安排廖文毅與孫立人之屬下見面。[114]是否企圖拉攏孫立人與反蔣集團之臺獨人士攜手，充滿想像空間。四月，中共渡江，臺灣情勢危急。謝偉思又與廖文毅等人緊急密商，他極力慫恿廖文毅盡速指派旗下大員返臺宣傳中共即將武力攻臺，並要求**臺人先下手為強**，**宣布臺灣獨立**，不要接受流亡之蔣政權。謝偉思還保證，只要臺人能夠以武力占領臺灣任何一基地達一星期以上，**美軍將會登陸予以支援**，反制國民黨軍隊，完成臺人之自治心願。[115]

國共內戰風雲緊急的一九四九年，臺灣問題終於被華府決策者端上重要議程。這一整年中，美國國家安全會議（NSC）密集研議臺灣處理方案達八次之多，包括參謀長聯席會議（JCS）、國務院政策計劃處（PPS）與中央情報局等單位都參與了政策辯論。初期，軍方主張以有限度的軍事行動確保美國對臺灣的控制權，但國務卿艾契遜反對明目張膽的干預行動，以免落入共產陣營的口實、破壞美國與共產主義中國的未來關係。美國總統杜魯門批准排除軍事干預手段，只提供有限的經濟援助，防止臺灣陷入中共手中。中期，美方試探臺灣脫離中國的可能性，試圖扶植臺灣自主自治運動，包括以孫立人、吳國楨等親美人士取代蔣介石勢力，未能成功；同時接觸臺灣再解放組織等團體，但駐華大使館參事莫成德（Livingston T. Merchant）發現臺獨團體並不團結、政治上相當無知、組織不完整、不值得信賴。第三階段，在副國務卿魯斯克（Dean Rusk）主張下，希望把臺灣問題提交聯合國處理，透過公民投票決定臺灣前途；美國巡迴大使傑賽普（Philip C. Jessup）甚至建議華府，設法說服蔣介石主動請求聯合國託管臺灣。但這種種規畫都因內部評估而遲疑，一九四九年下半年，軍方希望在不直接派兵占領的前提下，增加軍事援助、防衛臺灣；國務院則認為中共攻下臺灣已成定局，必須保留與中共政權的發展可能性。同年底，杜魯門總統接受了國務院的主張。[116]

一九五〇年一月五日，杜魯門總統發表「美國並無掠取臺灣之計畫，亦無在臺樹立軍事基地、建立特權之意向，此後亦不會捲入中國之內爭」的「放棄臺灣」政策宣言。十二日，美國國務卿艾契遜發表著名的國防界線（Defense Perimeter）演說，正式表示「美國太平洋防線是自阿留申群島經日本、沖繩而至菲律賓」，將臺灣排除在外。[117]

一九四五年二戰結束之初，美國的遠東政策布局以中國取代日本為目標，希望扶植強大、統一、民主的中國，並選擇以國民黨中國為合作夥伴。二二八事件發生時，正在美中（國民黨中國）合作體制的蜜月期，美國認為臺灣已是中國領土，不願對臺灣民眾的抵抗運動伸出援手。但是，出乎美國意料之外，國民黨政府在國共內戰中日趨下風，一九四八年下半年起，美中合作體制逐漸鬆動，美國開始思考使臺灣脫離中國、提交聯合國處理、公民投票自決等各種方案。如果二二八事件晚一點發生，結局會不會不同？臺灣的命運是否會改變？

直至一九五〇年六月韓戰爆發，遠東冷戰局面形成，美國總統杜魯門下令第七艦隊協防臺灣、臺灣海峽中立化，與蔣介石政府再度攜手，美中合作體制重新確立、強化。這波美中協力體制持續時間更長，直到一九七一年蔣介石的代表被逐出聯合國，而在此一期間，國民黨政府已失去大陸，臺灣成為「中華民國」的載體。

注釋：

1 葛超智（George H. Kerr）著，詹麗茹等譯，《被出賣的臺灣》（臺北：臺灣教授協會，二〇一四），頁一四八。

2 http://politicalgraveyard.com/bio/blais-blake.html#768.66.02，二〇一六年九月二十日檢索。

3 〈卡賓視事〉，《民報》，一九四六年五月二十三日，二版。

4 Report on Current Public Opinion in Formosa, 894A.00/1-2846, Department of State Decimal File 1945-1949, RG59, Box7385, in NARA.

5 Condition in Formosa, 894A.00/3-1546, Department of State Decimal File 1945-1949, RG59, Box7385, in NARA.

6 Political and Social Conditions in Taiwan, 894A.00/8-1246, Department of State Decimal File 1945-1949, RG59, Box7385, in NARA.

7 Public Uneasiness and Rumors and Comment Concerning the United States, 894A.00/2-1447, Department of State Decimal File 1945-1949, RG59, Box7385, in NARA.

8 Political, Financial and Economic Development During August 1946, 894A.00/8-3046, Department of State Decimal File 1945-1949, RG59, Box7385, in NARA.

9 葛超智（George H. Kerr）著，詹麗茹等譯，《被出賣的臺灣》，頁一四八—一五四。

10 Telegram, Minister-Counselor of Embassy in China(Butterworth) to the Secretary of State, 894A.00/3-147, Department of State Decimal File 1945-1949, RG59, Box7385, in NARA.

11 *Foreign Relations of the United States 1947, Vol.7, The Far East*∙∙ *China*, Washingon D. C.: Department of State Pablication 8613, United States Government Printing Office, 1972, p.427.可參美國威斯康辛大學網https://uwdc.library.wisc.edu/collections/frus/，以下簡稱FRUS, 1947, Vol.7.

12 Telegram, The Ambassador in China(Stuart) to the Secretary of State, 894A.00/3-547, Department of State Decimal File 1945-1949, RG59, Box7385, in NARA.

13 FRUS, 1947, Vol.7, pp.429-430.

14 Telegram, The Ambassador in China(Stuart) to the Secretary of State, 894A.00/3-547, Department of State Decimal File 1945-1949, RG59, Box7385, in NARA.

15 FRUS, 1947, Vol.7, p.430.

16 FRUS, 1947, Vol.7, p.433-434.

17 Review of Crisis in Taiwan, 894A.00/3-1447, Department of State Decimal File 1945-1949, RG59, Box7385, in NARA.

18 Review of Crisis in Taiwan, 894A.00/3-1447, Department of State Decimal File 1945-1949, RG59, Box7385, in NARA.

19 Organizational Background and Leadership of Uprising on Taiwan, 894A.00/3-1447, Department of State Decimal File 1945-1949, RG59, Box7385, in NARA.

20 Alternative Courses of Action Open to the Chinese Government on Formosa, 894A.00/3-1447, Department of State Decimal File 1945-1949, RG59, Box7385, in NARA.

21 Alternative Courses of Action Open to the Chinese Government on Formosa, 894A.00/3-1447, Department of State Decimal File 1945-1949, RG59, Box7385, in NARA.此處依據中央社報導，將美國駐南京大使館軍事參贊F. J. Dau翻譯為鐸，參許雪姬主編，《二二八事件期間上海、南京、臺灣報紙資料選輯（下）》（臺北：中研院臺史所，二〇一六），頁二七〇。

22 〈英國淡水領事館函件〉，收入魏永竹等編，《二二八事件文獻補錄》（南投：臺灣省文獻委員會，一九九四），頁五一九。

23 Political Development During March 1947, 894A.00/4-647, Department of State Decimal File 1945-1949, RG59, Box7385, in NARA.

24 不著撰人，〈二二八事變之平亂〉，收入《二二八事件資料選輯（一）》（臺北：中研院近史所，一九九二），頁一二二。何漢文，〈臺灣二二八起義見聞紀略〉，收入李敖編著，《二二八研究》（臺北：李敖，一九八九），頁一二五。

25 林德龍輯註，《二二八官方機密史料》（臺北：自立晚報社，一九九二），頁一五七。

26 Telegram, The Ambassador in China(Stuart) to the Secretary of State, 894A.00/3-747, Department of State Decimal File1945-1949, RG59, Box7385, in NARA.〈臺灣省政治建設協會託美領事館電致南京美大使館轉致蔣主席電文原件〉，蔣渭川家屬提供。

27 FRUS, 1947, Vol.7, pp.434-435.

28 FRUS, 1947, Vol.7, pp.436-437.

29 Telegram, The Ambassador in China(Stuart) to the Secretary of State, 894A.00/3-847, Department of State Decimal File 1945-1949, RG59, Box7385, in NARA.

30 Telegram, The Ambassador in China(Stuart) to the Secretary of State, 894A.00/3-947, Department of State Decimal File 1945-1949, RG59, Box7385, in NARA.

31 Telegram, The Ambassador in China(Stuart) to the Secretary of State, 894A.00/3-947, Department of State Decimal File 1945-1949, RG59, Box7385, in NARA.

32 FRUS, 1947, Vol.7 , pp.440-441.

33 Telegram, The Ambassador in China(Stuart) to the Secretary of State, 894A.00/3-1347, Department of State Decimal File 1945-1949, RG59, Box7385, in NARA.

34 葛超智（George H. Kerr）著，詹麗茹等譯，《被出賣的臺灣》，頁三三七。

35 葛超智（George H. Kerr）著，詹麗茹等譯，《被出賣的臺灣》，頁三二五。FRUS, 1947, Vol.7, pp.450-451.

36 梁敬錞，〈抗戰勝後的中美關係（一九四五—一九四九）〉，收入梁敬錞，《中美關係論文集》（臺北：聯經，一九八八），頁一七二—一七三。

37 FRUS, 1947, Vol.7, p.444.

38 FRUS, 1947, Vol.7, pp.453-455.

39 FRUS, 1947, Vol.7, p.451.

40 John W. Powell ,Taiwan's Blood Bath, *The China Weekly Review*, Mar. 29, 1947.該報告經上海《聯合晚報》全文翻譯刊載，收入許雪姬主編，《二二八事件期間上海、南京、臺灣報紙資料選輯（下）》，頁五六三—五六九。

41 許雪姬主編，《二二八事件期間上海、南京、臺灣報紙資料選輯（下）》，頁六一九。

42 許雪姬主編，《二二八事件期間上海、南京、臺灣報紙資料選輯（下）》，頁七二七—七二八。

43 Joseph H. Ball to Dean Acheson, 894A.00/4-447, Department of State Decimal File1945-1949, RG59, Box7385, in NARA.

44 Dean Acheson to Joseph H. Ball, 894A.00/4-447, Department of State Decimal File1945-1949, RG59, Box7385, in NARA.

45 Joseph H. Ball to Dean Acheson , 894A.00/4-1947, Department of State Decimal File1945-1949, RG59, Box7385, in NARA.

46 Dean Acheson to Joseph H. Ball, 894A.00/4-1947, Department of State Decimal File1945-1949, RG59, Box7385, in NARA.

47 佚名譯，〈國民黨在臺灣的統治〉，收入陳芳明編，《臺灣戰後史資料選》（臺北：二二八和平日促進會，一九九一），頁九八一一〇〇。

48 許雪姬主編，《二二八事件期間上海、南京、臺灣報紙資料選輯（下）》，頁七二八。

49 Telegram, The Ambassador in China(Stuart) to the Secretary of State, 894A.00/4-1947, Department of State Decimal File 1945-1949, RG59, Box7385, in NARA.

50 朱浤源、黃文範，〈葛超智在二二八事件中的角色〉，收入許雪姬編，《二二八事件六十週年紀念論文集》（臺北：臺北市文化局等，二〇〇八），頁四二三—四六二。王呈祥，《美國駐臺北副領事葛超智與二二八事件》（臺北：人間，二〇〇九）。

51 王呈祥，《美國駐臺北副領事葛超智與二二八事件》，頁二六四—二九一。

52 蘇瑤崇，〈葛超智、託管論與二二八事件之關係〉，《國史館學術集刊》第四期（二〇〇四年六月），頁一三五—一八八。

53 葛超智（George H. Kerr）著、詹麗茹等譯，《被出賣的臺灣》，頁xxxviii-xxvix。

54 黃紀男口述，《黃紀男泣血夢迴錄》（臺北：獨家，一九九一），頁一三七。

55 吳宏仁，《一個家族，三個時代：吳拜和他的子女們》（臺北：玉山社，二〇一六），頁五三。

56 鄭良偉，〈珍貴的紀錄：鄭良偉教授與《被出賣的臺灣》作者George Kerr生前的精采對話（上）〉，轉引自王呈祥，《美國駐臺北副領事葛超智與二二八事件》，頁十二。

57 葛超智（George H. Kerr）著、詹麗茹等譯，《被出賣的臺灣》，頁二〇—二三。

58 葛超智（George H. Kerr）著、詹麗茹等譯，《被出賣的臺灣》，頁四七—七〇。

59 葛超智（George H. Kerr）著、詹麗茹等譯，《被出賣的臺灣》，頁二〇—二三、三四。

60 葛超智職員證，葛超智檔案，GK-006-0001-003，臺北二二八紀念館藏。

61 SSU, Formosa Reports, 13 Nov. 1945, RG226 Records of the Office of Strategic Service, Entry 173, Box12, in NARA.

62 葛超智（George H. Kerr）著、詹麗茹等譯，《被出賣的臺灣》，頁一四六—一四七。

63 黃紀男口述，《黃紀男泣血夢迴錄》，頁一六三—一六四。

64 蘇新，《未歸的臺共鬥魂——蘇新自傳與文集》（臺北：時報，一九九三），頁一一二—一一三。

65 黃紀男口述，《黃紀男泣血夢迴錄》，頁一三九。

66 黃紀男口述，《黃紀男泣血夢迴錄》，頁一四六。
67 葛超智（George H. Kerr）著，詹麗茹等譯，《被出賣的臺灣》，頁二四三。
68 葛超智（George H. Kerr）著，詹麗茹等譯，《被出賣的臺灣》，頁二五一。
69 〈致馬歇爾將軍請願書〉，葛超智檔案，GK-001-0002-017，臺北二二八紀念館藏。
70 黃紀男口述，《黃紀男泣血夢迴錄》，頁一五四。
71 黃紀男口述，《黃紀男泣血夢迴錄》，頁一五五。
72 〈二二八事變的內幕——檢討我們的戰線〉，《前進》第一輯（一九四七年七月），頁十。
73 轉引自葛超智（George H. Kerr）著，詹麗茹等譯，《被出賣的臺灣》，頁四四〇。
74 李純青，〈戰後《大公報》見聞〉，收入李純青，《筆耕五十年》（北京：三聯書店，一九九四），頁五二三—五二六。
75 〈陳儀呈蔣主三月虞電〉，大溪檔案，收錄於《二二八事件資料選輯（二）》（臺北：中研院近史所，一九九二），頁九六。
76 吳濁流，《臺灣連翹》（臺北：前衛，一九八八），頁一八二—一八三。
77 黃紀男口述，《黃紀男泣血夢迴錄》，頁一六四—一六五。
78 Tentative Assessment of Situation in Taiwan, 894A.00/1-2648, Department of State Decimal File 1945-1949, RG59, Box7385, in NARA.
79 Mission of General Pei Chung-hsi to Taiwan, 894A.00/4-1947, Department of State Decimal File 1945-1949, RG59, Box7385, in NARA.
80 葛超智（George H. Kerr）著，詹麗茹等譯，《被出賣的臺灣》，頁三一六。
81 FRUS, 1947, Vol.7, p.466.
82 葛超智（George H. Kerr）著，詹麗茹等譯，《被出賣的臺灣》，頁三一九—三二〇。
83 Memorandum: Probability of Comunist Penetration in Formosa, 894A.00/5-2647, Department of State Decimal File 1945-1949, RG59, Box7385, in NARA.
84 葛超智（George H. Kerr）著，詹麗茹等譯，《被出賣的臺灣》，頁三三〇—三三一。
85 葛超智（George H. Kerr）著，詹麗茹等譯，《被出賣的臺灣》，頁三三二—三三三。
86 George H. Kerr to Walton Butterworth, 894A.00/3-2948, Department of State Decimal File 1945-1949, RG59, Box7385, in NARA.
87 George H. Kerr to Walton Butterworth, 894A.00/1-749, CSBM, Department of State Decimal File 1945-1949, RG59, Box7385, in NARA. 在此信件中，葛超智直稱裴提格上校是他在「軍事情報局的老長官」（My old chief in Military Intelligence, Colonel Moses Pettigrew）。
88 George H. Kerr to Walton Butterworth, Memorandum: Element of the Formosa Problem, January 1949, 894A.00/1-749, CSBM, Department of State Decimal File 1945-1949, RG59, Box7385, in NARA.

89 George H. Kerr to Walton Butterworth, Memorandum: Element of the Formosa Problem, January 1949, 894A.00/1-749, CSBM, Department of State Decimal File 1945-1949, RG59, Box7385, in NARA.

90 George H. Kerr to Walton Butterworth, 894A.00/1-2349, CSBM, Department of State Decimal File 1945-1949, RG59, Box7385, in NARA.

91 FRUS, 1947, Vol.7, p.465.

92 Department of State, United States, *United States Relations with China: The China White Paper, August 1949*, Stanford, Calif.: Stanford University Press, 1967. p.309. 即The China White Paper。

93 Telegram, The Ambassador in China(Stuart) to the Secretary of State, 894A.00/11-1747, Department of State Decimal File 1945-1949, RG59, Box7385, in NARA.

94 許雪姬主編，《二二八事件期間上海、南京、臺灣報紙資料選輯（下）》，頁七六四—七六七。

95 Telegram, The American Consul (Shanghai) to the Secretary of State, 894A.00/12-747, Department of State Decimal File 1945-1949, RG59, Box7385, in NARA.

96 Telegram, The American Consul(Shanghai) to the Secretary of State, 894A.00/12-747, Department of State Decimal File 1945-1949, RG59, Box7385, in NARA.

97 Telegram, The American Consul(Taipei) to the Secretary of State, 894A.00/12-1647, Department of State Decimal File 1945-1949, RG59, Box7385, in NARA.

98 葛超智（George H. Kerr）著，詹麗茹等譯，《被出賣的臺灣》，頁三三七—三三八。蘇新，《未歸的臺共鬥魂——蘇新自傳與文集》，頁二〇八。

99 Telegram, The American Consul(Shanghai) to the Secretary of State, 894A.00/12-747, Department of State Decimal File 1945-1949, RG59, Box7385, in NARA.

100 Telegram, The Ambassador, inUSSR(Moscow) to the Secretary of State, 894A.00/12-1147, Department of State Decimal File 1945-1949, RG59, Box7385, in NARA.

101 Telegram, The American Consul(Taipei) to the Secretary of State, 894A.00/12-947, Department of State Decimal File 1945-1949, RG59, Box7385, in NARA.

102 FRUS, 1947, Vol.7, pp.477-479。

103 Telegram, The American Consul(Taipei) to the Secretary of State, 894A.00/12-1647, Department of State Decimal File 1945-1949, RG59, Box7385, in NARA.

104 黃紀男口述，《黃紀男泣血夢迴錄》，頁一七七—一八六。蘇新，《未歸的臺共鬥魂——蘇新自傳與文集》，頁二一一。

105 黃紀男口述，《黃紀男泣血夢迴錄》，頁二〇四—二〇五。蘇新，《未歸的臺共鬥魂——蘇新自傳與文集》，頁二七二。

106 Telegram, The American Consul(Shanghai) to Ambassy(Nanking), 894A.00/1-3148, Department of State Decimal File 1945-1949, RG59, Box7385, in NARA.

107 〈孫科在臺北演說　駁斥外記者不正確報導〉，《中央日報》（重慶版），一九四八年二月二十七日，二版。

108 Telegram, The Ambassador in China(Stuart) to the Secretary of State, 894A.00/3-548, Department of State Decimal File 1945-1949, RG59, Box7385, in NARA. 葛超智（George H. Kerr）著，詹麗茹等譯，《被出賣的臺灣》，頁三四一—三四二。〈孫科糾正美記者報導〉，《中央日報》（重慶版），一九四八年三月二日，二版。〈孫副主席招待記者　讚譽本省生產建設　嚴正駁斥外報歪曲報導〉，《臺灣新生報》，一九四八年三月二日，二版。

109 Telegram, The Ambassador in China(Stuart) to the Secretary of State, 894A.00/3-1148, Department of State Decimal File 1945-1949, RG59, Box7385, in NARA.

110 黃紀男口述，《黃紀男泣血夢迴錄》，頁一九二—一九五、二〇八—二〇九。

111 Interview with Thomas Liao, Formosan League for Re-emancipation, 894A.00/11-648, Department of State Decimal File 1945-1949, RG59, Box7385, in NARA. 黃紀男口述，《黃紀男泣血夢迴錄》，頁二二二。

112 Interview with Thomas Liao, Formosan League for Re-emancipation, 894A.00/11-648, Department of State Decimal File 1945-1949, RG59, Box7385, in NARA.

113 The Ambassador in China(Stuart) to the Secretary of State 894A.00/12-1748, Department of State Decimal File 1945-1949, RG59, Box7385, in NARA.

114 此處，黃紀男將美國駐香港副領事 R. M. Service 譯為謝偉志，恐是錯認。謝偉志（John S. Service）在美中外交史上鼎鼎有名，梁敬錞教授稱范宣德（John C.Vincent）、戴維斯（John P. Davis）與謝偉志（John S. Service）是同情中共、反對蔣介石的美國外交官中的「三個 John」。謝與戴早期為美國大使館二等祕書，其於一九四三至一九四五年所寫之政情報告傾向支持中共，貶抑國民黨，而與美國大使赫爾利（Patrick Jay Hurley）意見相左，赫氏乃憤而辭職。謝偉志並於一九四四年七月與十八位美國軍政外交人員祕密考察延安，認為中共抗日之成效高於國民黨政府。然一九五〇年二月起，美國參議員麥卡錫（Joseph R. McCarthy）於國會發動全面清理美國政府中有通謀國際共黨之嫌疑者，受忠貞調查者達數百人，「三個 John」均在受調查之列。黃紀男口述，《黃紀男泣血夢迴錄》，頁二二二—二二六。梁敬錞，《中美關係論文集》，頁一七五。

115 黃紀男口述，《黃紀男泣血夢迴錄》，頁二二七—二二八。

116 張淑雅，《韓戰救臺灣？解讀美國對臺政策》（臺北：衛城，二〇一一），頁三八—五八。梁敬錞〈卡特「中國牌」政策之歷史背景〉，收入梁敬錞，《中美關係論文集》，頁三〇五—三三一。資中筠，〈中美關係中臺灣問題之由來〉，收入資中筠等編，《美國對臺政策機密檔案，一九四九—一九八九》（臺北：海峽評論社，一九九二），頁十八—五六。

117 梁敬錞，〈韓戰期間之中美關係〉，收入梁敬錞，《中美關係論文集》，頁二〇一—二〇二。

結論

一九四六年十一月三十日，上海市因為警務當局嚴格取締攤販，拘捕小販七、八百人，而爆發群眾抗議騷亂事件。在騷動中，諸多商店被毀、全市歇業、交通阻斷，動亂延續四十八小時之久。據保守估計直接參加此次動亂之群眾人數約在五萬人左右，間接受騷亂影響者約在一百萬人左右，而同情關懷騷亂者至少在三百萬人以上。此一上海民變與一九四七年臺灣二二八事件有極其類似之處：兩者的背景都是因戰後經濟蕭條、失業問題嚴重；兩者的導火線都是因為取締攤販，引起不滿，爆發大規模的民眾抗議行動；事發之初地方黨政當局也將之視為「異黨陰謀」。[1] 上海攤販騷亂事件的規模遠遠在臺灣事件之上，但因市長吳國楨全力制止軍警以武力對付群眾，上海民變不但未擴大、並且平安收場。

但臺灣事件則沒有這麼幸運，統治當局認為臺灣人受日本統治五十年，沾染「奴化毒素」；「新附之民」必須以威臨之，方能震懾，因此以武裝軍隊展開屠殺，臺灣社會付出慘痛代價。

十七世紀大航海時代所開展的全球化網路，把臺灣拉進世界史的範疇。此一邊陲島嶼雖然具有獨特的歷史，但並非遺世獨立，強權政治、國際關係的變化，直接牽動島嶼與人民的命運。十九世紀末，因為東亞政治勢力變動、日本帝國的崛起，臺灣成為殖民地、並隨著帝國領主的國際競爭企圖而展開現代化歷程。二十世紀中葉二次世界大戰結束之後，國際強權勢力消長，東亞秩序重編，再度左右島嶼的歸趨。本書即是從戰後遠東秩序重編及中國政治文化移植的角度探討二二八事件。

一、戰後美中體制與臺灣

過去將戰後不久臺灣所爆發的二二八事件，僅視為國府統治失敗引發的衝突。此一觀點太過局限，無法說明戰後臺灣處境、臺灣社會與新統治政權的關係，以及衝突處理之合理控管等問題，有必要放在更寬廣的時代脈絡下進行觀察。

戰爭時期美國原本打算武力奪取臺灣，也曾規劃軍事占領臺灣，並進行準備工作，訓練了兩千名軍政人員。但因戰略需求選擇與中國合作，在開羅會議允諾歸還臺灣，加上二戰末期西太平洋作戰計畫改變，為避免美軍付出過多成本，最終決定由中國部隊軍事占領臺灣。

戰後，美國在重構遠東秩序的考量下，決定支持一個「強大、統一、民主的中國」取代日本在亞洲的地位。美方選擇與國民黨中國攜手，並協助運送國府軍隊往華北集結、提供軍事物資、經濟貸款等，同時合作占領臺灣。為了去除日本在亞洲的影響力，以美國為首的盟軍總部訂定遣送日俘優先、日人財產充作賠償等對日處置原則，國府當局全力配合執行，美中兩國協力體制形成。

儘管美中合作，但國府當局對臺灣主權另有盤算，在軍事占領過程中一步步偷渡主權主張，並宣稱軍事占領臺灣後即擁有事實主權。對此，美國雖不贊同，但為顧及雙方合作關係與中國政府的面子，並不堅持己見，模糊以對。

美中協力體制嚴重衝擊臺灣主權與臺灣人處境。在此一體制下，戰前為日本國民的臺灣人，戰後身分地位曖昧不明，既非日本人、又非中國人，有時被視為日本人、有時被視為中國人。在中國各地，臺灣人被當作日本人一般進入集中營管理、私人財產被接收侵占；但日本人被列入盟軍遣返的優先順位中，臺灣人卻返鄉之途遙遙無期。美國認為和平條約尚未訂定，臺灣人仍是日本國民，澀谷事件中應受日本法律管轄；但中國政府視臺灣人為中國人，適用《懲治漢奸條例》，清算他們在日治時期對祖國的政治忠誠，臺灣人受到多重法律的制約。戰後地位不明、處境艱難，臺灣人無論在身分、認同、精神、物質各方面都遭遇極大痛苦。

美中體制下，美軍聯絡組、戰略情報局（OSS）小組、臺北領事館等美方人員，直接見證了陳儀政府在臺灣缺乏效能、貪汙腐敗的失敗統治，並且預言短期內就會發生暴動。但是，美方並未採取任何補救措施，漠視臺灣人的痛苦與不滿，任令情勢惡化，直到二二八事件爆發。

美國身為遠東秩序的指導者、將臺灣交給中國占領統治的主導國，在二二八事件發生後原本具有重要的發言地位，但因選擇國民黨中國做為戰後遠東新秩序的合作夥伴，所以仍支持蔣介石領導的國民黨政府。事件過程中，儘管中國政府高層官員擔心國際介入干涉，實際上美方並未對中國軍事占領下的臺灣民變採取任何積極作為。包括臺北領事館、南京大使館、美國國務院都在二二八事件過程中力持中立、不干涉的態度，僅僅提供書面備忘錄建議蔣介石注意，時任國務院副國務卿的艾契遜甚至在回覆國會議員關切時表示：「（臺灣）主權轉移雖然尚未正式完成，但中國事實控制（de facto control）臺灣，是眾所承認的事。美國政府沒有立場就中國當局在臺灣動亂之鎮壓作為提出正式抗議。」等於是默許中國政府在臺灣的暴行。

事件中，處理委員會曾向臺北領事館求援，希望美國代為向國際發聲，企圖尋求國際社會正視臺灣人民處境、仗義聲援，顯然是對國際現實政治過度期望。

直到一九四八年國共內戰情勢翻轉，國民黨政府氣數將盡，美國打算與共產黨中國接觸，美中體制一度出現鬆動，臺灣政策有所變化，有關臺灣託管等方案開始被討論。由此一過程可知，在美國所構築的遠東秩序架構中，相較於主要利益所在的中、日等大國，臺灣是整體架構的最底層、臺灣人利益是政策考量的最末端。

二、中國統治模式與二二八事件

以往對於二二八事件的追究焦點在陳儀個人，認為他治臺失敗，卻在民變爆發後施展緩兵之計、待援軍抵達後翻臉屠殺報復，是一切罪行的「罪魁禍首」。近年則關心國府中央的政治責任，認為蔣介石識人不明、用人不察、袒護陳儀、率爾用兵，是不幸事件的「元凶」。此些看法顯然太過簡化，忽略戰後中國統治模式移入臺灣、政治生態產生變化的整體面貌。

首先，正因戰後美中協力體制形成，美國的支持使中國政府事實控制臺灣，中國政治文化與統治模式遂跨海移植而來。中日戰爭中即十分活躍的特務機關結合黑道的統治模式，最先進入臺灣，保密局吸收黑社會分子、底層民眾組織情報網絡，進行社會控制。在二二八事件前，特務機關已經收集了所謂「奸黨分子」名單、「親日分子」名單，這些黑名單人物成為當局監視的對象。接著，政治派系陸續移入，競相接收日產、瓜分權位、擴張勢力範圍，並結納本土勢力互為抗衡、掣肘陳儀當局，加深社會緊繃與對立。

二二八事件爆發後，保密局各地站組大為活躍，滲透處理委員會等團體，上下其間、擴大事端，企圖將潛在反對者一網打盡，以彰顯特務機關自身的功能。軍隊開到後，特務機關延續對付日敵與共產黨的手法，在臺組織別働隊，從事制裁暗殺行動，震懾臺灣社會。各政治派系也利用機會打擊陳儀，CC派乘勢煽風助燃、青年團在部分地區組織對抗行動，甚至在事件後也未停止爭奪派系與個人利益。其中特別是軍統人士的兩面角色最令人詫異，警備總部站在身為政府當局之立場，理應有效制止動亂，卻是背地裡大肆運用特務施策翻攪，擴大動亂、升高訴求，以平亂之姿獨攬全功。特務政治、派系運作所使用的謊言、算計、誣陷、暴力等種種陰暗狠毒手段，匪夷所思，但卻展現了中國政治運作模式的主要特點。

其次，先前研究或認為陳儀原本無意請兵，但因事件發展失去控制、訴求變質，才不得不以武力平亂，甚或將陳儀視為派系鬥爭的受害者。本研究顯示，陳儀為了自我保全，主動採取了各種對策：一面策謀分化處委會，一面虛與委蛇巧言安撫；一面調兵請兵，一面謊言欺騙；待大軍將至又製造罪名、羅織罪狀。在陳儀同意下，警備總部安排許德輝加入處理委員會掌控忠義服務隊製造紛亂；邀請臺灣省政治建設協會幹部蔣渭川出面，分化處委會；保密局則透過陳逸松提出〈二二八事件處理委員會組織大綱〉、〈三十二條處理大綱〉，升高政治要求。陳儀先是對中央政府淡化事件嚴重性，在確定最高當局決定派兵後，又指事件為「奸黨」策謀、「叛亂行為」，羅織種種罪名，推卸自身應負的失政責任。面對派系在事件中扯後腿，陳儀與警備總部事後大舉逮捕CC

派、青年團人士，還以顏色；國民黨六中全會上CC派決議將陳儀撤職查辦，陳儀則動員半山人士發起「留陳運動」互為抗衡。從陳儀面對二二八事件的種種作為來看，他不僅並非派系政治的受害者，尚且還是事件中施展權謀、主導全局的厲害角色。

先行研究或認為蔣介石是因受到特務蒙蔽、陳儀誤導，才決定派兵平亂；或有所謂「明見於千里之外，自動派大軍增援」，[2] 此些諉責的遁詞、讚頌的神話，也有待檢驗。本研究梳理蔣介石日記等史料發現，最高領導當局蔣介石對於陳儀在一九四六年同意將臺灣駐軍調回大陸投入國共內戰的態度十分肯定，因為這顯示了陳儀對領袖的忠誠，也因此，他認為臺灣防衛空虛才使臺人有機可乘。雖然他對陳儀統治失敗、欺上瞞下感到不滿，但仍予以迴護；他十分清楚共產黨在臺灣根基未深，二二八事件與共黨無關，但仍在總理紀念週公開演說時以「奸黨煽惑」，為陳儀開脫、為出兵鎮壓找藉口。最重要的是，蔣介石迷信軍事武力，認為「新附之民，畏威而不懷德」，因此在明知臺灣共黨活動並不活躍的情況下，還是對二二八事件採取武力鎮壓手段。武力平定臺灣事件之餘，蔣介石還飭令陳儀將臺灣所存械彈酌留必需者外，「其餘（械彈）利用運兵回空輪船運滬」，[3] 充作內戰的械彈補給，這是最高當局眼中臺灣的價值所在。事件後，蔣介石並未對釀成動亂的陳儀究責處罰，並且不顧勸阻，重用率先武力平亂的彭孟緝，再再顯示他認同憑藉武力的基本態度。

由上述可以看到，事件中的特務機關、政治派系、陳儀政府與國府最高當局，均未檢討臺灣統治失敗的原因、面對人民的不滿與痛苦，未將政治視為追求最大集體利益的公共領域；反而出於私人的、個別的、主觀的考量與算計，勾心鬥角、玩弄權謀，以獲取、鞏固一己權位或集團利益，這是國民黨政府所帶來的中國政治文化與統治模式的重要特性。

再者，二二八事件中，政府當局為鎮壓反抗、震懾社會，將人民視為敵人，所採取的手法十分怵目驚心。增援部隊上岸後對非武裝平民大開殺戒，特務機關組織別働隊執行傳統對付敵人的「制裁」行動，致令人心惶惶；警備總部對並非交戰狀態的臺灣全島宣布戒嚴，逮捕人犯、軍法審判，甚至非法公開處決、曝屍示眾，聞者戰慄不已。而二二八事件中的所謂綏靖、清鄉行動，正是國民政府在中國各地方對付土匪、共產黨的做法。軍隊開來臺灣後，武力掃蕩隨即在臺灣各地展開，軍憲警利用民間建立情報網、特務潛哨，監視窺探人民的工作與生活，並以戶口清查、連保連坐規定牽制民眾，再以重賞引誘、嚴刑威逼，鼓勵人民相互告密、彼此出賣，使臺灣進入恐怖統治狀態。視不同意見者為敵人、缺乏溝通談判空間，以殘酷暴戾、違背文明的手段加以壓制、恫嚇、清除，這也是中國統治模式的主要特點。

以上種種做法，都重創臺灣社會對國民黨政府統治的信心與評價。

三、臺灣人政治性格之檢討

地處邊陲的臺灣，卻是帝國勢力交疊之處，數百年來強權爭奪、政權不斷更迭。臺灣多次易主、屢屢淪為殖民地，人民缺乏獨立經驗與自主意識，臣服於強權統治之下。二戰結束後，臺灣再度面臨政治秩序重編，因為理性計算與情感偏好，臺灣人民對於中國統治抱持高度期許。儘管日治時期臺灣菁英長期推動以全島為範圍的自治運動，爭取自由、民主生活，但戰爭結束後卻並未著手實踐長久以來的政治理想。從美國戰略情報局（OSS）所做的〈臺灣報告書〉中可知，臺灣菁英們樂於接受「世界四強之一」的祖國統治，估算著選擇獨立的國際政治效益，流露出明顯的現實主義、事大主義傾向。

先行研究以文化衝突論看待二二八事件，本書論點在某種程度上也可歸於文化衝突論，但提出若干修正。過去研究者以本質論、二元對立的方式看待中國政府與臺灣社會的文化差異，認為中國＝前近代＝落後 vs. 臺灣＝近代＝文明。但是，本書發現，面對新時局、新秩序時，許多臺灣菁英主動投入中國式政治、積極學習新移入的政治文化。姑且不論紛紛加入統治集團、協助建立社會控制網絡的半山人士，戰後也有大批本土菁英競相表達政治效忠，積極協助新政權控制臺灣社會，無論左派、右派莫不加入三民主義青年團、國民黨臺灣省黨部及相關外圍組織，在新秩序下尋找機會。日治以來追求的自由、民主，很快被黨國文化、派系政治所取代，而人們在學習、適應中國式政治行為模式的同時，也捲入複雜的派系鬥爭生態。事件過程中更可以看到，二二八事件處理委員會的部分本土菁英或受當局運用，或與特務機關合謀，甚至相互爭寵表功，成為政治運作的棋子；各地分會或地方組織也不乏線民潛伏，與特務機關合作，密送情報、出賣他人、打擊對手。戰後國民黨政權統治文化、政治行為模式潛移默化的規模、速度與程度，令人驚心。

二二八事件引發全島規模的抵抗行動，正是檢驗臺灣社會與政治菁英危機處理能力的時刻。

臺灣社會如何回應此一重大危機？

事發之初，全臺各地基於義憤，相率而起，反抗腐敗政權、要求政治改革。根據英國駐淡水領事館的觀察，臺灣人在衝突中毫無武裝，但表現出無比的勇氣，人們希望政府正視他們的改革要求，但也擔心陳儀當局拖延時間、等待援軍到達後就會展開全面鎮壓。[4]

但是反抗運動分裂為談判路線與抵抗路線，菁英分子以談判為主，部分地區青年及學生收奪武器、組織抵抗行動，兩者之間缺乏聯繫管道，更無整合機制，甚至出現彼此對立的態勢。其次，無論是談判路線、抵抗路線，都缺乏長遠與完整的行動規畫，及因應各種可能發展方向的方案推演。雖然英國領事館觀察到臺灣人擔憂統治當局施展緩兵之計，但談判路線者並未握有任何籌碼，只一廂情願相信當局的善意，一旦談判破裂，便無所因應之策；抵抗路線者大多出於憤怒，在各地各自採取行動，缺乏領導中心與目標，面對增援部隊，迅即星散。更糟的是，二二八事件處理委員會內部權力競爭情況激烈，在尚未掌控勝局之際，即已陷入權位之爭，面對陳儀當局所使用的謊言欺騙、羅織誣陷等權謀手段，毫無洞察招架能力。於今視之，缺乏權力運作與政治鬥爭經驗的臺灣人，在事件中顯露了直率躁進、短視近利的政治性格。

戰後臺灣民眾熱烈迎接祖國，抱持高度期許，未曾認識戰後遠東情勢、理解新政權本質、臺灣在國共內戰被賦予的角色等，片面耽於「重做主人」的主觀期望中。戴國煇因此認為臺灣人的「天真無知」是導致悲劇發生的重要因素，[5]此種看法固然是部分事實，但此說不免有將政治權謀正當化的危險，而對受害者缺乏同理心。平心而論，戰後移植而來的中國統治模式，臺灣人高度陌生，如何能在短暫接觸後警覺特務政治的暴力殘忍，派系傾軋的複雜險惡？又如何能想像「祖國」會施以陰狠的權謀治術對待？這正是臺灣民眾在二二八事件中深覺受害、難以諒解之處。

四、戰後臺灣政治史的未來課題

透過本書的討論，筆者認為未來尚有許多相關課題可待發展：

（一）美中體制對戰後臺灣的影響

本書所稱的美中體制，指美國與國民黨中國的協力型態。此一美中體制至一九七〇年代面臨極大考驗，此時美國因國際政治現實的考量，開始嘗試與共產黨中國的關係正常化。隨著一九七一年中華人民共和國加入聯合國，一九七二年美國總統尼克森（Richard Milhous Nixon）訪問中國、與中國國務院總理周恩來發表《上海公報》，國際間的「兩個中國」情勢告終，「一個中國」原則確立。美國則一直到一九七九年與中華人民共和國建立正式外交關係後，不再承認中華民國，本書所稱的美中體制結束。[6]至於一九七九年以後共產黨中國與美國之間的外交關係，並非協力、主從型態，甚至今日已逐漸出現競爭、對立的態勢，並非本書所定義之戰後美中體制範圍。

成形且運作於一九四五至一九七八年期間的美中體制，對臺灣影響極大。戰後美援的提供與臺灣經濟重建密切相關，先行研究也多集中在美援對臺灣戰後經濟的影響；[7]近年美援與醫療史研究成果頗豐，多方探討美援與戰後臺灣衛生政策、公共衛生體系之關係。[8] 事實上，戰後臺灣社會從日本統治轉換到國民黨中國統治，在美中體制運作下，包括人才培育、教育體制、技術開發、文化移植等等，都從「日規」換軌至「美規」，值得進一步探究。

筆者更感興趣的課題是，在戰後美中體制下，臺灣並未換軌至美式民主政治，威權獨裁體制屹立不搖。直到美中體制動搖的一九七〇年代，黨外民主運動萌芽；美中體制結束的一九八〇年代，臺灣民主運動愈挫愈勇，美國國會與國際人權組織也對臺灣民主發展日益關切，民主化之路乃步步向前。筆者認為這應該不是時間上的巧合，背後的政治脈絡與牽動，仍有待探索。

（二）中國統治模式的延續與斷裂

有關中國統治模式的展開及其影響，對臺灣社會意義重大。二二八事件中展演了中國統治模式的幾項特徵，如特務控制、派系鬥爭、權謀算計，我們尚可追問：除此之外，還有其他政治運作方式移植進入臺灣嗎？例如，南京國民政府建立後倡議黨化教育，並以訓政時期名義展開，[9] 戰後是否在臺灣複製？黨化教育與黨國體制建立有何關係？又像是國民政府時期改造北洋政府的法治與司法獨立原則，要求司法政治化、政黨化，成為強化訓政時期全能主義黨權政治的重要手段。[10] 戰後，司法黨化的做法如何在臺灣展開？又如何改造日治以來臺灣社會所建立的法治觀念？

其次，本書所指出的種種統治模式，在戰後如何被延續？或已經變異、斷裂？例如，特務機關吸收、利用黑道流氓進行社會控制的模式，仍繼續在臺灣上演。一九七九年的美麗島事件中，民間傳聞黑道混入示威群眾，故意製造事端、與警方爆發衝突，成為官方鎮壓逮捕藉口。[11]一九八〇年的林宅滅門血案，民間視為政治暗殺，議論紛紛，但未破案。一九八四年的江南命案因為發生在美國，因而得以證實為國防部情報局指使黑道進行的政治暗殺事件。特務、黑道與暴力確實是國民黨統治臺灣的重要裝置之一？特務機關如何進行社會控制？或者還可追問，國民黨政府在中國時期因肆意指使黑道特務進行暗殺、派系爭鬥不休、權謀營私等因素遭人民唾棄而失去政權，為何撤退到臺灣後卻能夠長期、穩定地進行統治？中國學者曾指出國民黨政權在中國，因為黨組織脫離社會結構、遠離底層大眾，只能稱為「弱勢獨裁」，[12]那麼，戰後在臺灣長期「強勢獨裁」是如何建立的？又與先前的統治模式有何異同？而這些統治模式又如何改變臺灣的政治文化？

甚至，我們可以檢視戰後國民黨統治臺灣的模式與共產黨統治中國的模式，有何異同？而現今香港正在上演的銅鑼灣書店老闆遭祕密逮捕、異議人士遭受攻擊毆打的案例，[13]又與本書闡述的統治模式有何可互相參照之處？

（三）與東亞各國的比較研究

一九四五年六月，美軍在歷經兩個月的血戰後占領沖繩、設立軍政府，如何處理沖繩歸屬，成為美國政府內部的爭論焦點。美國軍方認為沖繩在太平洋地區具有高度戰略性價值，主張美國應握有排他性的管理權，提出應交由美國戰略性託管（strategic trusteeship）的建議；但國務院考量到一九四一年大西洋憲章及一九四三年開羅宣言，皆公開宣示戰後盟國領土不擴張的政策約定，為了使美國免遭國際指責為帝國主義等道德非難，以及不願增加美國財政負擔的情況下，主張將沖繩非軍事化、歸還日本。後來由於美蘇冷戰局面形成，美軍繼續占領沖繩，一九四七年春聯合國安理會在未獲日本政府同意下將沖繩交給美國託管。[14] 沖繩人民反抗美軍統治，發起復歸運動，甚至爆發衝突，直到一九七二年美國將沖繩交還日本。

二戰後美軍占領南朝鮮，一九四七年三月濟州島民眾示威抗議，因當局逮捕、壓制而引發更大反彈，動亂與鎮壓不斷循環發生。隔年四月駐韓美軍發動軍事鎮壓行動，十一月李承晚政府宣布濟州島戒嚴，屠殺擴大。根據南韓政府於二〇〇三年正式公布的《濟州四三事件真相調查報告書》，承認至一九五四年九月二十一日解除戒嚴為止，約有二萬五千至三萬人受害死亡，此即南韓「四三事件」，或稱「濟州島事件」。[15]

上述日本沖繩、韓國濟州島的例子，可以看到與戰後臺灣極為相近的國際政治背景，以及在軍事占領下爆發的衝突與鎮壓，國民政府以武力鎮壓民變所導致的臺灣二二八事件並非特例。有關臺灣與東亞各國戰後經驗或統治模式的比較研究，是令人極為期待的課題。

戰後臺灣，從日本殖民統治結束，進入美國勢力範圍與國民黨中國實質控制，二二八事件是剖析這種權力移轉與政治運作模式的具體例證，並對當前臺灣政治具有高度提示作用。本書架構下所衍生的諸多學術課題，仍待繼續努力。

注釋：

1 儲安平，〈論上海民變〉，《觀察》第十六期（一九四六年十二月十四日），頁三五。另可參《大公報》（上海版），一九四六年十一月—十二月。

2 不著撰人，〈二二八事變之平亂〉，收入中研院近史所編，《二二八事件資料選輯（一）》（臺北：中研院近史所，一九九二），頁一三九。

3 〈陳儀呈蔣主席三月真電〉，大溪檔案，收入中研院近史所編，《二二八事件資料選輯（二）》（臺北：中研院近史所，一九九二），頁一四一。

4 〈英國淡水領事館函件〉，收入魏永竹等編，《二二八事件文獻補錄》（南投：臺灣省文獻委員會，一九九四），頁五〇八—五一五。

5 戴國煇、葉芸芸，《愛憎二．二八》（臺北：遠流，一九九二），頁一〇五—一八五。

6 筆者反對一九七九年「臺美斷交」之說，美國斷交的對象是中華民國，不是臺灣，臺美從未建交、無從斷交，所以應稱為「中美斷交」。同時，美國與中華人民共和國建立外交關係，後者取代中華民國成為「一個中國」的代表。

7 例如趙既昌，《美援的運用》（臺北：聯經，一九八五）。吳聰敏，〈美援與臺灣的經濟發展〉，《臺灣社會研究季刊》一：一（一九八八年二月），頁一四五—一五八。文馨瑩，《經濟奇蹟的背後：臺灣美援經驗的政經分析（一九五一—一九六五）》（臺北：自立晚報社，一九九〇）。

8 例如郭文華，〈如何看待美援下的衛生？一個歷史書寫的反省與展望〉，《臺灣史研究》十七：一（二〇一〇年三月），頁一七五—二一〇。楊翠華，〈美援對臺灣的衛生計畫與醫療體制之形塑〉，《近代史研究所集刊》第六二期（二〇〇八年十二月），頁九一—一三九。張淑卿，〈美式護理在臺灣：國際援助與大學護理教育的開端〉，《近代中國婦女史研究》第十八期（二〇一〇年十二月），頁一二五—一七三。郭文華，〈美援下的衛生政策：一九六〇年代臺灣家庭計畫的探討〉，《臺灣社會研究季刊》第三二期（一九九八年十二月），頁三九—八二等等。

9 王克仁，《黨化教育概論》（上海：民智書局，一九二八）。

10 李在全，《法治與黨治：國民黨政權的司法政黨化（一九二三—一九四八）》（北京：社會科學文獻，二〇一二）。

11 美麗島事件口述歷史編輯小組編，《暴力與詩歌：高雄事件與美麗島大審》（臺北：時報，一九九九），頁一〇六—一一〇。

12 王奇生，《黨員、黨權與黨爭：一九二四—一九四九年中國國民黨的組織形態》（北京：華文，二〇一〇），頁四〇五—四〇六。

13 〈銅鑼灣書店失蹤案鬧上國際〉，〈訪臺香港議員遭親中派毆打　二男被捕〉，蘋果日報網站，http://search.appledaily.com.tw/appledaily/search，擷取日期：二〇一七年一月十二日。

14 河野康子，《沖繩返還をめぐる政治と外交：日米關係史の文脈》（東京：東京大學出版會，一九九四），頁七—二八。埃爾德里奇（Robert D. Eldridge），《沖繩問題の起源：戰後日米關係における沖繩，一九四五—一九五二》（名古屋：名古屋大學出版會，二〇〇三），頁二九—七九。

15 李銀珠，〈濟州四、三：屠殺、真相調查與正名〉，收入楊振隆編，《大國霸權or小國人權：二二八事件六十一週年國際學術研討會論文集》（臺北：二二八事件紀念基金會，二〇〇九），頁一六三—二一三。

75-80。

賴澤涵，〈陳儀在閩、臺的施政措施〉，《中國論壇》第31卷第5期（1991.02），頁27-32。

魏良才，〈國民黨最後的美國諍友——魏德邁將軍與中美關係〉，《歐美研究》第32卷第2期（2002.06），頁341-386。

譚光，〈孔祥熙集團與令侃令偉兄妹〉，《傳記文學》第61卷第4期（1992.10），頁15-23。

蘇瑤崇，〈葛超智、託管論與二二八事件之關係〉，《國史館學術集刊》第4期（2004.06），頁135-188。

蘇瑤崇，〈論戰後（1945-1947）中美共同軍事占領臺灣的事實與問題〉，《臺灣史研究》第23卷第3期（2016.09），頁85-124。

龔選舞，〈陳儀之死（下）〉，《中國時報》，1992年3月18日，31版。

五、學位論文

裘佩恩，〈戰後臺灣政治犯的法律處置〉（國立臺灣大學法律學研究所碩士論文，1997）。

鄧雯，〈南京國民政府時期的河南縣級治安制度（1927-1937）〉（河南大學研究生碩士論文，2010）。

蘇聖雄，〈「奸黨煽惑」：蔣中正對二二八事件的態度及處置〉（國立臺灣大學歷史學系博士論文，2009）。

六、網站

《臺灣省行政長官公署公報》，政府公報資訊網，http://gaz.ncl.edu.tw/

美國威斯康辛大學網站，https://uwdc.library.wisc.edu/collections/frus/，Foreign Relations of the United States-UW Digital Collections。

蘋果日報網站，http://search.appledaily.com.tw/appledaily/search。

卷第3期（1981.03），頁62-66。
黃康永口述、匡垣整理，〈國民黨軍統組織消長始末（七）〉，《檔案與史學》2002年第1期（2002.02），頁57-63。
黃康永口述、匡垣整理，〈國民黨軍統組織消長始末（十）〉，《檔案與史學》2002年第4期（2002.08），頁56-59。
童清峰，〈他在火災發生前解散了消防隊——陳儀的生活概述及他在二二八事件中的角色〉，《新新聞》週刊（1992.03.01），頁31-32。
楊子震，〈帝国臣民から在日華僑へ－渋谷事件と戦後初期在日台湾人の法的地位〉，《日本臺灣學會報》第14號（2012.06），頁70-88。
楊翠華，〈美援對臺灣的衛生計畫與醫療體制之形塑〉，《近代史研究所集刊》第62期（2008.12），頁91-139。
趙毓麟，〈中統點將錄〉，《傳記文學》第56卷第6期（1990.06），頁119-128。
趙毓麟，〈中統見聞及功過錄〉，《傳記文學》第57卷第1期（1990.07），頁112-118。
裴可權，〈抗日戰爭中「中美特種技術合作所」的貢獻〉，《傳記文學》第38卷6期（1981.06），頁43-48。
湯熙勇，〈脫離困境：戰後初期海南島之臺灣人的返臺〉，《臺灣史研究》第12卷第2期（2005.12），頁167-208。
編輯部，〈中統局軍統局重要演變及其負責人名錄第一部分：中統局〉，《傳記文學》第61卷第6期（1992.12），頁127-133。
編輯部，〈中統局軍統局重要演變及其負責人名錄第二部分：軍統局〉，《傳記文學》第62卷第1期（1993.01），頁123-131。
鄧葆光，〈我與軍統〉，《傳記文學》第61卷第4期（1992.10），頁71-76。
蔡子民，〈憶二二八與王添灯〉，《臺聲》1987年第2期（1987.02），頁11-13。
鄭政誠，〈戰時體制下臺南師範學校學生的是訓練與動員〉，《國史館館刊》第41期（2014.09），頁157-186。
錢昌照，〈資源委員會始末記〉，《傳記文學》第64卷第1期（1994.01），頁陳進金，〈戴笠與忠義救國軍〉，收入吳淑鳳等編，《不可忽視的戰場——抗戰時期的軍統局》。臺北：國史館，2012，頁143-172。

陳翠蓮，〈二二八事件後臺灣省政府人事〉，《法政學報》第8期（1997.08），頁33-62。

陳翠蓮，〈戰後初期臺灣政治結社與政治生態〉，收入曹永和先生八十壽慶論文集編輯委員會編，《曹永和先生八十壽慶論文集》。臺北：樂學，2001，頁289-327。

陳翠蓮，〈二二八事件史料評述〉，收入二二八事件紀念基金會編，《二二八新史料學術論文集》。臺北：二二八事件紀念基金會，2003，頁184-230。

陳翠蓮，〈歷史正義的困境：族群議題與二二八論述〉，《國史館學術集刊》第16期（2008.06），頁179-222。

陳翠蓮，〈解讀許德輝《臺灣二二八事件反間工作報告書》〉，《臺灣史料研究》第27號（2008.08），頁132-147。

陳翠蓮，〈「祖國」的政治試煉：陳逸松、劉明與軍統局〉，《臺灣史研究》第21卷第3期（2014.09），頁137-180。

陳翠蓮，〈臺灣戰後初期的「歷史清算」（1945-1947）〉，《臺大歷史學報》第58期（2016.12），頁195-248。

陳儀深訪問，〈陳希寬先生訪問紀錄〉，收入陳儀深訪問，《海外臺獨運動相關人物口述史：續篇》。臺北：中研院近史所，2012，頁315-338。

郭文華，〈美援下的衛生政策：一九六〇年代臺灣家庭計畫的探討〉，《臺灣社會研究季刊》第32期（1998.12），頁39-82。

郭文華，〈如何看待美援下的衛生？一個歷史書寫的反省與展望〉，《臺灣史研究》第17卷第1期（2010.03），頁175-210。

康澤，〈三民主義青年團成立的經過——康澤回憶錄之二〉，《傳記文學》第59卷第5期（1991.11），頁17-25。

康澤，〈蔣介石培植經國迫我離開——康澤回憶錄之五〉，《傳記文學》第60卷第2期（1992.02），頁55-62。

喬家才〈臺灣情報戰線兩大明星——黃昭明與翁俊明〉，《中外雜誌》第29

沙培德（Peter Zarrow）著、洪靜宜譯，〈西方學界研究中國近代史的最新動向〉，《漢學研究通訊》第22卷第4期（2003.11），頁1-22。

沈雲龍，〈初到臺灣〉，《傳記文學》第51卷第6期（1987.12），頁65-67。

沈雲龍，〈陳儀其人與二二八事變〉，《傳記文學》第54卷第2期（1989.02），頁57-59。

林正慧，〈二二八事件中的保密局〉，《臺灣史研究》第21卷第3期（2014.09），頁1-64。

孟真，〈中統與我〉，《傳記文學》第61卷第3期（1992.09），頁43-47。

前鋒編輯部，〈青年座談會〉，《前鋒》第14期（1947.02.08），頁10-13。

唐德剛，〈政學系探源〉，《傳記文學》第63卷第6期（1993.12），頁21-28。

馬永成，〈戰後初期國府接管臺灣之籌畫〉，《臺灣風物》第59卷第4期（2009.12），頁9-62。

徐志民，〈抗戰勝利後中國遣返日本僑俘研究〉，《濟南學報》（哲學社會科學版）第37卷第5期（2015.05），頁10-19。

張紹乾，〈張慕陶將軍百年冥誕誌文〉，《湖北文獻》第146期（2003.01），頁46-47。

張國棟，〈細說中統局（上）〉，《傳記文學》第55卷第2期（1989.08），頁68-80。

張國棟，〈細說中統局（下）〉，《傳記文學》第55卷第4期（1989.10），頁113-125。

張淑卿，〈美式護理在臺灣：國際援助與大學護理教育的開端〉，《近代中國婦女史研究》第18期（2010.12），頁125-173。

許今野，〈劉啟光官場失意〉，《新聞天地》第395期（1955.09），頁24-25。

許雪姬，〈臺灣光復初期的民變：以嘉義三二事件為例〉，收入賴澤涵主編，《臺灣光復初期歷史》。臺北：中研院人社所，1993，頁169-222。

陳三井、許雪姬訪問，〈二二八事變的回憶——林衡道先生訪問紀錄〉，《口述歷史》第2期（1991.02），頁207-236。

陳文惠，〈陳逸松二三事（上）：1945至1972之紀事〉，《傳記文學》第99卷第5期（2011.11），頁4-21。

2009.03），頁69-73。

王昭文，〈二二八事件嘉義地區的學生與武裝行動〉，收入許雪姬主編，《二二八事件六十週年紀念論文集》。臺北：臺北市文化局，2007，頁255-280。

朱浤源、黃文範，〈葛超智在二二八事件中的角色〉，收入許雪姬編，《二二八事件六十週年紀念論文集》。臺北：臺北市文化局等，2008，頁423-462。

仲華、季雲飛，〈抗日戰爭期間反「清鄉」鬥爭論述〉，《南京政治學院學報》2008年第3期（2008.07），頁80-83。

李銀珠，〈濟州四、三：屠殺、真相調查與正名〉，收入楊振隆編，《大國霸權or小國人權：二二八事件六十一週年國際學術研討會論文集》。臺北：二二八事件紀念基金會，2009，頁163-213。

何廉，〈簡述國民黨的派系——何廉回憶錄之七〉，《傳記文學》第62卷第6期（1993.06），頁82-90。

何廉，〈負責起草戰後經濟計畫——何廉回憶錄之八〉，《傳記文學》第63卷第2期（1993.08），頁77-88。

冷欣，〈從參加抗戰到目睹日軍投降（十一）〉，《傳記文學》第6卷第2期（1965.02），頁38-42。

汪榮祖整理，〈寫在「夏德儀教授二二八前後日記」之前（上）〉，《傳記文學》第86卷2期（2005.02），頁12-25。

汪榮祖整理，〈寫在「夏德儀教授二二八前後日記」之前（下）〉，《傳記文學》第86卷3期（2005.03），頁31-47。

吳淑鳳，〈軍統局對美國戰略局的認識與合作展開〉，收入吳淑鳳等編，《不可忽視的戰場——抗戰時期的軍統局》。臺北：國史館，2012，頁173-201。

吳景平，〈宋子文政壇浮沉錄〉，《傳記文學》第61卷第5期（1992.11），頁35-42。

吳聰敏，〈美援與臺灣的經濟發展〉，《臺灣社會研究季刊》第1卷1期（1988.02），頁145-158。

1937, Cambridge, Mass.: Harvard University Press, 1986.

Department of State, United States, *United States Relations with China: The China white paper, August 1949*, Stanford, Calif. : Stanford University Press, 1967.

Eastman, Lloyd E., *Seeds of Destruction : Nationalist China in War and Revolution, 1937-1949*, Stanford, Calif. : Stanford University Press, 1984.

Eastman, Lloyd E., *The Abortive Revolution : China Under Nationalist Rule, 1927-1937*, Cambridge, Mass. : Harvard University Press, 1990.

Wakeman, Jr., Frederic, *Policing Shanghai, 1927-1937*, Berkeley : University of California Press, 1995.

Wakeman, Jr., Frederic, *The Shanghai Badlands : Wartime Terrorism and Urban Crime, 1937-1941*, New York : Cambridge University Press, 1996.

Wakeman, Jr., Frederic, *Spymaster : Dai Li and the Chinese Secret Service*, Berkeley, Calif. : University of California Press, 2003.

Yu, Maochun, *OSS in China: Prelude to Cold War*, New Haven and London: Yale University Press, 1996.

四、單篇論文、報導文章

丁果，〈二二八事件と新聞報道——華商報を通にて——〉，《東洋學報》第71卷第1、2號（1989.12），頁61-86。

土行孫，〈林頂立案與廖文毅是否有關之謎〉，《新聞觀察》第289期（1956.06），頁4-6。

五百旗頭真，〈アメリカの對日占領管理構想〉，收入中村政則等編，《戰後日本：占領と戰後改革（第一卷）——世界史のなかの1945年》。東京：岩波書店，1995，頁93-123。

毛森，〈陳儀迫湯投共始末〉，《傳記文學》第52卷第4期（1988.04），頁50-54。

王禹廷，〈中國調統機構之創始及其經過——專訪中國調統機構創始人陳立夫先生〉，《傳記文學》第60卷第6期（1992.06），頁30-34。

王明前，〈南京政府時期的湖南省縣政〉，《浙江學刊》2009年第2期編者不詳，《二二八真相》。臺北：出版資料不詳。

賴澤涵、馬若孟、魏萼，《悲劇性的開端：臺灣二二八事變》。臺北：時報，1993。

錢端升等，《民國政制史（下冊）》。上海：上海人民，2008。

鍾逸人，《辛酸六十年》。臺北：自由時代，1988。

謝聰敏，《黑道治天下及其他》。臺北：謝聰敏國會辦公室，1993。

魏斐德（Frederic E. Wakeman）著、章紅等譯，《上海警察（1927-1937）》。北京：人民，2003。

魏斐德（Frederic E. Wakeman）著、芮傳明譯，《上海歹土：戰時恐怖活動與城市犯罪（1937-1941）》。上海：上海古籍，2003。

魏斐德（Frederic E. Wakeman）著、梁禾譯，《間諜王：戴笠與中國特工》。北京：團結，2004。

魏德邁（Albert C. Wedemeyer）著、程之行等譯，《魏德邁報告》。臺北：光復書局，1959。

戴天昭，《臺灣戰後國際政治史》。東京：行人社，2001。

藍博洲，《沉屍・流亡・二二八》。臺北：時報，1991。

戴國煇著，魏廷朝譯，《臺灣總體相——人間、歷史、心性》。臺北：遠流，1989。

戴國煇、葉芸芸，《愛憎二・二八》。臺北：遠流，1992。

蘇新，《憤怒的臺灣》。臺北：時報司，1993。

蘇新，《未歸的臺共鬥魂——蘇新自傳與文集》。臺北：時報，1993。

蘇僧、郭建成，《拂去歷史明鏡中的塵埃》。美國加州：美國南華文化事業公司，1986。

嚴演存，《早年之臺灣》。臺北：時報，1991。

Robert D. Eldridge，《沖繩問題の起源：戰後日米關係における沖繩，1945-1952》。名古屋：名古屋大學，2003。

Cline, Ray S., *Secrets Spies and Scholars: Blueprint of the Essential CIA*, Washington : Acropolis Books, 1976.

Coble, Jr., Parks M., *The Shanghai Capitalists and the Nationalist Government, 1927-*

臺灣省行政長官公署宣傳委員會編，《臺灣一年來之宣傳》。臺北：臺灣省行政長官公署宣傳委員會，1946。

臺灣省行政長官公署宣傳委員會編，《陳長官治臺言論集第一輯》。臺北：臺灣省行政長官公署宣傳委員會，1946。

臺灣省保安司令部編，《臺灣省保安司令部八年工作概況》。臺北：臺灣省保安司令部，1957。

臺灣省接收委員會日產處理委員會編，《臺灣省接收委員會日產處理委員會結束總報告》。臺北：臺灣省日產處理委員會，1947。

臺灣省警備總部編，《臺灣警備總司令部軍事接收總報告書》。臺北：臺灣省警備總部，1946。

臺灣省警備總部編，《臺灣省警備總司令部週年工作概況報告書》。臺北：臺灣省警備總部，1946。

臺灣會，《あゝ臺灣軍——その想い出と記錄》。臺北：南天，復刻版，1997。

齊錫生，《劍拔弩張的盟友：太平洋戰爭期間的中美軍事合作關係（1941-1945）》。臺北：聯經，2011。

霍夫（Frank O. Hough）、鈕先鍾譯，《島嶼戰爭：太平洋爭奪戰》。臺北：軍事譯粹社，1954。

鄧元忠，《國民黨核心組織真相：力行社、復興社暨所謂藍衣社的演變與成長》。臺北：聯經，2000。

鄧孔昭編，《二二八事件資料集》。臺北：稻鄉，1991。

潘嘉釗等編，《蔣介石特工祕檔及其他》。北京：群眾，1993。

調查局，《臺灣光復後之「臺共」活動》。臺北：調查局，1977。

蔣永敬等編，《楊亮功先生年譜》。臺北：聯經，1988。

蔣永敬、劉維開，《蔣介石與國共和戰（1945-1949）》。臺北：臺灣商務印書館，2011。

蔣渭川遺稿，《二二八事變始末記》。臺北：蔣渭川家屬自印，1991。

鄭梓，《戰後臺灣的接收與重建》。臺北：新化，1994，

遲景德，《中國對日抗戰損失調查》。臺北：國史館，1987。

喬家才，《戴笠和他的同志（第一集）》。臺北：中外雜誌社，1977。
費雲文，《戴笠的一生》。臺北：中外雜誌社，1980。
富澤繁，《臺灣終戰祕史：日本植民地時代とその終焉》。東京：いずみ出版株式會社，1984。
資中筠、何迪編，《美國對臺政策機密檔案，1949-1989》。臺北：海峽評論，1992。
趙既昌，《美援的運用》。臺北：聯經，1985。
賈廷詩等訪問紀錄，《白崇禧先生訪問紀錄（下冊）》。臺北：中研院近史所，1989。
新崎勝暉，《戰後沖繩史》。東京：日本評論社，1976。
葉芸芸編寫，《證言二・二八》。臺北：人間，1990。
葉芸芸，《餘生猶懷一寸心》。臺北：時報，2006。
葉明勳，《二二八事件的追憶》。臺北：大同文化基金會，2000。
葉榮鐘，《臺灣人物群像》。臺北：時報，1995。
楊肇嘉，《楊肇嘉回憶錄（下）》。臺北：三民書局，1978。
楊護源，《光復與占領：國民政府對臺灣的軍事接收》。臺北：獨立作家，2016。
葛超智（George H. Kerr）著、詹麗茹等譯，《被出賣的臺灣》。臺北：臺灣教授協會，2014。
臺北市政府日產清理室編，《臺北市日產處理概況》。臺北：臺北市政府日產清理室，1948。
臺灣民主自治同盟編，《歷史的見證：紀念臺灣人民二二八起義四十週年》。北京：臺灣民主自治同盟，1987。
臺灣省文獻委員會編，《臺灣省通志卷首下：大事記》。南投：臺灣省文獻委員會，1968。
臺灣省文獻委員會編，《臺灣省通志卷十：光復志》。南投：臺灣省文獻委員會，1970。
臺灣省行政長官公署人事室編，《臺灣一年來之人事行政》。臺北：臺灣省行政長官公署人事室，1946。

陳隆志，《臺灣獨立的展望》。臺北：自由時代，1987。
陳翠蓮，《派系鬥爭與權謀政治——二二八悲劇的另一面相》。臺北：時報，1995。
陳翠蓮，《二二八事件與青年學生——二二八事件檔案專題選輯》。臺北：檔案管理局，2005。
陳翠蓮，《百年追求——臺灣民主運動的故事卷一：自治的夢想》。臺北：衛城，2013。
陳翠蓮，《續修臺北市志人物志》。臺北：臺北市文化局，2014。
陳儀深訪問，《濁水溪畔二二八——口述歷史訪談紀錄》。臺北：財團法人二二八事件紀念基金會，2009。
陳嘉庚，《南僑回憶錄（下）》。臺北：陳嘉庚國際學會，1993。
郭旭等，《政治暗殺實錄》。香港：中原，1985。
郭緒印主編，《國民黨派系鬥爭史（上、下）》。臺北：桂冠，1993。
徐恩曾等著，《細說中統軍統》。臺北：傳記文學，1992。
國防部情報局編，《忠義救國軍誌》。臺北：國防部情報局，1962。
國防部情報局編，《國防部情報局史要彙編（上、下冊）》。臺北：國防部情報局，1962。
梁敬錞，《開羅會議》。臺北：臺灣商務印書館，1977。
梁敬錞，《中美關係論文集》。臺北：聯經，1988。
唐縱手稿、姚孔行選註，《唐縱失落在大陸的日記》。臺北：傳記文學，1998。
淺川公紀等編著，《戰後日美關係の軌跡》。東京：勁草書房，1997。
淺野豐美編，《戰後日本の賠償問題と東アジア地域再編》。東京：慈學社，2013。
彭明敏，《平時戰時國際公法》。臺北：彭明敏發行，1961。
彭明敏，《自由的滋味》。臺北：前衛，1988。
黃金島，《二二八戰士：黃金島的一生》。臺北：前衛，2004。
黃紀男口述，《黃紀男泣血夢迴錄》。臺北：獨家，1991。
程思遠，《政海祕辛》。臺北：李敖，1989。

張炎憲等採訪記錄，《悲情車站二二八》。臺北：自立晚報社，1993。
張炎憲等採訪記錄，《基隆雨港二二八》。臺北：自立晚報社，1994。
張炎憲等採訪記錄，《嘉義北回二二八》。臺北：自立晚報社，1994。
張炎憲等採訪記錄，《嘉義驛前二二八》。臺北：吳三連臺灣史料基金會，1995。
張炎憲等採訪記錄，《嘉南平野二二八》。臺北：吳三連臺灣史料基金會，1995。
張炎憲等採訪記錄，《諸羅山城二二八》。臺北：吳三連臺灣史料基金會，1995。
張炎憲等採訪記錄，《臺北南港二二八》。臺北：吳三連臺灣史料基金會，1995。
張炎憲等採訪記錄，《臺北都會二二八》。臺北：吳三連臺灣史料基金會，1996。
張炎憲等採訪記錄，《淡水河域二二八》。臺北：吳三連臺灣史料基金會，1996。
張炎憲等採訪記錄，《花蓮鳳林二二八》。臺北：吳三連臺灣史料基金會，2010。
張炎憲、李筱峰、莊永明編，《臺灣近代名人誌第一冊——第五冊》。臺北：自立晚報社，1988。
張淑雅，《韓戰救臺灣？解讀美國對臺政策》。臺北：衛城，2011。
陳三井等訪問，《林衡道先生訪問紀錄》。臺北：中央研究院近代史研究所，1992。
陳芳明編，《臺灣戰後史資料選》。臺北：二二八和平日促進會，1991。
陳柔縉記錄、許水德等口述，《私房政治：二十五位政治名人的政壇祕聞》。臺北：新新聞文化，1993。
陳柔縉執筆、張超英口述，《宮前町九十番地》。臺北：時報，2006。
陳逸松口述、林忠勝撰述，《陳逸松回憶錄（日據時代篇）：太陽旗下風滿台》。臺北：前衛，1994。
陳恭澍，《平津地區綏靖戡亂》。臺北：傳記文學，1988。

花逸文，《國共內戰中的臺灣兵》。臺北：巴比倫，1991。
河野康子，《沖繩返還をめぐる政治と外交：日米關係史の文脈》。東京：東京大學出版會，1994。
易勞逸（Lloyd E. Eastman）著、陳紅民等譯，《流產的革命：1927-1937國民黨統治下的中國》。北京：中國青年，1992。
易勞逸（Lloyd E. Eastman）著、王建朗等譯，《毀滅的種子：戰爭與革命中的國民黨中國1937-1949》。南京：江蘇人民，2009。
邱吉爾（Winston S. Churchill）著、劉燦譯，《二戰回憶錄》。臺北：海鴿文化，2016。
邵毓麟，《勝利前後》。臺北：傳記文學，1984。
法蘭克（Benis M. Frank）著、胡開杰譯，《沖繩登陸戰》。臺北：星光，2003。
柯旗化，《臺灣監獄島》。高雄：第一，2002。
柯博文（Parks M. Coble, Jr）著、蔡靜儀譯，《金權與政權：江浙財閥與國民政府》。臺北：風雲論壇，1991。
美國國務院編，《美國與中國之關係》。臺北：文海，1982。
美麗島事件口述歷史編輯小組編，《暴力與詩歌：高雄事件與美麗島大審》。臺北：時報，1999。
威斯特（Andrew Wiest）、莫特遜（Gregory L. Mattson）著，孫宇等譯，《血戰太平洋》。臺北：胡桃木，2007。
麥克阿瑟著，《麥帥回憶錄》。臺北：王家，1968。
夏春祥，《在傳播的迷霧中：二二八事件的媒體印象與社會記憶》。臺北：韋伯，2007。
唐賢龍，《臺灣事變內幕記》。北京：九州，復刻版，2004。
徐瓊二，《臺灣の現實を語る》。臺北：大成企業局，1946。
浦薛鳳，《相見時難別亦難》。臺北：商務印書館，1983。
張秀哲，《「勿忘臺灣」落花夢》。臺北：衛城，重刊，2013。
張炎憲等，《二二八事件責任歸屬研究報告》。臺北：二二八事件紀念基金會，2006。

李筱峰，《臺灣戰後初期的民意代表》。臺北：自立晚報社，1986。
李筱峰，《島嶼新胎記：從終戰到二二八》。臺北：自立晚報社，1993。
李筱峰，《解讀二二八》。臺北：玉山社，1998。
沈志華，《冷戰的起源：戰後蘇聯的對外政策及其轉變》。北京：九州，2013。
沈克勤，《國際公法》。臺北：臺灣聯合書局，1963。
沈醉等，《青幫洪門》。臺北：學問，1988。
沈醉，《我所知道的軍統內幕》。臺北：出版年代及資料不詳。
沈醉，《軍統內幕》。臺北：新銳，1994。
余玲雅主持，《臺灣省參議會、臨時省議會暨省議會時期史料彙編計畫：林頂立先生史料彙編》。南投：臺灣省諮議會，2006。
吳克泰，《吳克泰回憶錄》。臺北：人間，2002。
吳宏仁，《一個家族・三個時代：吳拜和他的子女們》。臺北：玉山社，2016。
吳新榮，《吳新榮回憶錄》。臺北：前衛，1989。
吳濁流，《無花果》。臺北：前衛，1988。
吳濁流，《臺灣連翹》。臺北：前衛，1988。
良雄，《戴笠傳》。臺北：傳記文學，1980。
杜聰明，《回憶錄之臺灣首位醫學博士：杜聰明》。臺北：龍文，2001。
近藤正己著、林詩庭譯，《總力戰與臺灣：日本殖民地的崩潰（下）》。臺北：臺大出版中心，2014。
林木順，《臺灣二月革命》。臺北：前衛，1990。
林呈蓉，《皇民化社會的時代》。臺北：臺灣書店，2010。
林孝庭，《臺海、冷戰、蔣介石》。臺北：聯經，2015。
林啟旭，《臺灣二二八事件綜合研究》。高雄：新台政論雜誌社，年分不詳。
林德龍輯註，《二二八官方機密史料》。臺北：自立晚報社，1992。
金以林，《國民黨高層的派系政治：蔣介石「最高領袖」地位是如何確立的》。北京：社會科學文獻，2009。
金沖及，《轉折年代：中國的一九四七年》。北京：三聯書店，2002。

王克仁，《黨化教育概論》。上海：民智書局，1928。
王呈祥，《美國駐臺北副領事葛超智與二二八事件》。臺北：人間，2009。
王奇生，《黨員、黨權與黨爭：1924-1949中國國民黨的組織型態》。北京：華文，2010。
王建生、陳婉真、陳湧泉，《一九四七：臺灣二二八革命》。臺北：前衛，1988。
王曉波，《臺灣史與臺灣人》。臺北：東大書局，1988。
方明，《殊戰：抗戰時期軍統局的祕密行動》。北京：團結，2011。
牛軍，《內戰前夕：美國調處國共矛盾始末》。臺北：巴比倫，1993。
文軍等，《蔣介石的十七次暗殺行動》。長春：吉林人民，1999。
文馨瑩，《經濟奇蹟的背後：臺灣美援經驗的政治經濟分析（1951-1965）》。臺北：自立晚報社，1990。
田中直吉、戴天昭，《米國の臺灣政策》。東京：鹿島研究所，1968。
白先勇、廖彥博，《止痛療傷：白崇禧將軍與二二八》。臺北：時報，2014。
古瑞雲，《臺中的風雷》。臺北：人間，1990。
竹中信子，《日本女人在臺灣：日治臺灣生活史昭和篇（下）》。臺北：時報，2009。
竹前榮治，《GHQ日本占領史序說》。東京：日本圖書センータ，1996。
行政院研究二二八事件小組，《二二八事件研究報告》。臺北：時報，1994。
全國人民政協編，《陳儀生平及被害內幕》。北京：全國人民政協，1987。
全國政協文史資料委員會編，《文史資料存稿選編三：蔣記特工揭密》。北京：中國文史，2006。
李世傑，《大統領廖文毅投降始末》，臺北：自由時代，1988。
李在全，《法治與黨治：國民黨政權的司法政黨化（1923-1948）》。北京：社會科學文獻，2012。
李祖基編，《二二八事件報刊資料彙編》。臺北：海峽學術，2007。
李純青，《筆耕五十年》。北京：三聯書店，1994。

其他史料

A-10—A-12，保密局臺灣站檔案，中研院臺史所藏，未刊。

B07-0012-0008，保密局臺灣站檔案，中研院臺史所藏，未刊。

司法行政部調查局，〈臺灣地方派系調查專報〉，1952，吳三連臺灣史料基金會藏。

〈臺灣省政治建設協會託臺灣省黨部主委李翼中發南京中央政府蔣主席電文原稿〉，蔣渭川家屬提供。

〈臺灣省政治建設協會託臺北美國駐臺領事館轉南京大使館致中央政府蔣主席電文原稿〉，蔣渭川家屬提供。

〈蔣渭川家屬之聲明書〉，蔣渭川家屬提供。

國防部情報局，〈劉啟光約談筆錄及書面報告〉，1954，謝聰敏先生提供。

Fleming, Nancy Hsu, *Americans in Formosa, 1945-1947: Declassified Secret U.S. Military and State Department Documents*, unpublished.

三、專書

Nancy Hsu Fleming著、蔡丁貴譯，《狗去豬來：二二八前夕美國情報檔案解密》。臺北：前衛，2009。

二二八民間研究小組，《二二八學術研討會論文集》。臺北：二二八民間研究小組，1992。

丁永隆等，《南京政府崩潰始末》。臺北：巴比倫，1992。

丁滌生，《中華民國名人傳之四》。臺北：世界文化服務社，1957。

中央研究院近代史研究所口述歷史編輯委員會編，《口述歷史第三期：二二八事件專號》。臺北：中央研究院近代史研究所，1992。

中央研究院近代史研究所口述歷史編輯委員會編，《口述歷史第四期：二二八事件專號》。臺北：中央研究院近代史研究所，1993。

中華民國駐日代表團編印，《在日辦理賠償歸還工作綜述》。臺北：文海，1980。

中國陸軍總司令部編，《中國戰區中國陸軍總司令部受降報告》。南京：中國陸軍總司令部，1946。

薛月順編

《二二八事件檔案彙編（廿三）》。臺北：國史館，2017。

《臺灣省政府檔案史料彙編：臺灣省行政長官公署時期（一）》。臺北：國史館，1996。

Department of State

Foreign Relations of the United States, 1945, The Far East: China, Vol.7, Washington D. C.: Government Publications Office, 1972.

Foreign Relations of the United States, 1947, The Far East: China, Vol.7, Confidential U. S. State Department Central Files, Formosa, Internal Affairs, 1945-1949, Frederick, Md. University Publications of America, 1985.

政府公報

《臺灣省行政長官公署公報》第1卷第1期，1945年12月1日。

報紙雜誌

《人民導報》，1946年10月——1947年2月。

《大公報》，1945年10月——1947年5月。

《中央日報》（重慶版），1945年10月——1949年12月。

《臺灣新生報》，1945年10月——1947年5月。

《臺灣新報》，1945年8月——10月。

《民報》，1945年11月——1947年2月。

《前進》第一輯，二二八特輯，1947年7月。

《新臺灣》創刊號，1946年2月。臺北：傳文文化，復刻版，1994。

《新聞天地》，1947年2月——12月。

《僑聲報》，1946年1月——1947年5月。

《觀察》，1946年1月——1947年5月。

The China Weekly Review（密勒氏評論報），1945年10月——1947年5月。

陳志奇編

《中華民國外交史料彙編十四》。臺北：渤海堂，1996。

《中華民國外交史料彙編十五》。臺北：渤海堂，1996。

陳雲林總主編

《館藏民國臺灣檔案第十九冊》。北京：九州，2007。

《館藏民國臺灣檔案第二十四冊》。北京：九州，2007。

《館藏民國臺灣檔案彙編第五十冊》。北京：九州，2007。

張瑞成編

《臺籍志士在祖國的復臺努力》。臺北：中國國民黨黨史會，1990。

《光復臺灣之籌畫與受降接收》。臺北：中國國民黨黨史會，1990。

《抗戰時期收復臺灣之重要言論》。臺北：中國國民黨黨史會，1990。

國史館編

《國史館現藏民國人物傳記史料彙編第二輯》。臺北：國史館，1989。

《國史館現藏民國人物傳記史料彙編第二十六輯》。臺北：國史館，2006。

雷震著、傅正主編

《雷震全集（四十）：雷震日記（1959-1960年）——第一個十年（八）》。臺北：桂冠，1990。

臺灣省文獻委員會編印

《二二八事件文獻輯錄》。南投：臺灣省文獻委員會，1991。

《二二八事件文獻續錄》。南投：臺灣省文獻委員會，1992。

《二二八事件文獻補錄》。南投：臺灣省文獻委員會，1994。

歐素瑛等編

《二二八事件檔案彙編（十一）》。臺北：國史館，2003。

《國史館藏二二八檔案史料（上冊）》。臺北：國史館，1997。

《國史館藏二二八檔案史料（下冊）》。臺北：國史館，1997。

《二二八事件檔案彙編（十七）》。臺北：國史館，2008。

侯坤宏、許進發編

《二二八事件檔案彙編（一）》。臺北：國史館，2002。

《二二八事件檔案彙編（二）》。臺北：國史館，2002。

《二二八事件檔案彙編（九）》。臺北：國史館，2002。

《二二八事件檔案彙編（十六）》。臺北：國史館，2004。

秦孝儀編

《中華民國重要史料初編——對日抗戰時期第七編：戰後中國（四）》。臺北：中國國民黨黨史會，1981。

許雪姬主編

《灌園先生日記》。臺北：中央研究院臺灣史研究所，2010。

《保密局臺灣站二二八史料彙編（一）》。臺北：中央研究院臺灣史研究所，2015。

《保密局臺灣站二二八史料彙編（二）》。臺北：中央研究院臺灣史研究所，2016。

《保密局臺灣站二二八史料彙編（三）》。臺北：中央研究院臺灣史研究所，2016。

《二二八事件期間上海、南京、臺灣報紙資料選輯（上、下）》。臺北：中央研究院臺灣史研究所，2016。

陳興唐編

《臺灣二二八事變檔案史料（上卷）》。臺北：人間，1992。

《臺灣二二八事變檔案史料（下卷）》。臺北：人間，1992。

《二二八事件資料選輯（四）》。臺北：中央研究院近代史研究所，1993。

《二二八事件資料選輯（五）》。臺北：中央研究院近代史研究所，1997。

《二二八事件資料選輯（六）》。臺北：中央研究院近代史研究所，1997。

中國陸軍總司令部編

《中國戰區中國陸軍總司令部處理日本投降文件彙編（下卷）》。南京：中國陸軍總司令部，1946。

中國國民黨黨史會編

《中華民國重要史料初編——對日抗戰時期第七編：戰後中國（四）》，臺北：中國國民黨黨史會，1981。

呂芳上主編

《蔣中正先生年譜長編（第八冊）》。臺北：國史館、中正紀念堂管理處、中正文教基金會，2015。

李敖編著

《二二八研究》。臺北：李敖，1989。

《二二八研究續集》。臺北：李敖，1989。

《二二八研究三集》。臺北：李敖，1989。

李宣鋒等編

《二二八事件文獻補錄》。南投：臺灣省文獻委員會，1994。

何鳳嬌編

《政府接收臺灣史料彙編（上冊）》。臺北：國史館，1990。

《政府接收臺灣史料彙編（下冊）》。臺北：國史館，1990。

侯坤宏編

《防範異黨卷》，檔號：A376590200C/0036/192.5/1。

《防範異黨卷》，檔號：A376590200C/0037/192.5/1。

《防範異黨卷（四）》，檔號：A376590200C/0038/192.5/1。

《前進指揮所有關日軍投降接收文卷》，檔號：A375000100E/0034/013/314。

《組織義勇糾察隊》，檔號：A202000000A/0034/474/1758。

《遠東委員會盟國對日委員會及駐日盟軍總部職權案》，檔號：A303000000B/0034/070.1。

《遣送新加坡臺僑回臺》，檔號：A202000000A/0034/172-1/0854。

《蔡孝乾》，檔號：A305050000C/0036/0410.9/44904440/2。

《澀谷事件》，檔號：A202000000A/ 0035/172-1/1076/1。

《郭紹文貪汙瀆職》，檔號：A301010000C/37/057.13/22/1。

National Archives and Records Administration(NARA)

Department of State, Decimal File 1945-1949, Formosa, Internal Affairs, RG59, Box7385.

Formosa Intelligence, RG226, Records of the Office of Strategic Services, Entry 140, Box49.

Strategic Services Unit (SSU), Formosa Reports, RG226, Records of the Office of Strategic Services, Entry 173, Box12.

Strategic Services Unit(SSU), A Report on Formosa (Taiwan): Japanese Intelligence and Related Subjects, Department of State Decimal File 1945-1949, Formosa, Internal Affairs, RG59, Box7385.

二、檔案史料彙編

中央研究院近代史研究所編

《二二八事件資料選輯（一）》。臺北：中央研究院近代史研究所，1992。

《二二八事件資料選輯（二）》。臺北：中央研究院近代史研究所，1992。

《二二八事件資料選輯（三）》。臺北：中央研究院近代史研究所，1993。

〈三民主義青年團臺北分團籌備處主任陳逸松到職通報案〉，《各機關主管接篆視事》，典藏號：00301300008004，臺灣省行政長官公署檔案。

〈連謀呈報遊民取締並組織義勇糾察隊報告〉，《組織義勇糾察隊》，典藏號：00313200003001，臺灣省行政長官公署檔案。

〈高雄市市長連謀派代案〉，《縣市長任免（770）》，典藏號：00303231013010，臺灣省行政長官公署檔案。

臺北二二八紀念館

Sovereignty, declared or promised changes, during military occupation, GK-002-0003-021，《葛超智檔案》。

Air-Ground Intelligence Service Activities, Formosa, GK-002-0005-007，《葛超智檔案》。

Suzuki Gengo to George H. Kerr, GK-001-0002-070，《葛超智檔案》。

檔案管理局

《1945至1949年間臺灣內部事務》，檔號：C3260603001/0034/894A/001。

《二二八事件案犯處理之一》，檔號：A305550000C/0036/9999/8。

《人名案（陳逸松案）》，檔號：A305050000C/0037/0410.9/8000/3。

《臺灣光復案專輯》，檔號：B5018230601/0034/002.6/4010.2/1/001。

《臺灣民眾請願案》，檔號：A202000000A/0031/0173/4032.01/1/001。

《臺灣區日俘（僑）處理案》，檔號：B5018230601/ 0034/545/4010/025。

《美國國家檔案暨文件署臺灣政經情勢》，檔號：C3260603001/1893/0001/001。

《臺灣問題剪報》，檔號：A303000000B/0036/019.2/009。

《臺灣警備總部中美參謀會報紀錄》，檔號：5018230601/0034/003.7/4010。

《在日華僑司法管轄案》，檔號：A303000000B/0035/062.9/0001。

《在外臺僑國籍問題》，檔號：A202000000A/0034/172-1/0855

《各縣市奸黨分子調查》，檔號：A301010000C/0036/0019/36。

《奸偽活動卷（35-37）》，檔號：A376510200C/0035/17-7/020。

《防範異黨卷》，檔號：A376590200C/0035/192.5/1。

Records of SWNCC, 請求號：SWNCC(C)0358。

F-111 File: Causeway (Formosa) (10th Army), Records of Marine Corp in the Pacific War, 請求號：MCJ6255。

Formosa File, from December 1945 to 1949, RG331, GHQ/SCAP Records, 請求號：G300256-00261。

Occupation of Formosa, in 386.2:#1-A, RG331, GHQ/SCAP Records, 請求號：AG(D)03675-03677。

Official of Occupied Territories Formosa 500.46, RG331, GHQ/SCAP Records, 請求號：GS(B)00377-00379。

Japan Raised by the Shibuya Incident, OSS/State Department Intelligence and Research Report, Part II: Postwar Japan, Korea, and Southwest Asia, 請求號：YE24, PartII, Reel.4。

Repatriation of Civilian Japanese From China, SFE128/13, Repatriation of Japanese Civilians, 請求號：SFE-1, Roll.6, 0315-0400。

SFE 168: Sovereignty of Formosa, RG353, Records of SWNCC, 請求號：SFE-1 R12: 0378-0400。

SFE104: Occupation of Formosa, RG353,Records of SWNCC, 請求號：SFE-1 R01: 0520-0572。

國史館

〈陳達元〉，軍事委員會侍從室檔案，編號：09328。

〈黃昭明〉，軍事委員會侍從室檔案，編號：38410。

〈黃澄淵〉，軍事委員會侍從室檔案，編號：15991。

〈劉戈青〉，軍事委員會侍從室檔案，編號：46387。

《卅五年度本局工作計畫》，國防部軍事情報局檔案，典藏號：148-010400-0001。

《組織義勇糾察隊》，臺灣省行政長官公署檔案，檔號：474/1758。

國史館臺灣文獻館

參考書目

一、檔案史料

中央研究院近代史研究所檔案館

〈六屆三中全會主席團會議紀錄〉，中國國民黨黨史會檔案。
〈國防最高委員會常務會議第223至226及230次會議紀錄〉，中國國民黨黨史會檔案。
〈國防最高委員會常務會議「檢舉臺灣專賣局長任維鈞」案〉，中國國民黨黨史會檔案。
〈國防最高委員會第224次常務會議「臺灣事變處理辦法」案〉，中國國民黨黨史會檔案。
〈蔣渭川：二二八事件與臺灣省政治建設協會之關係〉，中國國民黨黨史會檔案。
〈蔡培火：致組織部有關二二八事件報告〉，中國國民黨黨史會檔案。
〈關於「二二八」的經驗教訓〉，《中共有關「二二八」之內部文件》，國家安全局檔案。

中國國民黨黨史館

〈臺灣省行政長官公署組織大綱案附人事任免〉，《國防最高委員會檔案》，館藏號：防003/3362。
〈臺灣事變處理辦法案：改設省政府並於各廳處設首長〉，《國防最高委員會檔案》，館藏號：防003/3990。
〈檢舉臺灣專賣局長任維鈞案〉，《國防最高委員會檔案》，館藏號：003/3998。

日本國會圖書館憲政資料室

98-USFS4-0.5: Joint Staff Study-Causeway(2 Dec. 1944), RG407, Records of AGO: WWII Operations Reports 1940-1948, 請求號：WOR13702-13704。
Basic Directives for Pre-surrender Military Government in Formosa, RG353,

十八畫

十九畫

二十畫

二十一畫

二十二畫

十三畫

十四畫

十五畫

十二畫

十一畫

九畫

十畫

八畫

十六畫

十七畫

十八畫

二十畫

人名索引

二畫

三畫

十五畫

十三畫

十四畫

十一畫

十二畫

十畫

七畫

八畫

九畫

五畫

六畫

名詞索引

二畫

三畫

四畫

島嶼新書 27

重構二二八
戰後美中體制、中國統治模式與臺灣

作者——陳翠蓮
執行長——陳蕙慧
總編輯——張惠菁
責任編輯——莊瑞琳、盧意寧、賴虹伶
協力編輯——吳芳碩
校對——陳翠蓮、莊瑞琳、盧意寧
美術設計——王小美
內頁排版——丸同連合studio

社長——郭重興
發行人兼出版總監——曾大福
出版——衛城出版／遠足文化事業股份有限公司
發行——遠足文化事業股份有限公司
地址——二三一四一 新北市新店區民權路一〇八－二號九樓
電話——〇二－二二一八一四一七
傳真——〇二－八六六七一〇六五
客服專線——〇八〇〇－二二一〇二九
法律顧問——華洋法律事務所蘇文生律師
印刷——瑞豐電腦製版印刷股份有限公司
初版一刷——二〇一七年二月
初版七刷——二〇二〇年二月
定價——四五〇元

國家圖書館出版品預行編目資料

重構二二八：戰後美中體制、中國統治模式與臺灣 / 陳翠蓮作.
－初版.－新北市：衛城出版，2017.02
面； 公分.－(島嶼新書；27)
ISBN 978-986-93518-7-4（平裝）
1.二二八事件
733.2913 106001753

● 親愛的讀者你好，非常感謝你購買衛城出版品。
我們非常需要你的意見，請於回函中告訴我們你對此書的意見，
我們會針對你的意見加強改進。

若不方便郵寄回函，歡迎傳真回函給我們。傳真電話 —— 02-2218-1142

或上網搜尋「衛城出版 FACEBOOK」
http://www.facebook.com/acropolispublish

● 讀者資料

你的性別是 □ 男性 □ 女性 □ 其他

你的職業是 ______________________ 你的最高學歷是 ______________________

年齡 □ 20 歲以下 □ 21-30 歲 □ 31-40 歲 □ 41-50 歲 □ 51-60 歲 □ 61 歲以上

若你願意留下 e-mail，我們將優先寄送 ______________________ 衛城出版相關活動訊息與優惠活動

● 購書資料

● 請問你是從哪裡得知本書出版訊息？（可複選）
□ 實體書店 □ 網路書店 □ 報紙 □ 電視 □ 網路 □ 廣播 □ 雜誌 □ 朋友介紹
□ 參加講座活動 □ 其他 __________

● 是在哪裡購買的呢？（單選）
□ 實體連鎖書店 □ 網路書店 □ 獨立書店 □ 傳統書店 □ 團購 □ 其他 __________

● 讓你燃起購買慾的主要原因是？（可複選）
□ 對此類主題感興趣 □ 參加講座後，覺得好像不賴
□ 覺得書籍設計好美，看起來好有質感！ □ 價格優惠吸引我
□ 議題好熱，好像很多人都在看，我也想知道裡面在寫什麼 □ 其實我沒有買書啦！這是送（借）的
□ 其他 __________

● 如果你覺得這本書還不錯，那它的優點是？（可複選）
□ 內容主題具參考價值 □ 文筆流暢 □ 書籍整體設計優美 □ 價格實在 □ 其他 __________

● 如果你覺得這本書讓你好失望，請務必告訴我們它的缺點（可複選）
□ 內容與想像中不符 □ 文筆不流暢 □ 印刷品質差 □ 版面設計影響閱讀 □ 價格偏高 □ 其他 __________

● 大都經由哪些管道得到書籍出版訊息？（可複選）
□ 實體書店 □ 網路書店 □ 報紙 □ 電視 □ 網路 □ 廣播 □ 親友介紹 □ 圖書館 □ 其他 __________

● 習慣購書的地方是？（可複選）
□ 實體連鎖書店 □ 網路書店 □ 獨立書店 □ 傳統書店 □ 學校團購 □ 其他 __________

● 如果你發現書中錯字或是內文有任何需要改進之處，請不吝給我們指教，我們將於再版時更正錯誤

廣	告	回	信
臺灣北區郵政管理局登記證			
第 1 4 4 3 7 號			

請直接投郵•郵資由本公司支付

23141
新北市新店區民權路108-2號9樓

衛城出版 收

● 請沿虛線對折裝訂後寄回，謝謝！

請沿虛線剪下

ACRO POLIS 衛城出版

藍 書系
知識共同體